Das erfundene Mittelalter

Zum Buch:
Man bezeichnet das frühe Mittelalter auch als das dunkle, denn bis heute legitimieren nur wenige Quellen und Funde das herrschende Bild der Epoche. Hält man kritisch Chronik gegen Chronik, erhaltene Architektur gegen Urkunden, archäologische Funde gegen Geschichtsschreibung, klaffen unüberbrückbare Widersprüche. Der ebenso verblüffende wie unglaubliche Schluß: Die vermeintlich harten Fakten sind nichts als Schall und Rauch. Der Zeitraum vom 7. bis zum 10. Jahrhundert hat keinen realen Hintergrund, wurde nie gelebt, sondern später erfunden. Das Mittelalter hat sich selbst gefälscht!

Zum Autor:
Heribert Illig, 1947 in Vohenstrauß geboren, promovierte über den Kulturhistoriker Egon Friedell. Der Systemanalytiker und Privatgelehrte, freie Autor und Herausgeber der geschichtskritischen Zeitschrift *Zeitensprünge* stellt in einschlägigen Publikationen immer wieder neue Fragen an die Geschichte. Seine Thesen über das erfundene Mittelalter, die er 1996 im gleichnamigen Buch erstmals einem größeren Publikum präsentierte, erregten gewaltiges Aufsehen.

Heribert Illig

DAS ERFUNDENE MITTELALTER

Die größte Zeitfälschung
der Geschichte

Econ & List Taschenbuch Verlag

Veröffentlicht im Econ & List Taschenbuch Verlag 1998

Der Econ & List Taschenbuch Verlag
ist ein Unternehmen der Econ & List Verlagsgesellschaft, München

2. Auflage 1999
© 1996 by Econ Verlag München – Düsseldorf GmbH
Umschlagkonzept: Büro Meyer & Schmidt, München –
Jorge Schmidt
Umschlagrealisation: Init GmbH, Bielefeld
Titelabbildung: AKG, Berlin
Druck und Bindearbeiten: Ebner Ulm
Printed in Germany
ISBN 3-612-26492-3

Für Beba

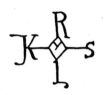

Inhalt

Einführung
Wie ein Zeitalter fraglich wird 9
Vom Anruf zur These 9
Ziele und Hemmnisse 19
Unter Karls Kuppel 24
Karls Einschätzung einst und jetzt 35
Zur Quellenlage vier Musterfälle 36
Ein erstes Resümee 46

Teil I
Karl: der Überkaiser 49
Der ideale Jurist 51
Vom Ethnologen bis zum Germanisten 55
Der Gelehrte und der Kunstsinnige 70
Priesterkönig und Theologe 77
Von Zeiten und ihrem Ende 84
Der Mehrer des Reiches 101
Geschichtliche Lücken 128

Teil II
Franken: Reich ohne Ökonomie 149
Karl Ohnestadt: die fehlende Urbanität 150
Karl Ohnegeld: das fränkische Finanzsystem 161
Handel und Wandel 168

Teil III
Karls ›antizipierende‹ Kunst 187
Karls Schätze 187

Plastiken: Der doppelte Ursprung 195
Bauherr und Bauvolumen 205
Aachens Pfalzkapelle – 24mal zu früh 222
In welche Zeit gehört Aachens Pfalzkapelle? 288
Ist karolingische gleich ottonische Buchmalerei? 305
Wandmalereien taumeln durch Jahrhunderte 328

Teil IV
Karl als Fälschungsprodukt 331
Karls tatsächliches Nachwirken. 332
Der gefälschte Karl – wann und wozu? 336
Zum Beweis: Der Wirrwarr in und um Saint-Denis . . . 348
Zum Ausklang: Roland und seine Säulen 381

Rück- und Ausblick 387

Ein Schwelbrand breitet sich aus
Nachwort für die Taschenbuchausgabe 1998 393

Anhang 412
Zitierte Literatur 412
Abbildungsverzeichnis 434
Sachregister 436
Personenregister 445

Einführung
WIE EIN ZEITALTER FRAGLICH WIRD

Auch grundstürzende Thesen können ganz harmlos beginnen. So dachte ich an nichts Böses, als im Oktober 1990 ein Freund aus Berlin anrief. Er war auf eine Formulierung gestoßen, die ihn nicht losließ. Der große Mediävist Horst Fuhrmann hatte 1986 auf dem Kongreß über *Fälschungen im Mittelalter* das Abschlußreferat gehalten. Titel: »Von der Wahrheit der Fälscher«. Dort beschäftigte er sich mit den allergrößten Fälschungen, die seine Fakultät kennt, und stellte fest: »Silvesterlegende mit Konstantinischer Schenkung, Symmachianische Fälschung, Pseudo-Clemens-Briefe, pseudoisidorische Fälschungen: Man mag es bei dieser Aufzählung bewenden lassen. Allen diesen Fälschungen ist eigentümlich, daß sie zur Zeit ihrer Entstehung kaum gewirkt haben. *Sie hatten, von der Entstehungszeit her gesehen, antizipatorischen Charakter*« [Fuhrmann 1988, 89; ähnlich 1996, 54].*

Vom Anruf zur These

Was konnte das heißen? Da waren Fälscher im 4., 5., 8. und 9. Jahrhundert zugange gewesen und hatten sich Texte ausgedacht, die keineswegs zu ihrem Entstehungszeitpunkt eingesetzt wurden, sondern sehr viel später, Jahrhunderte später. So geht die Silvesterlegende zur Taufe Konstantins auf das 4. Jahrhundert zurück, interessiert aber erst ab dem 8. Jahrhundert.

---

* In Kursiv gesetzte Hervorhebungen in Zitaten stammen, sofern nicht ausdrücklich angegeben, von Heribert Illig.

Die Symmachianische Fälschung stammt aus der Zeit um 500, wird aber erst im 11. Jahrhundert virulent; die Konstantinische Schenkung stammt aus der Zeit um 750, um wie Pseudo-Isidor, dessen 10 000 Exzerpte in der Mitte des 9. Jahrhunderts fabriziert wurden, im 11. Jahrhundert in die aktuelle Diskussion eingebracht zu werden [auch Fried 1991, 176].

»Alle diese Schriften haben sozusagen warten müssen, bis ihre Stunde gekommen war« [Fuhrmann 1988, 90]. Sie mußten jahrhundertelang auf diese ihre Stunde warten.

Aber derartige Fälschungen widersprechen doch jeder Erfahrung! Daß ein Fälscher zielsicher fünf Jahrhunderte vorausdenkt, wie es bei der Symmachianischen Fälschung der Fall gewesen sein müßte, kann getrost ausgeschlossen werden – ansonsten wären die Fälscher nicht nur die kompetentesten Zeitgenossen, sondern auch noch der Prophetie mächtig gewesen. Oder sollte der Fälscher eine ganze Schublade an Varianten produziert haben, damit ferne Nachfahren sich dereinst die passende auswählen konnten? Das ist genauso ausgeschlossen. »Man fälscht nicht auf Vorrat!« Aber gegen ebendiesen Satz von Johannes Haller hatte sich H. Fuhrmann gewehrt: »Das ist, undifferenziert dahingesagt, nicht richtig« [Fuhrmann 1988, 90].

Was aber wäre richtig? Fälscher als treffsichere Visionäre? Eine Vorausschau der gesamten abendländischen Entwicklung, niedergelegt in klerikalen Schreibstuben oder königlichen Kanzleien? Dazu war Fuhrmann schon auf dem Kongreß selbst geantwortet worden: »Das Phänomen der absichtslosen Fälschung müßte wohl noch erfunden werden« [Schmitz 1988, 92].

Freund Niemitz hatte demnach mehr als recht, den gar so klug antizipierenden Fälschern gegenüber mißtrauisch zu sein [vgl. Niemitz 1991 a]. Wie aber sonst wäre die Existenz derartiger Fälschungen zu begründen? Unser Telefonat stockte. Gewitzt durch meine Erfahrungen mit antiken Chronologien, deren Wahrheitsgehalt kein näheres Hinschauen verträgt [Illig, 1988; Heinsohn/Illig 1990], wandte ich ein, daß bei Ägyptern, Griechen und Babyloniern fehlerhafte Chronologien immer dann erkennbar werden, wenn plötzlich Ursache und Wirkung um Jahrhunderte auseinanderklaffen. War das auch im frühen Mittelalter vorstellbar? Könnte der jahrhundertelange Abstand zwischen Fälschung und Einsatz der Fälschung, der mit »Antizipation« erklärt werden mußte, einfach daraus resultieren, daß auch hier die beiden Ereignisse nahezu zeitgleich waren, aber von einer fehlerhaften Chronologie getrennt wurden?

Im Gegensatz zum Altertum wäre dieser Gedanke für das Mittelalter gut nachprüfbar – schließlich gibt es die christliche Zeitrechnung und unseren Kalender. 1582 ist unser Kalender um 10 Tage gegenüber dem alten Julianischen korrigiert worden. Wenn diese Korrektur ihre Richtigkeit hatte, dann haben die Schreiber wirklich die Zukunft vorausgesehen. Ich beschloß, die Gregorianische Korrektur nachzurechnen.

Damit hatte ich Beschäftigung für mehrere Wochen. Nicht deshalb, weil die Rechnung so schwierig wäre, sondern weil so rasch auf der Hand zu liegen schien, daß die Gregorianische Korrektur falsch, nämlich zu gering ausgefallen war. Damals hätte man nicht nur 10, sondern 12, besser noch 13 Tage überspringen müssen. Und trotzdem stimmten Kalender und astronomische Situation zueinander. Das war mehr als seltsam.

Ab da ließ mich das Problem nicht mehr los. Eine Korrektur, die um zwei bis drei Tage danebenlag, wäre von höchster Brisanz. Denn jeder Korrekturtag steht für rund 133 Kalenderjahre, denn so lange dauert es, bis der Julianische Kalender wegen seiner unvollkommenen Schaltregel einen Tag hinter dem astronomischen Jahreslauf zurückbleibt. Das braucht dem Leser an dieser Stelle noch nicht einzuleuchten, denn wir kommen später ausführlicher auf dieses Problem zurück [s. S. 96] aber die möglichen Folgen sind bereits jetzt verständlich.

Wenn zwischen Caesar und Gregor XIII., zwischen 45 v. Chr. und 1582 n. Chr., der Julianische Kalender nicht um ≈ 12,7 Tage, sondern nur um 10 Tage zurückgeblieben war, dann müßten die fast 1627 Jahre um 2,7 mal 128 ≈ 345 Jahre gekürzt werden. Unter Berücksichtigung eines Unsicherheitsintervalls würde ein Zeitraum zwischen 256 und 384 Jahren zuviel in der abendländischen Geschichte geführt!

Bei dieser unabsehbaren Konsequenz wurde mir begreiflicherweise sehr blümerant zumute. Immer wieder prüfte ich die Rechnung, wälzte astronomische Bücher, Kalenderwerke und andere Fachliteratur. Außerdem hatte ich damit angefangen, die Geschichte zwischen den beiden Kalenderkorrekturen, die Zeit zwischen Caesar und Gregor XIII., daraufhin abzuklopfen, an welchen Punkten sich Schwachstellen in diesem Ausmaß aufspüren lassen könnten. Ich begann bei Gaius Julius Caesar. Sollte ich an seinen Nachfolgern, an der römischen Kaiserzeit zweifeln? Sie wirkte ausgesprochen homogen. Erst nach dem Reichsende, üblicherweise bei 476 angesetzt, wird der Geschichtsablauf im Westen schwammig. Im Osten aber, in Byzanz, lief die Kaiserreihe unbeirrt von allen Wirren weiter bis 1204, ja bis 1453, als aus Konstantinopel Istanbul wurde. Hier gab es doch überhaupt keinen Ansatzpunkt für einen Zweifel!

Doch, es gab. Schon die erste Suche, weder akribisch noch ›flächendeckend‹ durchgeführt, erbrachte Erstaunliches.

- »Im 7. Jahrhundert erlosch die byzantinische Literatur auf einmal. *Man schrieb nicht mehr, man baute nicht mehr*« [Papaioannu 1966, 47].
- »Man kann *keine irgendwie gesicherten Angaben* über die Entwicklung der byzantinischen Architektur in der Zeit zwischen 610 und 850 machen« [Mango 1986, 93].
- »In Griechenland setzte das *Dunkle Zeitalter* um das Jahr 580 ein. [...] Einer der Ausgräber [H. A. Thompson] auf der athenischen Agora spricht von einer ›Periode nahezu vollständiger Entvölkerung, bis das Gebiet im 10. Jh. als Wohnbezirk‹ wieder besiedelt wurde‹« [Mango 1986, 93].
- »Zum spürbarsten Mangel der als ›*dunkle Jahrhunderte*‹ bezeichneten Epoche zwischen 600 und 800 gehört das Nachlassen der historischen Tradition. Eigenständige Geschichtswerke sind aus diesem Zeitraum überhaupt nicht erhalten« [Schreiner 1991, 11].

Andere Forscher wie Frank Thieß sprechen für die nachjustinianische Epoche von 565 bis 741 von »*dunklen Jahrhunderten*«

[Thieß 1992, 15]. Aus diesen dunklen Zeiten fehlt uns fast alles: kaum Architektur, kaum Kunst noch Kunsthandwerk, kaum Städte, kaum Geschichtsschreibung – alles nur Rauchschwaden im Nebel, hinter denen sogar, wie wir hören werden, mehr als 1500 Städte verschwanden.

Im Westen ist die Merowingerzeit in Chroniken wie in archäologischen Funden kaum greifbar. Ihre Kinder- oder ›*Schattenkönige*‹, vor allem Dagobert II. und III., sind schlechtestens tradiert [Wehrli 1982, 11]: Die ›amtliche‹ Genealogie sprang lange Zeit – bis 1655 – einfach von Dagobert I. († 639) zu Dagobert III. († 715) [Lincoln u. a. 1984, 214, 429], während Reinhard Schneider von der »*katastrophalen Quellenarmut*« der Zeit zwischen ca. 600 und 750 sprechen muß [Schneider 1990, 151], nachdem allenfalls Gräberfunde, aber praktisch keine Überreste oberhalb des Bodens bekannt sind. Pierre Riché gibt die herrschende Meinung über das 7. Jahrhundert so wieder: »Der Staat, seine Institutionen, die gesamte Kultur *erlebten den völligen Niedergang*« [Riché 1981, 15], um dieser Einschätzung vergeblich entgegenzutreten. Wilhelm Wattenbach beginnt sein Kapitel über Karl und seinen Kreis mit dem Seufzer: »*Eine lange Zeit der Finsternis* liegt hinter uns. Nur geringe und dürftige Spuren haben uns Zeugnis gegeben« [Wattenbach u. a. 1991, 171].

Eine einzige trübe Geschichtsquelle bleibt bis 643 noch der sogenannte »Fredegar«, nach dem die Chroniken sogar für einige Jahrzehnte ganz abbrechen, »weshalb man die zweite Hälfte des 7. Jahrhunderts ›*zu den dunkelsten Epochen der mittelalterlichen Geschichte*‹ gerechnet hat« [Ewig laut Schneider 1990, 17].

Für die Päpste, deren Reihe doch ähnlich zuverlässig wie die Kaiserliste wirkt, wird das 7. als das dunkelste Jahrhundert geführt, für das als »einzige spärliche Quelle« das »Buch der Päpste« mit seinen wenigen Einträgen herangezogen werden kann [Gregorovius 1978, I 291]. Und Italien selbst? »*Während der finstersten Jahrhunderte* waren es wesentlich die Langobarden, welche diesem Lande Helden, Fürsten, Bischöfe, Geschichtsschreiber, Dichter und endlich freie Republiken gaben« [Gregorovius 1978, I 485].

Also auch hier ein ebenso undurchdringliches wie unwirkliches Dunkel. Dasselbe gilt für Skandinavien, dessen Sagas und Königslisten ausgerechnet für diese Jahrhunderte schweigen [s. S. 160]. Bis dann Karl der Große im Jahre 771 allein die Macht übernimmt.

- »Die Erscheinung des großen Karl konnte jetzt mit einem *Blitzstrahl* verglichen werden, der *aus der Nacht* gekommen, die Erde eine Weile erleuchtet hatte, *um dann wiederum die Nacht hinter sich zurückzulassen*« [Gregorovius 1978, I 498].
- »Wie *ein Phänomen in dunkelster Nacht* erscheint plötzlich die Literatur des 9. Jahrhunderts. Nicht nur Geistliche, auch Laien schrieben Bücher, was *seit Jahrhunderten nicht vorgekommen war und jahrhundertelang nicht wieder vorkommt*« [Wattenbach u. a. 1991, 178].

Unter Karls »sonnengleichem« Licht lag alles klar vor Augen, war und ist das europäische Geschehen über jede mäkelnde Kritik erhaben. Alles wirkt wieder ungemein sicher, bestens tradiert. Allein die Forschung scheint zu wissen, wie dünn der Boden ist, der diesen gewaltigen Kaiser trägt: »Die überragende Größe von Karls historischer Gestalt [...] verführte jedoch häufig dazu, daß die *schmale Quellenbasis* strapaziert oder gar vergessen wurde« [Schneider 1990, 94]. Auch für seine Zeit gilt die »ungeheure Quellenarmut gerade für die Geschichte der agrarischen Welt« [Schneider 1990, 121].

Nach Karl wankt das von ihm zusammeneroberte Reich. Beängstigend schnell erlöschen die karolingischen Impulse, um in einem neuerlichen »dunklen Jahrhundert«, einem wahren »*saeculum obscurum*«, in »*einer der rätselhaftesten Perioden unserer Geschichte*« zu enden [Bois 1993, 13, 18]. Wir lassen für die Zeit nach 823 mit Ferdinand Gregorovius noch einmal den besten Kenner römisch-mittelalterlicher Geschichte zu Wort kommen: »Die Zustände Roms in dieser Zeit sind in *so tiefes Dunkel* getaucht, daß die Geschichte der Stadt nur fragmentarisch in solchen Ereignissen sichtbar wird, die mit dem Reiche zusammenhängen« [Gregorovius 1978, I 486].

Harald Zimmermann hat die fast undurchdringliche Finster-

Abb. 1 Stuckfigur Karls des Großen, Müstair, 9. oder 12. Jh. [Braunfels 1991, 33]

nis, sein »*dunkles Jahrhundert*«, etwas später, zwischen 850 und 950, angesiedelt [Zimmermann 1971]; das sind jene hundert Jahre, die Ernst Adam als das »*dunkle Jahrhundert*« für die Architektur in Deutschland erschienen [Adam 1968, 14]; Erwin Panofsky bezeichnete sie sogar als »*die dunkle Zeit innerhalb des ›finsteren Mittelalters‹*« [Panofsky 1990, 64] und klagte angesichts der Jahrzehnte nach 877, daß sie »so unfruchtbar wie das 7. Jh.« ausfielen [Panofsky 1990, 64].

Andere Forscher haben sich Cäsar Baronius angeschlossen, der schon anno 1603 vom 10. Jahrhundert als einem dunklen Zeitalter gesprochen hat. Er kam auf diese Bezeichnung »wegen des Mangels an Schriftstellern« [Fried 1991, 3].

Aber es fehlten keineswegs nur Schriftsteller. Laut Johannes Fried vegetierten die Menschen nur noch, besaßen kaum Kleidung, nutzten als stinkende Wohnstätten römische Ruinen, Pfostenhütten oder gar in den Boden gewühlte Grubenhäuser; Lichtquellen und Heizmaterial waren äußerst knapp [Fried 1991, 3]. Wegen der herrschenden Hinterlist, wegen Lug und Trug, Schimpfreden und Metzeleien fühlte sich Rudolph Wahl im Jahre 900 n. Chr. wie in die wildesten homerischen Zeiten versetzt [Wahl 1954, 51].

»Vom Sinn christlicher Heilslehre, dem Erlösermythos und seiner Ethik, hat die Mehrzahl der Menschen des zehnten Jahrhunderts kaum noch etwas begriffen. Schon erinnern manche Kirchenbräuche wieder an den Spuk der Heidenzeit« [Wahl 1954, 52].

Werner Goez schließlich hat die gesamte Ottonenzeit (919 bis 1024) als »*dunkles Jahrhundert*« bezeichnet [Goez 1993, 129]. Wenn es je einen karolingischen Impuls gegeben hat, dann ist er in dieser erbärmlichen Zeit restlos erloschen.

Erst nach dieser Dunkelheit geht es in Europa wieder aufwärts, trotz Goez' Meinung ganz energisch ab dem Jahre 1000. Unzählige Kirchenbauten überziehen die Länder, die Literatur mehrt sich ins Unabsehbare, alle Künste blühen, die Scholastik entfaltet sich, die Geschichtsschreibung bringt immer neue und immer bessere Werke hervor. Die jüdische Geschichtsforschung, die von ca. 600 bis ins 10. Jahrhundert hinein von »*dark ages*« in Europa sprechen muß [Roth/Levine 1966], findet nunmehr wieder reichlich Material über jüdische Gemeinden, Handels- und sonstige Aktivitäten.

Der weitere Weg bis hin in die Renaissance- und Barockzeit, bis hin zu dem Jahr 1582 und Gregors Kalenderreform liegt zwar nicht in immer schönerem, aber zumindest in immer hellerem Licht. Erst nach der Kalenderreform ist im übrigen der uns so selbstverständliche Begriff »Mittelalter« geprägt worden. 1688 verfaßte Christoph Cellarius sein Werk »Historia medii aevi«, das die Zeit vom 306 bis 1453 abdeckte [Angenendt 1990, 23] und die Geschichte in Altertum, Mittelalter und Neuzeit dreiteilte [Büssem/Neher 1983, 13], »eine Verlegenheitskonstruktion, ein flüchtig gezimmerter Notsteg, um vom Altertum in die Neuzeit zu gelangen« [Friedell 1960, 83].

Heute kann der Begriff »Mittelalter« schon einmal von einem Mediävisten als »blanker Unsinn« bezeichnet werden [Bois 1993, 15].

Damit war mir klargeworden, wo eine Epoche zuviel in den Geschichtsbüchern geführt werden könnte: in der Zeit zwischen 500 und 1000 oder, etwas enger gefaßt, im frühen Mittelalter. Genau hier mußte unser ›Uchronia‹ liegen, um ein modern gewordenes Wort zu gebrauchen. Es meint wörtlich die »Nicht-Jahre«, ein »Niemals«, und ist in Analogie zu ›Utopia‹ – »kein Ort, nirgends« – gebildet worden [Wallmann 1994]. Die so merkwürdig klingenden Uchronien bilden ein weites Feld, das Geschichtsklitterungen und bolschewistische Geschichtsfälschungen ebenso umfaßt wie alle möglichen belletristischen Entwürfe [Carrère 1993], von denen Alexander Demandts Titel »Ungeschehene Geschichte« sehr gut das frühe Mittelalter charakterisieren könnte. Sie scheinen aber auch innerhalb der Wissenschaften zu siedeln, wenn ein Mediävist zu dem Schluß kommt, daß die wenigen Quellen des 10. Jahrhunderts »fortgesetzt ihre ›Scherze mit den Gelehrten des 20. Jahrhunderts‹« treiben [Fried 1993; kra 1994]. Der Leser hat natürlich die Wahl, auch dieses vorliegende Buch so zu lesen, als wäre es ein uchronistischer Beitrag, auch wenn es der Autor sehr ernst gemeint hat.

Die frühmittelalterliche Epoche war also – inquisitorisch gesprochen – einer peinlichen Befragung auszusetzen. Mittlerweile ist das in vielen Einzelarbeiten geschehen, die in der Zeitschrift »Vorzeit-Frühzeit-Gegenwart« ab Januar 1991 erschienen sind (ab 1995 unter dem Titel »Zeitensprünge«). Unmittelbar beteiligt haben sich Prof. Dr. Hans-Ulrich Niemitz und Angelika Müller, beide aus Berlin, sowie Manfred Zeller aus Erlangen. Hinzugestoßen sind Prof. Dres. Gunnar Heinsohn, Bremen, sowie die Berliner Christian Blöss und Uwe Topper. Viele weitere Abonnenten leisteten Hilfestellung; ihnen allen sei an dieser Stelle herzlich gedankt. Besonders engagiert hat sich Angelika Brockhausen, München, mit Hinweisen und Korrekturen.

Die bislang vorliegenden Arbeiten beschäftigen sich mit all jenen Völkern und Regionen, die über den christlichen Kalender datiert werden. Das sind mehr, als man im ersten Moment erwarten würde. Primär natürlich die gesamte westliche und östliche Christenheit von Island bis Sizilien und Armenien, aber selbstverständlich auch alle diese Völkerschaften vor ihrer Christianisierung. Aufs engste damit verbunden sind die jüdische Diaspora und die arabisch-persische Welt. Gleichermaßen verknüpft sind auch die Steppenvölker nördlich von Schwarzem und Kaspischem Meer, die Kaukasusvölker und die vorderasiatischen Gebiete bis einschließlich Indien. So weit reichen die Synchronismen, die vom westlichen Kalender aus geschlagen worden sind. Selbst China ist durch eine Schlacht – 751 bei Samarkand gegen die Araber – mit der abendländischen Geschichte verkettet. Wegen dieser Verzahnungen muß jede vorgeschlagene Kalenderkorrektur ein Ergebnis liefern, das für die gesamte Alte Welt eine kompatible Lösung liefert.

Seit Januar 1991 vertrete ich, kurz und knapp formuliert, folgende These: In der europäischen Geschichte bilden 7., 8. und 9. Jahrhundert einen künstlichen Zeitraum. Er enthält keine reale Geschichte, so daß er ersatzlos zu streichen ist und die Zeiten davor und danach direkt oder mit nur geringem Abstand aneinanderzufügen sind.

Das fragliche Intervall ließe sich nach meinem derzeitigen Wissensstand exakt eingrenzen: Die fiktive, erfundene Zeit

reicht von September 614 bis August 911. Aber ein[e]
Angabe muß sich erst noch im Licht der weiteren F[orschung]
erhärten oder verändern. Offen muß auch bleiben, [ob]
den Zeitgrenzen direkt aneinandergerückt werde[n]
oder ob zwischen ihnen ein Zeitsaum von etlich[en Jahren]
bleibt, der abwechselnd mit Geschehnissen des 7. bz[w. 10. Jahr]hunderts zu füllen ist, sofern uns überhaupt Ereignisse dieses Zeitraumes tradiert worden sind.

Ich habe wohlgemerkt nur von dem Intervall gesprochen, das für Europa gelten sollte. Es kann ohne weiteres sein, daß beispielsweise die Geschichte Persiens so mit der byzantinischen verknüpft ist, daß das persische Streichungsintervall zeitlich verschoben liegt. Wahrscheinlich ist dies für China, dessen Tang-Dynastie fast exakt in jener fraglichen Zeit – von 618 bis 907 – herrscht, aber archäologisch vergleichsweise gut belegt ist.

Ziele und Hemmnisse

Eine dermaßen grundstürzende These ist naturgemäß weder rasch entwickelt noch rasch dargestellt. Deshalb wird mit dem vorliegenden Buch eine Reihe »Fiktion dunkles Mittelalter« eröffnet, die in mehreren Bänden die verschiedenen Problemkreise behandeln wird. Im vorliegenden Band geht es auf der einen Seite um erhaltene Bauten und Gegenstände sowie um archäologische Befunde, also um die Evidenz, deren Datierungen ich nicht als endgültige erachte, sondern als immer noch verbesserungsfähige Übereinkunft verstehe. Dieser Evidenz werden die schriftlichen Überlieferungen der Chroniken und vielfältiger Urkunden gegenübergestellt. Hier häufen sich eklatante Widersprüche in dem Maße, in dem neue Funde aus dem Boden gehoben werden. Aber es gibt nicht nur die Widersprüche zwischen Evidenz und schriftlichen Belegen, sondern auch fast ebenso reichliche Widersprüche zwischen den verschiedenen Dokumenten. Nicht umsonst versucht die Mediävistik seit langer Zeit mit schwierigsten Spezialdisziplinen wie Paläographie und Diplomatik herauszufinden, was nun kor-

tradiert worden ist und was fälschlicherweise oder fälschenderweise – dieses Wortspiel wird im weiteren eine Rolle spielen – in eine Position gerückt ist, die unhaltbar ist. Ein Folgeband wird sich mit mittelalterlichen Fälschungen im allgemeinen und Chronologie im besonderen auseinandersetzen.

Dann wird auch der archäologische Befund zwischen Island und Indien präsentiert, der immer neue Ungereimtheiten in der bisherigen Zeitrechnung zutage fördert, und das Zusammenwirken zwischen den Trägern mittelalterlicher Macht, also zwischen Vertretern der Hochreligionen und den weltlichen Herrschern, untersucht. Und es wird vor allem darum gehen, warum unsere Geschichtsbücher rund drei Jahrhunderte zuviel an Geschichte enthalten könnten – aus Berechnung, Dummheit, Schlamperei, Täuschung, Vorsatz? Wer hat schuld daran, daß unsere Geschichte zu lang geworden ist?

Eine zu lange Geschichte aber ist auf ihr richtiges Maß zu bringen. Dieser erste vorliegende Band kümmert sich um jenen Blitzstrahl, den Gregorovius so dramatisch zwei Dunkelheiten auseinanderreißen läßt. Der große Karl und das Karolingerreich stehen am entschiedensten einer Zeitkürzung gegenüber, denn während ringsum so wenig Substanz zu finden ist, daß sich eine Kürzung geradezu aufdrängt, scheint der mächtige Franke bestens belegt und ›absolut streichungsresistent‹ zu sein. Nachdem Karl der Große mit seinen Lebensdaten (* $\approx$ 742, † 814) mitten in jenem fiktionsverdächtigen Intervall liegt, müßte er das erste und prominenteste Opfer dieser Kürzung werden. Dazu wird eine Fülle von Material bereitgestellt, vor allem jedoch werden zahllose Aussagen der Fachgelehrten gegeneinandergehalten. So kann der Leser Schritt für Schritt erkennen, daß aus diesen prinzipiellen Widersprüchen niemals ein Konsens zu gewinnen sein wird; derartige Widersprüche können nicht abgestellt, sondern nur durch meine These gegenstandslos werden.

Um diese Aussage dem verblüfften oder empörten Leser nahezubringen, wird wohl jedes Buch zu schmal ausfallen. Andererseits liegt hier ein Text vor, der so prall an Fakten, Vergleichen und Nachprüfungen auf den verschiedensten Gebieten ist, daß es manch einer gerne etwas einfacher und verständlicher hätte. Zwischen den Ansprüchen jener, die von einem einzigen treffenden Beispiel aus das neue Geschichtsbild begreifen, und der Skepsis jener, die auch nach beliebig vielem Beweismaterial unerschütterlich bei ihrem vertraut-gültigen Wissen bleiben wollen, liegen Welten. Auf alle Fälle ist, um einen Begriff aus der Atomphysik zu bemühen, eine »kritische Masse« vonnöten, bevor eine Kettenreaktion einsetzen kann. Der erste Vorgänger dieses Buches, ein unscheinbares Heft von 134 Seiten Umfang mit dem provokanten Titel »Karl der Fiktive, genannt Karl der Große«, das Mitte 1992 erschienen ist, enthielt noch zu wenig Masse. Es sprach zwar Hellhörige und Skeptiker an, beeindruckte aber keinen, dem bis dato noch nie Zweifel an der herkömmlichen Historie gekommen waren.

Vor allem beeindruckte es keinen Fachgelehrten, keinen Mediävisten, womit wir zum Problem des Außenseiters kommen. Ich wurde über Egon Friedell promoviert, der ohne Frage die beste künstlerische Kulturgeschichte deutscher Sprache in diesem Jahrhundert geschrieben hat. Aber damit bin ich noch lange nicht fürs Mittelalter kompetent. Denn die Reviere der einzelnen historischen Disziplinen sind sehr, sehr eng abgesteckt, und die Revierhalter achten streng darauf, daß diese Grenzen gewahrt bleiben. Nun ist eine Wissenschaft sehr wohl auf ihrem ureigensten Gebiet unüberbietbar kompetent, wenn es um Detailfragen jeder Art geht. Aber ist sie es auch dann noch, wenn sie an ihre eigenen Grenzen stößt? Gödels Beweis dafür, daß die Gesamtheit einer mathematischen Theorie nur von außen, durch eine Metatheorie abgrenzbar ist, läßt sich vielleicht in einem Analogieschluß auf die historische Disziplin übertragen. Es kann der Zeitpunkt kommen, an dem nur noch der ›unbedarfte Außenseiter‹ mit seinem unverstellten Blick eine Lösung erkennt, die der Fachmann inmitten ›seiner‹ Bäume niemals finden würde.

Das erhöht jedoch nicht die Bereitschaft der Fachgelehrten, sich mit unorthodoxen Thesen zu beschäftigen. Muß sie aber deshalb ihre ureigenste, die sachliche Ebene verlassen und den Sumpf emotionaler Auslassungen aufsuchen? Sie müßte nicht, aber meine eigenen Erfahrungen mit Ägyptologie, vorderasiatischer Archäologie und Vorgeschichtsforschung zeigten mir, daß dieser Weg bevorzugt eingeschlagen wird. So reagierten die Mediävisten fast erwartungsgemäß, als sie erstmals von meiner These hörten. Die Aachener Professoren Dietrich Lohrmann und Max Kerner hatten nur Spott für meine Gedanken und für mich übrig. Spontan mutmaßten sie »einen neuen Däniken«, dessen Forschung »wohl eher im Bereich der Ufos anzusiedeln« sei und »sensationistische Aufmerksamkeit« suche [Enders 1993]. Als sie auch von einer »bajuwarischen Rache an Karl dem Großen und Aachen« für Herzog Tassilo munkelten, enthüllte ihre Humoreske, daß sie meine Arbeit entweder nie aufgeschlagen hatten oder nicht verstehen wollten.

Der zweite Vorgänger dieses Buches, 1994 unter dem Titel »Hat Karl der Große je gelebt?« erschienen, wurde erst durch eine Rezension der Berliner »taz« [Wigand 1995] bekannt gemacht. In rascher Folge berichteten daraufhin so viele Medien über die provokante These, daß auch die Mittelalter-Spezialisten erste Stellungen bezogen, die in problembezogenem Ton verteidigt wurden.

Am 12. Januar 1996 sendete der Südwestfunk Baden-Baden eine einstündige Diskussion zwischen Mediävisten und dem Autor [vgl. Illig 1996 a]. Prof. Rudolf Schieffer, Präsident der »Monumenta Germaniae Historica« und Prof. emer. Friedrich Prinz, zwei ausgewiesene Karolinger-Spezialisten, verteidigten das bestehende Lehrgebäude. Davor schon war die erste Stellungnahme erfolgt, die aber der Öffentlichkeit erst Monate später zugänglich wurde. Denn als Prof. Johannes Fried 1995 den Preis des Historischen Kollegs in München erhielt, setzte er sich in seiner Dankesrede ausführlich mit meiner These auseinander [Fried 1996 a]. In beiden Fällen wurde überdeutlich, daß die Mittelalterkunde ganz und gar auf die von ihr gehegten Urkunden fixiert ist. Insofern konnte sie dem damaligen Untertitel »Bauten, Funde und Schriften im Widerstreit« in keiner Weise Rechnung tragen. Außerdem wurde zweierlei klar: Die Mediävistik kann diese These nicht ohne weiteres ad absurdum führen, und sie bestätigt mit ihrer Unterschätzung von archäologischen und architektonischen

Fakten, daß sie tatsächlich drei Jahrhunderte zuviel auf der Zeitachse führen könnte.

Manchem Leser liegt aber weniger an einem deftigen Streit, sondern er will wissen, was um Himmels willen denn an dem großen Karl auszusetzen sei. Der habe doch in der Geschichte seinen Mann gestanden, die zukünftigen EU-Staaten Deutschland, Frankreich, Italien sowie die Benelux-Länder geeint und bislang meistens eine sehr gute Figur gemacht. Welche Gründe könnte es geben, ihn aus der Geschichte hinauszukomplimentieren?

Wir wollen deshalb sein berühmtestes Bauwerk betreten, um hier einer ersten, überaus markanten Unzeitigkeit zu begegnen. Derartige Anachronismen und sonstige Widersprüche werden sich im weiteren Verlauf zu Dutzenden einstellen. Wenn die geneigten LeserInnen etwas Geduld aufbringen, wird mit jedem weiteren Anachronismus die Einsicht wachsen, daß Karl, seine Zeit und Geschichte fiktiv sind.

Ein Hinweis ist noch vorab zu geben. Die soeben benutzten national-geographischen Bezeichnungen wie Deutschland oder Frankreich müßten im weiteren Text häufig in Anführungszeichen stehen, um anzudeuten, daß Gebiete gemeint sind, die sich innerhalb der behandelten Jahrhunderte unmerklich von Ost- und Westfranken in Deutschland und Frankreich verwandeln, ohne daß es sich um dieselben Gebiete handelte, die wir heute mit diesen Bezeichnungen belegen. Gerade die französischen Grenzen sahen im 11. Jahrhundert noch ganz anders aus als die uns heute vertraute ›Kaffeekanne‹. Und in diesen Gebieten lebten keineswegs Deutsche, Franzosen und Italiener, sondern noch lange Franken oder Romanen, die auch noch nicht deutsch oder französisch oder italienisch sprachen. Von einem deutschen, einem französischen Volk oder gar einer Nation kann korrekterweise erst ab dem 11., 12. Jahrhundert gesprochen werden. Nachdem aber auch Werke renommierter Wissenschaftler mit einem Titel wie »Deutschland bis 1056« ohne Anführungszeichen erscheinen können [Prinz 1993], müssen wir nicht päpstlicher als der Papst sein.

Unter Karls Kuppel

Wer zu Aachen über den Fischmarkt geht, begegnet dem Fischpüddelchen, einem Putto, der keine Zeit zum Grüßen hat, weil er sich mit zwei wasserspeienden Fischen abplagt. Doch wenn wir dann nach rechts einschwenken, verliert sich die verspielte Beiläufigkeit des Jugendstils. Dann stehen wir im Domhof dem Münster gegenüber – einer herben Architektur, die nur im Eingangs- und im Dachbereich durch spätere Umbauten gemildert wird. Hohe und strenge, große und erhabene Kunst. Ins Westwerk wurde ein gotisches Maßwerkfenster gebrochen und ein Barockportal eingebaut, aber die mächtige Eingangsnische entstammt dem karolingischen Bau. Als seine Architekten werden genannt: Ansegenis (oder Ansignis) aus Saint-Vaudrille, Odo von Metz, Einhard (Eginhard) oder, konkurrierend, Paulus Diaconus [Bandmann 1967, 436] – nicht zuletzt Karl der Große selbst [Weisweiler 1981, 27]. »Als der tatkräftige Karl etwas Zeit hatte, wollte er nicht durch Müßiggang träge werden, sondern sich im Dienst an Gott abmühen, so daß er daranging, zu Hause *nach eigenem Plan* eine Kirche zu bauen, herrlicher als die alten Werke der Römer« [Notker, 28]. Es mag allenfalls darüber gerechtet werden, ob Baumeister Odo den Bau nach Karls »eigenem Plan« (Notker) oder nach Karls »eigenen Angaben« (Alkuin) errichtet hat [Braunfels 1991, 95].

Wir treten ein, passieren den Eingangsbereich und werden von der eigentlichen Kirche angezogen. Deshalb queren wir einigermaßen unachtsam den Umgang, der meisterlich zwischen äußerem Sechzehneck und innerem Achteck vermittelt, und betreten das Oktogon. Wir spüren: Dieses ebenmäßige Bauwerk hat numinosen Charakter, den wir aufnehmen, nicht analysieren wollen. Aber das Sichtbare wollen wir prüfen. Acht mächtige Pfeiler mit abgewinkelter Grundfläche, acht klare Bögen bilden das Zentrum. Über den schlichten Platten, die ein Kapitell nur andeuten, wechseln dunkle und helle Steinblöcke und bieten ein pittoreskes Bild, das uns eher an romanische Länder und – verwirrender Gleichklang – an romanische Kirchen gemahnt. Ein umlaufendes Kranzgesims, das ebenso sparsam gestaltet ist wie die Kapitelle, begrenzt das Erdgeschoß, das schwer in seinem Düster lastet.

Der Blick wird förmlich nach oben gerissen. Ungleich höhere Bögen öffnen sich und wirken noch höher, weil sie durch dreifache Bogenstellungen noch zusätzlich gestreckt werden. Auf freistehenden Arkaden balancieren jeweils zwei weitere schlanke Säulen, die ganz hinauf in die Bogen stoßen, die sie aber nicht stützen, sondern nur unterteilen. Diese Bauform erinnert an byzantinische Architektur und an das klassische römische Thermenfenster. Dieses war allerdings nur ein Kreissegment, also nicht nach unten verlängert, und es blieb ohne jene korinthischen Kompositkapitelle, die alle Aachener Säulen zieren und den einzigen plastischen Schmuck dieses Bauwerks bilden.

Aachens Lichtführung ist auf Kontrast ausgelegt. Während ins Untergeschoß kaum Helligkeit eindringt, ist das Emporengeschoß, das sogenannte Hochmünster, besser ausgeleuchtet. Die eigentliche Lichtzone liegt noch über den großen Bogenstellungen; dort ließen einst acht Fenster ungehindert die Helligkeit ein. Heute weist das achte als Innenfenster in den gotischen Chor, der mit viel Raffinesse kongenial dem romanischen Bau angefügt worden ist, von uns aber wegen seiner viel späteren Entstehungszeit vernachlässigt wird.

Dank der hohen Fenster erhält auch die Kuppel noch genügend Licht für ihre Goldmosaike, die fernentrückt von der Apokalypse künden. Von Seite zu Seite spannt ihr achtteiliges Klostergewölbe 14,45 Meter, in der Diagonale sogar 15,65 Meter [Haupt 1913, 21]. Das sind Ausmaße, die von den meisten romanischen wie gotischen Kirchenschiffen nicht erreicht worden sind. Um so erstaunlicher ist es, daß Aachens Kuppel aus massivem Haustein gewölbt werden konnte und noch an der dünnsten Stelle fast einen Meter – 86 Zentimeter – stark ist [Maas 1984, 33].

- »Das Oktogongewölbe der Pfalzkirche blieb jahrhundertelang die weiteste und höchste holzlose Raumüberdeckung nördlich der Alpen« [Kreusch 1965, 469].

Abb. 2 Bau-Anachronismen I: Aachener Pfalzkapelle, ca. 792-799, perspektivischer Schnitt mit Kuppel (1 = Anachronismus 1 lt. Text), sieben Ringankern (17), Pfeilergrundriß (13), Fensterlaibung (14), schrägen Tonnengewölben (3) [Haupt 1913, Taf. XIV]

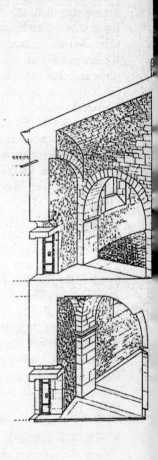

- »Die große Kuppelwölbung dagegen, offenbar ein Werk sorgfältigster Vorbereitung, ist aus vorsichtigst bearbeiteten Quadern [...] mit ganz engen Fugen (4 mm) errichtet« [Haupt 1913, 10].

Die Kuppel ist heute an der Unterseite mit Mosaiken, auf der Oberseite mit einer schützenden Mörtelschicht überzogen, so daß nur in wilhelminischer Zeit, beim Verlegen der neuen Mosaike, der Steinverbund geprüft werden konnte. Insofern bleibt es eher Unterstellung, »daß die Hauptfläche des Kuppelgewölbes doch aus [den leichteren] Tuffquadern und nur der Kuppelanfang aus Oolith hergestellt sei« [Haupt 1913, 10].

Hier stockt der Betrachter. Denn ob Tuffstein oder Jura-Oolith – er steht hier vor dem ersten großen steinernen Kuppelgewölbe des Abendlandes (was gerne übersehen wird) und vor einer der großen Kuppeln Europas. Um ihre Einwölbung in Quaderwerk wirklich würdigen zu können, wollen wir kurz die europäische Baugeschichte in Erinnerung rufen.

Zwölf Jahrhunderte Kuppelbau

Die kaiserzeitlichen Römer liebten, ganz im Gegensatz zu den alten Griechen, die großen Gewölbe und Kuppeln. Sie hatten dafür im 1. Jahrhundert v. Chr. eine spezielle Technik entwickelt. Dank den Qualitäten heimischer Pozzuanerde konnten sie mit verschiedenen Steinzuschlägen große Spannweiten gießen. So entstand ihr sogenanntes *opus Caementitium*, das nicht zufällig unserem Zement den Namen gab. Kuppeln dieser Art haben den Vorzug, daß sie kaum Schubkräfte nach außen entwickeln, sondern einfach – wie eine umgestülpte Schale – auf Mauern und Pfeilern ruhen und sie senkrecht belasten. Nur so war es möglich, Kuppeln von über 30 Metern (Caracalla-Thermen), ja von 43,60 Metern Durchmesser (Pantheon) dauerhaft für viele Jahrhunderte zu bauen. Bei Hadrians Pantheon setzte man mit wachsender Bauhöhe dem ›Zement‹ immer leichtere Zuschlagstoffe bei, zuletzt Bimsstein und anderes vulkanisches Auswurfmaterial, genauso, wie wir es heute bei Beton tun [Thode 1975, 9, 135].

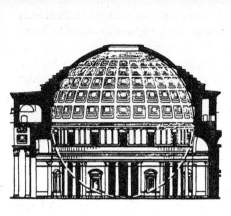
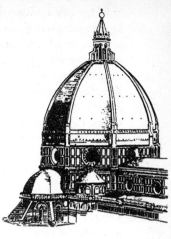

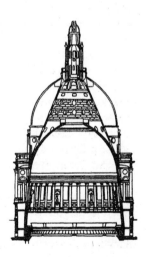

Abb. 3 Kuppeln: Rom, Pantheon, 1. Jh. v. und 2. Jh. n. Chr., Dm. (Durchmesser) 43,6 m / Florenz, Dom, ab 1357, Kuppel ab 1420, Dm. 42 m / Rom, Petersdom, ab 1506, Kuppel ab 1588, Dm. 41,40 m / London, Saint Paul's Cathedral, ab 1675, Dm. 32 m [Koch 1990, 34, 173, 227, 245]

Erst die frühe Renaissance reichte mit der Florentiner Domkuppel (42 Meter) an diese ebenmäßigste aller Kuppeln heran, ja übertraf sie in der Höhenentwicklung, mußte aber dazu eine neue, zweischalige Konstruktion erfinden, die dann auch die Peterskuppel in Rom ermöglichte. (Diese bleibt im lichten Durchmesser mit 41,40 Metern etwas hinter dem Pantheon zurück, erreicht aber mit 132,50 Metern mehr als die dreifache Gesamthöhe.) Natürlich haben die alten Römer auch in Haustein gewölbt, wie uns der unvergleichliche Aquädukt von Segovia eindrucksvoll beweist, aber sie setzten diese Technik vorzugsweise bei Bögen und Bogenstellungen, kaum bei größeren Gewölben ein.

Die Byzantiner, denen möglicherweise die Pozzulanerde fehlte, übernahmen aus dem römischen Nordafrika eine andere Leichtbauweise: Spiralig ineinandergesteckte und vermörtelte Tonamphoren reduzierten seit dem 2. Jahrhundert n. Chr. das Deckengewicht ganz erheblich. Seit dem 4. Jahrhundert dienten dazu im Westen schlanke Tonröhren, die sogenannten »tubuli«. Mit ihnen wurde 548 die Hauptkuppel von San Vitale in Ravenna geschlossen: Bei einer Höhe von fast 28 Metern und einem Durchmesser von 15,60 Metern ist ihre Wölbung nur 30 Zentimeter stark [Thode 1975, 147-152] und ungleich leichter als jedes noch so dünne Steingewölbe.

Die phantastischste Kuppel von Byzanz ruht auf Pfeilern aus Steinquadern, ist aber selbst in radial verlegten Ziegeln gemauert. So konnte 537 die Hagia Sophia in Konstantinopel geschlossen werden, obwohl die Mittelkuppel fast 33 Meter an Durchmesser erreicht und das gesamte vielkuppelige Gewölbe eine Fläche von bis zu 33 mal 80 Metern deckt. Was wir heute sehen, ist allerdings eine um 6 Meter höher gewölbte Kuppel, nachdem die erste, zu flach geführte, bereits 558 eingestürzt und sofort erneuert worden ist [Thode 1975, 9, 23, 173].

In massivem Stein wagten die Byzantiner selten und auch dann nur kleine Wölbungen; allenfalls die ›eingemeindeten‹ Goten kamen für das Grabmal Theoderichs auf die Idee, einen gewaltigen Monolith zur Flachkuppel umzuformen und dem Bau in Ravenna aufzusetzen.

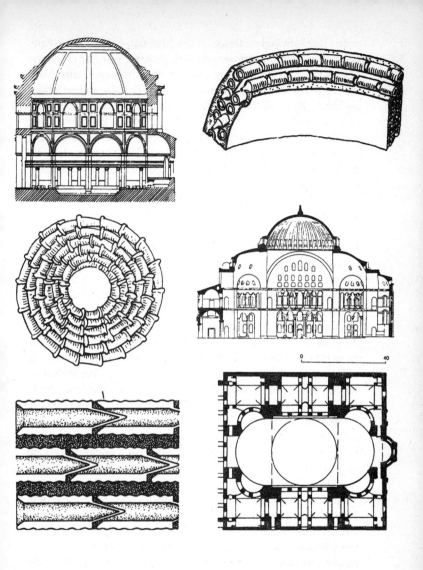

Abb. 4 Römische und byzantinische Kuppeln und ihre Bautechnik: Rom, Tempel der Minerva Medica, um 300 oder 4. oder 5. Jh. / Spiraliges Amphorengewölbe in Aufsicht und perspektivisch / Tubuli-Gewölbe / Konstantinopel, Hagia Sophia, 532 - 537, Grund- und Aufriß [Blaser 1983, 34; Grassnick 1978, 111; Koch 1990, 41, 47; Lecourt 1988, 70]

Im Byzantinischen Reich ist seit Justinian († 565) keine Kuppel mehr gewölbt worden, da wir auch die um 740 erneuerte Hagia Irene in Konstantinopel der Zeit Justinians zurechnen dürfen [Prokop I, 2]. So beträgt Aachens Zeitabstand zu byzantinischen Kuppeln fast 250 Jahre. Im römischen Westen wurden seit der Verlagerung der Hauptstadt an den Bosporus keine größeren Profanbauwerke mehr errichtet; die Kirchen aber waren ohnehin nie gewölbt, allenfalls die Baptisterien. Je nachdem, ob man den sogenannten Tempel der Minerva Medica, direkt an der römischen Statione Termini gelegen, auf 300, ins 4. oder 5. Jahrhundert datiert, beträgt Aachens Abstand zu weströmischen Gewölben 350 bis 500 Jahre.

Die germanische Baukunst kam hingegen vom Holzbau her und kannte zunächst überhaupt keine Gewölbe. Erste Bauten entstanden allenfalls im westgotischen und asturischen Spanien, ohne über recht kleine Dimensionen hinauszukommen [dazu Illig 1995 a]. So ist völlig unklar, wie Aachens Baumeister zu ihrem Wissen kamen, ›einfach so‹ eine schwere, monumentale Kuppel dieser Höhe zu wölben. Denn mit jedem zusätzlichen Meter an Höhengewinn wird es schwieriger, die Schubkräfte abzufangen, und Aachen erreicht über 30 Meter Höhe: In der Literatur finden wir Innenmaße von 30,49 Metern [Weisweiler 1981, 235], 30,65 Metern [Haupt 1913, 14], 31,70 Metern [Faymonville 1916, 76]; andere Autoren bringen 29,50 bis 32 Meter in Ansatz. Das dortige Können wirkt noch beispielloser, wenn wir erfahren, daß diese Kuppel von einem regelrechten Eisenkorsett zusammengehalten wird (im Detail s. S. 255).

Aachen ist demnach die Demonstration einer aus dem Nichts auftauchenden, aus dem Stand heraus hochentwickelten Technik. Sie setzt sich seltsamerweise nach diesem abrupten Höhepunkt nicht mehr fort. Man könnte dies mit dem raschen Abstieg des karolingischen Reiches in Verbindung bringen. Aber auch dann müßte es rätselhaft bleiben, daß ziemlich genau 200 Jahre später die Gewölbebaukunst noch einmal und noch dazu ganz von vorne beginnen mußte.

Das alles wird weiter unten behandelt – hier soll zunächst

einmal nur das burgundische Tournus angesprochen werden. In der Vorkirche von Saint-Philibert werden in den ersten Jahrzehnten des 2. Jahrtausends erstmals alle drei, wenn auch noch immer kleine Schiffe gewölbt, wobei noch nicht gewagt wurde, die schweren Mauern durch Fensteröffnungen zu schwächen [Aubert 1973, 48]. »In der Wölbung aller Schiffe ist die Vorkirche von Tournus das früheste erhaltene Denkmal eines gewölbten Längsbaus im nördlichen Europa. Erst einige Jahrzehnte später tritt die Wölbung auch in Großbauten auf« [Adam 1968, 75].

Mit Großbau könnte zunächst Alt-St.-Heribert in Köln-Deutz gemeint sein [dazu etwa Kalokyris 1991, 147]. Der einstige Bau von 1020 hatte ovalen Außengrundriß, wirkte aber innen wie ein Oktogon mit Nischen, hatte wie Aachen einen Westbau samt hochgewölbter Eingangsnische und wird mit einer erstaunlichen Kuppel von ca. 18 Metern Innenmaß rekonstruiert. Nachdem aber bei dieser mehrmals vollständig umgebauten Kirche bauarchäologische Beweise für die Wölbung fehlen, lassen wir diesen Bau beiseite und wenden uns dem Speyerer Dom zu. Der frühsalische Bau von Speyer I wurde ab 1025 errichtet. »Die weiträumigen Seitenschiffe werden von Kreuzgratgewölben überspannt. *Speyer ist der erste abendländische Bau großen Ausmaßes, bei dem Gewölbe angewandt wurden, eine Neuerung* von unabsehbaren Konsequenzen« [Adam 1968, 80].

Wir interessieren uns hier noch nicht für diese Gewölbe, sondern nur für die Vierung. Sie überspannt 15 Meter und ragt vom Langhaus gerechnet 50,15 Meter auf. An diesem Ort wird Aachen erstmals übertroffen – nach 1100 und damit nach mehr als 300 Jahren. Konstruktiv gesehen handelt es sich wie bei Aachen um eine Kloster- oder Faltkuppel, die nicht gerundet wird, sondern aus einzelnen Stichkappen zusammengesetzt ist [Maas 1984, 17; Lecourt 1988, 41].

Es gibt also mehrere Gründe, wenn uns der Dom zu Aachen nicht nur erhebt, sondern gleichzeitig in tiefe Zweifel stürzt. Wie kommt es, daß ein Bau ganz ohne Vorläufer entsteht und so lange ohne halbwegs adäquaten Nachfolger bleibt? Wieso konnte man in Aachen ›aus dem Stand heraus‹ eine äußerst hohe Kuppel in Stein wölben, ihre Schubkräfte beherrschen, um anschließend nicht nur 300 Jahre lang mit einem gleichwertigen Nachfolger zu warten, sondern sogar auf ein Niveau zurückzufallen, das verzweifelte Ähnlichkeit mit einem völligen Neuanfang hat? Hatten denn Karolingerzeit und »karolingische Renaissance« gar keine direkten geistigen Verbindungen zur nachfolgenden Zeit, obwohl sie doch ganz Europa befruchtet haben sollen?

Wir unterbrechen an dieser Stelle unseren Rundgang durch den Dom zu Aachen, werden aber auf diesen ebenso wunderbaren wir verwunderlichen Bau noch des öfteren zurückkommen. Denn er enthält nicht nur diesen zentralen Anachronismus in Gestalt seiner majestätischen Kuppel, sondern mehr als zwei Dutzend zeitlicher Ungereimtheiten, die ihn zu einem Kronzeugen gegen das Karolingerreich wie gegen ›seinen‹ Bauherrn Karl den Großen werden lassen. Wenn das allerwichtigste Zeugnis nicht nur der karolingischen Baukunst, sondern auch und gerade der fränkischen Kaiseridee ganz und gar aus der ihm bislang zugewiesenen Zeit herausfällt, dann ist dies ein Hauptargument für jene These, die in diesem und nachfolgenden Büchern dargelegt wird.

Im weiteren Gang der Untersuchung werden sich immer neue derartige Ungereimtheiten herausstellen. Bei ihnen wird der ohnehin genug strapazierte Leser nicht immer aufs neue dasselbe Aha-Erlebnis haben. Deshalb werden alle weiteren Beispiele unter dem Blickwinkel geschildert, daß die Karlszeit eine fiktive, künstliche sein könnte, die, aus welchen Gründen auch immer, in die tatsächliche Historie geraten ist und wieder aus ihr eliminiert werden muß. Die These selbst kann erst nach vielen derartigen Beispielen ihre Glaubwürdigkeit gewinnen. Nachdem aber kein Leser bereit ist, über mehrere Bücher hinweg das ganze frühe Mittelalter auszuschreiten, bevor er mit der dann banal gewordenen Schlußfolgerung konfrontiert wird, ist dieser abgekürzte Weg gewählt worden. Er ist aber gleichwohl zulässig, nachdem die gesamte bisherige Literatur zu dieser Zeit vorliegt und vom kritischen Leser begleitend konsultiert werden kann.

So wenden wir uns nach diesem ersten Besuch der Aachener Pfalzkapelle ihrem Bauherrn und angeblichen Baumeister zu.

Karls Einschätzung einst und jetzt

Karl genoß und genießt, wie zwei Zitate aus unserem Jahrhundert belegen, allerhöchstes Vertrauen: »In Karl dem Großen hat die Geschichte des fränkischen Reiches und der karolingischen Dynastie ihren Gipfel erreicht, einen Gipfel, auf den in den nächsten Jahrhunderten die Völker und Könige des Abendlandes wie auf ein Ziel ihrer Sehnsucht zurückblickten. Nicht bloß, daß Karl als Feldherr und Staatsmann der hervorragendste Vertreter seines Hauses und seines Stammes war, durch ihn erhielten die Bestrebungen der vergangenen Jahrhunderte ihre höchste Vollendung, und *durch ihn hat das Jahrtausend, das ihm folgte, die tiefsten Einflüsse empfangen*« [Lintzel 1935, 40].

Und ein anderer Historiker ergänzt: »*Dank Karls Reformen [wurde] das Mittelalter abgekürzt, so daß die Neuzeit früher beginnen konnte* und sich die Menschen des Abendlandes mehrere Jahrhunderte harten Wegs ersparten« [Bayac 1976, 282].

Noch mehr Pathos stand im letzten Jahrhundert Victor Hugo zu Gebote: »Durch zehn Jahrhunderte strahlt die Gestalt Karls des Großen zu uns, der zu einer *doppelten Unsterblichkeit* aus dieser Welt ging. ›Magnus et Sanctus‹, groß und heilig sind die erhabensten Beiwörter, womit Himmel und Erde ein menschliches Haupt krönen können« [Brecher 1988, 163].

Es ist nicht selbstverständlich, daß eine historische Persönlichkeit von sehr viel späteren Beobachtern genauso gesehen wird wie von ihrer eigenen Mitwelt und von ihrer direkten Nachwelt. Bei Karl mögen sich zwar die Gewichte innerhalb der Gesamteinschätzung verschoben haben, doch diese selbst blieb – und das erscheint bemerkenswert – seit fast 1200 Jahren praktisch unverändert.

Noch vor der Kaiserkrönung, im Jahre 799, dichtete Karls enger Freund und ›Schwiegersohn‹ Angilbert ein Epos, in dem er anachronistisch früh alles zusammenfaßte, was späterhin über den Kaiser Karl in positivem Sinne ausgesagt werden konnte: der »Leuchtturm Europas«; der »Sieger und Triumphator, der über allen Königen der Erde steht«; das »*Haupt der Welt*; Gipfel Europas; der *Vater Europas*; der gütigste Vater; Held«; unser »Augustus« [Wies 1986, 7; Kalckhoff 1990, 120]. Karls geistiger Beistand Alkuin titulierte ihn als den »Bischof der Bischöfe« [Wies 1986, 7], andere Zeitgenossen apostrophierten ihn als »den Weisen« [Wies 1986, 7]. Das Ausnahmeprädikat »der Große« erhielt er schon zu Lebzeiten [Fleckenstein 1990 a, 7] oder doch bald danach, gegen 840 [Brecher 1988, 151]. Eine weitere Generation später feierte Notker Balbulus den Kaiser Karl »als einen schon vom Mythos umspielten Herrscher« [Lohse 1967, 337]. Einem Ausnahmehistoriker wie Leopold v. Ranke galt er – in seiner Weltgeschichte von 1884 – als »Vollstrecker der Weltgeschichte« [Braunfels 1991, 172], als »Wandler der Welt« [Wies 1986, 7] und als »Patriarch des Kontinents«, der die »Beziehungen zu den Anfängen der Menschengeschichte« stiftete [Borst 1967, 388].

Diesem Urteil hatte die Forschung in den letzten 100 Jahren kaum mehr etwas hinzuzufügen; Josef Fleckenstein spricht heute vom »Verwandler der Welt« [Fleckenstein 1990 a, 7].

Kann dieses Haupt der Welt, dieser »Vater des Abendlandes« [Bosl 1978, 109], der 1965 vom Europarat zum »Pater Europae« proklamiert wurde [Irblich 1993, 7], der dem Mittelalter als sein wahrer und eigentlicher »Gründerheld« galt [Fleckenstein 1990 a, 7], einfach zur Unperson, zur Fiktion erklärt werden?

Zur Quellenlage vier Musterfälle

Bleiben wir zunächst bei den Quellen. Die Ausnahmegestalt Karl scheint bestens belegt. Sein Biograph Einhard lebte Jahrzehnte an seinem Hof und hatte Muße, ihn postum zu schildern. Er wich dabei erheblich von der »bisher im Mittelalter herrschenden Art biographischer Darbietung in der Heiligenvita« ab, indem er die römische Biographie zu neuem Leben erweckte [Langosch 1990, 58]. Über des Kaisers Taten berichten weiterhin die »Reichsannalen« und, 70 Jahre nach seinem Ableben, der St. Gallener Mönch Notker der Stammler. Der schreibt nach fast einhelliger Forschermeinung bereits über die verklärte Sagengestalt Karl [Schreiber 1965, 119 ff.; Schmale 1985, 148] »ein einziges, ellenlanges Loblied auf Karl« [Clot 1991, 260]. Notker stirbt im Jahre 912, gerade am Ende der von mir als fiktiv erachteten Jahrhunderte.

In den nachfolgenden Zeiten, vor allem zwischen 1100 und dem 14. Jahrhundert, ist immer weiteres Material in die französischen, deutschen und nordischen Karlsepen aufgenommen worden. Auch ohne die 117 Sagen heranzuziehen, die sich um ihn ranken [Pfeil 1967], liegt so viel Material über den ersten Kaiser des Abendlandes vor, daß eine mächtige, fünfbändige Monographie über ihn, seine Zeit und sein Nachleben die vorhandenen Quellen nicht ausschöpfen konnte [Braunfels et al. 1965-1968].

Demnach müßte seine Biographie hinreichend bekannt sein. Wir prüfen diese scheinbar ebenso triftige wie triviale Feststellung, indem wir vier zentrale Stationen seines Lebenslaufes betrachten.

Geburt

Zeit und Ort seiner Geburt sind unbekannt. *Ein gutes Dutzend* Orte streiten sich um die Ehre, seine Niederkunft erlebt zu haben, so daß auch ich nur 10 Kilometer von zwei dieser ›Geburtsstätten‹, der Gautinger Reismühle und den fast benachbarten Resten der Karlsburg, beide im Würmtal gelegen, entfernt wohne. Konkurrierend werden ansonsten genannt: das an der Wurm liegende Aachen, das heute belgische Heristal, Ingelheim, das ebenfalls belgische Jupille, Karlstadt am Main, Lüttich, das bayerische Oberzeismering, Quierzy, Saint-Denis und Worms [Mühlbacher o. J., 121 f.]. Schon 1861 räumte die belgische Akademie der Wissenschaften ein, daß weder Lüttich als Geburtsort gesichert noch sonst etwas Genaueres über einen solchen auszumachen sei [Borst 1967, 393]. Gewissenhafte Karlsbiographen legen sich seitdem auf keinen Geburtsort mehr fest [so zuletzt Kerner 1988, 14, oder Kalckhoff 1990, 32, 251]; nur ganz Karlsfixierte sind sich heute sicher, daß Karl auf der »Bertradaburg« in Mürlenbach bei Prüm geboren worden sei [Trees 1993].

Als Geburtstag wird relativ eindeutig der 2. April berichtet [Abel 1883, 10], aber Karls *Geburtsjahr* schwankt zwischen 742, 743 und 747. Bekanntlich läßt sich kein Horoskop ohne Kenntnis von Tageszeit, Tag, Jahr und Ort der Geburt erstellen. Obwohl wir aber bei Karl gründlich im dunkeln tappen, stehen für Astrologen »seine Geburtsdaten [...] einwandfrei fest«. Und so können sie selbstverständlich Karls Ausnahmestellung bestätigen: »Schwerlich kann man ein typischeres Horoskop für einen derart im Mittelpunkt stehenden Regenten finden« [Sandauer 111 f.]. Wir werden aber feststellen [s. S. 86], daß auch die rückwirkend ausgesprochene und vorab erfüllte Prophezeiung keine Erfindung des 20. Jahrhunderts ist.

Mangels exaktem Geburtsjahr bleibt unklar, ob seine Eltern Pippin und Bertrada zum Zeitpunkt der Zeugung schon verheiratet waren. Die These einer illegitimen Geburt galt schon Ende des 19. Jahrhunderts für widerlegt [Mühlbacher o. J., 123] und gilt heute als irrelevant [Fleckenstein 1990 b], wird aber gleichwohl von manchen Kennern für wahrscheinlich [Wies 1986, 68 f.] oder sogar für gesichert gehalten [Trees 1993].

Auch Karls Urahnen wurzeln im Nebulösen, obwohl noch zu seinen Lebzeiten die »erste Herrschergenealogie des christlichen Mittelalters überhaupt« niedergeschrieben wurde. Die Forscher sind sich seit langem einig, daß der Wurzelstock des Stammbaums »eine phantasievolle Konstruktion ist, die zur höheren Ehre des regierenden Hauses Versatzstücke aus älteren Schriftquellen nach Belieben verknüpft« [Schieffer 1992, 11]. Aber auch in seiner Krone nistet nicht gerade die Sicherheit. Karls Mutter Bertrada war nicht unbedingt Tochter von Bertrada d. Ä. und Graf Heribert (Charibert) von Laon [Nitschke 1963, 294], sondern möglicherweise eine bretonische Prinzessin oder ungarischer Herkunft oder Mitglied des byzantinischen Kaiserhauses [Mühlbacher o. J., 121 ff.]. Auch über das gemutmaßte Merowingerblut in Karls Adern ist noch keine

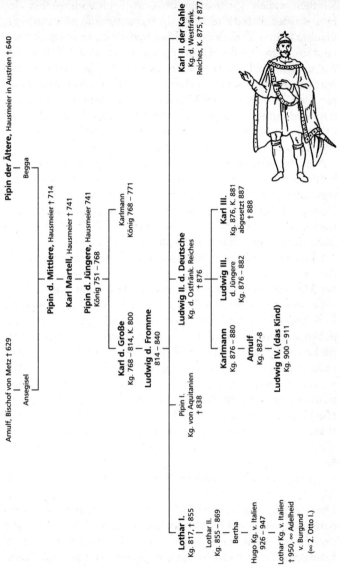

Abb. 5 Stammbaum der Karolinger / Mosaikbild von Karl dem Großen, Rom, Santa Susanna, 796 [Hartmann 1955, 81; Diwald 1990, 478]

Klarheit erzielt [Schneider 1990, 99]. Obwohl selbst der Humanisten-Papst Pius II. an die byzantinische Abstammung glaubte [Borst 1967, 365], rechnen wir all diese Vorstellungen zu dem verwirrenden Gestrüpp aus Sagen und Mythen, das den großen Karl um- und überwuchert. Würden wir auch dieses noch zur Gänze einbeziehen, müßten wir nicht zuletzt klären, von welchem Engel Karl das heilige Präputium bekam – jene Vorhaut Jesu Christi, die er an den Lateran weitergab und die noch heute im Petersdom als eines von 13 überkommenen Exemplaren verehrt wird [Deschner 1974, 120].

Viel gravierender ist, daß Einhard uns in aller Unschuld erzählt, er habe weder vom Kaiser selbst noch am Kaiserhof etwas über Karls Geburt, Kindheit und Jugend – immerhin bis zum 28. Lebensjahr [Herm 1995, 63] – in Erfahrung bringen können [Einhard, 4; Wies 1986, 67 f.; Braunfels 1991, 22]. Das ist angesichts seiner langen persönlichen Kontakte mit Karl und der kaiserlichen Familie ausgeschlossen; wir könnten allenfalls die Absicht herauslesen, die Geburt des Helden – analog zu antiken Heroen – in geheimnisumwittertes Dunkel zu hüllen.

Selbstverständlich hat die Mediävistik zu fast allen solchen Problemfällen Erklärungen wie diese Heldengeburt parat; sie geben aber nicht unbedingt die Realität wieder, sondern verdecken meist nur die Verlegenheit der Forscher. Das gilt selbstredend auch und gerade für den ›zwingenden‹ Schluß auf die voreheliche Geburt. Aber die Verknüpfung mehrerer Ungereimtheiten – changierendes Geburtsdatum, Kollision mit dem Hochzeitsdatum und die unklare Identität seiner Mutter – führt nicht unbedingt zu einem gesicherten Faktum.

Alleinherrschaft

Der nächste dunkle Schleier verdeckt die Umstände, dank derer Karl Gesamtherrscher der Franken geworden ist. Pippin der Jüngere hatte seine beiden Söhne Karl und Karlmann zu Königen salben lassen. Sie kamen miteinander auf den Thron und teilten sich 768 das Reich. Allzubald, 771, starb Karlmann, und Karl wurde Alleinherrscher. Doch nach welchem Recht?

Nach fränkischem Recht hätte Karl keinen alleinigen Anspruch auf die Herrschaft gehabt. Königin Gerberga, also Karlmanns Witwe, und ihre Söhne wären gleichberechtigte Anwärter auf den Thron gewesen und hätten neben Karl regieren dürfen [Wies 1986, 73]. Trotzdem tritt Karl plötzlich als Alleinherrscher auf. Ihm war ein »lupenreiner, kaltblütig durchgeführter Staatsstreich« gelungen [Herm 1995, 83]. Einhard [3] und die »Reichsannalen« [Jahr 771] verniedlichen das Problem, während Historiker den allerchristlichsten Karl als Machiavellisten verdächtigen. Karl habe sich mit Baiern, Langobarden und der päpstlichen Kurie gegen seinen Bruder verbündet, dem der Südteil des Reiches zugefallen war. Der 23jährige Karlmann hätte es angesichts dieser Koalition vorgezogen, rasch zu sterben, oder, edler formuliert: »Der Himmel griff in den Lauf der Dinge ein« [Clot 1991, 108]. Daraufhin bedankte sich Karl bei seinen überflüssig gewordenen Bündnispartnern auf seine Art: Er verstieß seine langobardische Frau, bekriegte und besiegte seinen langobardischen Schwiegervater Desiderius und stürzte mit Baiernherzog Tassilo seinen Vetter und Schwager [Lintzel 1935, passim]; beide bestrafte er mit ›lebenslänglich‹: den einen zu Verbannung [Einhard, 6], den anderen zu Klosterhaft.

Kaiserkrönung

Das größte Ereignis seines Lebens, die Kaiserkrönung, ist für uns zwar untrennbar mit dem Jahr 800 verbunden, sie steht aber in den »Annalen« unter dem Jahr 801 (was auf S. 87 eine Erklärung findet). Ein viel größeres Rätsel sehen die Historiker noch heute in einer bizarr anmutenden Frage: Wollte Karl seine Krönung oder ist er, der laut »Reichsannalen« zu bescheiden dafür war, vom Papst mit der Krone überrascht worden [Pfeil 1967, 332]? Aussagen wie: »Damit dürfte die Überraschungstheorie wohl überwunden sein« [Fleckenstein 1988, 99] oder: »Es kann gar kein Zweifel darüber herrschen, daß der gesamte Vorgang die volle Einwilligung Karls besessen hat« [Braunfels 1991, 86] lassen anklingen, daß dieses Problem noch immer keine befriedigende Lösung gefunden hat.

Eine relativ einleuchtende Theorie hat Carlrichard Brühl 1962 vorgestellt. Ihm zufolge wurde Karl wie sein alttestamentarisches Vorbild David dreimal gesalbt: in den Jahren 754, 768 und 771. Erstmals gekrönt worden müßte er vor 781 sein, vermutlich 768. Zusammen mit seinem Sohn wurde er 781 erneut gekrönt, was als Beikrönung zu bezeichnen ist. Demnach wäre er auch 800 nur beigekrönt worden, während sein Sohn Karl zum König gekrönt und gesalbt wurde. Diese Doppelkrönung am Weihnachtstag war geplant und vorbereitet; ungeplant sei jedoch die Akklamation durch die Römer gewesen, die der Papst inszeniert habe: »*Nicht die Krönung machte Karl zum Kaiser, sondern die Akklamation der Römer.* [...] Der Vorgang des Weihnachtstages 800 stellt sich uns somit dar als ›Kaiserakklamation gelegentlich einer Fest- und Beikrönung‹. [...] Es ist daher irreführend, von einer ›Kaiserkrönung‹ Karls d. Gr. zu sprechen« [Brühl 1962, 311 ff., seine Hvhg.; vgl. 304-316].

Diesen Erklärungsversuch einer ungemein heiklen Quellenlage hätte nicht zuletzt Widukind von Corvey gelten lassen, demzufolge Otto der Große nicht in Rom zum Kaiser gekrönt, sondern von seinem Heer auf dem Lechfeld zum Kaiser ausgerufen worden ist [Zimmermann 1971, 133]. Doch Carlrichard Brühl hat sich noch nicht durchgesetzt [trotz Grundmann 1976, 205, und Brühl 1990a, 503], und er muß eingestehen, daß die angeblich erste Krönung Karls mit keinem Wort überliefert worden ist.

Einhard übertrifft die angebliche Demut Karls noch, indem seine Vorrede zur Karlsvita nur vom König, nicht vom Kaiser spricht, obwohl Einhard zum Zeitpunkt der ›Kaiserkrönung‹ schon zehn Jahre lang am Hofe geweilt hatte [Classen 1965, 589]. Der Biograph spricht überhaupt nicht von einer Krönung oder Salbung, sondern nur zweimal von der »Annahme des Kaisertitels« [Einhard, 16, 29]. Noch gravierender: Nicht einmal in der kaiserlichen Kanzlei sprach sich die ›Kaiserkrönung‹ besonders schnell herum. Noch am 4. März 801 wurde eine Urkunde mit dem Titel der Königszeit ausgestellt [Schramm 1975, 13], und »erst ein halbes Jahr nach der Krönung ist die neue Bezeichnung auf einer Urkunde [vom 29. 5. 801] zu lesen« [Braunfels 1991, 66].

So nachrangig sollte dieses Ereignis, nach Ignaz von Döllinger »der wichtigste Tag für das nächste Jahrtausend« [Borst 1967, 389], von seiner direkten Umgebung eingestuft worden sein?

Spätestens nach dem Aufwachen einer offenbar schwerfälligen Verwaltung hätte »Karolus serenissimus augustus« als Kaiser in das Bewußtsein von Mitwelt und vor allem Nachwelt treten müssen. Aber nicht einmal das geschah. Die Fachleute kommen zu einem Fazit, das zumindest den Laien vor den Kopf stößt: »Der weit überwiegenden Mehrzahl der Literaten war die Tatsache [der Kaiserkrönung] bekannt« [Perels 1931, 14].

Damit wird eingestanden, daß es jahrhundertelang gewissermaßen ein Minderheitenvotum der Stupidität oder der Klugheit gab, dessen Vertreter den Kaisertitel schlicht ignorierten. Zu ihnen gehörten etwa die Historiker Andreas von Bergamo (9. Jahrhundert) oder Bonizo von Sutri (11. Jahrhundert), Gerhohs von Reichersberg (12. Jahrhundert) oder selbst der berühmte Nikolaus von Kues (Cusanus) aus dem 15. Jahrhundert. Für ihn setzt das Kaisertum erst mit Otto I. ein [Perels 1931, 16-19]. Dieser große Gelehrte und Kardinal kann als einigermaßen objektiv gelten, hat er doch gegen das Papsttum argumentiert – bei der Aufdeckung der klerikalen »Konstantinischen Fälschung« –, aber auch die Päpste unterstützt. Und hätte Cusanus geirrt, sollte dann auch Kaiser Maximilian I. beim Entwurf für sein aufwendiges Grabmal in Innsbruck geirrt haben? Dort durfte der große Karl nicht bei den kaiserlichen Ahnen und Vorgängern Aufstellung nehmen, sondern rangiert wie König Artus unter den »Helden« [Bullough 1966, 203].

Selbst die scheinbar banale Frage, wann denn nun eigentlich die erste Krönung bei den Franken stattfand, ist nicht eindeutig zu beantworten. Ein Teil der Forscher plädiert für Karl den Großen selbst, Carlrichard Brühl versucht einen fränkischen Krönungsbrauch schon zu Zeiten von Karls Vater, also von Pippin dem Jüngeren – etwa 751 –, wahrscheinlich zu machen, während Forscher wie etwa Karl Hauck eine erste Krönung schon für Chlodowech, das heißt im frühen 6. Jahrhundert, für bezeugt erachten [Brühl 1989, 430]. Die Details sind noch weit stärker umkämpft. Gibt es einen Festkrönungsbrauch nun seit Pippin, seit Karl dem Großen oder erst seit Otto dem Großen und dem Jahr 936, um erst im 11. und 12. Jahrhundert voll ausgebildet zu sein? [Brühl 1989, 427, 1962; 266]. Fand 751 unter Pippin dem Jüngeren die erste Salbung statt, waren wiederholte Salbungen bei den Franken üblich, während das byzantinische Vorbild keine Salbung kannte [Brühl 1962, 266, 305] und die französischen Könige ihren Kult mit dem heiligen Salböl erst im 12. Jahrhundert begannen? [Brühl 1990a, 57] Wann geht König oder Kaiser »unter Krone«, wann kann von Fest-, wann von Befestigungs-, wann von Beikrönung gesprochen werden? Gerade die staatstragendsten Zeremonien sind vergessen worden...

Tod

Wie es sich bei einem Mann seines Formats gehört, mehrten sich – wie Einhard uns berichtet [Einhard, 32] – vor seinem Tod die bösen Zeichen grausenhaft. Gemäß einer anderen Legende ereilte ihn der Tod, nachdem ihm die heilige Lanze aus den Händen gefallen war [Ripota 1994, 26] – Beispiel für den enormen Radius seines Sagenkreises. Am 28. Januar 814 stirbt der größte Herrscher der Christenheit, Herr eines vereinigten Europas, dessen Glanz den von Byzanz überstrahlt und länger als ein Jahrtausend leuchten wird. Es stirbt jener Potentat, der schon für die Zeitgenossen den »Leuchtturm Europas« darstellte. Doch wer erwartet, daß nun das größte Begräbnis Europas begangen wird, irrt gründlich. Laut Einhards Zeugnis wurde der Kaiser noch an seinem Todestag in der Aachener Pfalzkapelle beigesetzt.

Man höre und staune: Binnen sieben Stunden wird der erste Frankenkaiser wie eine Pestleiche verscharrt; keiner, der nicht zufällig in Aachen weilt, bekommt den Toten zu Gesicht, schon gar nicht sein Sohn und Nachfolger Ludwig (der freilich erst 30 Tage später eintrifft). In der Eile wurde sogar Karls Wunsch, in Saint-Denis an der Seite seines Vaters begraben zu

Abb. 6 ›Anno 1000 findet Kaiser Otto III. den unversehrten Leichnam Karls des Großen in seiner Gruft zu Aachen‹. Kupferstich nach dem Freskoentwurf von Alfred Rethel (1816 - 1859)

werden, übersehen, verdrängt oder mißachtet [Purlitz ≈ 1910, 38]. Souverän übergangen wurde auch Karls Verbot von Bestattungen innerhalb von Kirchen, das ›seine‹ Konzilien von Aachen (809) und Mainz (813) beschlossen hatten [Hausmann 1994, 119].

Doch es kommt noch seltsamer. Obwohl Einhard von einer Grabstätte mit vergoldetem Bogen, Konterfei und Inschrift spricht, scheint niemand an das Grab des ›Vaters Europas‹ zu treten, denn es gerät so schnell in Vergessenheit, daß erneut der Verdacht auf Pest keimen müßte. Angeblich verleiht die Furcht vor den Normannen dem Grab eine so gute Tarnung, daß es auch in friedlicheren Zeiten unauffindbar blieb. Erst Otto III. erinnert sich fast 200 Jahre später an Karl, sucht sein Grab und öffnet es nächtens im Jahre 1000. Dieser Karlsschwärmer kümmert sich zwar um die wundersam erhaltene Leiche – nur die Nasenspitze mußte er durch eine goldene ersetzen lassen –, nicht aber um die Tradierung der Grabstätte.

Deshalb bedarf es beim Karlsverehrer Friedrich Barbarossa einer kaiserlichen Vision, um im Jahre 1165 erneut das Grab zu finden und die Leiche zu exhumieren. Im selben Jahr, am 29.

Dezember, ließ er die Heiligsprechung von einem Gegenpapst durchführen, obwohl angesichts des vergessenen Grabes die Karlsverehrung keine überbordende gewesen sein kann. Um das Maß vollzumachen, wurde die Lokalisierung des Grabes anschließend ein drittes Mal – ganz ohne bedrohliche Normannen oder Ungarn – vergessen, und noch heute streiten sich die Kenner der Aachener Pfalzkapelle über die Lage von Gruft oder Grab. Dabei wird sogar ein Hochgrab für den in Sitzposition einbalsamierten Kaiser entworfen [Hausmann 1994, 117], als ob die Franken die Sofortmumifizierung gekannt hätten, die nur 7 Stunden, nicht 70 Tage wie bei den alten Ägyptern gedauert hätte ...

Gesichert erschien allenfalls, daß seit 1215 im Karlsschrein die Gebeine eines 1,92 Meter großen Mannes ruhen [Braunfels 1991, 117]. 1988 ergaben die Nachmessungen, daß die erhaltenen Knochen für ein Individuum von allenfalls 1,82 Meter Körperhöhe sprechen [Schleifring/Koch 1988]. Wie groß auch immer Karl der Große war: Stets wären seine kleinen Füße aufgefallen, denn Einhard [22] sprach davon, daß er 7 Fuß seines eigenen Maßes groß war ...

Dieses wiederholte Verschwinden des Grabes muß um so seltsamer anmuten, wenn man an Ottos I. Tod (973) und Grablege denkt. »Obwohl der [Magdeburger] Dom Kaiser Ottos des Großen 1207 durch einen Brand beschädigt und bald danach beseitigt wurde, um Platz für einen modernen Neubau zu schaffen, obwohl das kaiserliche Bauwerk also seit nahezu 800 Jahren nicht mehr existiert, hat man das Kaisergrab stets in Ehren gehalten« [Brandt 1993, 34].

Ein erstes Resümee

Diese vier Beispiele machen unverkennbar deutlich, daß ›unser‹ Karl nur höchst mühsam einem wilden Legendengestrüpp abzutrotzen ist, das nicht zuletzt deshalb so üppig wuchern konnte, weil die vielen Versionen einfach Überlieferungslücken verdecken, die bei einer so zentralen Figur zumindest arg befremden müssen. Die vier Beispiele und der zuvor geschilderte Anachronismus der Kuppel illustrieren verschiedene Problemstellungen.

- So beweisen die Sagen um *viele Geburtsorte*, daß die eigentliche Überlieferung allzu vage blieb und deshalb Legenden gesponnen werden konnten. Ob dies schlampigen Chronisten oder gezielter Desinformation zuzuschreiben ist, mag offenbleiben, auch wenn bedenklich stimmt, daß die blutsmäßige Abstammung Karls, die doch von höchster Bedeutung sein mußte, dermaßen im ungefähren blieb.

Eine fehlende Geburtsangabe ist als solche noch kein Grund, einem Altvorderen die Existenz abzusprechen. Sonst stünde auch Friedrich Barbarossa sofort auf der ›Abschußliste‹: »Über die frühe Jugend und Kindheit des späteren Kaisers ist so gut wie gar nichts bekannt. Selbst sein Geburtsdatum ist – *ganz entsprechend dem für diese Epoche typischen Phänomen der geringen Beachtung des Zeitpunktes der Geburt* – nicht unmittelbar bekannt, kann vielmehr nur mit einiger Wahrscheinlichkeit auf den Dezember des Jahres 1122 bestimmt werden [Opll 1990, 29].

Wir können aber anders schließen, wenn uns die Figur gefälscht erscheint. Das Fehlen des Geburtsdatums bei Karl dem Großen mag darauf hinweisen, daß zur Fälschungszeit eben kein Interesse an Geburtsdaten bestand; so gesehen könnte eine Fälschung gerade aus Barbarossas Zeiten stammen.

- Seine *seltsame Machtübernahme* spricht entweder für ein anarchisches Königtum oder für die schiere Unmöglichkeit, Genaueres aus den wenigen hierzu erhaltenen Unterlagen herauszulesen.
- Für die ›*Kaiserkrönung*‹ widersprechen sich die zu wenigen Dokumente dermaßen, daß sie sich gegenseitig desavouieren.
- Das *fehlende Grab* in einer ansonsten sehr gut erhaltenen Kirche signalisiert, daß archäologischer Befund nicht in Übereinstimmung mit den Chroniken gebracht werden kann. Die bis 1165, also für lange 350 Jahre, vermißte Verehrung des Karlsgrabes muß entweder so gedeutet werden, daß die

Überlieferung einen ganz realen Aspekt der Karlsverehrung unterschlagen hat oder daß es eben, trotz allen Überkaisertums, bis dahin weder eine verehrungswürdige Stätte noch einen Karlskult gab. Hat also Aachen freiwillig auf eine lukrative Karlswallfahrt verzichtet?

- Die *zu frühe* (oder auch zu späte) *Kuppel* macht deutlich, daß entweder die Kunstgeschichte die technische Evolution des Kuppelbaus falsch sieht oder daß die Kunstgeschichte der tradierten Datierung der Aachener Pfalzkapelle widersprechen muß. Es bliebe noch eine dritte Möglichkeit: Sowohl das überlieferte Baudatum samt Bauherr als auch der kunstgeschichtliche Nachvollzug von Gewölbe- und Kuppelbau sind falsch. Nachdem aber die architektonische Evolution in Tausenden von Bauten belegt ist, können wir diese dritte Möglichkeit ausschließen.

Und so muß das Mißtrauen gegenüber Karl dem Großen wachsen. Der nachfolgende Bericht über sein Tun und Handeln wird dieses Mißtrauen weiter steigern.

Teil I
KARL: DER ÜBERKAISER

Wenden wir uns dem *Menschen Karl* zu, der eine ungewöhnliche Reihe von Superlativen auf sich vereinigt. Zunächst war er eine gewaltige Erscheinung im Frankenland. Ein Riese von fast 2 Metern Höhe, breit gebaut und stark beleibt; ausgestattet mit Bärenkräften, hebt er bewaffnete Männer mit einem Arm hoch [Bayac 1976, 71] und zerdrückt vier Hufeisen zwischen seinen Händen [Wahl 1948, 157]. Der scheinbar schwerfällige Koloß war der beste Schwimmer am Hof und ein glänzender Reiter [Wahl 1948, 156] auf bedauernswerten Pferden. Gleichwohl ritt er unermüdlich: Er hat in seinem Leben eine Strecke zurückgelegt, die je nach Berechnung zwei- bis viermal den Äquator umspannt [Ohler 1991, 209]. Wenn es sein mußte, ritt er Tag und Nacht, ohne Schlaf, von Italien an den Rhein und von dort gleich weiter zu den Pyrenäen [Wahl 1948, 157]. »Etwas Vergleichbares hat man in Europa vor Napoleon nicht wieder gesehen« [Werner 1995, 398].

Diese Ausdauer war in seiner Familie nichts Außergewöhnliches: Da er seine Töchter so liebte, daß er sie weder durch Heirat verlieren noch ihre Anwesenheit missen wollte, durften oder mußten sie ihn auf all seinen Wegen begleiten; von 802 bis 810 führte er auch noch seinen weißen Elefanten Abul Abbas mit sich [Faber 1984, 169; Clot 1991, 131]. Das Heiratsverbot für die Töchter galt natürlich nicht für den Patriarchen selbst. Die Kraft seiner Lenden reichte aus, um mindestens *18 Kinder mit 10 Frauen* zu zeugen, von denen immerhin vier mit ihm verheiratet waren: die rasch verstoßene langobardische Königstochter Desiderata (770-771), die alamannische Herzogsenkelin Hildegard (771-783, neun Kinder), die fränkische Grafentochter Fastrada (783-796, zwei Kinder) und die Alamannin Liutgard (796-800). Rudolf Pörtner führte noch 1964 eine fünfte Gattin auf: die »fränkische Edeldame« Himiltrud (ein Kind), die Karl noch vor Desiderata beglückt haben sollte [Pörtner 1964, 265]. Wie heißt es doch so schön? »Er war der Frauenliebe sehr bedürftig« [Freytag 1866, 269].

Es muß allerdings auffallen, daß selbst bei Königinnennamen die Überlieferung ins Straucheln kommt. So war der Name der langobardischen Königstochter offenbar zum Vergessen verurteilt: »Einige Historiker nennen sie Desiderata, andere Ermengarde oder auch Bertrade« [Bayac 1976, 379]; ein letzter führt sie schließlich als »N, Tochter des Langobardenkönigs Desiderius« [Riché 1981, 441].

Und noch ein Name entfiel Einhard: In den wenigen Trauermonaten zwischen Fastrada und Liutgard zeugte Karl eine Tochter, deren Mutter namenlos blieb [Einhard, 18]. Unser Kaiser blieb bis ins hohe Alter rüstig und lendenstark: Als 58jähriger Witwer lebte er mit vier Konkubinen und geriet sogar in den Verdacht der Blutschande, habe er doch mit seiner Schwester Gisela seinen späteren Paladin Roland gezeugt [Herm 1995, 123]. Ende des 19. Jahrhunderts kannte man mit Adallind, Gerswinda und Regina nur drei Nebenfrauen, dafür fünf Kinder von ihnen [Mühlbacher o. J., 328], was eine Gesamtzahl von 19 Sprößlingen ergab. Seitdem sind fünf bis sechs Nebenfrauen benennbar: Adelinda, Amodru, Gervinda, die schon als fünfte Gattin genannte Himiltrud, Madelgard und Reina [Pörtner 1964, 266]. Weitere Varianten nennt Siegfried Rösch [1977, 63 f.]

Als er sich seinen ›Harem‹ hielt, hatte er bereits Aachen als seinen ständigen Regierungssitz ausgewählt – ein Vorgriff auf viel spätere Kaiserzeiten. Den Ausschlag bei der Wahl sollen die warmen Quellen gegeben haben, die seine Gichtqualen erträglicher machten; sein Podagra brauchte ebenso sorgliche Zuwendung wie seine Potenz.

Karls Lebenswandel war strapaziös: Nur in zwei von 46 Regierungsjahren führte er keinen Krieg [Wies 1986, 169] und war auch sonst ununterbrochen tätig. Zu Aachen stand er jede Nacht vier- bis fünfmal auf [Einhard, 24], um seine Mitwelt auch nachts zu kontrollieren. Laut Notker wurden die Unterkünfte seiner Leute so um seinen Palast herumgebaut, daß er durch das Gitter seines Söllers alles beobachten konnte [Notker, 30; Kalckhoff 1990, 114]. So ertappte er auch seinen Hofchronisten Einhard beim ›Fensterln‹, eine Facette, die im 12. Jahrhundert hinzuerfunden worden ist [Schreiber 1965, 111].

Diese Bemühungen um *Omnipotenz, Omnipräsenz und Allwissenheit* passen gut zu seiner Psyche und zu seinen Strebungen, die allesamt ebenso monumental waren wie seine Physis. Einhard hielt ihn für ein Musterexemplar an Redlichkeit, Sanftmut, Güte, Bescheidenheit und Nächstenliebe [Pfeil 1967, 327], und ein späterer Biograph faßt das Urteil des Mittelalters so zusammen: »Karl – darin sind sich die Zeitgenossen einig – besaß genügend Weisheit [...], Klugheit [...], Scharfsinn [...], Voraussicht [...] und Durchblick [...], um den nötigen Rat zu schaffen« [Kalckhoff 1990, 112].

Zwangsläufig bedarf es eines weiten Horizonts, um diesen Karl in seiner ganzen Größe zu erfassen.

Der ideale Jurist

Beginnen wir beim *Juristen* Karl. Der ließ das Recht aller Völker, die seiner Herrschaft unterstanden, »feststellen und aufzeichnen« [Kalckhoff 1990, 136]. Ob diese Tätigkeit sich im wesentlichen auf die Niederschrift beschränkte oder echte *Gesetzgeber*tätigkeit einschloß, ist umstritten [Kroeschell 1972, 74; vgl. Niemitz 1991 b]. Karl ließ salisches wie ripuarisches Recht, also beide Frankenrechte, vollständig überarbeiten [Kalckhoff 1990, 137], außerdem das römische der Aquitanier und das der Burgunder [Bayac 1976, 175]. Laut Pierre Riché »ließ [er] die *Lex Salica, Lex Alamannorum, Lex Baiuvariorum* überarbeiten, die *Lex Saxonum* und *Lex Frisionum* ließ er kodifizieren« [Riché 1981, 166; seine Hvhg.].

Heute wird allerdings bezweifelt, daß diese geschriebenen Volksrechte jemals praktischen Nutzen gehabt hätten [Fried 1991, 156] – schon das ein mehr als seltsamer Gedanke. Darüber hinaus war er in seinen Kapitularien laufend als Gesetzgeber aktiv – ein Brauch, der 898 ausstarb [Kalckhoff 1990, 138], gleichwohl aber von Otto I. und Otto II. wieder gepflegt worden ist [Kroeschell 1972, 75]. 112 Gesetze hat er erlassen [Wahl 1948, 211], dazu Anordnungen sonder Zahl – und er ist nicht nur Recht setzender *Generalist*, sondern gleichermaßen *detailversessener Pedant*: »Er hat sogar verboten, daß die Trauben bei der Weinlese mit den Füßen in den Bottichen getreten werden« [Bayac 1976, 18].

Diese Detailversessenheit, diese ›Mikrophilie‹ eines strategisch und geschichtlich denkenden Mannes, der über rund 1 200 000 Quadratkilometer (heutiges Deutschland: 357 000 Quadratkilometer) und vielleicht zehn Millionen Untertanen herrschte [Braunfels 1991, 148], ließ die Forscher immer wieder stutzen: »Zu den Merkwürdigkeiten in *Karls utopischen Erlassen* gehört, daß er einem Volk, das weder schreiben noch lesen kann, durch lateinische Gesetze *auch die geringsten Kleinigkeiten* vorschreiben wollte« [Braunfels 1991, 79].

Derselbe Autor fragt sich an der gleichen Stelle, ob wenigstens ein Teil von Karls rund 400 Grafen lesen konnte und vielleicht auch noch so viel Latein verstand, um die strikten Anweisungen Karls auch nur zu registrieren. Für Braunfels ist es das absonderlichste, daß Karl in einem Kapitular (»de villis«) jedem Hofgut dasselbe Apothekergärtchen mit denselben 16 lateinisch bezeichneten Pflanzen vorschrieb [Braunfels 1991, 79]. Aber es war nun einmal »das Signum Karls, daß er in allem um brauchbare Normen bemüht war« [Fleckenstein 1988, 72]. Wir werden diesem Bemühen um Systematik in der Scholastik des 12. Jahrhunderts wiederbegegnen.

Der Jurist Karl hat außerdem die Ämter des *Schöffen* und des *Staatsanwalts* ins deutsche Recht eingebracht [Kalckhoff 1990, 146], dazu das *Rügeverfahren* und den *Inquisitionsbeweis* [Kerner 1988, 32]; obendrein sollen *Femegericht* und *Kurfürstenkolleg* [Kalckhoff 1990, 242] sowie die *Grafschaftsverfassung* auf ihn zurückgehen [Borst 1967, 365]. Es ist kein Wunder, wenn ihn sein Biograph Rudolph Wahl als Volkskönig ohne jedes Pathos darstellt, der an allen seinen Aufenthaltsorten Recht sprach und dabei immer *unfehlbar gerecht* blieb [Wahl 1948, 157]. Daß er

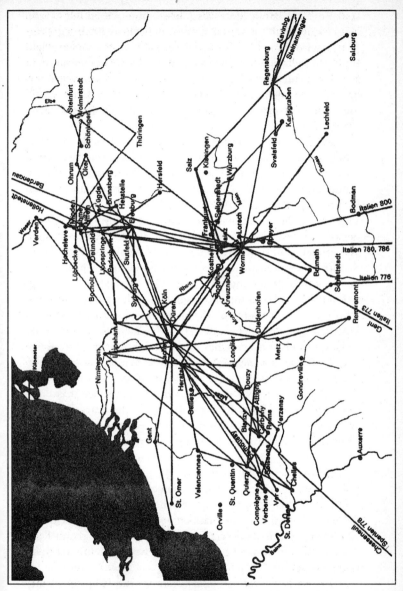

Abb. 7 Itinerar: Karls Reisen und Feldzüge [Bullough 1966, 50]

kein Problem damit hatte, als Christenmensch an der Spitze einer Sklavenhaltergesellschaft zu stehen [Bois 1993, 25, 41 f., 48 f.], wird ihm nie als Widerspruch in sich angekreidet. Immerhin wurde von Gerhard Herm kritisch angemerkt, daß sich »ein Hauch von Polizeistaat« ausbreitete, als alle auch nur halbwegs erwachsenen Untertanen auf den Herrscher vereidigt und Eidverweigerer angeklagt werden sollten [Herm 1995, 213].

Zweierlei will hier eingeschoben werden. Was das Rechtswesen betrifft, mangelt es bedenklich an Ursprungsmaterial: »Selbst aus der Karolingerzeit liegen nur sporadische Quellenfunde vor. Exemplarisch ist dies für die große Gattung der Kapitularien zu belegen« [Schneider 1990, 93].

Weiter stellten kritische, kontinuitätsbewußte Beobachter des öfteren fest, daß so manche Karlserfindung bereits früher aufgetreten sein muß. So gelten die Maßnahmen Karls zum Schöffeninstitut manchem Forscher schon lange nicht mehr als eine »radikale Neuerung« [Dopsch 1924, 148 f.].

Und was Karls Gesamtbild angeht, so sollte es unverkennbar Ähnlichkeiten mit dem von König Salomo gewinnen. Salomo, wörtlich »der Friedliche«, der Fürst der Weisheit und Gerechtigkeit, der Haremsherrscher, der Pferdenarr, der große Krieger, der Förderer seines Volkes ... ihm wurde Karl sogar direkt zugeordnet, denn in seinem Gelehrtenkreis wurde er, wie Salomos Vater, David genannt. »Das [fränkische] Volk, das von diesem gesalbten König geleitet wurde, war ein auserwähltes Volk, ein neues Volk Israel [...]. Die Übereinstimmung zwischen Karolingerkönigen und römischer Kirche verglich man mit dem Alten Bund zwischen dem Volk der Juden und Gott« [Riché 1991, 354].

Die Parallelen zum Judentum lassen sich sogar vertiefen. Der in die Abenddämmerung verschobene Tagesbeginn (s. S. 72) entspricht jüdischem Glauben genauso wie Karls schnelle Bestattung. Außerdem verlängert Gott einen Tag, damit Karl seinem Paladin Roland helfen kann – wie einst für Josua zu Gilead [Josua 10, 12 f.].

Auch Karls *troianische Abstammung* wurde lange geglaubt, vor allem in Frankreich. Erfunden hat sie vielleicht der sogenannte Fredegar, der als ersten Frankenkönig Priamos von Troia zählt. Wie wir im weiteren Verlauf erfahren werden, dürften jedoch erst Abbo von Fleury und sein Mönch Aimon um 1000 diese Tradition installiert haben. Sie wurde weithin akzeptiert und erst 1714 durch Nicolas Fréret zerstört [dazu Werner 1995, 39-43, 50], aber noch 1863 ein letztes Mal ›wissenschaftlich‹ zu retten versucht [Brühl 1990 a, 56].

Die Mediävisten streiten noch immer darum, wie viele von Karls Gesetzen authentisch, wie viele später und zu wessen Ehre nachgeschoben worden sind. So ist etwa der Vorwurf erhoben und wieder zurückgewiesen worden, »Lex Salica« und »Lex Ripuaria« seien genauso Fälschungen wie Karls »Admonitio generalis« von 789 und die Kapitularien von Diedenhofen (805); auch um die Echtheit von Karls erstem Kapitular und von dem Konzil samt Kapitular »de clericorum percusoribus« wird gerungen [Schmitz 1988, 79, 92, 94]. Schließlich erlebte das ohnehin fälschungsverseuchte Mittelalter zu Zeiten Karls und seiner Nachfolger einen Höhepunkt besonderer Art: »Das 9. Jahrhundert gilt wohl mit Recht als die ›*Zeit der großen Fälschungen*‹ [...] Aus der *Blütezeit der Rechtsfälschungen*, aus der Zeit um 850 kennen wir einige recht gut bezeugte Kontroversen über die Echtheit von Dokumenten« [Hartmann 1988, 111].

Vom Ethnologen bis zum Germanisten

Trotz seiner unendlichen ›Detailfieselei‹ war Karl ganz und gar nicht mit der Jurisprudenz ausgelastet, sondern nahm Einfluß auf eine Vielzahl weiterer geistiger Betätigungen. So war er wohl der erste Europäer, der als *Volkskundler* agierte, denn er ließ die volkssprachlichen und altehrwürdigen Lieder sammeln und aufschreiben [Kalckhoff 1990, 136]. Leider ließ sein Sohn und Nachfolger Ludwig alles wieder vernichten, so daß wir Einhards Bericht weder bestätigen noch widerlegen können; so will vielleicht auch die Beurteilung als »unschätzbarer Verlust« [Eggers 1963, 46] zwiefach verstanden werden. Trotzdem machten sich findige Geister daran [Leyen 1954], die verlorenen Lieder dieser verlorenen Handschrift beschreiben zu wollen...

Den Volkskundler könnte man genausogut als *Mythologen* bezeichnen, denn Karls Sammlung umfaßte auch die alten Heldenlieder. Niemand weiß, wann und wie dieser Teil verlorenging [Kalckhoff 1990, 173].

Der Sinn für ordnende und sammelnde Aktivitäten prädestinierte ihn zum *Philologen*. Er kümmerte sich gleichermaßen um die Bewahrung des Überkommenen wie des Lebendigen: »Karl ließ die gänzlich verwilderte lateinische Sprache und ebenso die Schrift säubern und glätten« [Lintzel 1935, 53].

Mit *Schriftglättung* ist der Übergang von der merowingischen Kursive zur karolingischen Minuskel gemeint. Gemäß Henri Pirenne (1936) hatten Alkuin und irische Schreiber diese Schrift in höchstem Auftrag entwickelt; das Jahr 781 und das Evangeliar von Godescalc stehen für ihren Beginn [Pirenne 1963, 239]. Später ging man davon aus, daß sie weder von Karl noch von seinem angelsächsischen Vor- und Mitdenker Alkuin erfunden, aber von beiden nach Kräften gefördert worden sei [Bayac 1976, 252]. Heute wird angefügt, daß sich die karlische Bildungsreform sehr bewußt »einer neuen Einheitsschrift [bediente], in der die gültigen Texte geschrieben sein sollten« [Irblich 1993, 12; auch 17].

Dabei muß jedoch ignoriert werden, daß die karolingische Minuskel bereits in vorkarolingischer Zeit auftritt: »Im 7. Jahrhundert wurde in Nordfrankreich eine neue Schrift erfunden, die sich von der Kursive herleitete und diese in eine elegante und kraftvolle Schreibweise umwandelte. Diese ›Minuskel‹-Schrift erscheint in einem Kodex von 669 in Luxeuil (Haute-Saône), einem von St. Colombanus 590 gegründeten Kloster, und, verbessert, im ›Missale gothicum‹ und im Lectionar« [Verzone 1979, 156].

Hat man also probeweise schon 100 Jahre früher einmal die Minuskel entwickelt, oder sind die drei Codices nur versehentlich zu früh datiert worden?

Die Kanzlei Karls des Großen wiederum verschmähte die karolingische Minuskel; ihre Urkunden sind durchwegs in der schwer lesbaren merowingischen Kursive niedergelegt wor-

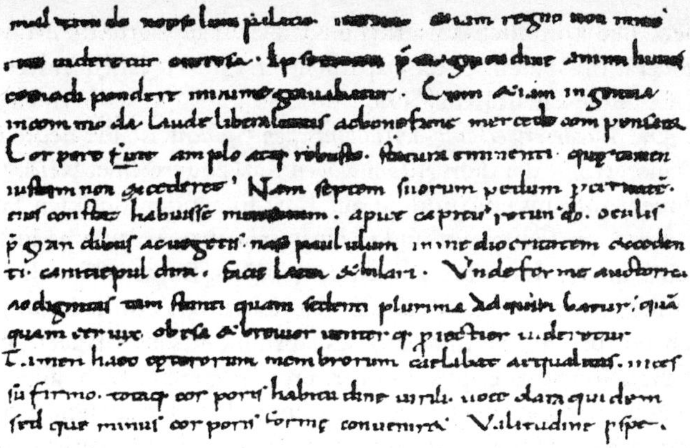

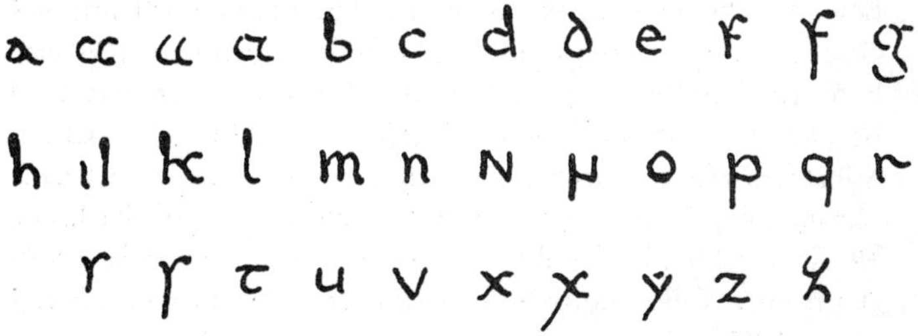

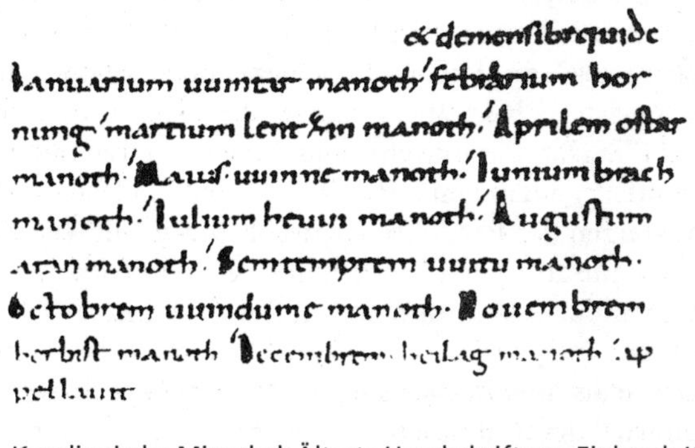

Abb. 8 Karolingische Minuskel: Älteste Handschrift von Einhards Karlsvita / Minuskel-Alphabet / Die germanischen Monatsnamen aus Einhards Karlsvita [Hagemeyer 1944, 90; Bischoff 1979, 145; Fechter 1941, 10, 275]

den. Die königlich-kaiserliche Kanzlei akzeptierte die Minuskel erst im späten 9., die päpstliche erst im 11. Jahrhundert als Urkundenschrift [Rück 1991, 316, 333].

Die *Wiedererweckung der lateinischen Sprache* ist bis heute ein Dauererfolg, der dem *Altphilologen* Karl zugerechnet wird. Ob dieser Aufschwung in dem auf Karl folgenden dunklen Jahrhundert gescheitert ist und es eines erneuten Anlaufs bedurfte, wird in der Literatur zu selten geprüft [Bayac 1976, 314f.]. Offenbar genügt als Zeugnis, daß Latein als europäische Gelehrtensprache bis Anfang dieses Jahrhunderts überdauert hat.

Abt Servatius Lupus von Ferrières (≈ 805 bis nach 862), ein bedeutender »Vertreter der karolingischen Renaissance« mit »typischen Humanisteneigenschaften« [Brockhaus], »ein Mann, der antike Texte mit einem Scharfsinn verglich und verbesserte, der dem eines modernen Philologen verwandt ist« [Panofsky 1990, 59] und der sich anachronistischerweise bemühte, die Texte der Antike in die Hand zu bekommen [Langosch 1990, 78], feierte Karl als den Initiator des lateinischen Sprachgebrauchs, mußte aber den Niedergang des Lateins schon unter dessen Sohn Ludwig beklagen [Panofsky 1990, 59f.]. Tatsächlich verwilderte das Latein völlig, um erst in der staufischen Renaissance eine neuerliche Blüte zu erleben, bei der die Sprache wie zu Zeiten der klassischen Vorbilder beherrscht wird. Diese dritte, wesentliche Periode der mittellateinischen Literatur setzt nach 1066 ein und wird von Karl Langosch als »die Vollendung« bezeichnet [Langosch 1990, 145]. Sie nahm bald »bestürzende Ausmaße« an [Langosch 1990, 147]. Daß die mittellateinisch verfaßte Literatur im 13. Jahrhundert gemäß Franz Brunhölzl »ein geradezu sprunghaftes Ansteigen der Produktion« erlebt, um im 15. Jahrhundert ihren »wohl absoluten Höhepunkt« zu erreichen [Langosch 1990, 1], braucht uns nur noch am Rande zu interessieren.

Im Lichte der hier vorgetragenen These würde erstmals klar, warum sich der Zeitpunkt so schwer bestimmen läßt, zu dem Latein aufgehört hat, eine lebende Sprache zu sein, wobei es sich dabei ohnehin nicht um einen Zeitpunkt, sondern um einen Zeitraum handeln muß. Für die Trennung zwischen

Schrift und mündlichem Sprachgebrauch sind – mit immer guten Gründen – die Zeit um 600, um 700, das 8. wie das 9. Jahrhundert genannt worden [Banniard 1993, 186]. Ich würde dagegen vorschlagen, die letzten Jahrzehnte vor 614 und die ersten Jahrzehnte nach 911 als diese Übergangszeit zu bezeichnen. Nur so reduziert sich ein jahrhundertelanger Zeitraum auf einen Zeitsaum akzeptabler Länge.

Dem Latinisten Karl stand der ›Germanist‹ Karl ebenbürtig gegenüber. Trotz seiner lateinischen ›Befehlsausgaben‹ wirkte er auf die Schaffung einer fränkischen Hochsprache hin und nahm eine Grammatik seiner Muttersprache in Angriff [Lintzel 1935, 54]. Er tat dies offenbar wirklich selbst, obwohl er gar nicht schreiben konnte [Einhard, 29; Kalckhoff 1990, 136; Riché 1981, 24]. » . . . das Vertrautsein der Männer am Hofe mit lateinischen grammatischen Abhandlungen, all dies läßt den Gedanken an eine *deutsche Grammatik* durchaus nicht unglaubhaft erscheinen, auch wenn noch *viele Jahrhunderte* vergehen mußten, bis wirklich eine geschrieben worden ist« [Bullough 1966, 117].

Karl wollte die Ausdrucksfähigkeit des Fränkischen bereichern, führte möglicherweise – eine ebenso romantische wie visionäre Vorstellung – sogar eine deutsche Hofsprache ein [Fried 1991, 121]. Doch von all seinen Anstrengungen für Grammatik und Vokabular haben sich ganze 24 Wörter erhalten – und auch die nur, weil Einhard »etwas aus seinem knappen Stil herausfiel« [Langosch 1990, 80]: je zwölf Namen für Monate und Winde [Einhard, 29]. Von ihnen wurde gerade einmal »Hornung« gebräuchlich [Betz 1965, 304], aber auch nur deshalb, weil diese Bezeichnung für den nur 28tägigen Februar mit einem Schimpfwort identisch war: Hornung als der ›Bastard mit gekürztem Erbteil‹ [ein Hinweis von Christoph Marx, Basel]. Gleichwohl wird es den Karlskennern dabei so warm ums Herz, daß sie sogar zwölffingrige Hände akzeptieren würden: »Man mag sich den Patriarchen gerne im Kreise seiner Töchter und Gelehrten vorstellen, wie er fremden Gästen nicht nur seine Schatzkammern vorführte, sondern auch an den Fingern der Hand die Unterschiede zwischen dem *ostroniwint*, dem *ostsundroni* oder dem *sundostroni* darlegte« [Braunfels 1991, 75].

Man spricht Deutsch – seit wann?

Trotz oder wegen aller Überlieferungslücken wird Karl eine regelrechte »*Sprachenpolitik*« zugeschrieben [Schneider 1990, 154]. Seinetwegen plagen sich heutige Philologen mit dem Problem herum, seit wann von einer »*deutschen*« Sprache gesprochen worden ist bzw. gesprochen werden kann. Die Bezeichnung »theodisce« taucht erstmals 786 im lateinischen Bericht eines päpstlichen Nuntius auf [Eggers 1963, 42]. Und schon 794 wird betont, daß vor Gott die »lingua theodisca« dem Hebräischen, Lateinischen und Griechischen gleichstünde [Löwe 1989, 168], was allerdings genauso dem Spätkarolinger Otfrid von Weißenburg – um 870 – zugeschrieben wird [Langosch 1990, 83].

Obwohl »theodisce« ein klares Lehnwort aus dem Germanischen (»theudiskaz«) ist, sich von »Theudō« (»Volk«) ableitet und demnach »zum Volk gehörig« bedeutet, wird es im Deutschen selbst erst viel später benutzt; als Volksname wohl erst um 1000 [Fried 1991, 121]. Es hat generell die Volkssprache bezeichnet, ob Fränkisch, Gotisch oder Angelsächsisch, erst später speziell Deutsch [Brühl 1990 a, 181].

Im 10. Jahrhundert übertreffen die Belege für »teutonicus« die von »theodiscus« an Häufigkeit [Brühl 1990a, 211]. Notker III. von St. Gallen (≈ 950-1022), genannt Labeo oder »Teutonicus«, gebraucht dieses Wort um 1000 sechsmal in seinen Aristoteles-Übersetzungen. Dieser Mönch hat neue volkssprachliche Worte geprägt [Fried 1991, 107] wie späterhin Martin Luther. In der Spätzeit Heinrichs II., also vor 1024, dient »teutonicus« erstmals als Bezeichnung für König und Reich, wobei es nicht um Abgrenzung zum fränkischen Westen geht, sondern eher um die Trennung ottonischer und westkarolingischer Abstammung [Fleckenstein 1993, 61; Schubert 1993, 94]. Zum besseren Verständnis sei hier eingeflochten, daß – auch bei Richtigkeit meiner These – in Westfranken von 911 bis 987 eine Karolingerlinie in der Geschichte und an der Herrschaft bleibt. So ließe sich auch die immer wieder gestellte Frage, ob es nicht doch einen ›kleinen‹ Karl gegeben habe, der dann groß gemacht wurde, dahingehend beantworten, daß ›der zur Hälfte reale‹ Karl der Einfältige (879-929, reg. 898-922) zum Namenspatron für einen äußerst klugen und großen Karl gemacht worden sein könnte.

Des öfteren findet sich die Benennung »teutonicus« erst im Annolied von 1090 und in der 1150 abgeschlossenen »Kaiserchronik« [Eggers 1963, 45].

Dementsprechend langgedehnt präsentiert sich die Geburtsstunde der Benennung der deutschen Sprache: »Notkers ›*in diutiscun*‹ wirkt wie ein Vorklang, eine aufdämmernde und wieder preisgegebene Erkenntnis. Erst im ›Annolied‹ und in der ›Kaiserchronik‹ ist ›deutsch‹ zu einem festen, bleibenden Begriff geworden« [Eggers 1963, 55; seine Hvhg.].

Es gilt also Notkers Wortwahl von 1000, die dem allgemeinen Gebrauch um 100 Jahre vorauseilt, als aufdämmernde und wieder preisgegebene Erkenntnis. Dann müßte doch die Sprachbezeichnung von 786, also eine noch gut 200 Jahre frühere Benennung, als eine geradezu visionäre Erkenntnis gelten, die blitzartig eine werdende Sprache erhellte, die erst 300 Jahre später wirklich so benannt werden sollte. Klarer und einfacher stellte sich das Problem im 11. Jahrhundert dar: »Sein Schüler Ekkehard IV. von St. Gallen feierte ihn [Notker Teutonicus] gar als den, der als *erster* die barbarische Sprache geschrieben und bekömmlich gemacht habe« [Kartschoke 1990, 25].

Deshalb hat Manfred Zeller die entscheidende Frage gestellt und bejaht: »Jener Ekkehard schreibt, als hätten für das berühmte St. Galler Scriptorium, das wie der St. Galler Idealplan aus karolingischer Zeit stammt, die Karolinger nicht existiert. [...] Haben also die spätkarolingischen Dichter und Schriftsteller gar nicht früher als Notker gelebt?« [Zeller 1991, 64]

Mittlerweile ist – was die Erstnennung der deutschen Sprache angeht – der offizielle Forschungsstand ein anderer, denn die auf 786 datierte ›Premiere‹ ist rückwirkend abgesetzt worden. Der einschlägige vatikanische Codex »gehört in das 11. Jahrhundert [...]. Der angebliche Erstbeleg ist somit zu streichen« [Brühl 1990 a, 107].

Postwendend wird davon gesprochen, daß die Form »theodisce« schon seit 774 benutzt worden sein könnte [Schneider 1990, 154] und daß die hypothetische Form »*thiudisk« sogar schon im frühen 8. Jahrhundert in Umlauf war [Fried 1991, 121]. Es wird also trotz verschlechterter Quellenlage weiterhin versucht, die Sprachbezeichnung »deutsch« in frühester Karolingerzeit zu verankern. Gleichwohl bleibt die Frage offen, wie »theodisce« oder »diutisk« regelrecht zum »Programm- und Fahnenwort der deutschen Politik des großen Herrschers« Karl werden konnte [Eggers 1963, 46]. Wenn er den Begriff »deutsch« hat prägen und durchsetzen lassen [Betz 1965, 305], bleibt es um so rätselhafter, daß offenbar die zugehörige Sprache gefehlt hat.

Die zu frühe deutsche Literatur

Wir haben gesehen, daß sich die Benennung der deutschen Sprache in einem rund 400jährigen Prozeß herausgebildet haben soll. Wann aber ist in dieser deutschen Sprache geschrieben worden? Gab es denn die deutsche Sprache schon im 8. Jahrhundert als benennenswerte ›Textsorte‹, gar als Literaturgattung? Bislang ist daran dank Karls Wind- und Monatsnamen nicht gerüttelt worden; außerdem steht er auch hier als Initiator fest. Man geht davon aus, daß schon zu seiner Zeit der Gebrauch des Althochdeutschen für die Interpretation von Bibel und Dogma, für Gebete und Glaubensbekenntnis vorangetrieben worden sei. »So ist es denn schon berechtigt, Karl als den ›eigentlichen Gründer der althochdeutschen Literatur‹ zu bezeichnen« [Langosch 1990, 81].

Vom »Vater Europas« ausgehend, schritt dann die Entwicklung in steten Bahnen ruhig voran; zumindest wurde dies noch in den 30er Jahren so gesehen: »Das Jahrhundert nach Karls des Großen Tod († 814) brachte die allmähliche Auflösung des riesigen von ihm geschaffenen Imperiums und die Entstehung der beiden Reiche Deutschland und Frankreich. Im Kulturleben änderte sich dagegen diesseits wie jenseits des Rheines nicht viel; *die Dichtung, Gelehrsamkeit und Kunst bewegten sich in den Bahnen, in die sie Karl der Große und die von ihm berufenen Männer gelenkt hatten, ruhig weiter* [...]. So blieb es noch das ganze zehnte und bis über die Mitte des elften Jahrhunderts« [Bühler 1931, 257].

Bei dieser Sichtweise konnte man nicht anders als von einem Kontinuum sprechen. Daß die so entstehende, sehr lange Zeit althochdeutscher Literatur – »von etwa 750 bis 1050« [Eggers 1977, 188] oder sogar von 750 bis 1070 [Frenzel 1993, 4] – in ihrer Unterbesetzung hoffnungslos überdehnt wirkt, ist mangels jeglichen Zweifels an der mittelalterlichen Chronologie immer kritiklos hingenommen worden.

In Wahrheit wird das Kontinuum von beachtlichen Lücken durchsetzt, die allerdings erst ans Licht gebracht werden müssen.

»Nach den kräftigen Anregungen KARLS DES GROSSEN, die zu der ersten Blüte geführt hatten, *verstummte die deutsche Sprache noch einmal vollständig*. Schon unter LUDWIG DEM FROMMEN (814-840) hatte sich wieder die strengere geistliche Richtung durchgesetzt, die nur das geheiligte Latein gelten ließ. In dieser dem karlischen Streben genau entgegengesetzten Kulturströmung wirken das Werk OTFRIDS und die kleineren Dichtungen vom Ende des 9. Jahrhunderts unzeitgemäß als letzte Regungen einer großen, schon vergangenen Zeit, und danach wird die deutsche Literatur *noch einmal für fast ein ganzes Jahrhundert zum Schweigen gebracht*.

Aus diesem Schweigen werden Literatur und Sprache erst durch NOTKER VON ST. GALLEN erlöst, der – kaum vor dem Jahre 970, also hundert Jahre nach OTFRID – zum ersten Male wieder in deutscher Sprache zu schreiben wagt« [Eggers 1963, 189 f.].

Offenbar war das entstehende Deutsch nicht schriftwürdig. Denn die hier genannte erste Blüte suchen wir vergebens, füllen doch die wenigen Werke keineswegs die karlische Zeit. Bis Otfrid klafft dann eine anerkannte Lücke, nach ihm gleich die nächste. Denn kurz nach 900 bricht die reine Textüberlieferung ab: »Für etwa ein Jahrhundert scheint die noch junge deutsche Literatur zu schweigen« [Kartschoke 1990, 53].

Andere Autoren benennen eine noch längere Phase der Stille. So geht Steins »Kulturfahrplan« von rund 125 Jahren aus, da er für das Jahr 936 mitteilt: »In der Ottonischen Renaissance bricht die Überlieferung der deutschsprachigen Dichtung ab (bis ≈ 1060)« [Stein 1987, 424].

Ein weiteres Vierteljahrhundert stellt Karl Langosch voller Verwunderung in Rechnung: »Bald nach 900 begann die *Lücke* in der deutschsprachigen Literatur *für anderthalb Jahrhunderte*« [Langosch 1990, 3]. Und er muß feststellen: »Dieser Abbruch ist kaum zu verstehen« [Langosch 1990, 269].

Noch lückenhafter wird es, wenn auf die Großform abgestellt wird. Denn Otfrids Bibelepos von 871, »›nach Geist, Absicht und Form ein eigentliches Gründerwerk der deutschen Literaturgeschichte‹, weist *historische Einsamkeit* noch in anderer Hinsicht auf, eben nicht nur darin, daß sich von den erhaltenen althochdeutschen Gedichten keines davor datieren läßt [...], sondern auch darin, daß sich zu seiner Großform während der *folgenden zwei Jahrhunderte* keine zweite gesellte: Die sechs Gedichte, die aus der ganzen althochdeutschen Zeit auf uns gekommen sind, haben viel kleineres Format, erreichen höchstens 59 Endreimpaare (zwei) und eines 85« [Langosch 1990, 84].

Bevor der geschätzte Leser nur noch Lücken sieht, sei der Werdegang unserer Sprache und unserer Literatur knapp umrissen, was zum Glück – oder zum Unglück – keine große Unternehmung darstellt [Jahreszahlen Frenzel 1993].

Schriftliches Althochdeutsch schlägt sich zwischen *760 und 800* viermal nieder: in den beiden Lexika »Abrogans« (≈770) und »Vocabularius Sti. Galli« (≈ 775); im »Wessobrunner Gebet« (770/90) und in der erstaunlich guten Übersetzung des Isidor-Textes »De fide catholica« (≈ 800). »Solange man einem einfachen Entwicklungsbegriff in der Literaturgeschichte anhing, mußte das deshalb irritieren, weil *erst etwa zwei Jahrhunderte später* bei Notker III. von St. Gallen eine derart hochstehende Übersetzungsliteratur wieder anzutreffen war, während in der Zwischenzeit das scheinbar unbeholfene Prinzip der Wort-für-Wort-Übersetzung dominierte« [Kartschoke 1990, 107].

Diese Zwischenzeit vertritt »Tatians Evangelienharmonie« (≈ 830) in ihrer spärlichen und ungelenken Form. 863/71 schreibt Otfrid von Weißenburg seinen »Krist«, meistens »deutsche Evangelienharmonie« genannt; zehn Jahre später

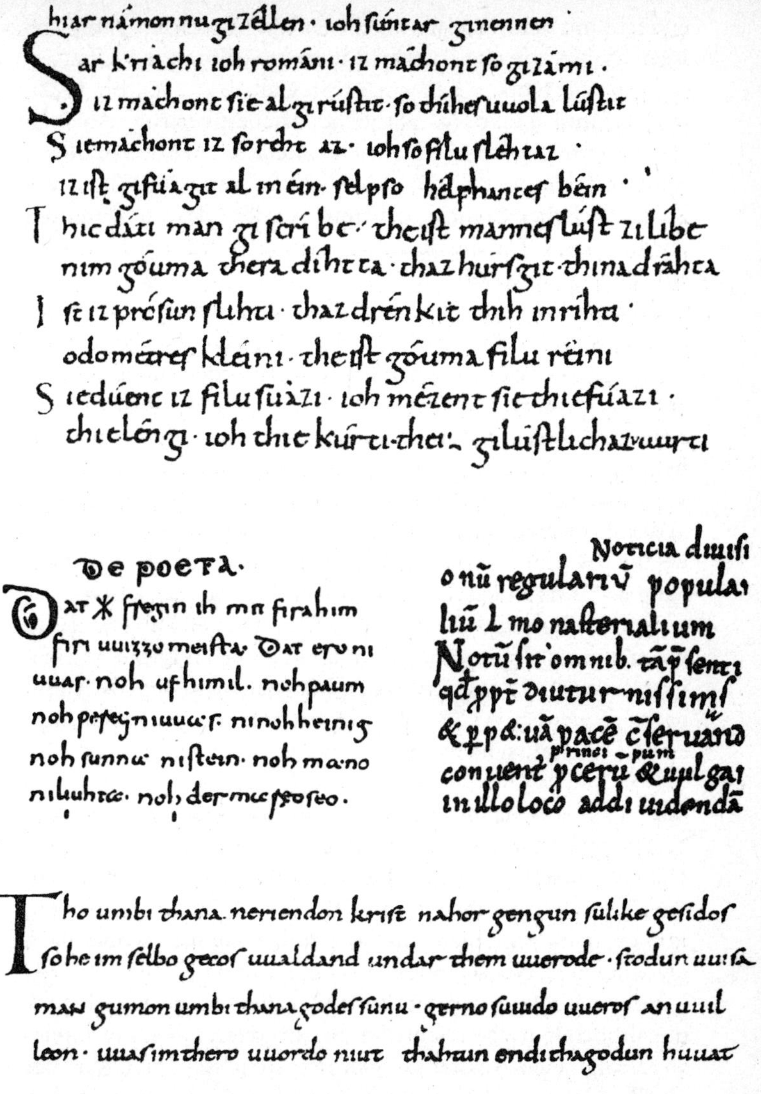

hiar namon nu gi zéllen · ioh sintar gi nennen
sar kriachi ioh romani · iz machont so gizámi ·
iz machont sie al gi rústit · so thiher uuola lústit
sie machont iz forcht az · ioh so filu slëhtaz ·
iz ist gifúagit al in ein · selp so helphanter bein · ·
Thic dúit man gi scrîbe · theist mannes lúst zi libe
nim góuma thera dihta · chaz huris gi zi thin adráhta
ist iz presun sluhti · thaz drenkit thih in riha
odo mêres kleini · theist góuma filu reini
Sie dúient iz filu súazi · ioh mezent sie thie súazi ·
thie léngi · ioh thie kúrti thei: gi lústlicha z uurti

De poeta ·

Dat * fregin ih mit firahim
firi uuizzo meista· Dat ero ni
uuas· noh uf himil. noh paum
noh pereg niuuas · ni noh heinig
noh sunna nistein · noh mano
ni luhta · noh der mere so seo ·

Noticia diuisi
o nũ regulariũ populā
liũ L mo naßerialium
Notũ sit omnib. tã̃ sent?
qd ppr diuturnissimi
& pp d: uã pace c̃ seruandā
conuenit y ceru & uulgar
in illo loco addi uidendā

Tho umbi thana· neriendon krist nahor gengun sulike gesidos
so he im selbo gecos uualdand· undar them uuerode · stodun uuisa
man· gumon umbi thana godes sunu · gerno suuido uueros an uuil
leon · uuas im thero uuordo niut tha haun endi tha godun huuat

Abb. 9 Textbeispiele: Otfrids Evangelienharmonie, Handschrift von 870 / Anfang des »Wessobrunner Gebetes« / Alemannische Rechtsformel, 9. Jh. / »Heliand« (Cod. Germ. 25 fol. 19 v.) [Hagemeyer 1944, 97; Fechter 1941, 21, 275]

entsteht mit dem »Ludwigslied« das erste deutsche historische Lied. Nicht zur eigentlichen Literatur gehören die Übersetzungen von Notker Teutonicus (St. Gallen, ca. 950 bis 1022), der spätantike Texte ins Althochdeutsche übertrug. Ab 1063 setzt die frühe mittelhochdeutsche Literatur ein (»Ezzos Lied«, Williram, »Annolied« etc.). Schließlich will »Muspilli«, ein apokalyptisches Gedicht, erwähnt werden, das für Langosch [1990, 82] »im Anfang des 9. Jhs. entstand«, für Frenzel [1993, 10] dagegen »um 880«.

Erst mit Fixierung dieser spärlichen Literaturreste auf einer Zeitachse (s. S. 67) fällt die noch in unseren 30er Jahren verschwiegene Lücke zwischen 880 und 1060 deutlich ins Auge. Gleichzeitig wird klar, daß die von Eggers angeführte Sprachblüte zu Zeiten von Karls Wirken ($\approx$ 780 - 814) überhaupt nicht belegbar ist. Im Grunde stehen für sie allein die wenigen Zeilen vom »Wessobrunner Gebet«. Allenfalls das Sachwörterbuch »Vocabularius Sti. Galli« würde in Langoschs Datierung [1990, 81] auf 790 noch dazugehören, während es in Frenzels Datierung ($\approx$ 775) für den ›Kulturpolitiker‹ Karl zu früh käme.

Nun hat Eggers die kaum besetzte Zeit von 814 bis 880 als ein vollständiges Verstummen und damit als echte Lücke bezeichnet. Bei einem ebenso kritischen Maßstab kann nur ein Schluß gezogen werden: Althochdeutsch tritt nennenswert überhaupt erst ab 980 in Erscheinung!

Was aber soll dann mit den sechs karolingischen Werken geschehen? Manfred Zeller hat in seinen Überlegungen zur frühen deutschen Literatur bereits die Frage gestellt, ob »man die Zeitlücke zwischen Notker III. und Williram [nach 1065] mit der karolingischen Literatur füllen könnte, wobei nach beiden Seiten Überlappungen möglich sind« [Zeller 1991, 67] – und positiv beantwortet. Wird aber diese Frage zunächst für die althochdeutschen Schriften bejaht, dann fallen die aufeinanderfolgenden Anstrengungen der Sprachschöpfer Karl der Große, Otfrid und Notker III. Teutonicus in eins zusammen. Allenfalls Notker Teutonicus behält seinen Platz und steht weiterhin für eine Übergangszeit, da er lateinisch dichtet, aber antike Texte ins Deutsche überträgt. Otfrid erhält einen

Synchronistische Übersicht
alt- und mittelhochdeutscher Literatur

700

730

760
»Wessobrunner Gebet« (770/90)
790

820 Tatians Evangelienübersetzung (830)
Otfrid v. Weißenburgs »Evangelienharmonie«
850 (863/71)
»Muspilli« / »Ludwigslied« / »Petruslied«
880

910

940

970

1000

1030

1060 »Ezzo-Lied« (1063) / Willirams »Hohes Lied«
(1069) / »Anno-Lied« (1085)
1090

1120 Ava: »Das Leben Jesu« (um 1125) / »Kaiserchronik« (1135/55)
1150 Lamprecht: »Alexanderlied« / Hildegard
von Bingen / »König Rother« / Archipoeta
1180 Konrad: »Rolandslied« / Heinrich: »Reinhart
Fuchs« / »Herzog Ernst«

Platz dicht vor ihm, während Karl keinen Platz mehr benötigt. Somit wird der ottonischen Epoche, die dynastisch 1024, kunstgeschichtlich mehrere Jahrzehnte später endigt, erstmals deutsche Literatur zugerechnet. Möglicherweise ist aber selbst jener Notker noch zu verjüngen, der »isoliert, gewissermaßen lehrer- und schülerlos« dasteht [Zeller 1991, 66] und dessen Wissen um »deutsch-diutiscan« von Eggers als wieder preisgegebene Erkenntnis bezeichnet werden mußte [s. S. 61].

Blicken wir noch auf zwei andere Sprachen. Das *Altsächsische* stand den hochdeutschen Dialekten fern, weist aber gleichwohl denselben verzögerten Werdegang auf. Es hat im karolingischen »Heliand« und in der »Altsächsischen Genesis« sehr frühe Zeugnisse aus der Zeit um 830 bis 850, die in ihrer »imposanten Höhe [...] durch Jahrhunderte unerreicht« blieben [Langosch 1990, 82]. Das allerdings braucht mangels Konkurrenz nicht zu verwundern.

»Danach verstummen zunächst die altsächsischen Sprachzeugnisse. Als *drei Jahrhunderte später* die Quellen wieder zu fließen beginnen« [Eggers 1963, 54], kann die Sprachwissenschaft nur interpolierend eine Pseudoverbindung zwischen Karolingerzeit und viel späterer Sprachentwicklung herstellen. Noch um 1190 entschuldigt sich Albrecht von Halberstadt, »›weder Swâp noch Beier / weder Dürinc noch Franke‹, sondern nur ein Sachse« zu sein [Frenzel 1993, 27]. Wahres Niederdeutsch setzt erst kurz nach 1220, also rund 400 Jahre später, mit dem »Sachsenspiegel« und der »Sächsischen Weltchronik« ein [Eggers 1977, 189].

Und auch das *Altfranzösisch* hat die gleichen Leerräume in seiner Entwicklung. So kennen wir erstes Altfranzösisch aus Reichenauer Glossarien vom Ende des 8. Jahrhunderts, begegnen wir ersten Sätzen in dieser Sprache in den Straßburger Eiden von 842 [Langosch 1990, 80]. Doch aus der langen Zeit bis $\approx$ 1050 sind nur vier altfranzösische Dichtungen bekannt, während danach »ein Aufschwung in dichter Folge und zu klassischem Glanz« erfolgt [Langosch 1990, 5, 116]. Es darf die dringende Vermutung ausgesprochen werden, daß die Straßburger

Eide in deutsch wie in französisch ›antizipatorischen Charakter‹ haben, sprich: aus einer späteren Zeit stammen.

Gerade die Sprachforschung wird ohne eine erneute Überarbeitung ihrer Chronologie zu keinem tieferen Verständnis ihres Fachgebietes vordringen. Sie hat ja auch mit der mittellateinischen Literatur des frühen Mittelalters ihre Probleme und schritt deshalb zur Umdatierung von lateinischen Texten aus frühottonischer Zeit (910-980) in die Zeiten davor und danach. So wurde die volkstümlichste lateinische Dichtung, der »Waltharius« von Ekkehard, aus der Zeit um 900 oder »vor 930« [Langosch 1990, 3] einem karolingischen Gerald von Tours zugeschrieben und ins frühe 9. Jahrhundert verbracht, also ein Jahrhundert älter gemacht [Frenzel 1993, 12]. Dabei sind fast 500 ihrer Verse zum guten Teil wörtlich in die »Chronik von Novalese« übernommen worden, die doch erst 1050 zum Abschluß kam [Langosch 1990, 106] – als wäre ein 250 Jahre altes Einsprengsel nicht als störend empfunden worden.

Umgekehrt mußte laut »Brockhaus« die episch-satirische Tierdichtung »Ecbasis cuiusdam captivi« hinter das Jahr 1045 rücken, weil sie nunmehr auf Heinrich III. bezogen wurde [Langosch 1990, 142]. Die Literaturwissenschaftler werden nunmehr überlegen müssen, ob nicht gemäß Zeller umgekehrt korolingerzeitliche Texte in die ottonische Zeit (zurück)verbracht werden müssen. Betroffen wäre außer »Waltharius« vor allem der ältere Notker und Tutilo, die beide 912 gestorben sein sollen.

Der Musiker, Maler, Kunsthandwerker und Baumeister Tutilo wird als Verbreiter des »*Tropus*«, einer Art religiöser Lyrik, angesehen. Notker Balbulus, also der Stammler, gilt als Schöpfer der lateinischen »*Sequenzen*«, von denen etwa 40 Melodien und Texte erhalten sind. Die Sequenz durchlief erst »im 12. Jahrhundert eine zweite Entwicklungsepoche« [Langosch 1990, 125], die demnach ein weit zurückliegendes Vorbild aufgriff. Ähnliches gilt für seine »Gesta Karoli Magni«, ein halb sagenhaftes Anekdotenbuch um den großen Kaiser, das ihn bereits ins Mythische hebt [Langosch 1990, 124]. Wenn aus diesen »Gesta« auch noch herausgelesen werden kann, daß besonders Ostfranken verpflichtet sei, das Erbe des größten Frankens zu hüten [Langosch 1990, 118], dann bildet Notkers Werk einen dreifachen Vorgriff – sprachlich, hinsichtlich der Karlsmythe und wegen Karl als spezifisch deutschem Besitz –, der eine Verjüngung seines Werkes um 100 bis 200 Jahre nicht nur erlaubt, sondern sogar erzwingt. Robert Baldauf hat schon 1903 stilkritisch nachgewiesen, daß Notker Balbulus (ca. 840 bis 912) in demselben Kloster dieselbe Feder benutzte wie Ekkehart IV. (ca. 980 bis ca. 1060). Demnach hat der Lieblingsschüler des ottonischen Notker Teutonicus die Texte des ›karolingischen‹ Notker Balbulus geschrieben [Baldauf 1903], womit auch dessen »anekdotenreiche Geschichte Karls des Großen (›Gesta Karoli‹)« [Kartschoke 1990, 190] ins 11. Jahrhundert rücken muß. Damit sind wir zu Karl dem Großen und seinen kulturellen Aktivitäten zurückgekehrt.

Der Gelehrte und der Kunstsinnige

Karls philologischen Absichten entsprang gleichermaßen die *Gründung der Aachener Schule und Bibliothek*; beide sollten Vorbild für das ganze Reich sein [Kalckhoff 1990, 172] und waren es auch, wenn wir anderen Historiographen glauben wollen: Ihm war es »voller Ernst, sein ganzes Volk auf eine höhere Stufe der Bildung zu heben, und deshalb legte er überall Schulen an und sorgte unermüdlich für die Pflege und Hebung derselben« [Wattenbach u. a. 1991, 177].

Andere sprechen »vom zielstrebigen Anliegen einer *Schul- und Bildungsreform*« [Schneider 1990, 87] und von einer Singularität: »Soweit wir sehen, ist es in der gesamten Weltgeschichte ein einzigartiger Vorgang, daß ein erfolgreicher Kriegsherr *seinem Volk Bildung befiehlt*« [Braunfels 1991, 78].

Ob aber überhaupt eine Palastschule zu Zeiten von Karl dem Großen oder seinem Sohn Ludwig bestanden hat, wurde zum Beispiel von E. Lesse oder F. Lot bestritten [Ennen 1977, 157].

Gleichermaßen war Karl der *Gründer mittelalterlicher Gemeinschaften, Einrichtungen und Universitäten* [Borst 1967, 365]. Nun wissen wir aber, daß die ersten Universitäten Europas erst im

12. Jahrhundert gegründet worden sind (Bologna 1119, allenfalls Parma schon 1065 [Brockhaus]). Demnach muß der karlische Impuls auf der Strecke geblieben und wesentlich später ganz neu entfacht worden sein. Dazu würde ›passen‹, daß sich im 10. Jahrhundert ein enormer Rückgang der Schriftlichkeit bemerkbar macht [Bünz 1993, 232]. Neben dieser Hängebrückenperspektive – zwei Höhepunkte, geschieden durch einen Abgrund – gibt es auch eine vollständig konträre, gleichwohl ebenso berechtigte Betrachtung, die den einen Hängebrückenpfeiler auf Null bringt. Denn Karls Bemühungen fruchteten so wenig, daß man denken muß, sie hätten nie stattgefunden: »Nach Henri Pirenne fiel die königliche ›Renaissance‹ mit dem totalen Analphabetentum der Laien zusammen« [Eckstein 1986, 12]. Dieselbe Position hat auch Friedrich Heer vertreten [Heer 1977, 182].

Aber bleiben wir bei der Vorstellung des karlischen Höhepunkts, des ragenden Pfeilers, der mindestens ebenso hoch ist wie die Kultur späterer Epochen. Zu Aachen wurden die meisten Werke antiker und frühchristlicher Schriftsteller, allen voran die von Boethius, kopiert. Auch wenn wir uns dessen nicht bewußt sind, kennen wir zahlreiche Werke der Antike nur in *karolingischen Kopien* oder – wesentlich häufiger – als spätere Abschriften karolingischer Manuskripte [Kalckhoff 1990, 172; Wies 1986, 211.]. Im Westen wird bei solchen Aussagen gerne übersehen, daß dasselbe auch von den Abschriften berichtet wird, die der oströmische Kaiser Konstantin VII. im 10. Jahrhundert befohlen hat [Schreiner 1991, 14]. Und viele antike Texte sind erst von den frühen Humanisten durch systematische Suche in Klöstern und anderen Bibliotheken ans Licht befördert worden [vgl. Topper 1996].

Nun hat aber José Ortega y Gasset darauf hingewiesen, daß zumindest die Mönche des 10. Jahrhunderts überhaupt keine antiken Autoren, sondern allenfalls Kirchenväter abgeschrieben hätten [Ortega 1992, 37]. Hat man ihren weltlichen Arbeitsanteil in eine frühere Zeit verlegt?

Karls Nicht-schreiben-Können ist der einzige, allerdings fast unglaubliche Makel, den Einhard [25] an ihm geduldet hat –

gewissermaßen der Kontrapunkt zu seiner umfassenden Genialität. Lesen soll er gekonnt haben, hätte also, lernpsychologisch gesehen, nicht an Legasthenie, sondern vielleicht an Agraphie gelitten. Allerdings wird er, der die größte Büchersammlung im Reich sein eigen nannte [Mütherich 1979, 8], auch schlichtweg als »Analphabet« eingestuft [Le Goff 1993, 15]. Seine – wie weit auch immer reichende – Unfähigkeit soll ihn nicht daran gehindert haben, sich zum *Rhetoriker und Dialektiker* heranzubilden [Kalckhoff 1990, 170], also zum Vertreter der antiken sieben freien Künste.

Zu ihnen zählen auch seine Betätigungen als *Astronom, Kalenderrechner und -reformer*, also als regelrechter *Computist*, wollte er doch für die richtige Ordnung am Himmel sorgen. Da dies früher die Aufgabe des *Hohenpriesters* war, sah er sich wohl als solcher [Kalckhoff 1990, 84, 170]. In dieser Eigenschaft verlegte er den Jahresbeginn von Ostern auf Weihnachten [Kalckhoff 1990, 200] und den Tagesbeginn von Mitternacht auf die Vesper, also auf den späten Nachmittag [Bayac 1987, 336]. Diese Änderung wirkt wie ein Rückgriff auf die alte jüdische Tagesrechnung, als wäre Karl wirklich jener einstige David, als der er in der Pfalz bezeichnet wurde. Seine Untersuchungen für eine Kalenderreform schlugen sich in mehreren astronomisch-computistischen Lehrbüchern nieder [Braunfels 1991, 75]. Darf es da wundern, wenn er mit einem Himmelskörper verglichen wurde, da man von »seinem allgefeierten sonnenhaften Strahlen« sprach? [Steinen 1967, 40].

Der Kunstförderer

Wie ein früher Lorenzo di Medici schuf sich Karl einen Kreis geistig reger Menschen von Dichtern und Denkern, *eine Art Gelehrtenrepublik*. Was den Geistesverwandten im Renaissance-Florenz möglich war, glückte Karl offenbar auf dem Schlachtfeld:

- »*Auf seinen Kriegszügen* fand Karl noch Zeit, die vornehmsten Männer des Geistes an sich zu ziehen« [Wies 1986, 203].

- »So zog also Karl um das Jahr 782 von allen Seiten die Träger wissenschaftlicher Bildung an sich und arbeitete von nun an unablässig und unverwandt hin auf eine Wiederherstellung der antiken Kultur, deren Herrlichkeit seinen Geist erfüllte« [Wattenbach u. a. 1991, 175].

Selbstbewußtsein und Geschichtsübersicht dieser Hofgelehrten waren so groß, daß sie bereits im 9. Jahrhundert die Zeit Karls des Großen als »Jahrhundert der Moderne« bezeichneten, also mit einem Begriff, der erst im 12. Jahrhundert wieder im selben Sinn gebraucht worden ist [Le Goff 1994, 48].

Ganz Kosmopolit, beschränkte sich Karl keineswegs auf Franken oder Reichsangehörige, sondern schloß vorurteilslos Angelsachsen, Iren, Italiener, Langobarden, Westgoten und andere Ausländer ein [Bayac 1976, 127] – wie später Otto III. [Althoff 1996, 11] und vor allem Friedrich II.

Als *Mäzen der Künste* hat er eine Vielzahl von Kunstrichtungen und Kunsthandwerken neu belebt. Was das bedeutet, kann nur der ermessen, der den desolaten Zustand der Kunst vor Karl, also im 7. und früheren 8. Jahrhundert, kennt, jenes »Jahrhundert, in dem in ganz Europa alle Künste und vornehmlich die Steinskulptur die Rückbildung der spezifisch plastischen Werte *bis zum Nullpunkt* so drastisch demonstrierten« [Hamann-Maclean 1957, 189].

Er wurde Bürge für eine neue, von der antiken verschiedene Kunst, in der »ein neuer Menschentypus, geschaffen nach dem Abbild Gottes, das Maß des christlichen Humanismus« wurde [Le Goff 1994, 31].

So ließ er die *Aachener Hofschule* für Malerei gründen. Prompt rückte sie schon mit ihrem von Gottschalk gemalten Erstlingswerk, dem »Godescalc-Evangeliar« von 781/783, an die europäische Spitze [Wies 1986, 214]. Daß niemals eine materielle Spur dieser Aachener Malschule gefunden, daß davor wie danach nur in Klöstern *Buchmalerei* betrieben worden ist – all das versinkt vor den begnadeten Werken karolingischer Buchmalerei ins Unwesentliche. Ihre enge, allzu enge Verwandtschaft mit ottonischer Buchmalerei wird uns weiter unten intensiver beschäftigen (s. S. 305).

Ganz nebenbei hat die Hofschule auch die *Wandmalerei* neu geschaffen oder zumindest wiederbelebt, ließ doch Karl der Große seine – später untergegangenen – Pfalzen in Aachen und Ingelheim mit Gemäldezyklen, nicht zuletzt Verherrlichungen seiner Schlachten ausstatten. Diese fast ausschließlich literarisch belegte Tradition setzte sich nach einer längeren Pause ab dem Jahre 1000 fort – noch heute nachprüfbar auf der Reichenau in einem ›karolingischen‹ Gotteshaus mit ottonischen Malereien [Pörtner 1967, 203, 239].

Gegen 864 – also nach Karls Tod – sollen unter den Karolingern erste Kirchenfenster mit farbigen Darstellungen aufgekommen sein. Mit dem kargen Verweis auf einen zeitgenössischen Text [Hubert 1969, 320] gibt sich die Wissenschaft zufrieden, obwohl sie aus anderen schriftlichen Quellen weiß, daß um 1000 die *ersten farbigen Kirchenfenster* zusammengesetzt werden [Fried 1991, 4] und folglich noch etwas Außergewöhnliches sind [Bushart 1973, 53], daß noch im 11. Jahrhundert die einheimische Glasproduktion nicht nennenswert war [Waurick 1992, 329] und daß der allererste in situ erhaltene Glasfensterzyklus, jener im Augsburger Dom, ins späte 11. Jahrhundert datiert wird [Sydow 1987, 55].

Der Gerechtigkeit halber muß erwähnt werden, daß es immerhin *zwei veritable Glasfunde* gibt, die älter sind als die Augsburger Fenster: ein Fragment aus dem elsässischen Weißenburg mit Darstellung eines Kopfes (um 1050) und einen Bodenfund aus Lorsch, der wegen der Nähe zu einem Karolingerbau dem 9. Jahrhundert zugewiesen wurde, obwohl er »in Auffassung, Stil und Technik« mit den Augsburger Fenstern »*weitgehende Übereinstimmung*« zeigt [Bushart 1973, 54]. Ehrlicherweise schwankt bei anderen seine Datierung immerhin zwischen dem 9. und 10. Jahrhundert [Frodl-Kraft 1970, 22]. Bei realistischer Prüfung von Quellen und Funden kann nur konstatiert werden, daß eine *karolingische Glasmalerei um rund 150 Jahre zu früh* käme.

Gleiches gilt für die Leistungen der in Aachen angesiedelten Werkstätten für *Elfenbeinschnitzer und Bronzegießer*, Goldschmiede und Steinschneider. Ihre Arbeiten zeigen »manchmal nie wieder erreichte Vollkommenheit« [Hubert 1969, x].

Abb. 10 Majestas Domini aus dem »Godescalc-Evangelistar«, 783 [Christe 1988, 90]

Mit den erstaunlichen Arbeiten der Aachener Bronzegießer werden wir uns noch detailliert auseinandersetzen (s. S. 283).

Lange glaubte man, daß nach Ende des Römischen Reichs (und außerhalb von Byzanz) erst im Italien des frühen 15. Jahrhunderts wieder Werke der *Steinschneidekunst* geschaffen worden seien. Spät erst erklärte man doch einzelne Funde zu staufischen und karolingischen Arbeiten: Siegelsteine aus Bergkristall und große Intaglien, also vertieft geschnittene Steine [Haussherr 1977, I 675]. Überraschenderweise – denn immer liegt ein dunkles Jahrhundert dazwischen, fehlen also drei Generationen von Kunsthandwerkern – stehen die sogenannten karolingischen Arbeiten in ihrer Technik den ottonischen sehr nahe. Markantestes Beispiel sind zwei Preziosen aus der Zeit von Heinrich II. († 1024): der Tragaltar aus der Münchner Schatzkammer und das Reichskreuz der Reichskleinodien. Bei ihnen sind die Edelsteine in große Goldscheiben eingelassen, die von Arkaden aus Goldfiligran getragen werden.

»Es gibt nur ein einziges Werk, das die Anregungen dazu geliefert haben kann, nämlich den Deckel des schon mehrfach zitierten Codex aureus Karls des Kahlen [...]: zumindest läßt unsere heutige Kenntnis der ottonischen *Goldschmiedekunst* keine andere Erklärung zu. Waren es nur formale Gründe für diese *Angleichung an das kostbare karolingische Vorbild* [aus der Zeit vor 877] oder waren auch dafür andere Beweggründe bestimmend, letztlich eben solche der politischen Repräsentation?« [Fillitz 1993, 182]

Auf derartige Fragen, »auf die es freilich bisher noch keine Antwort gibt« [ebd.], ließe sich denn doch die klare und einfache Antwort geben, daß alle drei Werke fast zeitgleich derselben Regensburger Werkstatt entstammen dürften. Ähnliche Verwandtschaften verbinden auch den spätkarolingischen »Codex aureus« mit einem Tragaltar Heinrichs II. [Fillitz 1993, 185] und karolingische Goldschmiedearbeiten mit dem ottonischen Lotharkreuz von ca. 1000 [Hubert 1969, 357].

Es geht im übrigen bei den karolingischen Goldschmiedearbeiten nicht um eine unübersehbare Fülle, sondern um lediglich vier erhaltene Stücke. Neben dem genannten Einbanddekkel des »Codex aureus« zählen dazu das *Miniaturziborium* König Arnulfs (Schatzkammer der Münchner Residenz), ein *Buchdeckel* aus der Stiftsbibliothek zu Lindau (Morgan Library, New York) und das *Altarretabel* von Meister Wolwinus (Mailand) [Schindler 1963, 72]. Nachdem uns noch öfters so enge karolingisch-ottonische Affinitäten begegnen werden, die über kunstleere Zeiten hinweg bestehen, bedeutet es keinen herkulischen Kraftakt, nach dem »Codex aureus« auch die restlichen drei Stücke aus der Karolinger- in die Ottonenzeit umzudatieren.

Anzumerken bleibt, daß ab der Stauferzeit Kameen ›auf antik‹ gefälscht wurden [Haussherr 1977, I 680], idealer Nährboden nicht zuletzt für karolingische ›Originale‹. Solches ist auch im Falle von Siegeln gemacht worden (s. S. 266).

Angesichts solcher ›Kunsteruptionen‹ wird gerne von einem »von Karl dem Großen entworfenen christlichen *Kulturprogramm*« und von seiner »*Kulturpolitik*« gesprochen [Eggers 1963, 181, 46], auch davon daß »Europa [...] unter Karl nicht nur eine politische, sondern auch eine *kulturelle Einheit* geworden« sei [Fleckenstein 1988, 73].

»Daß die Hofschule als Institution schwer faßbar ist« [Fleckenstein 1988, 71], daß die kaiserliche Hofkanzlei »wesentlich unlokalisierbar« ist [Westermann 1991, 196], wird hingegen allzu selten als Problem gesehen – sonst müßte der Kulturpolitiker Karl längst als nicht existent erkannt worden sein.

Priesterkönig und Theologe

Wir hatten bereits ersten Kontakt mit dem ›Hohenpriester‹ Karl, der uns zwangsläufig zur Religion bringt, also zum Christentum, dem Karl innigst verbunden war und das ihn zur Ehre seiner Altäre erhoben hat – »die *merkwürdigste Heiligsprechung*, welche die Kirchengeschichte zu verzeichnen hat« [E. Pauls laut Brecher 1988, 152].

Da diese Heiligsprechung eines ziemlich Unheiligen von einem kaisertreuen Gegenpapst vorgenommen worden ist, nennt der Römische Generalkalender seit 1970 am 28. Januar

Thomas von Aquin [Melchers 1977], nur für Aachen und Osnabrück einen seligen Karl [Brandt 1997, 365]. Nur erzreaktionäre Heiligenkalender [Sellner 1993, 44 f., 438 f.] führen trotzdem jenen heiligen Karl, dem Walahfrid Strabo schon 827 in seiner »Visio Wettini« die Hölle bereitet hat, wo ein wildes Tier seine Geschlechtsteile zerfleischt [Wehrli 1982, 47]. Erstaunlicherweise hat Hrabanus Maurus, der doch schon 856 starb, die Kanonisierung Karls um drei Jahrhunderte vorweggenommen [Brecher 1988, 151]. Hatte dieser gelehrte Abt, später als »Lehrmeister Deutschlands« bezeichnet, ein Alter ego im 12. Jahrhundert?

Der heilig-selige Karl wurde als *Liturgiereformer* tätig, der den katholischen Ritus im Frankenland durchsetzte [Kalckhoff 1990, 165]. Dazu gehörte auch die Kirchenausrichtung nach Westen, die durch Alt-St.-Peter in Rom vorgegeben war und zur Doppelchörigkeit führte [Hubert 1969, 363]. Als hätte er die Befugnisse eines Bischofs oder Kardinals, trennte er den Gemeinderaum von Altarraum und Chor und ließ das Volk nur Kyrie, Gloria und Sanctus mitsingen [Kalckhoff 1990, 218]. Er zwang die Priester zur absoluten Achtsamkeit [Notker 7], zum Auswendiglernen ihrer Gebete und zum Beherrschen des Lateins [Bayac 1976, 250]. Selbstverständlich hatte er das *absolute Gehör*: Wann immer er das Amt des Chorführers ausübte [Freytag 1866, 285], führte jeder unrichtig intonierte Psalm, jeder Mißklang zu einem strengen Tadel [Bayac 1976, 251]. Um der Einheitlichkeit willen »befahl er, eine besondere *Notenschrift* einzuführen, jene *Neumen*, aus der sich die späteren mittelalterlichen wie die modernen Noten entwickelt haben« [Braunfels 1991, 73].

Noch mehr am Herzen lag diesem Universalgeist die Reinheit der liturgischen Texte. Im Wissen um die Schwächen früherer Schreiber hebt er in einem Königsschreiben hervor: »Alle Bücher des Alten und Neuen Testaments waren durch die Nachlässigkeit der Abschreiber *entstellt*. Mit Hilfe Gottes, der uns stets beisteht, haben wir sie vollständig verbessert« [Bayac 1976, 171].

Zum Philologen tritt also noch der lateinkundige, *kritische Neutestamentler* Karl, der sich 785/86 aus Rom einen verbindlichen Text für die Feier der Messe besorgt [Braunfels 1991, 72], als wäre er ein Scholastiker des hohen Mittelalters. Er gibt »Alcuin den Auftrag, das Alte und das Neue Testament zu emendieren [= berichtigen]; Paulus Diaconus sollte eine neue Homiliensammlung [= Sammlung von Bibelauslegungen] zusammenstellen« [Fleckenstein 1988, 71; 1990, 79].

»Alkuin, Theodulf und andere waren gleichzeitig bestrebt, einen gereinigten Einheitstext der gesamten Bibel niederschreiben zu lassen. [...] Alkuin konnte seine Bibel Karl zur Krönung in Rom überreichen lassen. Wenngleich sich eine verbindliche ›Reichsbibel‹ nicht durchsetzen ließ, so ist es doch bezeichnend für die karolingische Geisteshaltung, daß man über die Vielfalt der lateinischen Fassungen schon damals auf die alte *hebraica veritas* zurückgreifen wollte, auf den hebräischen Urtext« [Braunfels 1991, 73; seine Hvhg.].

Nachdem erst der Humanist Johannes Reuchlin ab 1506 die hebräische Bibel für den deutschen Sprachraum erschloß, vertritt hier die karolingische Renaissance bereits auffällig ein Anliegen des viel späteren Humanismus. Auch die Art der Quellenprüfung mutet erstaunlich humanistisch an. »›Richtig‹ und ›einheitlich‹ sollten die Texte sein, deren man sich im Frankenreiche bediente, ›gut redigiert‹ und ›mit aller Sorgfalt‹ ausgeführt. Immer wieder stoßen wir in den Quellen auf diese Worte, und der berühmte Vermerk ›ex authentico libro‹, der in so mancher karolingischen Handschrift die Zuverlässigkeit der Abschrift garantiert, findet sich nicht nur in liturgischen Handschriften, sondern auch in wissenschaftlichen Traktaten« [Mütherich 1979, 8].

Mit einer ganz ähnlichen Formel – »wir bekräftigen durch unsere Autorität« – gab Karl der Homiliensammlung seines Mitgelehrten Paulus Diaconus höchsten Geleitschutz: »Dieses ›nostra auctoritate constabilimus‹ steht über der ganzen karolingischen Reform und sicherte so auch den Sieg der neuen Schrift« [Mütherich 1979, 9].

Kein Wunder, daß der Begriff einer »karolingischen Renaissance« aufkam, allerdings erst im frühen 19. Jahrhundert. Er hat sich in größter Allgemeinheit wie in lauter kleinen Simultanrenaissancen ausgebreitet – etwa als »Agilolfische Renaissance« oder »Tassilonische Renaissance« [Lohmeier 1980, 41, 346]. Seit Percy Ernst Schramm ist er oft kritisiert worden, weshalb heute lieber von »renovatio« oder »correctio« gesprochen wird [Kerner 1988, 23 f.; Schneider 1990, 150].

Wir werden uns nur einen kurzen Moment darüber wundern, wie ein weltlicher Herrscher dazu kommt, sich dermaßen in religiöse Angelegenheiten zu mischen. Dann erkennen wir, daß Karl auch als *religiöses Oberhaupt* fungiert respektive fungieren soll, von dem nicht nur die deutsche *Bistumsordnung* stammt [Borst 1967, 365], sondern von dem sich auch das ottonisch-salische *Reichskirchensystem* ableiten soll [Müller 1991, 15]. Von diesem gilt nur sein Ende im Investiturstreit als gesichert, aber ob es aus einer karolingisch-westfränkischen Entwicklung hervorging oder eine neuartige Schöpfung von Otto dem Großen war und damit erst aus dem 10. Jahrhundert stammt, wird lebhaft diskutiert [Fried 1991, 165; Müller 1991, 15]. Bei ihm stützte Karl sich auf Bischöfe und Äbte, indem er ihren Reichsdienst institutionalisierte [Schneider 1990, 85].

Karl war kein Schreibtischtäter, sondern als wackerer Christ ein *Missionar*, wie nicht nur die Sachsen erfahren mußten. Bei seinen Eroberungen »überließ [er] das Bekehren nicht den Wanderbischöfen, sondern machte es zu seiner Herrscheraufgabe« [Kalckhoff 1990, 184].

Unnötig zu erwähnen, daß er auch *christlicher Moralist* war, der genau wußte, was den Seelen anderer guttut. Er kämpfte für die Keuschheit in den Klöstern wie gegen die Geliebten der Landpfarrer [Bayac 1976, 159] und drangsalierte Männer ohne festen Wohnsitz [Bayac 1976, 167]. Karl, dieser bis zu seinem 50. Lebensjahr herumvagabundierende Anhänger der Vielweiberei, Kriegstreiber und Sachsenschlächter, hätte es unter seinen eigenen Gesetzen sehr schwer gehabt, was Wolfram von den Steinen nicht hinderte, ihn 1928 »als reinsten Christen, der gedacht werden kann« darzustellen [Borst 1967, 397]; auch die Bezeichnung »homme de l'humanité« wurde auf ihn angewandt [Schneider 1990, 106].

Und er war ein vorauseilender *Marienverehrer*, wie die Weihe der Aachener Pfalzkapelle hinlänglich belegt. Dabei entstehen die frühesten vollrunden Marienfiguren – die Essener Madonna und die Goldene Hildesheimer Madonna – erst um 1000, setzt der eigentliche Aufschwung der Marienverehrung im gesamten Bereich der römischen Kirche erst im 12. Jahrhundert ein, also lange nach der Karolingerzeit [Eggers 1977, 188; Le Goff 1993, 45].

Schließlich trat Karl als maßgeblicher *Theologe und Dogmatiker* auf. Im Jahre 792 überwacht er beim Zug gegen die Awaren den Bau einer Schiffsbrücke über die Donau, gleichzeitig bedroht ihn die thüringische Verschwörung. Beides hindert Karl nicht, eine Synode nach Regensburg einzuberufen, auf der er die *adoptianische Lehre* als Häresie verdammen läßt [Wies 1986, 159]. Noch zweimal, 794 in Frankfurt und 802 in Aachen, fühlt sich Karl berufen, über diese spanische Irrlehre zu richten. »Genaue Bestimmungen über den Bezug, in dem die drei göttlichen Personen zueinander gestanden haben, die *Bekämpfung jeder Irrlehre* vor allem in diesem Punkte, hat Karl als *eine seiner Herrscherpflichten* angesehen« [Braunfels 1991, 76].

Auf solchen Synoden, die Konzilien gleichzustellen sind, hörte er nicht schweigend zu, sondern übernahm den aktiven Part. Er trat als *Debattenredner* auf, formulierte die Meinung der rechtgläubigen Christen und war stolz darauf, dies genausogut wie die oströmischen Kaiser zu können [Bayac 1976, 228]. Selbstverständlich hat er auch die »Libri Carolini«, die große Streitschrift der fränkischen Kirche von 790 gegen die Bilderverehrung, veranlaßt und sich persönlich an ihrer Abfassung beteiligt [Brockhaus]. Nicht zuletzt begründete er 789 eine Art *Gottesstaat*, in dem die »kanonischen Bestimmungen der Kirche als *weltliche Gesetze* anerkannt wurden« [Ranke 1938, 265; seine Hvhg.].

So konnten ihn Gelehrte als »tiefgründigen Theologen und einen der größten Geister seiner Zeit« einstufen [Bullough 1966, 11].

Von hier ausgehend, brachte die Karolingerzeit auch ebenso erstaunliche wie kurzlebige Entwicklungen auf dem Gebiet des Kirchenrechts: als eigenes Textgenre die sogenannten *Bischofskapitularien*, zahlreiche *Briefgutachten* zu kirchenrechtlichen Problemen und ein Wiederaufleben der *Provinzialsynoden* und ihrer Gesetzgebung. All diese Entwicklungen sterben nach 900 ab, um bis zur Jahrtausendwende im Dämmerschlaf zu liegen. Erst nach 1000 entdeckt eine neue Bischofsgeneration das Kirchenrecht erneut [Pokorny 1993]. Wer rückwirkend die geistliche Bewegung der Karolingerzeit fälschen wollte, konnte dies frühestens im 11. Jahrhundert tun.

In bezug auf Karl aber braucht es niemanden zu wundern, wenn er nicht nur heute als »Schutzherr der Christenheit«, als »militärischer Stellvertreter des hl. Petrus« angesprochen wird [Pirenne 1963, 198 f.], sondern wenn einst Alkuin vom »*Bischof Karl*«, Paulinus sogar vom »*König und Priester*« gesprochen hat [Kalckhoff 1990, 182]. Angesichts derartiger Affinitäten zum Priesteramt wurde sogar eine explizite Einschränkung notwendig: »Er hat sich niemals das Recht zugesprochen, das Sakrament zu spenden, obgleich er Bischöfe und Äbte ein- und absetzte« [Rempel 1989, 40].

Obwohl bei Karl eindeutig Königsamt und Priesteramt, »*regnum*« und »*sacerdotium*«, zusammenfallen, ignoriert die Mediävistik den Priesterkönig [Kalckhoff 1990, 182], weil schließlich bekannt ist, daß diese Personalunion »erst Jahrhunderte später gefordert und nach dem Investiturstreit teilweise verwirklicht wurde« [Ohler 1991, 211].

Karls Doppelfunktion kommt demnach anachronistisch früh. Wer hingegen die Identität der Vorstellungen von 800 und 1100 nicht negiert, müßte fordern, daß die Rolle Karls als kaiserlicher Oberpriester eine Fälschung während des Investiturstreites aus der Zeit ab 1050 sei, eine Fälschung aus kaiserlicher, nicht päpstlicher Sicht. Es ließe sich sogar eine zeitliche Obergrenze für diese Erhöhung Karls zum Priesterherrscher, die einem ganzen Programm gleichkommt, angeben.

Denn nachdem Karl in den Überlieferungen dem Kaiser von Byzanz und dem Kalif von Bagdad gleichrangig gegenübersteht, sollten diese Mächte den Fälschern noch vertraut gewesen sein. Bagdad wurde 1258 von den Mongolen erobert, Byzanz 1204 von den Kreuzrittern soweit niedergemacht, daß es nur noch als Schatten seiner selbst bis 1453 dahinvegetierte. Aus dieser Sicht wären die priesterköniglichen Anteile Karls aus der Zeit zwischen 1070 und etwa 1250 zu erwarten. In dieser Zeitspanne lebte mit Friedrich I. Barbarossa der vielleicht größte Karlsverehrer und zugleich der einzige Kaiser, der mit Karls Nachruhm konkurrieren kann [Haussherr 1977, I 702]; in ihr lebte auch dessen Enkel Friedrich II., der auffällige Parallelen zu Karl erkennen läßt.

Unser christlicher Karl befand 799 sogar über den Papst, was viel früher, 501 und 555, zum Problem geworden war [Wies 1986, 240]. Je nach Interpretation war er Schiedsrichter zwischen Papst und dessen Anklägern [Braunfels 1991, 81] oder wirklicher *Richter über den Papst* [Kalckhoff 1990, 128 f.], wobei er sich selbst »alle Gewalt auf Erden bis hin zur Leitung der Kirche, zur Verwaltung des Kirchenbesitzes und zur Entscheidung in Glaubensfragen zudachte, ihm [dem Papst] dagegen nur die Fürbitte bei Gott ließ« [Kalckhoff 1990, 123]. Oder in Karls Worten, festgehalten in einem Brief an die Kurie: »Das Amt des Papstes sei, mit zu Gott erhobenen Händen gleich Moses die Streitmacht des Königs zu unterstützen« [Lintzel 1935, 49].

Ganz unverblümt wird klargestellt: Karl ist der Mittelpunkt der Welt; der Papst fungiert als sein Statist. Diese wahrhaft souveräne Einschätzung finden wir in der Zeit Ottos III. wieder, wenn Leo von Vercelli 998/99 ein Lobgedicht auf Papst und Kaiser anstimmt:

- »Der Vorrang unter den beiden ›Himmelslichtern‹ *(luminaria)* gebührt dem Kaiser: ›Unterm mächtigen Schutz des Kaisers läutert nun der Papst die Welt‹« [Brandt 1993, 237; seine Hvhg.].
- »Der Papst besaß ›weltliche Herrschaftsrechte nur, soweit sie ihm vom Kaiser überlassen‹ wurden, ›und unter kaiserlichem Obereigentum, gerade so wie bei den deutschen Reichskirchen‹ (Holtzmann)« [Pörtner 1967, 144 f].

Nachdem Alkuin seinen Karl als »süße Gegenwart Christi« begrüßen konnte [Steinen 1967, 40], ist Andreas Kalckhoff nur konsequent, wenn er hervorhebt, daß Kaiser Karl dem Mensch gewordenen *Gottessohn*, dem Retter der Welt glich [Kalckhoff

1990, 200]. Denn der von der Kaiserkrönung so überraschte Karl wählte nicht zufällig für die Zeremonie das Weihnachtsfest. Damit setzte er seine »Neugeburt« als Haupt der Welt identisch mit der Geburt Christi [ebd.]. »Entsprechend bemüht sich der Chronist der spätmittelalterlichen *Weihenstephaner Chronik*, in freier Assoziation die Geburts- und Kindheitsgeschichte von Jesus auf Karl zu übertragen« [Kapfhammer 1993, 11; seine Hvhg.].

Außerdem konnte Karl als *Kaiser der letzten Tage* gesehen werden. Dieser Aspekt war weder im 9. noch im 10. Jahrhundert, noch zur Jahrtausendwende ein Problem, wohl aber in nachfolgenden Jahrhunderten [Cohn 1988, 72 f.; Illig 1991 e].

Jacob Burckhardt hat sich in seinen *»Weltgeschichtlichen Betrachtungen«* auch über das Christentum ausgelassen. Seit einigen Jahren kennen wir den Originaltext seines Manuskriptes. Dort lesen wir über »die große Umorganisation der Kirche durch Pipin und durch Carl den Großen; die gewaltige Vergrößerung des Terrains der Kirche durch die Gründung Deutschlands (Sachsenkrieg); das Episcopat; die Kloster- und Stiftsschulen; der Zehnten. Vom christlichen Gefühlsleben jener Zeit erfährt man fast nichts; Alles wird Hierarchie, Institution, und regt sich mächtig als solche, sobald die Einheit des Reiches nach Carl aufhört. *Daneben das völlig dem VI., VII. Jahrhundert gleichende Wesen der Frömmigkeit des IX. und X. Jahrhunderts«* [Burckhardt 1982, 146].

Hier hat ein Kenner gespürt, daß die Karlszeit ein seltsames Einsprengsel ins Mittelalter darstellt. Freilich hätte Burckhardt niemals Karl die Existenz abgesprochen, galt er ihm doch als mustergültiger »Held, Fürst, Heiliger«, als Prototyp eines so großen Mannes, daß sich ihm sogar der wiederholte Vergleich mit dem Mont Blanc aufdrängte [Burckhardt 1982, 221, 404].

Von Zeiten und ihrem Ende

Bei ihren mutigen Gleichsetzungen Karl ≈ Christus war den Biographen kaum bewußt, daß gleich mehrere Kalenderkalkulationen die Identität zwischen Karl und einem *endzeitlichen Weltenherrscher* bezeugen. Um diese Dimension zu erfassen, wollen wir uns auf jene Versuche einlassen, mit denen jüdische wie frühe christliche Historiker die *heilsgeschichtliche Dauer des Weltenlaufs zu errechnen suchten* [vgl. Illig 1992d, 193]. Wie konnte die Zeitspanne zwischen Schöpfung und Christi Geburt bestimmt werden?

Computistische Endzeitlichkeit

Iulius Africanus war im 3. Jahrhundert auf den gottgewollten Rechenmodus gestoßen. Da vor Gott 1000 Jahre wie ein Tag sind, entsprechen der siebentägigen Schöpfung sieben Welttage à 1000 Jahre. In diesem analogen Denken entspricht der Kreation des Menschen am 6. Schöpfungstag die Geburt des Heilands. Deshalb wurde Christi Geburt in die exakte Mitte des 6. Welttages, also genau ins Jahr 5500 nach der Schöpfung (n. Sch.) datiert. Wie der 7. Schöpfungstag Gott Vater vorbehalten geblieben war, so würde der 7. Welttag Gottes Sohn vorbehalten bleiben. Demnach müßte 500 Jahre nach Christi Geburt, im Jahre 6000, das letzte, endzeitliche, christusbeherrschte Millenium anbrechen:

```
1. Tag   2. Tag   5. Tag   6. Tag   7. Tag
S----1000----.....----5000--x--6000----7000 nach Schöpfung
                           1----500----1500 nach Christus
S = Schöpfung | x = 5500 n. Sch. = Christi Geburt
```

Weil 6000 n. Sch. bzw. 500 n. Chr. der endzeitliche Welttag ausgeblieben war, konnte – Gott sei Dank – die Rechnung modifiziert werden. So schloß ein merowingischer Gelehrter in seinem »Computus Paschalis«, sein Jahr 727 n. Chr. entspreche dem 5928. Jahr seit Erschaffung der Welt [Borst 1990, 32; Borst 1991]. Er hat demnach Christi Geburt von 5500 auf 5200 n. Sch. vorverlegt. Mit dieser Korrektur brachte er sich und seine Zeitgenossen noch im 6. Welttag unter, jedoch mit der Aussicht, daß seine Großneffen den Beginn des 7. Welttages erleben würden, nämlich in 73 Jahren, mit Beginn des Jahres 800 n. Chr.

Hier will für kritische Nachrechner eingeflochten sein, daß die damaligen Berechnungsmodi variierten: Mal begann ein neues Jahrhundert oder Jahrtausend mit einem runden Jahr, also zum Beispiel mit dem Jahr 800, mal mit dem darauffolgenden Jahr, also zum Beispiel mit 801. Diese Schwierigkeit ist ebenso alt wie aktuell, wollen doch die meisten heutigen Zeitgenossen das nächste Jahrtausend schon am 1. Januar 2000 beginnen lassen, nicht erst – mathematisch zwingend – am 1. Januar 2001.

Diese stillschweigende Nachbesserung unseres merowingischen Computisten hat verschiedene Auswirkungen. Zunächst ändert die Vorverlegung von Christi Geburt um 300 Jahre nichts an dem 6. Welttag, der weiterhin von 5000 bis 5999 n. Sch. dauert, sondern nur an der Positionierung der Geburt innerhalb des Welttages. 6000 n. Sch. entspricht nicht mehr dem Jahr 500 n. Chr., sondern jetzt dem Jahr 800 n. Chr. Wie zufällig fielen damit ›für die baldige Zukunft‹ die Kaiserkrönung Karls und der Beginn vom Regiment des Gottessohnes auf Erden zusammen. Dies wäre eine ebenso erstaunliche wie treffsichere Prognose gewesen, die auch noch die Gleichsetzung von Karl und Christus nahegelegt hätte. Die herkömmliche Chronologie des Mittelalters muß diesen antizipatorischen Computisten hinnehmen, ohne seine exakten Vorahnungen erklären zu können. In meinem Ansatz wissen wir, daß sowohl Prognose wie Prophet rückwirkend erfunden sind, der Volltreffer demnach ein zwangsläufiger war.

```
 1. Tag   2. Tag  5. Tag  6. Tag  7. Tag
S----1000----.....----5000--x--6000----7000 nach Schöpfung
                        1----800----1800 nach Christus
S = Schöpfung | x = 5200 n. Sch. = Christi Geburt
```

Um die Tages-, ja Stundengenauigkeit dieser Prophezeiung zu erkennen, erinnern wir uns daran, daß der Kalenderreformer Karl Tages- wie Jahresbeginn neu festgelegt hat. Dies geschah angeblich auf Drängen von Alkuin, der 798 dafür plädierte, die Jahreswende von Ostern auf Weihnachten zu verlegen, wobei er sogar mit einem Etikettenschwindel argumentierte. Nannte er doch den Jahresbeginn zu Weihnachten »römische Gewohnheit«, obwohl der Beginn des neuen Jahres für die Römer auf den 1. Januar fiel [Heer 1977, 173 f.].

Dank Alkuin brachte – erstmals zum Jahreswechsel von 800 auf 801 – die stille, heilige Nacht das neue Jahr [Kalckhoff 1990, 200]. Und so fiel Karls Akklamation zum Kaiser, vulgo ›Kaiserkrönung‹, nicht nur auf den 25. Dezember 800, sondern für die karolingischen Computisten zugleich auf den ersten Tag des Jahres 801. So erklärt sich das oben angesprochene Rätsel (s. S. 41), warum uns die »Reichsannalen« die Krönung für das Jahr 801 berichten.

Konnte man ein schöneres Gleichnis schaffen als das taggenaue Zusammenfallen der Kaiserkrönung, der Geburt des Herrn und des Beginns der Gottesherrschaft auf Erden? Da stellt sich gar nicht mehr die Frage, ob es sich dabei um den schlichten, schicksalshaften Lauf der Dinge gehandelt hat oder um das rückwirkende Schaffen ›nachsorglicher‹ Köpfe. Dieses Nachsorgen gewinnt eine noch höhere Dimension: Denn Victorius von Aquitanien rückte bereits gegen 460, also in spätantiker Zeit, Christi Geburt von 5501 auf 5201 nach Schöpfung [Borst 1995, 70 f., 114]. So trafen Karls Krönung (801 n. Chr.) und der Endzeitbeginn taggenau zusammen . . .

Nun zogen es die abendländischen Christen und Kalendermacher vor, im Gegensatz zu Byzantinern und Juden nicht in Jahren nach der Schöpfung, sondern in Jahren nach Christi Geburt zu rechnen. Gleichwohl wollten sie nicht auf den tausendjährigen Welttag verzichten. Also mußte sich, nachdem die Welt weder 500 n. Chr. noch 800 n. Chr. in Gottes Hand übergegangen war, ihr Augenmerk darauf richten, nach Christi Geburt einen Welttag von vollen 1000 Jahren einzurichten. Dies erreichten sie, indem sie vom Jahre 5200 n. Sch. ab volle 1000 Jahre zählten, so daß das Jahr 6200 n. Sch., das Jahr 1000 n. Chr. und der Beginn des siebten Welttags zusammenfielen.

```
   1. Tag   2. Tag   5. Tag   6. Tag   7. Tag
S----1000----......----5000--x--6000--z--7000 nach Schöpfung
                          1----1000----1800 nach Christus
S = Schöpfung | x = 5200 n. Sch. | z = 6200
```

Man könnte das zugrundeliegende Gedankengebäude so skizzieren: Karl als Repräsentant des Alten Bundes – symbolisch David genannt – bedeutete in der schöpfungsbezogenen Weltrechnung das Anbrechen des göttlichen 7. Tages. In der christlichen Sicht des Neuen Bundes erfüllte sich 1000 Jahre nach Christi Geburt ein Welttag, dem nun ein zweiter in der direkten Nachfolge Christi folgen konnte.

Nun hat Kaiser Otto III. das Jahr 1000 genau in dieser Weise interpretiert. Anfang 1000 änderte er seine kaiserliche Titulatur in »servus Jesu Christi«, Anfang 1001 in »servus apostulorum«. Mit diesen zwei solchermaßen ausgezeichneten Jahreswechseln sollte das ›Tausendjährige Reich‹ anbrechen, das er als verlängerter Arm Christi, als Endzeitkaiser regieren wollte. Schließlich schien auch die Christianisierung aller Völker vollzogen zu sein, die diesem ersehnten Zeitalter vorausgehen sollte. Denn nach dem Übertritt der skandinavischen Völkerschaften und der Gründung der ersten Bistümer in Ungarn und Polen konnten selbst die Slawen als christianisiert bezeichnet werden, hatten doch die Russen derweilen das Christentum von den Byzantinern erhalten. Doch wie es das Schicksal wollte, starb Otto bereits am 24. Januar 1002 im Alter von noch nicht 22 Jahren [Illig 1991 e, 76 ff.]. So verlor das ›Tausendjährige Reich‹ seinen Kaiser, bevor es richtig begonnen hatte.

Wenn ich geschlossen habe, daß das ›Kaiserjahr‹ 800 eine rückwirkende Festlegung gewesen ist, könnten andere natürlich schließen, daß das Jahr 1000 genauso rückwirkend fixiert worden sei. Nachdem aber die damalige Christianisierungswelle Europa tatsächlich – nicht wie im Falle Karls nur angeblich – dauerhaft überzogen hat, halte ich Otto III. und seine damalige Zeit für faktisch. Seit wann aber die Jahrtausendwende faßbar war, sprich: wann die Zählung nach Christi Geburt eingeführt worden ist, bleibt ein Problem. Denn ›natürlich‹ übernehmen die karolingischen Notare mehrheitlich diese Datierungsart von dem englischen Kirchenhistoriker Beda Venerabilis (672-735). Doch im 10. Jahrhundert wird sie kaum noch benutzt, um sich erst nach der Jahrtausendwende stark zu verbreiten. Nun ist aber der verehrungswürdige Beda dabei ertappt worden, daß er nicht nur die Null verwendet, sondern sogar bei seinen Lesern voraussetzt [Newton 1972, 117-123]. Nachdem aber die Null frühestens um 1100 in Europa heimisch wurde, muß man den Urheber von Bedas Schriften im 12. Jahrhundert vermuten [Illig 1993 c, 59 ff.]. Dann herrscht endlich Einklang mit der Einschätzung von Bedas Buch über die Zeitrechnung: »Ohne Übertreibung läßt sich sagen, daß kein wissenschaftliches Werk vergleichbaren Wertes in der lateinisch schreibenden Welt vor Beginn des 13. Jahrhunderts erschienen ist« [Pedersen 1983, 58].

Beda hat also nicht die Jahreszählung »n. Chr.« eingeführt, worauf wir bereits hier unterstellen, daß sie erst zur Jahrtausendwende in Anwendung kam. Daraufhin wurden Urkunden des 10. Jahrhunderts zum Teil umdatiert, was die überarbeiteten Datumszeilen vieler Urkunden bezeugen [Bresslau 1958, II 393-478, »Die Datierung der Urkunden«].

Der große Karlsverehrer Otto III. wollte seinen großen Vorgänger in ebendiesem Jahr 1000 im Grabe aufgesucht haben. Dort hat er von ihm nicht nur ein Evangeliar an sich genommen, sondern vor allem die *Würde des Endzeitkaisers* übernommen, mit der er ein neues Jahrtausend, die christliche Endzeit auf Erden, einläuten wollte. Genau wie Otto hat Karl Christus als wahren König für alle Zeiten verkündet [Ranke 1938, 265]: »Karl der Große wollte die Herrschaft Christi so weit wie möglich ausdehnen und das Gottesreich *(Civitas Dei)* wieder errichten« [Riché 1981, 116; seine Hvhg.].

Unter Karlsfreund Friedrich I. Barbarossa blühte die endzeitliche Erwartung neu auf, doch jetzt mit gewendeten Vorzeichen. War das Jahr 1000 keineswegs als Schreckensjahr, sondern überwiegend in voller Aufbruchsstimmung erlebt worden [Ortega 1992; Duby 1996, 20], verdüsterte sich bald die christliche Hoffnung. Erst jetzt wurden jene Ängste frei, die mit den Begriffen Chiliasmus oder Millenarismus verbunden sind. Im »Ludus de Antichristo« von 1160 wird nach- oder besser vorausgespielt, wie der Antichrist sich zum Endkampf erhebt und durch den christlichen Endkaiser vernichtet wird [Haussherr 1977, I 255]. Gleichzeitig (1158) berichtete Otto von Freising, Onkel von Barbarossa, in seiner »Weltchronik«, daß das Weltende gekommen sei, wenn das Römische Reich untergehe [Engels 1988, 44], was demnächst ebenso zu erwarten sei wie das Auftreten des Antichrist.

Durch diese Erneuerung eines apokalyptischen Gedankens von Lactantius aus der Zeit Konstantins des Großen [Gregorovius 1978, I 58 f.] wird Barbarossa zwar nicht zum einzigen, wohl aber zum bevorzugten Endzeitkaiser, der sogar Karl den Großen im Kyffhäuser ablöst [Kalckhoff 1990, 243]. Unter ihm prophezeite Joachim von Fiore, daß 1260 das »Dritte Reich« einsetzen werde: Das Reich des Heiligen Geistes sollte dem ›vorchristlichen‹ Reich Gottvaters und dem Reich des Gottessohnes folgen [Schreiner 1977, 249; Nette 1992, 106]. Alles erwartete gespannt, was unter Barbarossa-Enkel Friedrich II., den man abwechselnd als Endzeitkaiser und (kirchengebannten) Antichrist bezeichnete, im Jahre 1260 geschehen werde. Doch Friedrich II. starb bereits 1250, der letzte Stauferherrscher starb 1254, und Konradin, »der letzte Staufer«, wurde 1268 hingerichtet.

Nachtragen läßt sich, daß die Christenheit nicht mehr den Mut hatte, ein neuerliches Datum für den Beginn des letzten Welttages oder den Eintritt des Jüngsten Gericht anzusetzen. Sie ließ einfach den 6. Welttag sich ausdehnen. Noch 1492 wird für Hartmann Schedel in seinem berühmten »Buch der Chroniken und Geschichten« Christus am Vorabend des 6. Welttages, am letzten Tag des 5199. Jahres n. Sch. geboren [Schedel 1492, Blatt 95; Illig 1992 d, 193]. Für Schedel dauerte der 6. Welttag im Jahre 1492 n. Chr. eben 1492 Jahre, und dieses Jahr entsprach dem 6692. Jahr nach der Schöpfung.

Seltsamerweise mehren sich so kurz vor Ende des 2. nachchristlichen Jahrtausends noch immer keine Stimmen, die für das Jahr 2000 oder 2001 eine neue christliche Ära erwarten. Gemeldet haben sich nur polsprungfürchtige Propheten, die den Weltuntergang auf das Jahr 1998/99 festgelegt haben, also gewissermaßen den säkularen Kehrwert einstiger christlicher Hoffnungen verkünden [Haßler 1981, 195].

Karolingische Astronomie

Es ist nicht leicht vorstellbar, daß ein Karl der Große selbst Kalenderrechnungen anstellte, um den Ostertermin und den Anbeginn der Endzeitlichkeit vorauszukalkulieren. Einfacher wäre es, ihn nur als Auftraggeber zu sehen, so wie er 809 einen *Kongreß seiner Gelehrten* einberief, um eine Verbesserung der astronomischen Berechnungen zu versuchen. »Ergebnis ihrer Bemühungen war ein aus Auszügen von Plinius, Hyginus, Isidor und Beda zusammengestelltes Lehrbuch, das, im Original verloren, in vier unvollständigen Kopien des 9. Jahrhunderts widergespiegelt ist« [Gaehde 1979, 89].

Dieses astronomisch-computistische Lehrbuch ist 810 erschienen. Wie immer es mit diesem Kongreß samt ›papers and proceedings‹ stehen mag – nicht vorstellbar ist, daß Karl oder seine Gelehrten unermüdlich den Himmel beobachtet hätten.

Denn nach der Zeitenwende war die Himmelsbeobachtung offenbar verpönt [vgl. i. w. Illig 1993 c]. Das dürfte schon mit jenem berühmten Ptolemäus begonnen haben, der im 2. Jahrhundert angebliche Beobachtungen durch Umrechnung älterer Aufzeichnungen erzielte [Newton 1977]. Im Jahre 275 verlangte Anatolius von Alexandria, daß der Frühlingsbeginn nicht durch Himmelsbeobachtung festgelegt werde, sondern an einem festgelegten Datum stattfinde [Harvey 1976, 20]. Genausowenig nahm der erste mittelalterliche Computist, Dionysius Exiguus, der im frühen 6. Jahrhundert seine Ostertafel berechnete, deswegen den Himmel in Augenschein.

Erst als die Araber (wieder) Astrolabien bauten und solche Instrumente dank Papst Silvester II. um die Jahrtausendwende nach Europa kamen [Illig 1992 g], begannen ganz langsam neuerliche Himmelsbeobachtungen. Ein Hinweis darauf wäre auch das »astronomische Lehrgerät des Wilhelm von Hirsau«, wenn dieses steinerne »Astrolab« tatsächlich aus Wilhelms 11. Jahrhundert und nicht aus dem 12. Jahrhundert stammen würde [Gerl 1993, 210]. Europas erste richtige Sternwarte entstand auf jeden Fall erst im 16. Jahrhundert, jene von Tycho Brahe im dänischen Uranienborg [Hunke 1991, 87].

Um so verblüffender sind die seltsam präzisen astronomischen Bemerkungen der »Reichsannalen« *zum Jahre 807*. Ganz gegen sonstige Gewohnheit beginnt dieses Jahr nicht mit Kriegsberichterstattung, sondern mit Himmelsbeobachtungen, die in ihrer Präzision überraschen:

»Im vorigen Jahr [806] war am 2. September eine *Mondfinsternis*; damals stand die Sonne im *sechzehnten Grad der Jungfrau*, der Mond aber im *sechzehnten Grad der Fische*. In diesem Jahr [807] aber war es den letzten Januar am 17. des Mondmonats, als der *Jupiter* durch den Mond hindurchzugehen schien, und am 11. Februar war um Mittag eine Sonnenfinsternis, bei der beide Himmelskörper im *25. Grad des Wassermanns* standen. Wiederum war am 26. Februar eine *Mondfinsternis*, und es erschienen in derselbigen Nacht Schlachtreihen von wundersamer Größe, die Sonne stand im *11. Grad der Fische*, der Mond im *11. Grad der Jungfrau*. Am 17. März erschien auch der *Merkur vor der Sonne* wie ein kleiner schwarzer Fleck, ein wenig über ihrer Mitte, und wurde acht Tage lang von uns gesehen. Wann er jedoch in die Sonne eintrat und wieder heraustrat, konnten wir vor Wolken durchaus nicht bemerken. Wiederum war am 22. August in der dritten Stunde der Nacht eine *Mondfinsternis*, bei der die Sonne im *fünften Grad der Jungfrau* und der Mond im *fünften Grad der Fische* stand. So wurde seit dem September des vorigen bis zum September des jetzigen Jahres der Mond dreimal und die Sonne einmal verfinstert« [»Reichsannalen«, für 807].

Dieser Text ist in seiner Art einmalig in den »Reichsannalen«, die von 741 bis 829 für jedes Jahr knappe Berichte bieten. Wir werden uns der Reihe nach mit seinen gradgenauen Angaben, mit den Finsternissen und mit Jupiter- sowie Merkurdurchgang beschäftigen.

Dank Robert R. Newton besitzen wir eine überwältigende Sammlung mittelalterlicher Himmelsbeobachtungen aus der Zeit von 400 bis 1250. So können wir vergleichen, wann im

Mittelalter Himmelserscheinungen ähnlich genau durch Sternbildpositionen und Gradangaben lokalisiert worden sind. Wir erfahren, daß erstmals für den 16. August 779, wiederum in den »Reichsannalen«, eine Gradangabe, »der 20. Teil des Löwen«, auftaucht [Newton 1972, 390]. Nach 807 und dem Ende der »Reichsannalen« aber erlöschen karolingischer Impuls und angebliche Freude an der Himmelsbeobachtung, und wir müssen fast 300 Jahre weitergehen, um wenigstens eine Lokalisation per Sternbildangabe zu erhalten. Für den 23. September 1093 weiß die »Chronik Augustani« von einer Sonnenfinsternis »zu Mittag in der Waage« [Newton 1972, 408]. Erst ein weiteres Jahrhundert später lesen wir bei Dandulus für 1191: »Am 23. Tag des Juni war eine Sonnenfinsternis im 7. Grad des Krebses, und sie dauerte 4 Stunden« [Newton 1972, 472].

Erst damals, ein Jahr nach dem Tode Barbarossas, wird wieder jene Präzision erreicht, die schon unter Karl dem Großen üblich gewesen wäre. Dabei vermutet Robert Newton, der seine mittelalterlichen ›Himmelsgucker‹ kennt, noch am Ende dieses 12. Jahrhunderts »eher eine ›ekklesiastische‹ als eine astronomische Sonnenposition« [ebd.], also eine vom Ostertermin, nicht von Beobachtung geleitete Erkenntnis. Erst für den 6. Oktober 1241 lesen wir von einer Sonnenfinsternis, die stattfand, »wie es die Meister von Paris vorhergesagt hatten« [Newton 1972, 430]. Hier wird erstmals eine Zeit erreicht, in der gleichermaßen kalkulatorische Vorhersage und beobachtende Verifizierung betrieben wurden. Dem ansonsten überaus wachsamen Newton ist entgangen, daß die karolingische Präzision eine völlig unzeitige ist, da ihr hoher Stand erst Ende dieses 12. Jahrhunderts, also auf keinen Fall vor den Zeiten Barbarossas, wieder gepflegt wird.

Ungeachtet dessen beurteilt Newton die Angaben der »Reichsannalen« von 807 sehr zurückhaltend: Von vier Finsternissen seien zwei richtig, zwei aber um einen Tag verschoben, was allerdings von ihrer Nähe zur Mitternacht herrühren könnte. Aber die überaus exakten Himmelsangaben imponieren ihm nicht: »Die Positionen von Sonne und Mond [...] sind tatsächlich nur Ansätze für ein angenähertes Datum und vermutlich keine Beobachtungen« [Newton 1972, 394].

Schon eingangs hatte er klargestellt, daß allzu detaillierte Angaben verdächtig seien, zumal wenn sie jenseits der Beobachtungsmöglichkeiten der Zeit lägen [Newton 1972, 86]. Er konzediert also selbst bei so scheinpräzisen Gradangaben den Karolingern keine Himmelsbeobachtung.

Rückrechnungen sind seit dem 11. Jahrhundert – erstmals wohl durch Hermann den Lahmen (1013-1054) auf der Reichenau – vorgenommen worden. Ende des 11. Jahrhunderts fanden auch die ptolemäischen Kataloge, durch arabische Wissenschaftler aufbereitet, Verbreitung in Europa und erlaubten vereinfachte Retrokalkulationen.

Solche waren für die erdweit auftretenden Mondfinsternisse das geringste Problem – bei Sonnenfinsternissen ist eine Rückberechnung viel schwieriger, weil jene schmale Zone bestimmt werden müßte, innerhalb der eine totale Sonnenfinsternis auftrat. Doch lassen sich die mittelalterlichen Angaben über einschlägige Details ohnehin kaum aus. Und für den gut beobachtbaren Jupiter war eine Rückberechnung auch kein allzugroßes Problem. Deswegen sagt es nichts für oder gegen eine Retrokalkulation aus, wenn heutige Computerprogramme die Konjunktion Jupiter-Mond von 807 bestätigen [Nickles 1991, 438], zumal diese beiden Himmelskörper nicht selten in Konjunktion, also dicht beieinanderstehen.

Die gleiche Rückrechnung ergibt aber einen Fehler von rund drei Wochen für den Merkur-Durchgang vor der Sonne im Jahre 807. Fehler in dieser Größenordnung haben viel später Tycho Brahe (1546-1601) dermaßen gegen die noch immer verwendeten Tafeln aufgebracht, daß er unermüdlich Beobachtungsdaten sammelte, aus denen sein Schüler Johannes Kepler (1571-1630) die Rudolfinischen Tafeln errechnete, die erst 1627 gedruckt wurden. So fußt die Astronomie erst seit rund 400 Jahren auf unmittelbaren Himmelsbeobachtungen.

Beim Merkur sind solche Fehler ohnehin zu gewärtigen, da er in seiner ständigen Nähe zur Sonne nur schwer mit bloßem Auge zu beobachten ist. Häufig kolportiert wird der Seufzer des Kopernikus auf seinem Totenbett, er habe niemals den Merkur gesehen. Nun starb Nikolaus Koppernigk ein dreiviertel Jahrtausend nach Karl, im Jahre 1543. Erst nach 1610, nach

Erfindung des Teleskops, wurde die Beobachtung des Merkur-Durchgangs versucht. Erstmals gelungen ist sie entweder Pierre Gassendi 1631 in Paris [Mucke 1992] oder dem Kometenentdecker Edmond Halley (1656-1742); laut »Brockhaus« »beobachtete [er] als erster vollständig einen Vorübergang des Merkur vor der Sonne«.

Wer also im 9. Jahrhundert einen Merkur-Durchgang vor der Sonne behauptet, stellt zweierlei klar: Er kennt die Bahn des Merkur so weit, daß er um dessen Passagen vor und hinter der Sonne weiß; er hat aber keine intensiven Beobachtungen des Merkur angestellt, sonst hätte er gewußt, daß ein Merkur-Durchgang keine acht Tage, sondern lediglich acht Stunden dauert. Wir könnten daraus schließen, daß damalige ›Astronomen‹ aus Sterntafeln die Merkurbahn mit einem Fehler von drei Wochen kalkulieren konnten – so gut oder schlecht ist die Angabe in den »Reichsannalen« von 807.

Doch dieser Schluß wäre voreilig, wenn nicht zuvor gefragt wird, ob die einschlägige Passage der »Reichsannalen«, deren Verfasser nicht unbedingt Einhard war, der aber »*spätestens* um die Jahre 814-817 schrieb und auf jeden Fall in den Hofkreisen zu suchen ist« [Brühl 1962, 315; seine Hvhg.], authentisch ist. Doch in der kritischen Edition der »Monumenta Germaniae Historica« [Pertz 1963, I 194] werden zu diesen rätselhaften Zeilen weder Zweifel angemeldet noch unterschiedliche Handschriftenversionen erwähnt. Demnach handelt es sich um einen unbezweifelten Teil der ›Urschrift‹.

Es gibt einen weiteren Einwand. Heutige Fachleute interpretieren diesen angeblichen Merkurdurchgang als das Wandern eines großen Sonnenfleckens [Schütz 1992]. Das klänge plausibel, wenn Sonnenflecken nicht erst ab 1610 im Abendland Be(ob)achtung gefunden hätten [Hunke 1991, 95]. Dem widerspricht nun wiederum jener todverheißend dräuende und als solcher erkannte Sonnenfleck, von dem uns der kluge Einhard [32] berichtet. Wir können daraus nur schließen, daß die Schilderung eines Sonnenfleckens aus dem Jahr 807 genauso wie jene für die Jahre vor 814 ein düsteres Licht auf die Authentizität von »Reichsannalen« wie von Einhards »Karlsvita« wirft.

Auf jeden Fall ist nunmehr nachgewiesen, daß diese astronomische Passage von 807 niemals aus dem 9. Jahrhundert stammen kann. Weil sie nicht als späterer Zusatz angesehen wird, trifft dieses Verdikt die gesamten »Reichsannalen«. Der Sonnenfleck aus der »Karlsvita« läßt gleichermaßen an ein wesentlich späteres Entstehungsdatum von Einhards Werk denken.

Lassen sich aus diesem Indizienbeweis Rückschlüsse auf die eigentliche Entstehungszeit der »Reichsannalen« ziehen? Für das astronomische Denken im Abendland wurde der Merkur-Durchgang frühestens im 12. Jahrhundert bedeutsam. Damals griff Wilhelm von Conches eine zuletzt im 4. Jahrhundert vertretene These wieder auf, nach der sich Merkur und Venus um die Sonne drehen, diese jedoch um die Erde [Simek 1992, 26]. Sie ist eine Kombination aus geozentrischem Weltbild – ›alles‹ dreht sich um die Erde – und unserem heliozentrischen Weltbild, in dem die Planeten um die Sonne kreisen, nur der Mond um die Erde. Wohl letzter Vertreter des Kombimodells war der schon genannte Tycho Brahe am Ende des 16. Jahrhunderts. Bei ihm sind die Durchgänge von Merkur und Venus *vor* der Sonnenscheibe ein beweiskräftiges Muß für die Anordnung von Erde, Sonne und inneren Planeten (das aber auch Wilhelm von Conches nur illustrierte, nicht beobachtete). So muß das Entstehen des einschlägigen »Reichsannalen«-Textes nach 1150 unterstellt werden.

Chronologische Wirren in unserer Zeitrechnung

Nachdem wir jetzt zwei mühselige astronomisch-mathematische Exkurse bewältigt haben, wollen wir auch die Verwerfung in unserem Kalender betrachten, die in der Einleitung angesprochen worden ist, und wir beginnen noch einmal – nicht bei der Schöpfung, aber doch bei Caesar.

Gaius Julius Caesar war es leid, daß der römisch-republikanische Kalender immer größerer Nachbesserungen bedurfte, die teils von seinem Bezug zum Mond, teils auch von jenen Steuerpächtern herrührten, die um eines längeren (Fiskal-)Jahres willen die Priester mit Zuwendungen zu entsprechenden Kalenderkorrekturen animierten. Deshalb führte er nach ägyptischem Muster, dem sogenannten Canopus-Dekret (238 v. Chr.), das jedoch niemals durchgesetzt werden konnte, einen Sonnenkalender ein. Seit Januar 45 v. Chr. ist der *Julianische Kalender* in Gebrauch, der eine klare Schaltregel enthält: Jedes vierte Jahr wird um einen Schalttag verlängert. Das ergibt in 400 Jahren genau 100 Schalttage. Leider entspricht der Lauf der Erde um die Sonne keinem so einfachen Schema. Deshalb lief dieser Kalender ganz langsam ›aus dem Ruder‹ und verlangte schließlich eine Nachbesserung. Sie wurde 1582 mit Einführung des *Gregorianischen Kalenders* durchgeführt. Seitdem gibt es im Laufe von 400 Jahren nur noch 97 Schalttage und praktisch keine Diskrepanz mehr zum astronomisch überprüfbaren Jahreslauf.

Die Fortschritte seit dem ägyptischen Kalender sind unverkennbar (d = Tag, h = Stunde, m = Minute, s = Sekunde):

Kalender:	Jahreslänge	Abweichung
Astronomisch:	365 d + 5 h + 48 m + 46 s	
Gregor:	365 d + 5 h + 49 m + 12 s	+ 26 s
Caesar:	365 d + 6 h	+ 674 s
Vor Caesar (ägypt.):	365 d	− 20 926 s

Der kleine Unterschied zwischen Julianischem Kalender und astronomischem Sternenlauf brachte eine jährliche Abdrift von gut 11 Minuten. Das minimale Übersoll kumulierte bis zum Jahr 1582 auf *12,7 Tage*. Damals ersetzte Papst Gregor XIII. den Julianischen durch den Gregorianischen Kalender, indem 10 Kalendertage übersprungen wurden. Auf den 4. Oktober folgte sofort der 15. Oktober 1582. Hier stellt sich eine Frage prinzipieller Natur.

Da nur in ganzen Tagen nachgebessert werden kann, hätten die 12,7 Tage eine Korrektur von *13 Tagen* verlangt. Warum wurden nur 10 Tage übersprungen? So konnte die Himmelskonstellation zu Caesars Zeiten niemals wiederhergestellt werden, obwohl davon gemeinhin – bis hin zur »Encyclopedia Britannica« – ausgegangen wird. Die Spezialisten kennen das

Problem und antworten – wie jüngst R. Schieffer [vgl. Illig 1996] – raffinierter: Der Papst wollte den Himmel über dem Konzil von Nicäa, 325, wiederherstellen!

Daran ist zunächst richtig, daß Nicäa die Rechnung erfüllt. Warum aber Nicäa? Übereifrige Computisten erfanden einen Konzilsbeschluß von 325, daß schon damals der Kalender nachjustiert worden sei [vgl. zu dieser Kalenderproblematik Illig 1991 a, 1992 a, 1993 c]. Doch davon kann keine Rede sein: Es gibt in den erhaltenen Konzilsakten keinen Hinweis auf eine Kalenderjustierung, im Gegenteil. Die Kirche war damals noch weit davon entfernt, Frühlingspunkt und vor allem Ostertermin vereinheitlicht zu haben. Alexandria und Rom gingen von zwei unterschiedlichen Terminen für den Frühlingsbeginn aus: der Westen vom 25. März, der Osten vom 21. März, doch beide beachteten nicht die tatsächliche Himmelssituation (s. S. 91). Caesars Computist aus Alexandria hatte sicher den dortigen 21. März als Frühlingspunkt. Zu Nicäa ist der 21. März genannt worden, ohne daß es dazwischen zu einer Kalenderkorrektur gekommen wäre.

Wir geraten hier ins Düster der Quellen, das auch auf dem Gedächtniskongreß anno 1982 im Vatikan [Coyne et al. 1983] nicht hinreichend erhellt werden konnte. Die bleibende Skepsis läßt sich so formulieren: Die einstige Korrektur um nur 10 statt um 13 Tage ist bislang nicht eindeutig motiviert.

Wenn wir die unbestrittene Rechnung umkehren, stellen wir fest, daß jeder Korrekturtag für jene Abdrift steht, um die sich der Julianische Kalender binnen 128,2 Jahre von der astronomischen Himmelssituation entfernt hat. Zwei fehlende Korrekturtage bedeuten 256 Jahre, drei solche bedeuten 384 Jahre, um die Gregors Korrektur zu kurz gegriffen hat. Wer keinen Bezug zu Nicäa sieht und voraussetzt, daß schon die alten Römer die Frühlingstagundnachtgleiche genauso eindeutig bestimmen konnten wie die viel älteren Megalithiker mit ihren Steinmonumenten, der muß davon ausgehen, daß auf unserer Zeitachse 256 bis 384 Jahre zuviel geführt werden. Als Arbeitshypothese nenne ich 297 Jahre, die zu streichen sind, damit Gregors Korrektur direkt zu Caesar zurückführt.

Festzuhalten ist, daß diese Kalenderkritik angesichts der

widersprüchlichen Quellensituation keineswegs die These einer mittelalterlichen Phantomzeit ›im Alleingang‹ erzwingt, sondern sie flankiert und den Umfang der notwendigen Kürzung eingrenzt. Die eigentlichen Argumente ergeben sich im Vergleich zwischen den Quellen selbst, vor allem aber im Vergleich zwischen Quellen und architektonischer wie archäologischer Evidenz.

Nun brennt natürlich jedem Leser eine Frage auf den Lippen: Müßten wir nicht, wenn diese These stimmt, sofort unsere Kalenderrechnung ändern, nachdem sie auf Christi Geburt bezogen ist? In der Tat würde sich dann der Abstand zu jenem Heilsereignis um ein gutes Siebtel verkürzen. Wir würden nach gegenwärtigem Zeitansatz vom Jahr 1998 ins Jahr 1701 ›zurückfallen‹ und keineswegs mehr der großen Jahrtausendfeier entgegenfiebern, die global vorbereitet wird. Statt dessen würden wir erstaunt erfahren, daß wir soeben eine Jahrhundertwende ›vergessen‹ hätten.

Es ist nun allgemein bekannt, daß bislang die Geburt von Jesus Christus nicht zweifelsfrei im Geschichtsablauf verankert werden konnte, weil schon ihr Datum nicht widerspruchsfrei bestimmbar ist. Das gilt gleichermaßen für den Tag wie für das Jahr. Nach der geläufigsten Ansicht müßte Christus im Jahre 7 v. Chr. geboren worden sein. Andere Forscher ziehen 4 v. Chr. vor, während die jüngste Berechnung den 30. August des Jahres 2 v. Chr. ergab [Papke 1995, 105]. Mit anderen Worten: Schon bislang war der Bezugspunkt unserer Kalenderrechnung, den 525 ein Mönch namens Dionysius Exiguus überhastet festgelegt hat, nur eine Übereinkunft ohne historische Faktizität. Von da her bräuchte sich an unserer Kalenderbezeichnung auch dann nichts ändern, wenn das Mittelalter an Zeit verliert.

Aber *ein ›Loch‹ in der Chronologie* ist unerträglich, mögen manche meinen. Wer so argumentiert, vergißt, daß er ganz passabel mit ebendiesem Umstand lebt. Denn es hat zum Beispiel den 10. Oktober 1582 weder in julianischer noch in gregorianischer Zählung als geschichtlichen Zeitraum gegeben! Er gehört zu den Tagen, die im Zuge der Gregorianischen Reform einfach übersprungen worden, also ereignislos geblieben sind.

(Im übrigen war die Julianische Korrektur niemals Grundlage für eine Jahreszählung: Die Römer rechneten ab Gründung der Stadt Rom, die römischen Christen nach der Diokletiansära, auch Märtyrerära benannt, deren Beginn auf den 29. August 284 n. Chr. umgerechnet worden ist.) Was mit 10 Tagen möglich war und ist, ist im Prinzip auch mit rund drei Jahrhunderten möglich.

Neufestsetzungen unserer Jahreszählung aber würden ins Chaos führen. Denn dann träten neben unsere vertrauten Jahreszahlen gleich mehrere andere. Da gäbe es ja nicht nur jene Zeitgenossen, die »von Christ Geburt« an aufwärts rechnen und uns von 1998 ins Jahr 1701 zurückstießen, also nach Le Goffs Meinung direkt ins Mittelalter. Andere würden das Jahr 2000 nicht missen wollen und von ihm zurückzählen, worauf dann »Christi Geburt« in die Zeit um 296 fallen würde. Genauer ließe sich das nicht sagen, weil bislang diese Geburt einer ›Nicht-Zeit‹ zwischen den unmittelbar aneinandergrenzenden Jahren 1 vor und 1 nach Christus zugerechnet wird. Das in unserer Zeitrechnung fehlende Jahr »0« geht auf das Konto von Dionysius Exiguus.

Selbstverständlich müßten diese neuen Zeit- und Kalenderrechnungen ständig nachgebessert werden, wann immer sich herausstellt, daß das Kürzungsintervall größer oder kleiner als anfangs gedacht ausfällt. Die letzte Rettung, aber auch die nächste Verwirrung wäre dann ein ganz neuer Kalender. Nachdem aber in den letzten 300 Jahren keine Institution und keine Initiative in der Lage war, an unserem Kalender etwas zu reformieren – sei es eine andere Wochen- oder Monatslänge oder eine einheitliche Quartalslänge, seien es Feiertage, die nicht mehr im Jahresablauf umherwandern –, wird dies wohl auch in der näheren Zukunft nicht möglich sein. Allenfalls die historischen Wissenschaften könnten sich eine neue Ära geben, um jedes Ereignis eindeutig auf einer ununterbrochenen Zeitachse zu fixieren.

Insofern wird sich für die Allgemeinheit nichts anderes ändern, als daß schon bislang kaum bekannte »dunkle Jahrhunderte« zu ganz ›zeit- und geschichtslosen‹ Jahrhunderten werden.

Der Mehrer des Reiches

»Karls Sorge galt weltlichem und geistlichem Recht, Kalender und Zeitrechnung, Geschichtsschreibung und Grammatik, sie galt den Schriften der Väter wie den Gesängen der Dichter« [Mütherich 1979, 7].

Bislang ist uns Karl vorrangig als Schöngeist und Geistlicher Rat begegnet. Berühmt-berüchtigt ist er jedoch auch oder gerade als aktiver Politiker, als entschlossener, kriegsgeiler *Machtmensch*. In 46 Regierungsjahren führte er 44 Jahre Krieg. »Ein Sommer ohne Krieg galt als vergeudete Zeit. Als Karl 790 zum erstenmal kein Aufgebot befahl, glaubten die Reichsannalen seine Untätigkeit entschuldigen zu müssen« [Braunfels 1991, 32].

Wenn ihn deswegen ein Historiker als den »Erzvater des europäischen Totalstaates« bezeichnen kann, wird dieser Umstand nicht Karl verübelt, sondern dem urteilenden Historiker [Goez 1988, 47]. Karl sollte schließlich als abwägender *Diplomat* in die Geschichtsbücher eingehen, der immer zuerst verhandelt hätte. Deswegen wird sein Vorgehen gegen den Langobardenkönig Desiderius hervorgehoben. Karl habe ihm 14 000 Goldsolidi geboten, wenn er die päpstlichen Gebiete räume; erst als dies nicht geschah, sei Karl ins Land seines Schwiegervaters eingerückt [Wies 1986, 76], habe aber auch dann »erstaunliche Milde und Zurückhaltung« bewiesen [Goez 1988, 47]. Rudolph Wahl prägt dazu das Bonmot, das Heilige Römische Reich Deutscher Nation sei nur wegen eines fehlgeschlagenen Geldgeschäfts entstanden [Wahl 1948, 41].

Ein ergreifendes Beispiel, an dem lediglich stört, daß es im Frankenreich selbst niemals eine Goldwährung gab; doch gehören die Schwierigkeiten mit den karolingischen Münzen in die unten behandelte Rubrik ›Finanzen und Wirtschaft‹. Karl soll nicht nur Diplomat, sondern laut seinem Höfling Paulus Diaconus auch ein *milder Sieger* gewesen sein [Wies 1986, 93], nach seinem Freund Muadwin ein »*Friedensfürst*« [Wattenbach u. a. 1991, 176], gemäß den »Reichsannalen« »*von Natur ungemein milde*« [Annalen, Jahr 787].

Wird dies durch die restlose Zerstörung Ungarns oder durch

die Sachsenschlächtereien einigermaßen konterkariert? War die Zwangsdeportation von 10 000 Sachsen eine milde Angelegenheit [Kalckhoff 1990, 44] oder jene Politik der verbrannten Erde, mit der Aussaat und Pflanzung in Sachsen verhindert werden sollten? [Bayac 1976, 150] Wie steht es mit diesem Sachsenland, in dem er gemäß den »Reichsannalen« in neun Jahren »alles mit Feuer und Schwert verwüstete« – solchermaßen stereotyp berichtet für die Jahre 772, 778, 782, 783, 784, 785, 796, 797 und 798? Oder was ist mit der unerbittlichen Härte der 782 erlassenen Sachsenkapitularien, in denen fast alles unter Todesstrafe gestellt wird: Zauberei, Totenverbrennung, Ablehnung der Taufe, selbst die Verletzung der Fastenpflicht durch Fleischgenuß? [Wies 1986, 126; Bayac 1976, 152] Während sein Freund Alkuin sagt: »Er liebte den Frieden über alles, billigte aber Kriege, die geführt wurden, um dem christlichen Glauben neue Anhänger zuzuführen« [Bayac 1976, 155], rechnet ihn Karlheinz Deschner zu den »Mördern im Weltmaßstab« und zu den »Star-Banditen der Geschichte« [Deschner 1987, 67 f.]. Selbstverständlich kennt die Weltgeschichte nicht nur wüste Bluthunde, sondern auch die neronische Spielart, sich gerne zum Künstler und Schöngeist hochzustilisieren. Trotzdem macht die Karlsvita zunehmend den Eindruck, buchstäblich jedem Späteren Identifikationsmöglichkeiten bieten zu wollen: dem frommen Christen wie dem Machiavellisten, dem Freund der Diplomatie wie dem Verehrer von Blankwaffen, dem Kunstkenner wie dem Gelehrten, dem Papstverehrer wie dem Papsthasser.

Auch die Klientel, die sich weniger an untermenschlicher Grausamkeit als an übermenschlicher Energie erfreut, kommt voll auf ihre Rechnung. Krieger Karl ist eigentlich das Alter ego des Halbgottes *Herkules*, ausgestattet mit einer »riesenhaften Natur«, die ihm eine »ungeheure Lebensleistung« ermöglicht [Braunfels 1991, 68 f.]. So berichtet Einhard vom Jahre 772: »Denn dieser Krieg [gemeint ist der Auftakt zu 33 Jahren Sachsenkriegen] begann zwei Jahre vor dem italischen, und obwohl er ohne Unterbrechung geführt wurde, unterließ man nichts, was anderswo getan werden mußte, oder ging irgendwo einem gleich mühevollen Kampf aus dem Wege« [Einhard, 8]. Oder vom Jahre 778: »Während er unaufhörlich und fast ohne Unterbrechung mit den Sachsen zu kämpfen hatte, zog er [...] mit möglichst großer Heeresmacht [...] nach Spanien, wo sich ihm alle Städte und Burgen, die er angriff, unterwarfen, und kehrte dann ohne den geringsten Verlust mit seinem Heer wieder heim« [»Reichsannalen«, für 778].

Karl konnte also mühelos eine zweite Front eröffnen. Seine Niederlage bei Roncesvalles, bei der er seine ganze Nachhut und seine getreuesten Paladine verlor, übergehen die »Reichsannalen« souverän. Einhard erwähnt diese einzige Niederlage Karls immerhin [Wies 1986, 134], erweckt aber den Eindruck, als ob Karl Kleinigkeiten wie diese Rolands-Niederlage mühelos verschmerzte.

Äußerst merkwürdig erscheint mir, daß die Erinnerung an Karl und Roland am frischesten ausgerechnet auf Sizilien ist, das Karl niemals – da sind sich Chronik und Legende einig – betreten hat. Dort spielen noch immer Marionettentheater die Schlachten zwischen Sarazenen und christlichen Rittern nach, dort sind großrädrige Bauernkarren mit Szenen aus den Heldensagen bemalt. Haben die Heldennamen Karl und Roland den Namen von Roger I. verdrängt, der in einem dreißigjährigen Krieg (1061 – 1091) den Arabern Sizilien entrissen hat? Dieser Karl – Sieger über Sachsen, Awaren und Sarazenen – rafft einfach alles an sich, und so bürgen für ihn sizilianische Marionetten genauso wie einsame Felsformationen in den Pyrenäen: die »Rolandsbresche« oberhalb von Roncesvalles (franz. Roncevaux, baskisch Orhia), wo der große Karl eine Grabeskirche für Graf Roland gebaut haben soll.

Karl war natürlich nicht nur Diplomat, Krieger und erster Diener seines Staates, sondern auch ein *Staatsmann* von allerhöchsten Graden. Der belgische Mediävist François Louis Ganshof spürte Karls »Persönlichkeit als Staatsmann« hinter den Ereignissen der Annalen [Bullough 1966, 11]. Allerdings gibt es hier auch andere Einschätzungen, wie die von Wallace-Hadrill, der unmißverständlich klarstellt: Karl »ist als staatsmännische Persönlichkeit nicht erkennbar und ist wahrscheinlich auch nie eine gewesen« [Bullough 1966, 11].

793 und der Rhein-Main-Donau-Kanal

793 tobt in Sachsen ein Aufstand, und die Sarazenen eröffnen eine Gegenfront im Südwesten, kommen weiter voran als zu Zeiten des Sarazenen-Schlächters Karl Martell – was von uns genauso verdrängt wird [zum Beispiel Herzfeld 1963, 289] wie die Tatsache, daß die Araber im 10. Jahrhundert an der Côte d'Azur saßen und sogar Alpenpässe kontrollierten [Pirenne 1986, 7]. In großen Teilen des Reiches – von Süditalien bis Franken – herrscht eine so starke Hungersnot, daß sie Menschen zum Kannibalismus treibt. Karl, der wie immer die Lage im Griff hat, bricht den ultimativen Feldzug gegen die Awaren ab, bleibt aber zukunftsorientiert. Mitten im hungerverstärkenden Dauerregen beginnt er den Bau des Rhein-Main-Donau-Kanals und beobachtet der Volkssage nach vom Karlsstein aus seine Großbaustelle [Keller 1993, 28]. Leider war dieser Regen so penetrant, daß jede Nacht die Ausgrabung wieder nachrutschte, bis selbst ein Karl aufgab [Abel 1883, ›793‹].

Trotzdem kann noch heute diese weggespülte Grabung visitiert werden; die Natur hat sie zu Karls höherem Ruhm für 1200 Jahre gegen weiteren Regen gefeit. Ausgerechnet diese Fragmente eines kaum begonnenen Torsos »sind archäologisch nachgewiesen« [Riché 1981, 121] – was für so viele seiner vollendeten Bauten keineswegs gilt – und bilden »eines der bedeutendsten Bodendenkmäler Deutschlands« [Elmshäuser 1992, 15], dem »wegen seiner Einzigartigkeit [...] europäischer Rang zuerkannt werden« muß [Koch 1990, 669]. Außerdem soll die nahe gelegene Ortschaft Graben mit ihrem karolingerzeitlichen Namen für Karls Projekt bürgen.

Doch die Fossa Carolina ist ein mehr als problematisches Gelände. Angesichts der erhaltenen Schanzarbeiten kamen Spezialisten zu der Ansicht, daß »wohl über 8000 Menschen im unmittelbaren Einsatz« zugange und *mehr als 10 000 Menschen* von der Aktion betroffen waren [Hofmann 1965, 452]. Neben den eigentlichen Schanzarbeitern müßte mit einer ähnlich großen Anzahl an Hilfskräften gerechnet werden, die sich um die Bereitstellung von Arbeitsgerät und Verpflegung zu kümmern

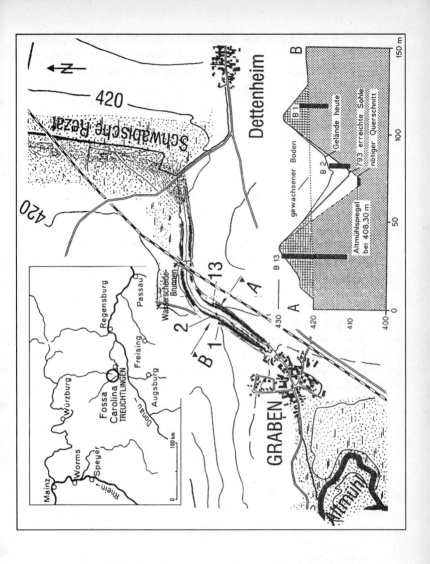

Abb. 11 Karlsgraben bei Treuchtlingen: Geländeaufnahme von 1992 mit drei Bohrstellen und separatem Querschnitt; inzwischen ist der Grabenverlauf einen weiteren Kilometer nach Norden gesichert (hier noch »Schwäbische Rezat«) / Lage der Wasserscheide zwischen Rhein und Donau [Keller 1993, 57, 11]

hatten [Koch 1990, 669]. Wie wurde diese Gesamtmenge, die je nach Schätzung 12 000 bis 20 000 Personen umfaßte, monatelang verpflegt, hier, in einem toten Winkel des Reiches, in einem extremen Hungerjahr? Selbst in den verkehrstechnisch wesentlich günstiger gelegenen Pfalzen war man damals nicht in der Lage, Kaiser samt Troß – also vergleichsweise ein bis vier Prozent der Kanalarbeiter – längere Zeit zu verpflegen [Braunfels 1991, 93]. Noch im 10., 11., ja 12. Jahrhundert zog der französische König mit einem Gefolge von vielleicht 300 bis 400 Personen durch seine Lande und konnte aus Versorgungsgründen nicht »die karolingische Tradition der Überwinterung an einem Ort« fortsetzen [Brühl 1968, 264, 270].

Schon diese schlichte Einsicht ist ein massiver Angriff gegen die gesamte allgemein geglaubte Karlsherrlichkeit. Sollten Karls Heerscharen aber gleichwohl – ohne Kalorienverbrauch – gegraben haben, stellt sich die Frage, ob damals auch andernorts Kanäle gebaut worden sind. Die Antwort fällt eindeutig aus. »Trotz der Bedeutung von Wasserstraßen für Handel und Verkehr scheinen Kanalbauten zur Erschließung neuer Wasserwege ausgeblieben zu sein. [...] *Im Frühmittelalter steht die Fossa Carolina einzig da*« [Elmshäuser 1992, 15].

Dies kann auch gar nicht anders sein in einer Zeit, in der nicht einmal Straßen gebaut worden sind (s. S. 172). Die Wasserwege haben »für das Königtum des frühen und hohen Mittelalters eine sehr beträchtliche Rolle gespielt, *ohne daß die Quellen dies genügend erkennen ließen*« [Brühl 1968, 65].

Kanalbauten hat überhaupt erst das Hohe Mittelalter in Angriff genommen, als erstes wohl Mailand mit seinem Projekt »Naviglio grande«, das 1179 begonnen wurde. Mit dem Stecknitz-Kanal bei Lauenburg (1391 - 1398) ist dann die erste Wasserscheide wirklich überwunden worden [Straub 1992, 81 f.].

Doch wann wäre dann diese gut belegte Verbindung zwischen Altmühl und Rezat tatsächlich versucht worden? Ein Detail bringt uns weiter. Bei der im Gelände erkennbaren Linienführung hätte dieser Kanal die Wasserscheide zwischen Rhein und Donau, Rezat und Altmühl nicht auf einem durchgehenden Niveau überwinden können. In den letzten Jahren ist nicht nur die Baustelle für einen weiteren Kilometer Länge nachgewiesen worden, man weiß auch, daß ein niveaugleicher Übergang 770 000 Kubikmeter an Aushub verlangt hätte, während ein Scheitelkanal bei der vorliegenden Trassenführung lediglich 170 000 Kubikmeter Aushub verlangt hätte [Koch/Leininger 1993, 14 f.]. Weil es um 800 mit Sicherheit noch keine Schleusen gab – die erste uns bekannte ist 1373 in Vreeswijk gebaut worden [Straub 1992, 82] –, hätte ein damaliger Scheitelkanal zwischen Stufen liegen müssen. Derartige Kanalbetten endigten immer wieder an einem Wall oder an einer Holzwand, um sich dahinter auf höherem Niveau fortzusetzen. Die Schiffe wurden an diesen Stufen entweder umgeladen oder eine schiefe Ebene hinaufgezogen. Aber auch solche Kanalstufen sind erst ab dem 13. Jahrhundert gebaut worden [Hofmann 1965, 442].

Wir müssen uns also an den Gedanken gewöhnen, daß dieser Kanalbauversuch, der je sechs Treppenstufen auf beiden Seiten gebraucht hätte [Ausstellungstext 1993], keineswegs im Jahre 793, sondern erst im hohen Mittelalter begonnen worden ist. Nachdem das Projekt scheiterte, könnte es tatsächlich der erste unbeholfene Versuch mit einem Stufenkanal gewesen sein. In diesem Fall würde der Mönch Eckehard von Altaich die Datierung vorgeben, der »um das Jahr 1140 erstmals die Gegend des Kanalbaus näher« beschrieben hat [Keller 1993, 21]. Das Projekt als solches muß auf jeden Fall 1278 aufgegeben gewesen sein, als Chuno von Würzburg erneut davon berichtete [ebd.]. Wenn Sebastian Münster 1544 schreibt: »Man sieht noch bei Weißenburg die alten Fußtritte der unnützen Arbeit« [Koch/Leininger 1993, 11], so meint er den alten Kanalbauversuch und nicht den ebenso einzuschätzenden Nachfolgebau unseres Jahrhunderts.

Ich habe diese hochmittelalterliche Datierung schon in der ersten Fassung dieses Buches vertreten, die rechtzeitig zur Einweihung des neuen Main-Donau-Kanals am 25. September 1992 erschienen ist. Ein Jahr später, zur 1200-Jahr-Feier des vergeblichen Kanalbaues, gab es nicht nur im Ort Graben eine Ausstellung, sondern es erschien auch eine kleine Schrift von

Wolf Pecher [1993]. Sie griff eine These auf, derzufolge der Grabentorso römerzeitlich war und möglicherweise als Pferdeschwemme gedient hatte [Seiler 1905]. Pecher zufolge hätte Karl der Große einen Römerbau fortgesetzt, der zwischen 90 und 213 n. Chr. entstanden sein könnte. Doch auch diese These wirkt keineswegs überzeugend. Denn der Limes verlief nur wenige Kilometer nördlich des »Kanals«. Um ihn sinnvoll zu nutzen, hätten die Römer zum einen das mainfränkische Flußsystem anpeilen müssen, das jedoch nie in ihre Hände fiel, und sie hätten zum anderen die Altmühl als Verbindung zur Donau gebraucht. Doch die Altmühl entspringt nicht nur nördlich des Limes, sie verließ auch das römische Gebiet wieder, bevor sie in die Donau mündet. Die Römer hätten den Limes mit Sicherheit das kurze Stück bis zur Altmühl vorgeschoben, wenn sie an diesem Flüßchen als Transportweg interessiert gewesen wären.

Römische Funde kann Pecher für seine These nicht anführen, sondern nur das Lager Biriciana (heute Weißenburg), das in Fußmarschnähe gelegen war. Das ist eine weitere Schwachstelle der These, denn die Römer hätten sicherlich keinen täglichen Anmarsch von über zwei Stunden in Kauf genommen, sondern ihr Lager direkt vor Ort aufgeschlagen.

Trotz dieser Fundarmut ist die Römerzeitthese aufgestellt worden. Das liegt nun wiederum daran, daß nicht nur Römerfunde, sondern gleichermaßen *karolingische Funde fehlen*, wie schon lange beklagt wird. »Während wir von vielen Vor- und Frühgeschichts-Fundstellen nur archäologische Befunde und keine historischen Überlieferungen haben, ist es beim Karlsgraben gerade umgekehrt, da bei unbewohnten Erdwerken kaum Funde gemacht werden. Die große Zahl der Werkleute muß jedoch an ihren Lagerplätzen eine erhebliche Anzahl an Knochen, Keramikscherben und Schlacken hinterlassen haben, *von denen bisher noch nichts bekannt wurde*« [Patzelt 1982, 4 f.].

Die Fundmenge ist derart bescheiden, daß wir eine Einzelbetrachtung vornehmen können (s. S. 109). Zugrunde liegt ihr Robert Kochs Zusammenstellung von 1990, die weit über Altmühl- und Rezattal ausgreifen muß, um überhaupt Funde vorweisen zu können.

Archäologische Fundgegenstände aus dem Umkreis des Karlsgrabens

[zitiert nach Koch 1990, 669-678]

- »Aus der näheren Umgebung des Karlsgrabens kann als einziges Fundstück aus frühmittelalterlicher Zeit lediglich eine tropfen- bzw. mandelförmige Amethystperle angeführt werden«, 1 km von Graben entfernt; Typus seit 550 in Mode.
- »Um [für den Bereich von Schmuck und Tracht] überhaupt ein paar Fundstücke nennen zu können, ist es ratsam, den Betrachtungszeitraum nicht zu sehr auf die Jahre um 793 einzuengen. [. . . So] scheint es *angebracht, den ganzen Zeitraum der Karolingerzeit heranzuziehen* und die zeitliche Grenze im 10. Jahrhundert zunächst offen zu lassen.«
Erwähnenswert eine Scheibenfibel aus Burgsalach, ≈ 12 Kilometer entfernt. Der Typus mit Münzbild als Mittelfeld war vom 7. bis 10. Jahrhundert in Mode.
- »Waffen der Karolingerzeit sind selbst aus der weiteren Umgebung des Karlsgrabens nur sporadisch bekannt geworden.« Genannt werden eine Spatha bei Neuburg an der Donau (30 km); ein Spathaknauf bei Kitzingen (100 km); ein Eisensporn, Pfofeld (30 km).
- Ein Bronzeschlüssel aus Theilenhofen (25 km). »Die meisten Varianten dieser formenreichen Bronzeschlüssel wurden jedoch *anscheinend* während der Karolingerzeit hergestellt.«
- Münzen: »*Angesichts des mageren Forschungsstandes* braucht man sich nicht zu wundern, daß aus der Umgebung des Karlsgrabens keinerlei Münzen der Karolingerzeit – auch nicht als Einzelfunde – bekannt geworden sind« [Koch 1990, 675]. Die beiden ›nächstgelegenen‹ Denare Karls fanden sich nahe Neuburg an der Donau und bei Hilpoltstein (jeweils 30 km).
- »Keramik aus nachmerowingischer Zeit ist bisher im mittleren und oberen Altmühltal nur in außerordentlich geringem Maße bekannt geworden.«
- Das 12 Kilometer entfernte Weißenburg war schon zu Römerzeiten Kreuzungspunkt für Fernwege. Sein Ortskern gab kein signifikantes Material für das 8. und 9. Jahrhundert frei; als Königshof frühestens seit 867 urkundlich genannt.
- Die desolate Fundsituation bezeugt ein Silberbecher, 85 Kilometer entfernt bei Pettstadt gefunden, der ganz allein die ›besseren‹ Fundgegenstände der Kanalbauzeit »aus dem gesamten Einzugsgebiet von Rezat, Rednitz und Regnitz« vertritt. Sein Dekor ähnelt dem des Tassilokelchs (s. S. 134).

Auch die Ausstellung von 1993 präsentierte nur Merowingerzeitliches des 6. und frühen 7. Jahrhundert, während die Karolinger durch Abwesenheit glänzten.

»So weiß man, daß fast alle Ortschaften im näheren Umfeld von Graben Gründungen aus dieser Zeit sind. Aus karolingischer Zeit gibt es dagegen nur wenige archäologische Quellen [...] Siedlungen der Karolingerzeit sind kaum ausgegraben, da sie von den nachfolgenden Generationen zumeist überbaut wurden. Vom Bau der Fossa Carolina zeugt heute nur noch das Geländedenkmal. Die Unterkünfte der Arbeiter sind *ebenso unbekannt* wie die Versorgungsanlagen und die Friedhöfe der beim Bau Verstorbenen« [Ausstellungstexte 1993].

Im übrigen – aber das ist nicht mehr fossaspezifisch – ist die Schiffahrt der Karlszeit rätselhaft. »Aus der Zeit Karls des Großen sind nur wenige Schiffsfunde bekannt. Man nimmt an, daß die Kähne des frühen Mittelalters etwa 6-12 Meter lang und 1-2,5 Meter breit waren. Ein etwa 1200 Jahre alter Frachtkahn (datiert 808), der in Bremen gefunden wurde, ist vorläufig das einzige bekannte Beispiel« [Ausstellungstext 1993].

Natürlich würde ein einziger zweifelsfrei dem Jahr 808 zuzuordnender Kahn genügen, um die hier vertretene Zeitkürzungsthese zu stürzen. Aber das ›Corpus delicti‹ ist nicht mit dem Jahr 808 n. Chr. signiert, sondern die Baumringe lassen sich von 1996 eben 1188 Jahre zurückzählen. Diese Rückrechnung ergibt bei einem um 297 Jahre gekürzten Mittelalter nicht mehr 808, sondern das Jahr 512 [zu Dendrochronologie und C14-Crash vgl. Niemitz 1995; Blöss/Niemitz 1997]. Man sollte bei den fehlenden Schiffen noch kurz bedenken, daß Karl gegen die Wikinger sogar eine Flotte auf Kiel gelegt haben soll [Einhard, 17; Fried 1991, 31], die aber spurlos versank.

Rätselhaft wie die Schiffahrt ist die Kleidung der Kanalgräber. »Die Kleidungsweise der einfachen Bevölkerung des 8. Jahrhunderts läßt sich aufgrund der wenigen Darstellungen und Beschreibungen sowie der spärlichen textilen Grabfunde nicht lückenlos nachweisen« [Ausstellungstext 1993].

Dieses »nicht lückenlos« erwies sich im weiteren als Euphemismus, denn es konnte überhaupt nichts Konkretes über

Schuhe, Socken, Hosen, Hemden etc. ausgesagt werden. Als Hauptquelle dienen karolingische Miniaturen des 9. Jahrhunderts, bei denen sich jedoch die fränkische Mannestracht nicht von der des 5. Jahrhunderts unterscheidet [Schneider 1990, 63].

Der Rätselgraben bleibt noch aus zwei weiteren Gründen geheimnisvoll. Zum einen ist unklar, ab wann im Mittelalter überhaupt Bedarf für einen Kanal bestand. Wäre es tatsächlich nur darum gegangen, Karls kleine Flußschiffe über die Wasserscheide nach Norden zu bringen, um sie gegen die Sachsen einsetzen zu können, hätte man sie ohne Kanalbau, dafür auf einer Schleppstrecke ungleich leichter über dieses Hindernis ziehen können. Oder ging es um einen Handelsweg?

Die Strecke zwischen den beiden schiffbaren Flußläufen hüben und drüben war samt Umladen auf Lastkarren damals binnen eines Tages zu bewältigen [Ellmers 1993, 6]. Der Transport auf einem Wasserweg mit sechs Stufen im Gesamtabstand von nicht einmal 4 Kilometern hätte mindestens ebenso lange gedauert. Wann also wären überhaupt genügend Waren für einen rentablen Kanal im Handel gewesen? Eine Karlszeit mit zweifelhaften Handelsaktivitäten (s. u.) und keineswegs flächendeckender Bevölkerung war zweifellos noch nicht der rechte Zeitraum.

Zum anderen hat bislang niemand die Gestaltung des Kanals erklären können. Die europäische Wasserscheide präsentiert sich hier als überaus flacher Sattel. Wer immer 6 Meter in die Tiefe graben wollte, hätte den Aushub ganz kommod in der flachen Umgebung verteilen können. Statt dessen wurden auf beiden Seiten bis zu 10 Meter hohe Wälle aufgetürmt, die nach innen wie nach außen steil abfallen. Diese Erschwernis nahm nur der auf sich, dem hohe Schanzungen wichtiger waren als die Gefahr, daß die innere Grabung »verschüttgeht«. Mindestens zwei Erklärungen sind möglich. Klaus Goldmann hat ein »Altmühl-Damm-Projekt« entwickelt, demzufolge die Altmühl 9 Meter hoch gestaut wurde, um mit ihrem Wasser den Scheitelkanal zu füllen [Goldmann 1984/5]. Dabei bleibt jedoch ungeklärt, warum die »Dämme« selbst heute das Niveau der Wasserscheide noch um mehrere Meter überragen und warum der südwestliche Teil restlos fehlt, obwohl doch damals Wasser geführt worden ist, wie Bohrungen erwiesen haben [Koch/Leininger 1993, 14].

Andererseits sind dort aus dem Spanischen Erbfolgekrieg (1701 - 1713) Erdschanzen bekannt, die zu einer Verteidigungslinie zwischen Treuchtlingen und Weißenburg gehörten [vgl. Illig 1992 e]. War der Doppelwall etwa Teil einer ähnlich situierten mittelalterlichen Befestigungsanlage? Das ist unwahrscheinlich, weil die künstliche Fortsetzung nach Norden über mehr als einen Kilometer nachgewiesen ist, was die Einschätzung als Kanal erzwingt. Wer also löst das Rätsel (s. S. 402)?

Tatmensch und Müßiggänger – Winterfeldzüge und Schachspiel

Auch das Folgejahr 794 ist ereignisreich. Am 1. Juni eröffnet Karl als weltliches wie geistliches Oberhaupt zu Frankfurt Reichstag und Synode. Er verurteilt nicht nur den Adoptianismus, sondern bezieht auch massiv Stellung gegen den byzantinischen Bildersturm, verdammt das Zweite Konzil von Nicäa (787) und das byzantinische Kaisertum. Außerdem fordert er den Papst auf, den oströmischen Kaiser zu exkommunizieren [Abel 1883, 794; Lintzel 1935, 50]. Am 10. August stirbt seine Frau Fastrada. Unberührt davon tritt er im September einen weiteren Kriegszug gegen die Sachsen an.

Daß er im selben Jahr auch noch seine große Münzreform durchführt, Aachen als Hauptstadt auswählt, weil er wie Papst, Kaiser und Kalif eine Residenzstadt haben möchte (was seine Nachfolger vergessen), die ersten Pläne für seine neue Pfalz zeichnet und erneut heiratet, sei nur am Rande erwähnt [Bayac 1976, 237].

Er verstand es offenbar, seine herkulische Energie auf sein ganzes Heer zu übertragen. Anders ist kaum zu begreifen, wie er wiederholt mitten im Winter die Alpen überqueren konnte. ›Normalerweise‹ sammelte sich das Heer auf dem März-, später auf dem Maifeld, weil vorher Roß und Reiter nicht ernährt werden konnten [Schneider 1990, 53]. Unter ›Heer‹ sind dabei wohl 500 bis 800 schwere Reiter, 1500 bis 2200 leichte Reiter und 6000 bis 10 000 Infanteristen zu verstehen [Braunfels 1991, 35], während K. F. Werner ein Gesamtpotential von allein 50 000 Reitern errechnet [Werner 1995, 400]. Erstaunlich war übrigens die Präzision dieses alljährlichen Aufmarsches, bei dem sich die Reiterei binnen 10 Stunden auf den Weg machte und sämtliche Sammelplätze samt Marschrouten kannte [ebd., 399]. »Das Nachrichtensystem ist in *diesem wegarmen und oft unübersehbaren Land* so gut, die Kontrollmaßnahmen müssen so wirksam gewesen sein, daß man sich schwer der Wehrpflicht entziehen konnte« [Braunfels 1991, 32 f.].

Derselbe Autor beklagt nur 45 Seiten weiter, daß wissenschaftliche Zusammenarbeit bei den überaus schlechten Nachrichtensystemen und Verkehrsmöglichkeiten zu just jener Zeit kaum zu bewerkstelligen war [Braunfels 1991, 77; hier s. S. 334].

Mindestens zweimal durchbrach Karl diese logistischen Bedingtheiten. Erstmals nach Weihnachten 775: »Blitzschnell, ohne Rücksicht auf die ungünstige Jahreszeit« brach er mit der Kerntruppe seiner Reiterei auf [Bayac 1976, 121; Fleckenstein 1990 a, 27]. Elf Jahre später startete er gegen die Langobarden einen *Winterfeldzug*. Er »rückte in strenger Winterszeit in Italien ein« [»Annalen«, für 786], aber nicht etwa über den Brenner, sondern über die viel höheren französischen Pässe.

Daß der Winter monatelang jeglichen Alpentransit unmöglich machte, mochte vielleicht für Händler, aber nicht für Karl gelten. Seine beiden letzten Italienfahrten, vor allem die von 800/801, waren Winterreisen [Braunfels 1991, 89]; für ihn bedeutete es auch keine Gefahr, sein Heer zu teilen und über zwei verschiedene Pässe nach Italien zu schicken [»Annalen«, für 773]; ihm war es auch nicht zuviel, in Eilmärschen vom Frankenland nach Italien zu ziehen, nach erfolgreichem Kriegszug ebenso schnell zurückzueilen, um sofort einen Feldzug gegen die Sachsen anzuschließen [»Annalen«, für 776]. Wer solches liest, fühlt sich zumindest an Caesar und Hannibal, noch mehr allerdings an ein Phantom wie Batman erinnert. Dieser Eindruck wird durch die damalige Berichterstattung noch verstärkt. Welche Truppe dieser Erde war je dazu in der Lage, binnen eines Tages eine Kapelle von einer Größe und Ausstattung zu errichten, die zwingend auf ein Jahr Bauzeit schließen ließe? [Notker, 17] Nur Karl und seine Mannen ...

Sosehr er sein Heer hetzte – seinem Volk gegenüber konnte er Gnade walten lassen. Da es keinen Tag untätig blieb, weil auch er unbeirrbar für das Gemeinwohl rackerte, verbot er den Franken die *Sonntagsarbeit* [Eggers 1963, 49]. Nachdem er auch noch »mehrere Rundschreiben erlassen [hat], in denen die Rechte der Armen und Schwachen gegen die Übergriffe des Adels gesichert werden sollten« [Braunfels 1991, 113], könnte man diesen Karl fast als den ersten *Sozialisten und Gewerkschafter* ansprechen.

Im spielfreudigen Hoch- und Spätmittelalter machte man nicht zuletzt aus dem Haudegen und Strategen Karl den Müßiggänger und *Schachspieler* Karl, der dem Rösselsprung frönte. Hier ist die Legendenbildung offensichtlich, wird doch das Schachspiel erst Ende des 10. Jahrhunderts erwähnt, stammen die zahlreich gefundenen Spielsteine erst aus der Zeit nach 1000 [Waurick 1992, 58], dringt das Schachspiel erst im frühen 11. Jahrhundert nach Mitteleuropa vor [Fried 1991, 103].

Fest in den Steigbügeln: Die Kavallerie

Den Ruhm, das erste Reiterheer befehligt zu haben, muß Karl leider mit anderen Herrschern teilen. Wir geraten hier auf ein Gebiet voller Schlingen und Fußangeln. Nicht durchgesetzt hat sich die Meinung eines Wirtschaftsspezialisten: »Es kann kein Zweifel sein, daß die Franken schon im *6. Jahrhundert* auch über eine schwere Reitertruppe verfügten, ebenso wie die Ostgoten in Italien (Prokop I, 16), mit denen sie damals schon wiederholt erfolgreiche Kämpfe durchführten« [Dopsch 1938, 30; bereits 1924, 295].

Dann soll *Karl Martell*, »dessen weltgeschichtliche Wirkung von erstem Range ist« [Burckhardt 1982, 396], als erster die Reiterei als schlachtentscheidende Waffe entdeckt haben.

Unter seinem Enkel *Karl dem Großen* werden die schweren

Panzerreiter erneut zur gefürchtetsten Waffe [Wies 1986, 156, 186]: »Die Stoßkraft der karolingischen Heere beruhte auf ihren kleinen, dicht gedrängt vorwärtsstürmenden schweren Reitergruppen« [Braunfels 1991, 34]. Sie waren schwer gepanzert und gerüstet – Helm, Harnisch, Beinschienen, Schild, Schwert und Lanze – und dementsprechend gefürchtet.

Merkwürdigerweise gibt es auch diametrale Ansichten. So prüfte B. S. Bachrach die archäologische, künstlerische und philologische Überlieferung und kam zu dem Schluß, daß Panzerreiter unter Karl Martell überhaupt keine Rolle gespielt haben können [Bachrach 1970, 65 f.]. Weiter wird die Ansicht vertreten, daß »der Brauch, zu Pferde zu kämpfen, sich erst am Beginn des 9. Jahrhunderts einbürgerte« [Bayac 1976, 392], also erst nach Karls Großtaten. Dem entspricht die Einschätzung, daß um 820 den Franken »ein Kampf im Sattel noch immer eine ›neue Kunst‹, noch kein gewohnter Brauch« war [Kienast 1990, 98]. Aber nur 70 Jahre später (891) gehen die »Fuldaer Annalen« davon aus, daß es den Franken ungewohnt war, zu Fuß zu kämpfen [ebd.].

Karls schwere Reiter wirken äußerst anachronistisch, wenn man sie mit den Kämpen späterer Zeiten vergleicht. Noch im 11., 12. und 13. Jahrhundert trugen sie Helm, Kettenhemd und Beinschienen, blieben also auf karolingischem Niveau, obwohl die Wehrtechnik zwangsläufig schnell auf Neuerungen reagiert. Erst im 14. Jahrhundert erscheint der eisengepanzerte Ritter als wandelnde Ein-Mann-Festung [Pernoud 1979, 149].

Schließlich wird das Pferd generell in Frage gestellt: »Vom 5. bis 11. Jahrhundert fand man das Pferd in Westeuropa eher selten« [Ohler 1991, 36]. Wie vereinbart sich ein solcher – archäologischer – Befund mit der Überlieferung, daß Karl im Awarenkrieg Tausende von Pferden durch eine Seuche verloren habe [Bayac 1976, 208], was ihn keineswegs am fulminanten Endsieg hindern konnte?

Um mit den Widersprüchen fortzufahren, tritt als vierter Erstentdecker der schlachtentscheidenden Panzerreiterei Herzog *Arnulf von Baiern* (907-937) auf den Plan [Kronseder 1914, 26]. Das bestätigen noch jüngste Forschungen, die ab 965 bei den slawischen Abodriten auf vollständig gerüstete Panzerreiter stoßen. »Sie hatten damit offenbar auf einen entsprechenden Strukturwandel im deutschen Heer reagiert, der durch die Angriffe der Ungarn im frühen 10. Jahrhundert ausgelöst worden war« [Brandt 1993, 337].

Ungeachtet dieser Erkenntnis soll Mitte des 11. Jahrhunderts die schwere Reiterei *ein fünftes Mal erfunden* worden sein [zuletzt Cardini 1995, 128], diesmal von Saliern und Normannen.

- »Der salische Reiterkrieger steht am Anfang des mittelalterlichen Rittertums. In seinem Erscheinungsbild unterscheidet er sich aber noch stark von den schwergepanzerten Reitern nachfolgender Zeiten« [Waurick 1992, 81].
- »Technisch wurde diese Taktik des schlagartig geführten Kavallerieangriffs [der Normannen] erst durch die lange getragenen Steigbügel ermöglicht, die dem Reiter den notwendigen festen Sitz im Sattel verliehen« [Brown 1991, 49].

Zum Bild dieser Reiter gehören: hölzerner Sattel mit hoher Vorder- und Rückenlehne, lang hängende Steigbügel, in denen der Reiter fast steht, knielanges Kettenhemd, konischer Eisenhelm, zweischneidiges Hiebschwert, Lanze und mandelförmiger oder runder Schild [Waurick 1992, 82]. Aber selbst zu dieser Zeit sind geschlossene Kavallerieangriffe, Attacken mit eingelegten Stoßlanzen noch völlig unbekannt [White 1962, 28, 37; Fried 1991, 131]. So läßt sich mit Sicherheit sagen: Sowohl Karl Martells wie Karls des Großen Reiterheere kamen um Jahrhunderte zu früh.

Kern aller Unsicherheiten ist die Entwicklung des festen *Steigbügels*, der eben kein antikes Erbe darstellt. Uns mag es seltsam berühren, aber die alten Griechen und Römer saßen steigbügellos zu Pferde, wie man das nur von Indianern und verwegenen Steppenreitern erwartet. Die ebenso unscheinbare wie wirkungsvolle Erfindung dürfte in China gemacht worden sein; sie wird dort 477 erstmals erwähnt [Kienast 1990, 96]. Während die Hunnen ihre Füße wohl in Lederschlaufen oder Holzbügel schoben, brachten die Awaren um 560 den eisernen Steigbügel nach Europa mit, wie neue Grabfunde belegen. Die

Abb. 12 Steigbügel: Reiterei bereits mit Steigbügel aus dem Psalterium aureum, zw. 850 u. 883 / Reiterei noch ohne Steigbügel, Buchmalerei aus St. Gallen, 925 [Hagemeyer 1944, 87, 103]

Militärbeschreibung des byzantinischen Kaisers Maurikios würdigt ihn gegen 600 – er bedeutete eine echte Revolution: Die Reiter kämpften nicht mehr mit dem Gleichgewicht, sondern konnten mit ganzer Kraft – und mit schweren Stoßlanzen – den eigentlichen Gegner attackieren.

Die Normannen haben auf dem Teppich von Bayeux getreulich ihre Steigbügelreiter dargestellt (wie sie – ebenso realistisch – auf der römischen Trajanssäule fehlen). Erst 150 Jahre *später* entstanden die französischen Heldenlieder um Karl den Großen und seine Paladine; die Forscher haben längst all ihre Lanzenkämpfe als Rückübertragungen vom 12. ins 8./9. Jahrhundert erkannt und als anachronistisch eingestuft [Wies 1986, 156; Brown 1991, 49].

Daß der Streit um die Bewaffnung der Panzerreiter immer noch nicht geschlichtet ist, liegt primär an den widersprüchlichen Schriftquellen, sekundär an den widersprüchlichen Datierungen archäologischer Befunde. Im Frankenreich fanden sich fast 150 awarische Steigbügel in süddeutschen Gräbern des 7. Jahrhunderts [Stein 1967, 104]. Erste fränkische Modelle werden mal kurz nach 700 [Beschriftung in »Prähistorische Staatssammlung«, München], mal nicht vor dem 8. Jahrhundert [Bullough 1970, 86 f.], mal im 9. oder 10. Jahrhundert angesiedelt [Niemitz 1991 b, 47, bzw. Klemm 1961, 11]. Die bekannte Karlsstatuette [s. S. 196], die gern dem frühen oder mittleren 9. Jahrhundert zugeschrieben wird, zeigt keine Steigbügel, doch die Sitzhaltung läßt zumindest an Steigbügelgebrauch denken. Eine steigbügelgerüstete Schachfigur aus Elfenbein, angeblich ein Geschenk von Harun al-Raschid an Karl den Großen, stammt wahrscheinlich erst aus der Zeit der Kreuzzüge, wohl aus dem 12. Jahrhundert [White 1962, 26]. Trotzdem wollten Autoren diese unsichere Situation in eine brauchbare Datierung verwandeln. »Das Datum der Einführung von Sattel und Steigbügel in Westeuropa ist nicht genau feststellbar, wenn es auch sicher ist, daß diese Reform spätestens in der zweiten Hälfte des 9. Jahrhunderts durchgeführt wurde« [Dhondt 1968, 64].

Wenn derselbe Autor auf derselben Buchseite daraus auf die

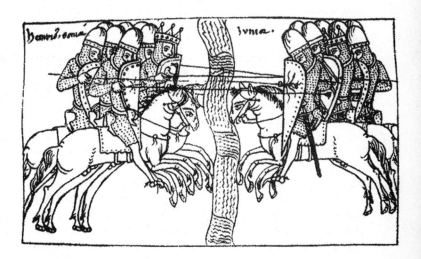

Abb. 13 Reiterei mit Steigbügel: Normannen des 11. Jhs., Teppich von Bayeux / Heinrich IV. 1105 im Kampf gegen Heinrich V., aus der Chronik Ottos von Freising, 1150 - 1200 [Wilson 1984, 211; Hagemeyer 1944, 124]

Umwandlung der fränkischen Infanterie in eine Reiterarmee bereits im 8. Jahrhundert schließt, hat ein Verwirrspiel seinen Höhepunkt erreicht. Es löst sich zum Gutteil, wenn ehrlicherweise eingeräumt wird, daß Lanzentechnik und Sattel erst seit dem 11. Jahrhundert nachweisbar sind [Fried 1991, 131].

Für die Zeit davor geben wir jener Archäologie das Wort, die nicht eilfertig Fundstücke mit literarischen Datierungen versieht und damit verfälscht. »Seit dem 10. Jahrhundert scheint er [der Steigbügel] allgemein gebräuchlich zu sein, wie die zahlreichen Vorkommen in skandinavischen und slawischen Reitergräbern zeigen« [Waurick 1992, 86].

Die Gräber in Deutschland sind seit der Christianisierung beigabenlos, während in Siedlungsgrabungen Steigbügel erst in salischer Zeit auftreten [Waurick 1992, 82]. *Von Karls gepanzerter Schar sind weder die Steigbügel noch die hohen Sättel, noch die Lanzen, noch die Kettenpanzer* (s. S. 181) *gefunden worden*. Archäologie verwandelt Karls wilde, verwegene Jagd in einen Wolkenspuk. Kein deutscher Karolinger, so es einen gegeben hätte, konnte ›aus dem Stegreif‹ sprechen, weil ihm dieses Hilfsmittel vor dem 10. Jahrhundert nicht zur Verfügung gestanden hätte.

Und die ›karolingischen‹ Handschriften des 9. Jahrhunderts rücken *hinter* jene des frühen 10. Jahrhunderts (Abb. 12). Damit klärt sich, warum vor 930 noch Reiter ohne Steigbügel dargestellt werden, als wäre Karls ebenso einfache wie wirkungsvolle Armierung schlichtweg vergessen worden.

Wir können jetzt – im Sinne der eingangs genannten These – die Jahre 614 und 911 ›paßgenau‹ aneinanderrücken. Dann spricht bei Franken, Baiern und Normannen nichts gegen schwere Kavallerie ab oder bald nach 911. Dieses Datum läge nur noch wenige Jahre nach der Steigbügelübernahme in der byzantinischen Armee, die zu Kaiser Maurikios' Zeiten (582 bis 602) als rasche Reaktion auf die awarischen Vorbilder durchgeführt wird. Eine wirklich schlagkräftige und ›geländegängige‹ Kavallerie ermöglicht erst das Hufeisen, das sich ab 1000 häufig findet [Waurick 1992, 90].

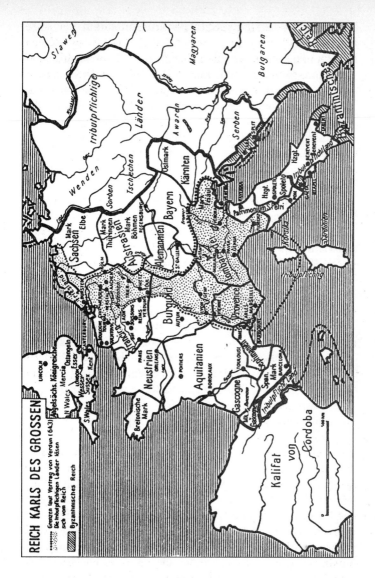

Abb. 14 Die wechselnde Ausdehnung von Karls Einflußgebiet binnen elf Forschungsjahren (vgl. Abb. 15 und 16): Karte von 1945 [Pirenne 1945, 27]

Der erste Kreuzfahrer und Jerusalem

»Der Kaiser behielt bis zuletzt die Zügel der Herrschaft fest in der Hand, nach außen wie innen« [Kalckhoff 1990, 236]; noch in seinem letzten Lebensjahr »berief er fünf Reformsynoden nach Mainz, Tours, Reims, Chalon und Arles« [Riché 1981, 124].

Seine übermenschliche Energie war vor allem anderen auf die Mehrung des Reiches gerichtet. Und so hat er in seinen 46 Regierungsjahren *mehr als das halbe Europa erobert:* Aquitanien, Waskonien (das Land zwischen Garonne und Pyrenäen), die Pyrenäen selbst, das Land bis zum Ebro, ganz Italien bis Unterkalabrien, Sachsen, beide Pannonien, Dakien, Istrien und Dalmatien; die wilden östlichen Völker werden tributpflichtig [Einhard, 15].

Gleichwohl ist manche Grenze dieses Reiches einigermaßen diffus geblieben. Im *Osten* besteht Einigkeit nur darüber, daß das eigentliche Reich an Elbe und Böhmerwald endigte. Je nach Zeitgeschmack lassen aber die Kartenzeichner die fränkische Einfluß- und Tributsphäre strichweise über die Elbe hinausreichen [dtv 1964, 122] oder bis zur Oder ausgreifen [Tellenbach 1956, 405] – ein monströses Gebiet, das die (natürlich später gegründeten oder neu belebten) Städte Danzig, Warschau, Krakau, Prag, Wien, Preßburg, Budapest, Belgrad und Mostar eingeschlossen hätte.

Immer unklar geblieben ist die Reichsgrenze im südlichen *Italien* mit Ausnahme von Stiefelspitze und Absatz, die unbezweifelt zu Byzanz gehörten. Aber war das langobardische Herzogtum Benevent den Franken tributpflichtig oder nicht, war das Herzogtum Spoleto Reichsgebiet oder nur ein tributpflichtiges Gebiet der Langobarden? Hier widersprechen sich die Gelehrten und ihre Karten. Auch die Unabhängigkeit von Venedig, Istrien und Kirchenstaat war Thema divergierender Abhandlungen. In *Südfrankreich* gab es am Mittelmeer mit Septimanien ein wohl westgotisches Gebiet, das abwechselnd als Teil des Reiches, als völlig autonom, als Herzogtum oder als Königreich eingestuft wurde [Lincoln u. a. 1984, 216].

Ähnlich wie im Osten macht im *Westen* die Gebietsabgren-

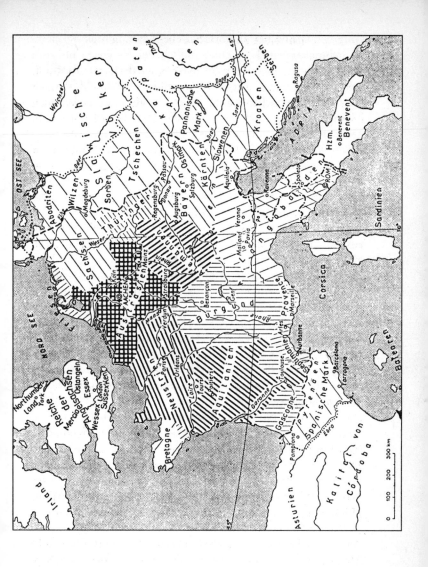

Abb. 15 Karls Reich: Karte von 1954 [Randa 1954, 1269] (vgl. Abb. 14 und 16)

zung von spanischer und bretonischer Mark Schwierigkeiten. Manchmal reicht das Gebiet südlich der Pyrenäen bis zum Ebro, dann wieder gilt der Teil jenseits der Berge nur als tributpflichtig. Die bretonische Mark bildet manchmal nur ein schmales Grenzgebiet zwischen Reich und der immer unabhängigen bretonischen Halbinsel, dann wieder reicht das fränkische Reich bis zum westlichsten Kap. Ganz offensichtlich ist unser Wissen um die Ausdehnung des fränkischen Reiches trotz aller Karlsliteratur ein schütteres, das nur vage Flächenangaben ermöglicht, etwa die vierfache Fläche der früheren Bundesrepublik Deutschland oder eine Gesamtfläche wie das heutige Deutschland, Frankreich und Italien.

Über Reich, Grenzmarken und tributpflichtige Gebiete hinaus bestanden *diplomatische Beziehungen*, die weit über gelegentliche freundschaftliche Kontakte hinausgingen. So hielt Karl Kontakte mit dem König von Galizien und Asturien, schloß Verträge mit den Mauren in Spanien und mit Kalif Harun al-Raschid in Bagdad, beflügelte den ihm nacheifernden König Alfred von Wessex [Kalckhoff 1990, 243], unterstützte Christen in ganz Nordafrika, Palästina und Syrien [Einhard, 21, 29]. Er hat sich auch persönlich um jene Mönche gekümmert, die 806 in Sklaverei gerieten, als die Sarazenen die afrikanahe Insel Pantelleria eroberten [»Reichsannalen«, für das Jahr 807; Goez 1988, 55].

Glaubte man Notker, beherrschte er Nordafrika sogar richtig, weil er von dort »nicht unbedeutende« Tribute empfing [Kalckhoff 1990, 119], eine Auszeichnung, die angeblich erst Otto II. (973–983) noch einmal widerfuhr [Schramm 1975, 77]. Den Slawen imponierte Karl dermaßen, daß sie seinen Namen zu ihrem Wort für König (»král«) machten [Kalckhoff 1990, 243].

Außerdem brachten ihm Gesandte des Patriarchen von *Jerusalem* zwei Tage vor der Kaiserkrönung, die ihn so überrascht haben soll, die Schlüssel der Stadt Jerusalem und des Tempelbergs. Damit »war Karl auch als Herr von Jerusalem, dem wahren Mittelpunkt der Welt, ausgewiesen und wie kein anderer berufen, das Christenvolk zu führen« [Kalckhoff 1990, 129].

Erinnern wir uns kurz [vgl. Illig 1992h]. 614 suchte eine Katastrophe sondergleichen die Christenheit heim: Die Perser eroberten Jerusalem und verschleppten das Heilige Kreuz. Übertragen auf die Christen unserer Zeit, würde dies Roms Okkupation und den Diebstahl des Heiligen Stuhls etwa durch Gaddafi bedeuten – eine Tat jenseits aller Vorstellbarkeit! Kaiser Heraklios soll zwar 629 Jerusalem und Kreuz zurückerobert haben, doch Jerusalem geht samt Kreuzesteilen 637 erneut, diesmal an die Araber verloren, während andere heilige Kreuzfragmente endgültig 1187 in die Hände von Sultan Saladin gefallen zu sein scheinen [Ranke 1938, 401]. »Legenda aurea« und Kirchengeschichte wollen sich hier nicht festlegen...

Überraschend lang nimmt die (westliche) Christenheit diesen Verlust klag- und kommentarlos hin. Die Kreuzesverehrung nimmt erst seit dem 10. Jahrhundert zu [Fried 1991, 98]. Zählte für die Päpste wirklich nur die Ausschaltung der Patriarchen von Alexandria, Antiochia und Jerusalem, weil so dank der Araber nur noch Konstantinopel als Konkurrent Roms verblieb? Es war Papst Silvester II., der ums Jahr 1000 die europäischen Fürsten auf Jerusalem hinwies; von ihm stammt vielleicht auch die Kreuzzugsidee [Ortega 1992, 61, 64]. Papst Gregor VII. plante dann 1074 einen ersten Kreuzzug zur Rückgewinnung des Heiligen Grabes, der aber über die ›fromme‹ Absicht nicht hinauskam. 1096 brachen erstmals wirkliche Kreuzfahrer auf, verheerten Heimat und Fremde und eroberten 1099 Jerusalem.

Zweiter (1147-1149), dritter (1189-1197) und vierter (1202 bis 1204) Kreuzzug folgten und brachten vor allem die Zerstörung des christlichen Konstantinopels durch Christen. Nach dem Irrsinn des Kinderkreuzzuges (1212) startete Friedrich II. den fünften Kreuzzug (1228-1229), der einen ganz anderen Verlauf nahm. Der Kaiser verhandelte mit Sultan Al-Kamil von Ägypten, erreichte die zeitweilige Freigabe der Pilgerstätten samt gesicherter Passage von der Küste ins Landesinnere und krönte sich schließlich selbst zum König von Jerusalem. 1244 verloren dann die Christen Jerusalem für immer.

Es mußte bereits überraschen, daß Karl der Große zur Kaiserkrönung die Schlüssel von Jerusalem erhalten haben soll, nachdem der Verlust Jerusalems erst 200 respektive fast 300 Jahre später die christlichen Gemüter erhitzte. Doch noch viel überraschender ist, daß Harun al-Raschid darüber hinaus 807 das Recht der Franken auf die heiligen Stätten anerkannte [Hubert 1969, 316] und den Kaiser bat, er möge »die heiligen Orte, auf die er so großen Wert lege, überhaupt als ihm selbst zugehörig betrachten« [ebd.]. Obendrein wird Karl »ein freier Verkehr mit Jerusalem bewilligt ohne Dazwischenkunft des arabischen Souveräns« [Ranke 1938, 270].

Diese Episode lehnt sich so dicht wie nur möglich an das mehr als 400 Jahre spätere Vorgehen von Friedrich II. an. Nachdem dieser sich schwerer Vorwürfe seitens des Papstes erwehren mußte – ein Kreuzzug ohne Blutvergießen sei kein Gotteslob, sondern Verrat an der gelobten Pilgerfahrt –, drängt sich der Gedanke geradezu auf, daß Friedrich II. den großen Amtsvorgänger, dessen Karlsschrein er am 27. Juli 1215 eigenhändig zugenagelt hatte, als direkten Vorläufer seines eigenen Vorgehens präsentieren wollte.

Möglicherweise wird Karls Jerusalem-Intermezzo wegen seines allzu offensichtlichen Fälschungscharakters in den jüngeren Karlsbiographien nicht mehr hervorgehoben. Die Forschung grübelt darüber nach, um was für ein anachronistisches ›Protektorat‹ es sich gehandelt haben könne [Clot 1991, 117]. So wirkt der Vorfall heute nicht vertrauenerweckender als die sagenhaften ›Kreuzzüge‹ Karls des Großen nach Jerusalem [Ariès 1990, 61] und nach Santiago de Compostela (s. u.). Trotzdem glaubt mancher Forscher, daß der fromm-heroische Karl als Bekämpfer und Besieger der Ungläubigen »eine Vorwegnahme des Kreuzzugsgedankens verkörpert« [Haussherr 1977, I 259] oder – so B. Sholod – das »symbolic link« zwischen den Kreuzzügen des 8. und 11. Jahrhunderts bildet [Herbers 1988, 54]. Andere akzeptieren die späteren Erweiterungen: »Als Werk der Phantasie, als dichterische Schöpfung benutzt es [das Epos] einen legendären Karl den Großen nur, um der Flucht vor dem Islam die große Gestalt des Verteidigers des Christentums im Byzantinischen Reich, des Beschützers der

Heiligen Stätten entgegenzustellen, die im 11. Jahrhundert zweimal zerstört werden« [Pernoud 1979, 50 f.].

Dreierlei will zu Karls ›Nah-Ost-Politik‹ angemerkt sein. Die arabischen Quellen wissen selbstverständlich nichts von Karls ›Kreuzzügen‹ nach Jerusalem oder ähnlichen Aktivitäten. Karls diplomatische Beziehungen zu den abbasidischen Kalifen kommen in den arabischen Quellen nicht vor [Löwe 1989, 154; Clot 1991, 119]. Davon lassen sich jedoch karlsgläubige Wissenschaftler nicht beeindrucken [vgl. Müller 1992]. Weiter ist völlig unbekannt geblieben, was zwischen Karl und Harun al-Raschid verhandelt worden sein könnte [Clot 1991, 115]. Außerdem wäre die Bezeichnung ›Kreuzzug‹ für diese Fiktionen eigentlich doppelt falsch, nachdem sie noch nicht einmal während der eigentlichen »bewaffneten Wallfahrten« [Wollschläger 1973] benutzt wurde, sondern aus viel späterer Zeit stammt [Pernoud 1979, 125].

Karl hat angeblich sogar die Chance gehabt, zum ›*Über- und Doppelkaiser*‹ zu avancieren. Am byzantinischen Hof saß Kaiserin Irene für ein knappes Jahr (790) allein auf dem Thron. Als es 797 um ihre neuerliche Thronbesteigung ging, habe es Überlegungen gegeben, die byzantinische Kaiserkrone nicht mehr Irene, sondern Karl anzutragen [Löwe 1989, 156], aber »es ist nicht zu bezweifeln, daß Karl das Angebot ausgeschlagen hat« [Fleckenstein 1990 a, 59].

Damit nicht genug: Anno 802 soll am Bosporus auch noch der Plan einer Heirat zwischen Irene und Karl geschmiedet worden sein, der nur durch den Sturz von Irene hinfällig geworden sei [Löwe 1989, 159].

Nach all diesen Eroberungen, nach 44 Jahren Krieg, nachdem er das väterliche Reich fast verdoppelt hatte [Einhard, 15] und es »fast den gesamten europäischen Kontinent umspannte« [Fleckenstein, 1990 a, 84], müßte sich die Landkarte grundsätzlich verändert haben. Tatsächlich sind seit Pippins Tod, seit 768 wesentliche Gebiete dazugekommen: Bretonische Mark, Spanische Mark, Sachsen, Baiern und das Königreich Italien. In letztlich ungeklärter Abhängigkeit standen die Bretagne, die slawischen Ostgebiete sowie die Herzogtümer Spoleto und Benevent.

Doch ein Blick auf das Europa von 600 fällt auf ein ganz ähnliches fränkisch-merowingisches Gebiet. Bereits damals gehörte zu ihm eine bretonische Grenzzone, eine baskische Mark, Baiern und Norditalien samt der Toskana. Auch der kleine westgotische Streifen am Golfe du Lion war schon vorhanden; im Vergleich mit der Karlszeit fehlten lediglich Sachsen und Friesland. Hatte der übermenschliche Karl nur eine erfolgreiche Reconquista zu Ende gebracht?

Karls Riesengebiet zerfiel so rasch, wie es entstanden war. Im 10. Jahrhundert mußten die Ostgebiete sowie Nord- und Mittelitalien erneut okkupiert werden. Den Westen teilten sich die Königreiche Frankreich, Burgund und Provence, die beiden Grenzmarken gingen verloren, Friesland kam 921 (erneut) an Deutschland [Werner 1995, 479, 481]. So liegt der wesentliche Unterschied zwischen den Landkarten von 614 und 911 im Zugewinn von Sachsen. Die Art und Weise, in der Sachsen nicht nur tatsächlich zum Reich, sondern 919 auch zur deutschen Krone kam, wird andernorts dargestellt werden [bislang Illig 1992 f].

Geschichtliche Lücken

Karls Heldentaten prangen im hellsten Licht der Geschichte, Zeugnisse für das Entstehen eines geeinten Europas. Sie verdecken nur mühsam die allgegenwärtigen Widersprüche. Jede Prüfung enthüllt neue Unverträglichkeiten und Lücken, als wäre ›Er‹ ein Widerspruch in sich, ein hölzernes Eisen, ein Oxymoron.

Widukind

So muß auffallen, wie rasch Karls Hauptgegner bei den Sachsen, der zähe Kämpfer Widukind, ins Dunkel der Geschichte stürzt. Der im Jahre 785 Überwältigte wird vom milden Karl adoptiert und bei Attigny getauft [Braunfels 1991, 46]. Allerdings ist dieser Ort nur der am häufigsten genannte von insge-

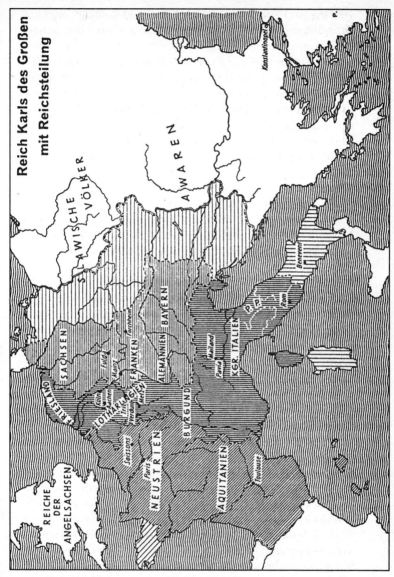

Abb. 16 Karls Reich: Karte von 1956 [Tellenbach 1956, 405] (vgl. Abb. 14 u. 15)

samt zwölf: »Neben Attigny noch Bardowick, Belm, Bergkirchen, Enger, Hohensyburg, Medebach, Minden, Mitterbach, Paderborn, Wolmirstedt und Worms« [Kurowski o. J., 132].

Wir würden nun von dem wichtigsten und reichsten Edelmann Sachsens, dem Schwiegersohn des Dänenkönigs, der außerdem zum kaiserlichen Adoptivsohn avancierte und späterhin als Herzog bezeichnet wurde [Fleckenstein 1990 a, 36], noch große und ruhmreiche Taten erwarten. Die Quellen bieten keine Taten, sondern eine Überraschung: »Dann kehrten die beiden [Widukind und sein Schwiegersohn Abbio] sofort nach Sachsen zurück. Nie mehr hört man von ihnen« [Bayac 1976, 151].

Wir kennen nicht nur keine Taten, sondern auch kein Todesjahr und kein Grab, allenfalls die Vermutung, daß er bis 825 als Klosterhäftling auf der Reichenau vegetiert habe oder in Enger begraben sei [Kerner 1988, 21]. Dabei hätten weder die Franken einen Grund gehabt, den Tod ihres überwundenen Widersachers zu verschweigen [Wies 1986, 109 ff.], noch der sächsische Chronist Widukind im 10. Jahrhundert. Selbst die Nazis, die in der Nachfolge Houston Stewart Chamberlains den aufrechten Germanen Widukind dem »verhängnisvoll eifrigen Römling« Karl vorziehen wollten [Wies 1986, 296 f.; Borst 1967, 397], vermochten nicht, das Dunkel aufzuhellen.

Zwei Punkte seien hier angemerkt: Wenn Karl schon 777 den ersten Reichstag in Sachsen abhielt und damit Sachsen als Teil des fränkischen Reichs behandelte, »so griff er damit [...] der Entwicklung weit voraus«, nämlich 5, 30 oder gar 140 Jahre [Fleckenstein 1988, 96]. Wieso dieser mehr als dreißigjährige Krieg mit seinen ungezählten Greueln Sachsen und Franken nicht in jahrhundertelange Erbfeindschaft trieb, sondern ganz im Gegenteil zu einem homogenen Volk verschmolz, eine *franko-sächsische Fusion* ergab, verstehen weder Psychologen noch Historiker [Fleckenstein 1988, 97]. Schöpfen nicht die Serben noch nach über 600 Jahren Komplexe aus ihrer Niederlage auf dem Amselfeld? Einhard hätte obendrein in seinem frühen 9. Jahrhundert noch nichts von dieser Verschmelzung wissen können und dürfen [Einhard, 7]. Ebenso unverständlich ist die Tatsache, daß trotz dieser Vereinigung von 804 erst 919 die

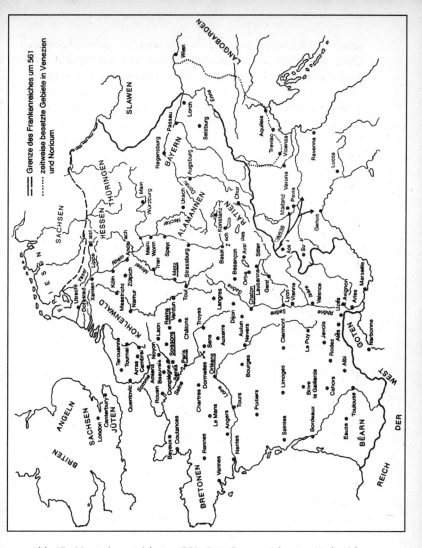

Abb. 17 Merowingerreich um 561: Das Gegenstück zum Karlsreich reicht bis zur Elbe, sein Baiern umfaßt das heutige Bundesland Salzburg und greift kurzzeitig bis zur Wachau; merowingische Feldzüge treffen – wie bei Karl – Pavia und Genua; die Bretagne ist in einem schwer definierbaren Abhängigkeitsverhältnis. »Beim Tod Chlothars I. [561] hatte das Frankenreich die Grenzen gewonnen, in denen es bis zum Ende der Merowingerzeit [751] bestand« [Ewig 1993, 38, 41].

Sachsen gleichrangig neben die Franken traten [Fleckenstein 1988, 136]. Hier wie sonst auch stehen wir vor Rätseln und Widersprüchen, die sich erst durch die Geschichtskürzungsthese auflösen.

Eine weitere Erwähnung verdient die Geschichtsschreibung der Sachsen, vertreten durch den bis 973 tätigen Widukind von Corvey. Hinter seinem Weltbild »steckt jedoch oft eine besondere Auffassung, die unvereinbar ist nicht bloß mit der seiner antiken Vorbilder, sondern auch mit der karolingischen Geschichtsschreibung. [...] Vollkommen unberührt von der Vorstellung, das Imperium Romanum habe Endzeitcharakter und setze sich im Mittelalter fort, kennt er nur ein Imperium Francorum, eine Herrschaft der Franken über andere Völker. [...] Für eine Erinnerung an die langwierigen und blutigen Sachsenkriege Karls d. Gr. [33 Jahre!], die mit der endgültigen Unterwerfung der Sachsen und ihrer Eingliederung in das Frankenreich enden, ist in diesem Geschichtsbild kein Platz« [Bauer/Rau 1971, 5 f.].

Möglicherweise zeigt uns Widukind ein Geschichtsbild, das älter ist als das von ›Einhard‹ entworfene. Dann läge auf der Hand, daß er nur einen einzigen Satz auf einen Krieg Franken gegen Sachsen verwendet, daß er noch nichts von einem Endzeitcharakter des Reiches wußte, daß er noch von einer Akklamation, nicht von einer Krönung zum Kaiser spricht – einfach weil diese Vorstellungen erst nach ihm entstanden. Der schon wegen seiner astronomischen Kenntnisse suspekte ›Einhard‹ könnte dann beispielsweise Sachsenaufstand und Sachsenkrieg unter Heinrich IV. als Folie für seine eigenen Kriegsberichte benutzt haben.

Einen zusätzlichen Hinweis gibt uns ein anderer Sachse, der anonyme *Poeta Saxo*, der um 890 ein weitschweifiges Epos über Karl den Großen dichtete und dazu Einhard samt den »Annalen« in Versmaß übertrug. An ihm tritt zutage, »wie sehr Sachsen *bereits vor den Ottonen* in die fränkische Tradition hineingewachsen war und in Karl nicht mehr seinen Besieger oder gar Feind sah« [Langosch 1990, 132].

Er spricht dabei von jenem Sachsen, »wo das fränkische Königshaus nie hatte rechten Fuß fassen können, wo seit der

Zeit der Ottonen die kaiserliche Gewalt nur widerstrebend Gehorsam fand« [Vorspann zu Bruno 1986]. Auch dieser Poeta Saxo muß viel später als 890 gedichtet haben.

Tassilo III.

Genauso wie Herzog Widukind *aus der Geschichte gestürzt ist*, genauso seltsam stürzte Baiernherzog Tassilo III. Er war wie Karl der Große mit einer Tochter (Liutpirc) des Langobardenkönigs Desiderius verheiratet und damit nicht nur Karls Vetter, sondern zeitweilig auch sein Schwager. Gleichwohl oder deshalb wurde er von Karl bekämpft, 788 abgesetzt, zum Tode verurteilt, zur Klosterhaft begnadigt, schließlich 794 zu Frankfurt noch einmal gedemütigt. Weder Todesjahr noch -ort, sprich sein Verbannungskloster, sind zuverlässig bekannt, denn St. Goar, Lorsch oder Jumièges (Gemedium) und das Jahr 794 sind nur Mutmaßungen [Dopsch/Geisler 1988, 48]. Der »Livius der bayerischen Kirchengeschichte«, Pater Romuald Bauerreiß, suchte Tassilos Grab in Niedernburg bei Passau, wogegen das oberösterreichische Stift Kremsmünster die Grabinschrift überliefert [Lohmeier 1980, 39, 11]. Ebensowenig ist über das Schicksal seiner Frau und seiner vier Kinder bekannt, die gleichfalls in Klöstern verschwanden [Wolfram in Dannheimer/Dopsch 1988, 165]. Allein sein Sterbetag, der 11. Dezember, blieb im Bewußtsein und wird bis zum heutigen Tag alljährlich in Kremsmünster mit einem Requiem begangen [Lohmeier 1980, 39].

Jeden rechten Bayern müßte es traurig stimmen, daß die wenigen Stücke, die an ihn erinnern, immer noch weniger werden. Sind schon seine berühmten Klostergründungen im einzelnen so wenig gesichert wie seine Todesumstände [Prinz 1988, passim], so kann ihm überhaupt keine Architektur zugewiesen werden. »Wir wissen zwar, daß der Bayernherzog TASSILO zahlreiche Klöster gegründet und daß die Bautätigkeit in seiner Herrschaftsepoche einen großen Aufschwung genommen hat; von seinen großangelegten Bauten scheint freilich keiner die Zeit überdauert zu haben« [Schindler 1963, 49].

Vor nicht allzulanger Zeit gab es noch vier hochrangige Stücke aus seinem Besitz: den Tassilo-Kelch und die beiden Leuchter aus dem Kloster Kremsmünster sowie das Psalterium von Montpellier [Braunfels 1991, 51]. Die Klosterführer vertreten unbeirrt die Meinung, daß *Tassilos Zepter* in die beiden Leuchter umgearbeitet worden ist und so allen Nachstellungen entgangen sei. Freilich »halten die meisten Kenner diese Schäfte nicht mehr für Werke des 8. Jahrhunderts, vielmehr des 11. oder gar 12. Jahrhunderts« [Braunfels 1991, 52].

Dieser Schluß läge nahe, nachdem erst nach 1000 der Silberguß wieder gelernt wird [Brandt 1993, 582]. Dagegen hatte 1987 Hermann Fillitz für eine Entstehungszeit in der Mitte des 10. Jahrhunderts plädiert, weil schon in einem Schatzinventar des Klosters von 1013 zwei »Kandelaber« erwähnt werden und der Stilvergleich zwischen Tassilo-Leuchter und einem englischen Bronzekrüglein zur Mitte des 10. Jahrhunderts weise [Brandt 1993, 308, 310, 312]. Den Krug einmal ausgeklammert, wäre eine beide Seiten befriedigende Datierung für die Zeit zwischen 1000 und 1013 möglich.

Nachdem der angelsächsische Stil des *Tassilo-Kelchs* eindeutig mit dem Winchester-Stil der Leuchterornamente verwandt ist [Wilson 1984, 137], gerät auch seine Datierung in verstärktes Taumeln. Sie hat schon immer verwundert, denn »im ganzen Westen ist der Tassilokelch bis ins 12. Jahrhundert das einzige Altargerät, das an seiner Oberfläche figurale Darstellungen aufweist« [Braunfels 1965, 366]. Sie stützt sich primär auf die Inschrift TASSILO DVX FORTI LIVTPIRC VIRGA REGALIS. Wenn sie nicht mehr als zeitgenössische, sondern als rückerinnernde Widmung eingeschätzt wird, können Kelch wie Leuchter in die Zeit um 1000 verbracht werden. Das bringt eine klarere Lösung als jene Spekulation, die zu erklären versucht, warum Leuchter und Kelch von Herkunft und Stil zusammengehören, ihre Herstellungsdaten aber fast 200 Jahre auseinanderliegen sollen. Mit der Entstehungszeit der Leuchter lange nach Tassilo und ihrem Entstehungsort in England »wird, sei es bewußt oder zufällig, an die Gründungszeit des Klosters angeknüpft, denn der ›Tassilokelch‹, den der Bayernherzog dem von ihm gegründeten Kloster zum Geschenk gemacht hatte [ca. 770],

Abb. 18 Preziosen der Karlszeit I: Silberdenar Karls des Großen (Paris, Porträtähnlichkeit umstritten / Karlskanne (Saint-Maurice d'Agaune), 11. Jh. / Tassilokelch (Kremsmünster), 8. oder 11. Jh. / Tierornamentik auf dem Kelch / Bursenreliquiar (Berlin), 8. oder 11. Jh. [Christe 1988, 84, 86 f.; Wilson 1984, 137]

weist ja ebenfalls dezidiert insulare Züge auf« [Brandt 1993, 308 f.].

Demnach hätte Kremsmünster mehr oder wenig zufällig seine liturgischen Gerätschaften zwei Jahrhunderte nach der Ächtung Tassilos noch immer aus England bezogen – kein überzeugendes Argument. Da liegen zwei andere Interpretationen näher. Entweder wurde mit dem Kelch noch des ersten Tassilos (595–610) gedacht, der auch bei Richtigkeit meiner These seine reale Existenz behält, oder es wurde im 11. Jahrhundert die Fiktion ›Tassilo III.‹ mit Kultgegenständen ›ausstaffiert und realisiert‹.

Ottonische Kelche weisen öfters auf karolingische Vorbilder zurück, wie etwa der sogenannte Kelch des Bischofs Gauzelin von Tours beweist, der aus der Mitte des 10. Jahrhunderts stammt [Brandt 1993, 207]. Auch hier könnten Vorbild und Nachbildung aus derselben Zeit stammen. Kremsmünster gehört im übrigen zu jenen Klöstern, die sich durch einen »interpolierten« Stiftsbrief einen wesentlich größeren Besitz zuschanzten [Löwe 1989, 145].

Wenn Volksetymologen einwenden, daß doch die Agilolfinger keinesfalls erfunden sein könnten, weil sich das Schimpfwort ›Gloiffi‹ von deren Namen ableite [Lohmeier 1980, 27], so ist das ebenfalls kein Widerspruch, weil auch in der revidierten Chronologie die ersten Agilolfinger (Garibald, Tassilo, vielleicht Garibald II.) erhalten bleiben, aber nicht mehr von den Karolingern, sondern von den nun direkt nachfolgenden Luitpoldingern und Liudolfingern schlechtgemacht worden sein könnten. Diese Deutung wäre plausibler, nachdem die Baiern wohl nicht den ungeliebten Karolingern nach dem Munde geredet hätten.

Die Awaren

Die Awaren sind offenbar vollständig aufgerieben worden, so spurlos verschwinden sie aus der Geschichte: »Davon mag das ganz menschenleere Pannonien und die Stätte zeugen, wo vormals des Kagans Königsburg war und die jetzt so verödet liegt, daß auch keine Spur menschlicher Behausung zu entdecken ist.

[...] Von fränkischen Großen fanden in diesem Krieg nur zwei ihren Tod« [Einhard, 13].

Karl führte also Kriege, die den Gegner von der Erdoberfläche tilgten, der eigenen Truppe hingegen fast keinen Blutstropfen kosteten. Einhard spricht seltsamerweise nicht von Awaren, sondern von *Hunnen*, während der Fredegar des 7. Jahrhunderts von Abaren sprach, die den Beinamen Chunen hatten [Kunstmann 1982, 11]. Haben spätere Chronisten nicht mehr gewußt, daß der hunnische Vorstoß bereits 469 zu Ende gegangen war [Bóna 1991, 207-211], daß die Awaren zwischen 558 und 601 ihre Angriffe vortrugen? Nicht wissen konnten sie, daß die Forschung heute Awaren, Pseudo-Awaren und Spätawaren unterscheiden und von den Bulgaren separieren muß, ohne diese Völker ›in den Griff‹ zu bekommen. Manfred Zeller hat in seinen Arbeiten über die Steppenvölker gezeigt, wie diese Reitervölker des 1. Jahrtausends verdoppelt worden sind, um die leeren Jahrhunderte zu füllen [Zeller 1993; 1996].

Genau dieses überraschend einsetzende Desinteresse würden wir von einem überlasteten Fälscher erwarten, der seine Kunstfiguren – hier die Awaren – nur bis zu jenem Moment betreuen kann, in dem sie ihre Schuldigkeit getan haben. Wem diese Schlußfolgerung zu kühn vorkommt, versuche ein anderes Faktum zu begreifen:

Karls anonyme Vasallen

Walther Kienast hat ein Forscherleben auf das Problem der frühmittelalterlichen *Vasallität* verwendet, um das Entstehen des Lehnswesens zu verstehen. Aus den erhaltenen Urkunden ermittelte er je König oder Kaiser die Anzahl der namentlich bekannten Vasallen. Ihm standen mit Sicherheit Aussagen wie jene von Donald Bullough vor Augen: »Für uns sind diese Männer [die Vasallen] natürlich nur Namen oder *gleichsam Marionetten*, die der Chronist an ihren Fäden tanzen läßt [...]. Nur zwei Laien an Karls Hof treten uns als Menschen von Fleisch und Blut gegenüber«: der Krieger Wibodus und der bücherschleppende Einhard [Bullough 1966, 76].

Im Falle von Karl dem Großen konnte Kienast 24 derartige »vassi dominici« namentlich identifizieren, außerdem noch einen einzigen Aftervasallen [Kienast 1990, 184, 176]. Ist das eine auch nur halbwegs befriedigende Anzahl? K. F. Werner versuchte, die einstige Gesamtzahl abzuschätzen. Er »geht von den tatsächlich vorhandenen 189 Bischofssitzen, 200 Königsklöstern, 140 bedeutenden castra, 500 Grafschaften aus. Danach könne die Zahl von Karls d. Gr. vassi dominici kaum unter 1000 gelegen haben. Die Gesamtstärke der adligen Vasallität schätzt er auf 30 000« [Kienast 1990, 208].

Kienast kann mit dem Ergebnis, 97,6 Prozent aller königlichen Vasallen im Anonymen belassen zu müssen, nach fast 60jähriger Suche nicht zufrieden gewesen sein [Kuchenbach 1991]. Wieso waren jene Vasallen, die der große Karl reihenweise ernannte [Fleckenstein 1988, 115], nicht identifizierbar?

Er wäre wohl noch unzufriedener gewesen, hätte man ihn als Kronzeugen für fiktive Jahrhunderte aufgerufen. Dabei kann sein quantitativer Beweis für die eigentliche Karlszeit wie auch für das anschließende Jahrhundert kaum anders als ein perfekter Nachweis ›fauler‹ Fälscher interpretiert werden. Kein ökonomisch denkender Fälscher würde 1000 oder gar 30 000 Personen samt Anhang und Abstammungen erfinden, um sie dann nur als stumme Kulisse für die Aktionen der relevanten Scheinpersonen einzusetzen. Die Fälscher des hohen Mittelalters hatten ohnehin mehr als genug damit zu tun, die Genealogien praktisch aller damaligen Adelsfamilien auf Karl zurückzuführen.

Karl: leiblicher Ahnherr Europas

Karls Apotheose – Weltenherrscher, Christus, Weltenrichter – hat ein sehr irdisches Fundament. Seine persönliche Moral entsprach nicht direkt der christlichen Lehre, was so alltäglich ist, daß sich nichts daraus ableiten läßt. Seine Vielweiberei kann immerhin salomonisch genannt werden. Angeblich aus dynastischen Gründen gestattete er seinen Töchtern keine Heiraten [Wies 1986, 259], kam auch die Ehe zwischen seiner Rotrude und Kaiser Konstantin VI. nicht zustande [Clot 1991, 133].

Dafür gönnte er ihnen außereheliche Beziehungen und nahm die so gezeugten drei ›Bastarde‹ warmherzig auf: Nithard blieb als Geschichtsschreiber dem Hof verbunden, Ludwig wurde hochangesehener Abt von St. Denis und lebte bis 867 [Braunfels 1991, 71, 152].

Sein Kinderreichtum vererbt sich zunächst nicht, denn seinen 18 Kindern entsprossen nur 18 Enkel. Von diesen sind nur sechs Heiraten bekannt, nachdem drei den geistlichen Stand wählen und sechs Enkelinnen unverständlicherweise in Vergessenheit geraten. Gleichwohl zählt seine 13. Nachfolgegeneration bereits 984 Individuen.

Karls Nachkommenschaft wächst unaufhörlich. »Die Hälfte der Deutschen stammt praktisch von Karl dem Großen ab«, versichert ein Forscher wie Herber Stoyan [Gegner 1995], etliche von ihnen haben mich deshalb kontaktiert. Aber auch die Karlsabkömmlinge der allerersten Generationen vermehren sich noch immer. Wir erkennen dies, wenn wir drei Listen der sicheren Nachkommen [Brandenburg 1935; Werner 1967, 410, 416; Rösch 1977] vergleichen.

Generation	Brandenburg	Werner	Rösch
1	17	18	18
2	19	20	19
3	45	47	46
4	27	40	41
5	37	50	51
6	56	86	86
7	67	99	104
	268	360	365

»Jenes Tausend [der 13. Generation] umfaßt zu Beginn des ›Spätmittelalters‹ fast den gesamten europäischen Hochadel. Dieser stammt – und das ist ein weiteres Resultat der Recherchen BRANDENBURGS – jedoch nicht nur einmal, sondern in der Regel mehrfach von Karl dem Großen ab, denn die Nachkommen Karls hatten sich, als Angehörige der höchsten Schicht, immer wieder untereinander verbunden, mit dem Ergebnis eines überdurchschnittlichen ›Ahnenschwunds‹« [Werner 1967, 407].

400 Jahre nach seinem Tod konnte sich tatsächlich der gesamte europäische Hochadel direkter und häufig sogar mehrfacher Abstammung von Karl dem Großen rühmen [Wies 1986, 303]. So ist er nicht nur der geistige Ahnherr Europas – von dem die »Idee Europas« stammt [Fleckenstein 1988, 94] –, sondern auch *der leibliche Ahnherr* der Herrscher Europas. Dabei schadete es offenbar der flächendeckenden Ausbreitung nicht, daß ganze Äste des majestätischen Stammbaumes einfach vergessen worden sind. So fehlen Nachrichten über die fünf Töchter des Karlssohnes Pippin von Italien genauso wie über die sechs – oder auch nur vier Töchter [Kienast 1990, 502] – Karls des Einfältigen aus seiner 907 geschlossenen Ehe mit Friderun [Werner 1967, Beiblatt]. Bei diesem Potentaten (879 bis 929) bessert sich die Quellenlage sprunghaft mit dem Jahre 911 [Kienast 1990, 502], denn die Nachfahren seiner nächsten fünf Töchter sind genealogisch sorgfältig registriert.

Um Karls Samen so gezielt über den Kontinent zu verbreiten, brauchte es mit Sicherheit nicht nur Lendenkraft, sondern auch tatkräftig fälschende Hände. So wie Kaiser Karl seine, die karolingische, Abstammung auf den Gotenkönig Theoderich [Rempel 1989, 31] und später auf die Troianer zurückführte – die Wissenschaft spricht ganz wertneutral von »Ansippung« –, so griffen spätere Generationen auf Karl zurück. Das beweisen jene 101 von 270 Karlsurkunden, die nachgewiesenermaßen gefälscht sind. Bei einer so hohen Fälschungsrate würde man erhöhte Vorsicht und Alarmbereitschaft bei jenen Historikern erwarten, die schließlich schon ein ganzes Karlskonzil samt Kapitular zur Fälschung erklärt haben [Schmitz 1988, 94]. Tatsächlich wird lieber beschwichtigt: »Die neuerdings wieder einmal in Erinnerung gerufene Tatsache, daß von den rund 270 unter dem Namen Karls des Großen überlieferten Urkunden nicht weniger als circa 100 Stücke Fälschungen sind, verliert viel von ihrer Brisanz, wenn man feststellt, daß sich die Entstehungszeit dieser Falsa über mehr als drei Jahrhunderte erstreckt« [Wisplinghoff 1986, 54].

Hier beunruhigen offenbar die vielen Fälschungen nicht, weil die Fälscherwerkstätten nur über begrenzte Kapazitäten verfügten...

Ahnenfälschung

Wir halten diesen Sachverhalt für durchaus brisant. Uns interessiert, daß das Gros dieser Fälschungen im 12. Jahrhundert erzeugt worden ist und daß sich 23 Fälschungen frech als Original bezeichneten [Hägermann 1988, 435]. An dieser Stelle kann nur auf den gewaltigen Umfang an schon bislang entlarvten mittelalterlichen Fälschungen hingewiesen werden [Quirin 1991, 74-83]. Allein die Protokollierung des Münchner Fälschungskongresses von 1986 umfaßt mehr als 3700 Seiten [vgl. Fälschungen 1988]; ganz zu schweigen von der Textkritik eines Außenseiters wie Wilhelm Kammeier [Kammeier 1935; dazu Niemitz 1991 c; Illig 1991 e, 82-87]. Wie viele weitere Fälschungen würden entdeckt, wenn kritische Augen die hier vorgetragene These am Urkundenmaterial überprüfen würden? Denn das Motiv ist längst bekannt:

»Im 12. Jahrhundert wurden in verschiedenen kirchlichen Instituten, vor allem in Reichsabteien, *Urkundenfälschungen* angefertigt, um die Rechte der Familia (und der Ministerialen) festzustellen. Mit Vorliebe wurden diese Fälschungen auf die Namen von Kaisern und Königen älterer Zeit, wohl gar Karls des Großen und Ludwigs des Frommen geformt. Man wollte als königliche Verfügung grauer Vorzeit hinstellen, was der Regelung damals bedurfte« [Dopsch 1938, 107; seine Hvhg.].

Aus meiner These folgert, daß bislang nicht Originale von Fälschungen geschieden worden sind, sondern gute Fälschungen von schlechten Fälschungen. Was nicht den Prämissen für ein Original entsprach, wurde ausgemustert. Da die Prämissen von den Diplomatikern ständig verfeinert werden, werden auch ständig neue Fälschungen entlarvt. Insofern ist ohnehin der Zeitpunkt absehbar, an dem nicht nur wie bisher 30, 50 oder gar 70 Prozent aller Urkunden jener drei Phantomjahrhunderte, sondern alle als Fälschungen eingestuft werden.

Ein dem großen Karl vergleichbares Objekt der Begierde bildete auch der große Alexander, der vielfache Rezeption erfuhr. »In zeitlicher Hinsicht beginnt sie im deutschen Sprachraum nach 1150, in gattungsmäßiger Hinsicht reicht sie von der höfischen Epik bis zum Drama, vom Fastnachtspiel und Meisterlied bis hin zu den Historienbibeln, den Chroniken, Schwänken und der Exempelliteratur« [Pawis 1988, 15].

Auch diese Heldensuche fällt demnach in die Barbarossa-Zeit. Doch sie hat einen Antizipator. Alexander wurde bereits durch jene ›Fredegar-Chronik‹ des 7. Jahrhunderts der Welt des mittelalterlichen Menschen nahegebracht [Paws 1988, 14], die auch die Troianer als Urahnen der Franken kennt. Doch Fredegar und seine zwei, drei oder gar vier Fortsetzer sind so dunkel, daß sie auch schon als humanistische Arbeit des 16. Jahrhunderts angesprochen worden sind [Pichard 1966, 161]. Die Bezeichnung »nach Fredegar« stammt mit Sicherheit aus jenem Jahrhundert, da sie erstmals 1598 von J. Scaliger gebraucht wird. Da »Fredegar« bis 613 leidlich, bis 642 wenigstens mit Unterbrechungen berichtet [Wattenbach u. a. 1991, 138] und das einzige Geschichtswerk aus dem 7. Jahrhundert darstellt, hat man es immer wieder verworfen, aber mangels besserem doch beigezogen. Es wird sich empfehlen, diesen Autor aus den dunklen Jahrhunderten in eine Zeit zu verbringen, die dem Datum 1150 nicht allzuweit vorausgeht. Dann berichtet er auch nicht mehr 350 Jahre zu früh über Franken aus Troia [s. S. 154].

Der dreifach verschlampte Kirchenstaat

Erneut anzuprangern ist der Verlust dreier besitzsichernder Urkunden, *eine der größten Schlampereien der Weltgeschichte*. Als erster hat bekanntlich Konstantin der Große dem Papst ›den Kirchenstaat‹ geschenkt. Erst oder schon im 15. Jahrhundert ist diese grandiose Schenkung als noch grandiosere *Konstantinische Fälschung* entlarvt worden. Seitdem wird gerätselt, ob die ›papale Ente‹ aus dem *8. oder 9. Jahrhundert* stammt [vgl. Illig 1991 c], wobei die Zeit um 755 favorisiert wird [Schramm 1975, 215].

Hauptproblem aller Kritik war, daß kein Mensch jemals das fragliche Original gesehen hat. Erst mit dem definitiven Fälschungsnachweis wurde klargestellt, daß die Urkunde nicht verschlampt worden ist, sondern als echte Fiktion nie existiert hat. Ich habe Gründe dafür zusammengestellt, daß die Fälschung im 11. Jahrhundert entstanden und in zwei Etappen erfolgt ist [Illig 1991 c]; aus heutiger Sicht erachte ich sie in ihrer ersten Fassung als Produkt des späten 10. Jahrhunderts. Ein spezielles Problem dieser Fälschung der Extraklasse bildet das Faktum, daß der Fälscher von Dingen Kenntnis hatte, die er niemals wissen konnte, was Horst Fuhrmann von den »Fälschungen mit antizipatorischem Charakter« sprechen ließ (s. S. 9); Percy Ernst Schramm fand schon 1929 zu einer ähnlichen Einschätzung: »Die letzten Konsequenzen, *die der Fälscher selbst noch gar nicht ahnen konnte*, sind aus seinem Machwerk allerdings erst nach vielen Jahrhunderten gezogen worden« [Schramm 1975, 23].

Der Kirchenstaat soll aber gleichwohl nicht von einer gefälschten, sondern von einer echten Schenkung herrühren. Pippin der Jüngere hat dem Papst in demselben 8. Jahrhundert, ja vielleicht sogar in just dem Jahr, in dem die »Konstantinische Schenkung« gefälscht worden ist, den Kirchenstaat geschenkt. Nach erfolgreichem Kampf gegen die Langobarden (756) übereignete er Stephan III. das eroberte Exarchat, die Pentapolis und Rom, indem er die Schlüssel der eroberten Städte samt Schenkungsurkunde am Petrusgrab niederlegte, wie er 754 zu Quiercy versprochen hatte [Wies 1986, 52]. Diese *Pippinsche Schenkung* müßte als freches Bubenstück, als Affront bezeichnet werden, denn dieses Schenkungsareal gehörte rechtmäßigerweise dem oströmischen Kaiser, in das die Langobarden erst 751 eingefallen waren. Und zu Pippins Zeit hatten die Päpste noch immer den oströmischen Kaiser über sich, wurden Papsturkunden – bis 776 – nach Regierungsjahren des byzantinischen Basileus datiert. Pippin hätte also Untertanen des byzantinischen Kaisers byzantinisches Gebiet geschenkt, das der Kaiser kurz zuvor an Feinde verloren hatte. Diese Absurdität spielt jedoch in der einschlägigen Literatur kaum eine Rolle.

Weil alles immer einen noch älteren Vorläufer hat, kann hier eingeschoben werden, daß die oströmischen Gebiete um Ravenna und um Rom schon zur Langobardenzeit (744) durch eine Straße, einen Korridor verbunden gewesen sein sollen, der »unter römischer Kontrolle« stand. Aber: »Es ist nicht bekannt, in welchem Umfang die Römer 744 die Umgebung der Städte Perusia [Perugia] und Tudertum [Todi] beherrschten« [Jarnut 1982, 149].

Karl der Große hat *781 und 787* die Schenkung seines Vaters noch beträchtlich erweitert und neuerlich – ein zweiter Konstantin – dem Papst geschenkt [Wies 1986, 91 f.]. Der arglose Historiker staunt: »Es ist verwunderlich, daß beide Urkunden, das Schenkungsversprechen von Pippin und seine Erneuerung durch Karl, verlorengegangen sind. Sie mußten doch als kostbarste Rechtsgrundlagen gehütet werden. *Nichts Wichtigeres gab es für die Päpste als diese beiden Dokumente*« [Wies 1986, 91].

Die Schlamperei ging noch weiter. Denn auch Otto der Große soll anläßlich seiner Kaiserkrönung, 962 in Rom, das karolingische Paktum ohne Abstriche erneuert haben. »Es bedeutet eine peinliche Lücke in der geschichtlichen Überlieferung, daß wir über den Umfang der geforderten wie der bewilligten Restitutionen *nur sehr undeutlich informiert* sind« [Schramm 1975, 70].

Otto III. hat dieses Ottonianum, also die Erklärung seines Großvaters, nicht bestätigt. Aber auch diese Aussage ist nur ein Indizienschluß, da die Verweigerung nicht explizit festgehalten wurde. Erst Heinrich II. beruft sich im Jahr 1020 nachweislich auf das Ottonianum [Schramm 1975, 166].

Die Päpste selbst nehmen erst am Ende des 10. Jahrhunderts Bezug auf die »Konstantinische Schenkung« [Schramm 1975, 25]. Die erhaltenen Fassungen der Pippino-Karlischen Schenkung sollen von 817 und von 962 stammen [Schramm 1975, 21 f]. Kritische Denker stutzen, wenn sie die fränkischen Schenkungen prüfen: »Realisiert man aber einmal die Ländermassen, die der Papstbiograph angibt, so wird zumindest der Inhalt der Urkunden fraglich. Karl und Pippin müssen ja dem Papst praktisch ganz Italien mit Korsika geschenkt haben, mit Ausnahme der heutigen Lombardei« [Wies 1986, 91].

Schenkungen derartiger Größenordnung verzeichnet kein Geschichtsatlas. Aber ein Kirchenstaat ist immer enthalten: Er zieht von Meer zu Meer, von Rom nach Ravenna, und war an der schmalsten Stelle, einer veritablen Wespentaille, nur 20 Kilometer breit. Trotz dieser kartographischen Existenz und

Abb. 19 Proto-Kirchenstaat: Bereits 744 als Rest oströmischen Gebiets im Langobardenreich. Zum eigentlichen Kirchenstaat des 8./9. Jhs. vgl. Abb. 14-16 [Jarnut 1982, 149]

obwohl immer als staatsrechtliches Gebilde angesprochen, lassen sich sein Gebiet und sein Status nicht leicht definieren. »Dieses Patrimonium Petri legte einen Gürtel zwischen Tyrrhenischem und Adriatischem Meer in die Mitte Italiens, besaß aber *schwankenden Umfang*, den größten im 8. und 12. Jahrhundert. Es konnte bis ins 11. Jahrhundert hinein *zumeist* als dem Deutschen Reich *relativ* verbunden gelten« [Langosch 1990, 101].

Unschärfer läßt sich ein Staatsgebiet samt seinem Status kaum umschreiben. Zwischen dem Jahr 800 und dem 12. Jahrhundert verschwand der Kirchenstaat zeitweilig aus dem politischen Bewußtsein. So wird für die Zeit von 882 bis 914 berichtet: »Daß der römische Bischof auf Grund der Schenkungsurkunden Pippins und seiner Nachfolger über die Ewige Stadt herrschen sollte, war *vergessen*; jene Adelsgruppen, denen die Kathedra des Apostelfürsten nur ein Machtinstrument zur Erreichung ihrer Ziele bedeutete, kämpften untereinander um den Vorrang« [Goez 1988, 67].

Dieses Territorium konnte also einfach in Vergessenheit geraten! Selbst die Päpste, die doch elementares Interesse an ihrer weltlichen Unabhängigkeit gehabt haben müßten, erhoben keine Ansprüche auf ›ihren‹ Kirchenstaat. Erst mit Kirchenreform und sich allmählich entwickelndem Investiturstreit, beginnend 1035, verstärkt ab 1056, trieb die Kurie »ihre eigene Außenpolitik, ohne viel nach dem Reich zu fragen, besonders in Unteritalien« [Goez 1988, 88].

Die Bedeutung des Papsttums schwankt im selben Ausmaß wie die Bedeutung des Kirchenstaates: »Die päpstliche Gewalt steht nun [im 9. Jahrhundert] für einen kurzen Augenblick auf einem Gipfel, den sie – in den Strudel des karolingischen Niedergangs gerissen – erst wieder durch die Kirchenreform des 11. Jhs. erreichen wird. Man darf bezweifeln, daß das Papsttum ohne diese im 9. Jh. erreichte Weltstellung jemals die spätere Höhe erklommen hätte« [Fried 1991, 88].

Nach meiner Theorie könnte ein fingierter Höhenflug des Papsttums zur Karolingerzeit dieselben Dienste geleistet haben. Dafür spricht ganz entschieden, daß die Päpste offenbar im 10. Jahrhundert ihre Situation nicht fassen konnten. Sonst hätte (ein Hinweis von Karl Günther, Bad Dürkheim) Kaiser Otto III. nicht derartigen Affront beurkunden können: »Otto, Diener der Apostel und nach dem Willen Gottes erhabener Kaiser der Römer [Titular]. Wir bekennen, daß Rom das Haupt der Welt ist, wir bezeugen, daß die römische Kirche die Mutter aller Kirchen ist und daß diese Tatsache aus Unachtsamkeit und Unwissenheit des Papstes lange vergessen worden ist« [MHG Diplomata Otto III:, Nr. 389; Schmid 1981, 47].

Wir stoßen hier auf den einmaligen Fall, daß Machthaber sowohl ihr weltliches Herrschaftsgebiet als auch ihre Macht, aber auch ihren geistlichen Status und ihre Würde vergessen haben. Er ist nur in medizinischen Kategorien erklärbar – oder mit fiktiven Jahrhunderten.

Doch damit zurück zum Kirchenstaat. Er hat 1201 eine neuerliche Geburtsstunde. Otto IV. erkennt den Papst als unabhängigen Herrn eines noch immer reichsabhängigen Gebietes an. Und als 1208 die Vormundschaft von Papst Innozenz III. (1198 bis 1216) über den jungen Friedrich II. ausläuft, läßt sich der Papst die Grafschaft Sora übertragen.

»Dieser Komitat am oberen Liri nordwestlich von Montecassino rundete in willkommener Weise den päpstlichen Territorialbesitz ab, durch dessen planmäßigen Ausbau Innocenz III. *zum eigentlichen Schöpfer des Kirchenstaates wurde*. Ansprüche auf eine eigene Landesherrschaft erhoben die Päpste seit langem. Sie konnten sich dafür auf zahlreiche Herrscherurkunden berufen, angefangen mit der sagenumwitterten, in Wirklichkeit gefälschten Schenkung Kaiser Konstantins und dem echten Pactum Pippins von 754. *Aber eingelöst und verwirklicht war von diesen Landzuweisungen fast nichts*. Gewiß, im unmittelbaren Umkreis von Rom nahm die Kurie alle Hoheitsrechte wahr, wenn der Kaiser in der Fremde weilte und der städtische Adel gezähmt war. Doch klare Verhältnisse bestanden keinesfalls. [...] Der Conti-Papst ist damit zum *Neuschöpfer des ›Patrimonium Petri‹ geworden*, des Kirchenstaates zwischen Tyrrhenischem Meer und Adria, Paglia und Garigliano, Po und Tronto. [...] Der Apostolische Stuhl hatte jenen erstrebten Freiraum gewonnen, einen breiten Gürtel quer durch die Halbinsel, der von Küste zu Küste reichte und den Innocenz sogleich durch Burgen und eine geordnete Verwaltung zu sichern begann« [Goez 1988, 146 ff.].

Nachdem erst jetzt ein Papst den Kirchenstaat mit Burgen schützt, war vorher wohl nichts Schützenswertes vorhanden – es sei denn, vor 1208 hätte es in Italien keine Kriege, sondern nur Friedenstauben gegeben. Aus meiner Sicht ist Innocenz III., der die Urkunde Ludwig des Frommen »zu einer Rechtsbasis seiner Rekuperationspolitik« machte [Fried 1991, 88 f.], nicht als Neuschöpfer, sondern als der eigentliche Schöpfer des Kirchenstaates zu bezeichnen. Aber noch immer war die eigentliche Geburt des Kirchenstaates nicht abgeschlossen. Erst 1275 hat Rudolf von Habsburg ihm die Unabhängigkeit vom Reich zugebilligt. Noch etwas länger dauerte es in der Romagna. »Erst kurz vor dem Ende des 13. Jahrhunderts war es der diplomatisch erzwungene Verzicht Rudolfs von Habsburg, der im Land zwischen Adria, Po und Apennin rechtlich eindeutige Verhältnisse zugunsten des Papsttums schuf« [Goez 1988, 148].

Der Gedanke, daß der frühmittelalterliche Kirchenstaat fiktiv ist, alle seine Grundlagen – sowohl Konstantinische als *auch Pippinsche bzw. Karlische Schenkung – gefälscht* sind, ist angesichts dieser Sachlage nicht mehr abzuweisen. Nur so erklärt sich zwingend das Fehlen der originalen Urkunden, nur so erklärt sich das zeitweilige Vergessen eines staatlichen Territoriums, nur so braucht keine Theorie gesucht werden – es gibt noch keine plausible –, warum Pippinsche *und* Konstantinische Schenkung gleichzeitig entstanden sein sollten. Die Konstantinische Fälschung stammte aus dem Lateran und setzte auf einen byzantinischen Kaiser als Geburtshelfer, während Pippinsche und Karlische Schenkung auf einen westlichen Potentaten setzten [Illig 1991 c]. Liegt zwischen ›östlicher‹ und ›westlicher‹ Ausstellung das große abendländische Schisma von 1054? In jedem Fall nützten alle Fälschungen primär den Päpsten.

Teil II
FRANKEN: REICH OHNE ÖKONOMIE

Karl ist uns nun als überdimensionaler Initiator vertraut, der hohe Standards setzte und die Wege zu ihnen wies. Er behielt nach qualifizierter Einschätzung [Braunfels 1991, 69] immer die vielen Ziele der äußeren Kriege und der inneren Verwaltung im Auge, er organisierte kämpfend neuen wie alten Besitz, gründete Bischofsstädte, begünstigte die Kultur- und Missionsklöster, zog bedeutende Männer aus aller Welt an seinen Hof und schickte sie als Grafen, Bischöfe, Äbte oder Generäle wieder hinaus, sprach überall Recht und trat europaweit als kulturstiftender Mäzen auf. Wie ein Übermensch hat er sein Reich auf allen Gebieten – Kunst, Kultur, Religion, Politik – dermaßen vorangetrieben, daß man von einem jahrhunderteweiten Entwicklungssprung sprach (s. S. 35).

Ein Reich, das 46 Jahre lang praktisch ununterbrochen Krieg führen kann, das gleichzeitig gewaltige Bauvorhaben – allein 65 Pfalzen, insgesamt 313 Großprojekte (s. S. 205) – realisiert, Geld für die brotlosen Künste und noch viel mehr Geld für die Religion bereitstellt, braucht gediegene ökonomische Grundlagen, muß auch in wirtschaftlicher Hinsicht genial geführt werden. Daß dies möglich ist, hat Caesar demonstriert [Hankel 1978]. Was leistete Karl als *Staatsökonom*?

Bei dieser Frage erlebt die Karlsforschung ihr Roncesvalles, um im historischen Bild zu bleiben. Denn wie stellt sich des Reiches Wirtschaft unter dem »Vater Europas« dar? *Das Ergebnis vorwegnehmend, darf resümiert werden: als absolutes Fiasko, denn wir finden lediglich eine Naturalwirtschaft mit minimalem Handel auf Tauschbasis, noch dazu auf fast neolithischem Niveau!*

Selbstverständlich will kaum ein Karlsbiograph das so hart

aussprechen. Deswegen müssen wir die Details dieses Fiaskos mühsam aus Euphemismen herausschälen, die sich an die von Karl angeblich initiierten Entwicklungen klammern, aber erst Jahrhunderte später ökonomisch faßbar werden. So glaubt ein gründlicher Kenner der Materie, Ernst Pitz, entdeckt zu haben, daß gerade die Wikingerplünderungen bei den heimgesuchten Franken eine prosperierende Wirtschaft angestoßen hätten; angesichts dieser hoffnungsvollen Perspektive gibt er den Blick auf ein sonst gut kaschiertes Entwicklungsland frei: »Nur so ist es zu erklären, daß gerade *in der Karolingerzeit, als der Verfall des antiken Städtewesens und Verkehrssystems seinen tiefsten Punkt erreichte, als die Landwirtschaft zur nahezu ausschließlichen Grundlage des Wirtschaftslebens wurde* [. . .], daß sich gerade in dieser Zeit die Anfänge eines Neuen deutlich herausbildeten, womit die Urbanisierung auch des *bis dahin städtelosen Teils* Europas in Gang kommen konnte« [Pitz 1991, 130].

Wenn wir uns nicht von dem verheißenen, aber leider erst im 10. Jahrhundert einsetzenden Aufschwung blenden lassen, dann bleibt für die Karlszeit: Tiefstpunkt des Städtewesens, Tiefstpunkt des Verkehrssystems, eine ganz auf die Landwirtschaft reduzierte Ökonomie.

Karl Ohnestadt: die fehlende Urbanität

1929 schrieb Johannes Bühler, daß es ums Jahr 900 in Deutschland rund 40 Städte gegeben habe; bis 1200 erfolgten 210 Neugründungen [Bühler 1929, 87 f.]. Was aber war vor 900? Hier war den Wirtschaftskundigen unter den Mediävisten der Verfall durchaus vertraut. So verwendete etwa Alfons Dopsch, der einer kontinuierlichen Entwicklung gegenüber einer katastrophalen den Vorzug gab, seit 1918 erhebliche Mühe darauf, gegen den Städteverlust anzugehen. Selbst »ein sehr bekannter Wirtschaftshistoriker (W. Sombart) hat noch vor kurzem behauptet, daß es in dem weiten Reiche des Frankenkaisers (Karl d. Gr.) *überhaupt keine Städte* gegeben habe. Die verschiedenen Theorien über die Entstehung der deutschen Städte und ihrer späteren Verfassung unterstützten diese Auffassung« [Dopsch 1938, 57], die Dopsch jedoch nicht gelten ließ. Ihm widersprach in ebendiesen 30er Jahren Henri Pirenne, für den »erst die karolingische Zeit den vollen Zusammenbruch des Städtewesens gebracht habe, während in der Merowingerzeit noch stärkere Ausklänge des antiken Städtewesens zu beobachten sind« [Ennen 1981, 91].

Dessen Schüler F. Vercauteren hat diese These an zwölf Städten der »Belgica Secunda« – unter anderem Amiens, Beauvais und Laon – durch eine Fülle von Einzelbelegen erhärtet. Die von ihm konstatierte starke Schrumpfung der Gemeinwesen wurde bald neu interpretiert, bald wegargumentiert [Ennen 1981, 326]. Seitdem konnte sich die Einschätzung zwischen den Extremen »städtelose Wirtschaft der Karolingerzeit« [H. Pirenne laut Ennen 1981, 326] und »vielen kleinen, aber funktionstüchtigen Städten« [Werner 1995, 452] auf keinen allgemein akzeptierten Wert einpendeln.

Pitz muß Plünderer und Brandschatzer als Motoren karolingischer Wirtschaft bemühen [Pitz 1991, 129 f.], weil diese prinzipiell unverstanden und unverständlich ist. Er scheint manchmal, wie andere Forscher auch, Tertullians »credo quia absurdum« zu bemühen, doch seine Bedenken brechen sich immer wieder Bahn: »Es liegt ein merkwürdiger Widerspruch darin, daß die Burgen und Burgstädte, die unentwegt im Belagerungszustand lebten, solche Menschen nicht nur, und sei es auch in offenen Vorstädten, an sich zogen, sondern *daß trotz einer ununterbrochenen Folge von Eroberungen und Plünderungen diese Siedler sogar allmählich an Wohlstand und Einfluß gewannen*« [Pitz 1991, 123].

Genauso unheimlich ist ihm, der diese stadtlose fränkische Kultur klar und unverstellt sieht, das Problem, wieso »sich gerade im 8. und 9. Jh. in Städten, die man vergleichsweise mit Recht lediglich als Vor- und Frühformen des eigentlichen europäischen Städtewesens zu betrachten pflegt, nun auch die *Anfänge eines Bürgertums im wirtschaftlichen Sinne*, nämlich eines nicht unmittelbar mit der Landwirtschaft verbundenen Erwerbsstandes, beobachten lassen« [Pitz 1991, 124].

So zieht Karl wie ein übermächtiger Magnet auch noch das

Keimen des Bürgertums an sich, das gemeinhin doch erst nach 1000 Platz greift, wenn erste Burgrechte die Großhändler, Patrizier, Zunfthandwerker und ackerbautreibende Bürger zusammenfassen. Ausnahmen wie jene Bewohner eines Marktfleckens bei Cluny, die »noch vor dem Jahr 1000 als ›Bürger‹ bezeichnet wurden« [Bois 1993, 109], bestätigen nur die Regel.

Es versteht sich von selbst, daß unter Karl auch der Klassenkampf in Reinkultur tobte. Damals setzte laut J. M. Shukow die »Entwicklung des *Privateigentums* am Boden« ein: »Infolge des niedrigen Entwicklungsniveaus der Produktivkräfte war der Kleinbauer völlig außerstande, den ihm eben erst als Eigentum zugefallenen Landanteil für sich zu erhalten.«

So geriet der freie fränkische Bauer in völlige wirtschaftliche Abhängigkeit von den größeren Grundbesitzern: »Die grausame *feudale Ausbeutung* hatte einen scharfen *Klassenkampf* zwischen Bauern und Feudalherren zur Folge« [Shukow 1963, 167, 174], der gemäß königlichen Kapitularien und mittelalterlichen Chroniken überall standfand. Heute wird immerhin akzeptiert, daß bis zur Mitte des 10. Jahrhunderts »die Klassengesellschaft als Erbe der Antike im großen und ganzen« fortbestand [Bois 1993, 88].

In Wahrheit – zumindest halten dies andere Karlsforscher für die Wahrheit – war Karls Frankenreich infrastrukturell so bescheiden, daß schon der oben gebrauchte Begriff »*Hauptstadt*« für Aachen in die Irre führt. Aachen bekam erst unter Friedrich I. die Stadtrechte eingeräumt, und selbst dann nicht ohne Umschweife, sondern nur in zwei Schritten ab 1166 [Maschke 1977, 61; Klugmann 1983, 2]. Damals diente als Stadtwappen das blanke Siegel Karls des Großen, das nicht einmal den Namen Aachen nennt und trotzdem aus diesem 12. Jahrhundert stammen muß [Haussherr 1977, I 88]. Aber die Bezeichnung »Hauptstadt« soll im Grunde nur dokumentieren, Karl habe den ersten – weit vorpreschenden – Versuch gemacht, das Nomaden- oder Reisekönigtum des frühen und hohen Mittelalters [Fried 1991, 162] durch ein hauptstädtisches zu ersetzen [Fleckenstein 1990a, 67], was so schon deshalb nicht stimmen kann, weil die Merowingerkönige bis ins zweite

Viertel des 7. Jahrhunderts durchaus feste Residenzen bewohnten [Brühl 1989, 253]. Tatsächlich geschah unter Karl das genaue Gegenteil einer städtischen Zentralisation: »Das Ende des römischen Imperiums und die Errichtung der germanischen Reiche brachte einen *Verfall der städtischen Gesellschaft zugunsten einer dörflichen, niedrigeren Lebensform* mit sich« [Bayac 1976, 157].

Die mediävistische Forschung hat viel Mühe darauf verwendet, die *Dürftigkeit fränkischer Städte*, den »rustikalen Zug der Karolingerzeit« [Ennen 1977, 121] nachzuweisen. Kopfschüttelnd werden gigantische Unterschiede konstatiert: »Die größte Stadt der Welt« am Beginn des 9. Jahrhunderts ist das Bagdad von Harun al-Raschid mit fast zwei Millionen Einwohnern [Lombard 1992, 135, 129] oder »von vielleicht einer Million« [Clot 1991, 166]. Samarkand und Kairo zählen im 9./10. Jahrhundert rund 500 000 [Lombard 1992, 139, 145], Córdoba und Palermo rund 300 000 Einwohner [Lombard 1992, 150, 152; Pitz 1992, 99], während Edith Ennen noch beklagte, daß die Angaben zwischen 500 000 und einer Million Einwohner schwanken. [Ennen 1975, 71 f.]. Dagegen gibt es in den dunklen Jahrhunderten vor 1000 keine christliche Stadt, die es wenigstens auf 100 000 Einwohner brächte – selbst Konstantinopel ist im 8. Jahrhundert bis auf 40 000 oder noch weniger Einwohner zurückgefallen [Mango 1985, 54], und Rom ist wohl noch kleiner [Pitz 1991, 158], zumal Italien um die Mitte des 6. Jahrhunderts als »menschenleer« bezeichnet wird [Mango 1986, 93].

Von der Einwohnerzahl fränkischer Städte lohnt kaum zu sprechen. Die Frage ist nur, ob Köln, Mainz oder Trier mehr als 10 000 Einwohner hatten oder weniger, wie Reims, Lyon oder Arles [Schneider 1990, 127], wie die Königssitze Paris, Orléans oder Metz [Maier 1968, 314]. Und die merowingischen Ansiedlungen müßten noch kleiner gewesen sein. Für Frankfurt, das 1994 seine Herleitung über 1200 Jahre zurück auf Karl den Großen feierte, hat Hans-Ulrich Niemitz Otto Stamms Stratigraphien dahingehend interpretiert [Stamm 1962], daß diese ›Stadt‹ in der Karolingerzeit so winzig war, daß sie sich im Untergrund überhaupt nicht abzeichnet [Niemitz 1993].

Stadtarchäologische Befunde können aber in diesem Band nicht vertieft werden.

Irgendwann nach den Karolingern geht ein Ruck durchs Land. »Die neuerliche Verstädterung Europas setzt um 900 ein« [Fried 1991, 43], während für Guy Bois klar ist: »Bis zum Ende des 10. Jahrhunderts schrumpften die Städte unaufhörlich«, bis sie »fast nur noch einen Schatten ihrer selbst inmitten einer Gesellschaft dar[stellten], die entsprechend einer gängigen und absolut richtigen Bezeichnung ›verländlicht‹ war«, ein Vorgang von einer »unaufhaltsamen, mehrhundertjährigen und unbestreitbaren Tendenz« [Bois 1993, 94].

Ein *Bevölkerungsaufschwung* ist demnach frühestens im 10. Jahrhundert zu konstatieren und erfaßt keineswegs alle Regionen; noch gegen 1100 zählt das Elsaß als eine Kernlandschaft der Staufer nur die eine Stadt Straßburg [Maschke 1977, 64, 69]. Und östlich des Reiches lagen »die weiten *städtelosen Räume* Osteuropas« [Pitz 1991, 118].

Gemeinhin zieht die Bevölkerung vom Land in die Stadt; der umgekehrte Weg ist zumindest vorstellbar. Leider gibt es im Frankenreich überhaupt zu wenig Bevölkerung, als daß größere Wanderungsbewegungen zu erwarten wären. Pierre Riché, der den Karolingern die Stange hält (»Eine Familie formt Europa«), muß hier das positive Denken forcieren: »Das Abendland war noch recht schwach bevölkert, auch wenn die Bevölkerungskurve seit dem 7. Jh. *anscheinend* wieder anstieg« [Riché 1981, 363].

Dem schließt sich Bois an, der gerade noch die Städte bis 1000 unaufhörlich schrumpfen ließ, aber nun die niedrigste Bevölkerungszahl sogar ein gutes Stück vor 600 sieht [Bois 1993, 131]. Für die Jahrhunderte zwischen 650 und 10. Jahrhundert kann er nur interpolieren [Bois 1993, 129], aber ein Zeitraum, der fiktiv ist, kann eben schwerlich eine reale Bevölkerung vorweisen. Dies wird von der Archäologie zunehmend belegt, nicht widerlegt: »*Siedlungsarchäologische Untersuchungen*, also die Aufdeckung von Siedlungsformen im Bereich der Römerstädte an Rhein und Donau sind *für das frühe Mittelalter deshalb bisher ohne Erfolg* geblieben, weil die spätere Bautätigkeit hier zumeist Spuren, die noch in größeren Flächen zusammenhängen, zerstört hat« [Jankuhn 1977, 140].

Wir haben schon beim Karlsgraben von diesem Unglück gehört. Immer werden nur die karolingischen Ansiedlungen von späterer Bautätigkeit überdeckt und damit zerstört oder unzugänglich, während die merowingischen Gehöfte nachweisbar bleiben.

Katastrophe oder Kontinuität?

Wir können hier nicht *die große Kontinuitätsdebatte* wiedergeben, die seit einem Jahrhundert um das Problem geführt wird, ob und wieweit die römischen Städte unter fränkischer Herrschaft weiterbestanden haben, ob und wieweit überhaupt Kontinuität seit der Spätantike vorliegt [zum aktuellen Stand s. Fried 1991, 134]. Lange Zeit glaubte man, die Antike sei durch die nordischen Völker ermordet worden. Erst 1883 ersetzte zunächst Georg Wolff, ab 1918 dann Alfons Dopsch diese Katastrophentheorie durch eine Kontinuitätstheorie [Petrikovits 1959, 74; Böhner 1959, 85]. »Je mehr die Ausgrabungen vorschreiten und je mehr die historische Topographie an gesicherten Zeugnissen von beiden Seiten her gewinnt, der älteren und späteren germanischen Periode, desto mehr erscheint die Kluft, welche vordem beide zu trennen schien, überbrückt, desto deutlicher tritt *die Kontinuität der Entwicklung* mitten durch die Sturm-und-Drang-Periode der vielberufenen ›wilden Völkerwanderungszeit‹ auf weite Strecken immer wieder hervor« [Dopsch 1923, 106; seine Hvhg.].

Jener Forschungsstand von Dopsch war aber nur sehr schwer zu behaupten. »Die Forschung ist sich vollkommen darüber einig, daß zumindest an der Donau- und Rheingrenze *von Budapest bis Nijmegen keine römische Stadt stricto sensu als Stadt in das Mittelalter fortlebte*« [Petrikovits 1959, 75]. Genauso sieht es die Kennerin Edith Ennen: »*Die Kontinuität – für die Städte an der Seine, Maas, an Rhein und Donau umstritten, brüchig, fragmentarisch*, nur mühsam zu erkennen, nur in Form abrupter, vereinzelter Elemente vorhanden« [Ennen 1981 b, 233], um sich dann dennoch immer wieder für diese perforierte Kontinuität auszusprechen [etwa Ennen 1977, 147, 157; ursprünglich 1957]. Weil die Kirchen seit den spätantiken Märtyrerzellen ihren Standort immer behaupten konnten und diese Kontinuität auf kirchlichem Gebiet selten oder nie angezweifelt wurde [Ennen 1981, 103, 328], hat man sich auf einen seltsamen Kompromiß geeinigt: Die Bischöfe hausten fast allein in den Ruinen der Städte und hielten so die Siedlungskontinuität aufrecht, während die Bevölkerung aus dem Umkreis und der Händler-Vorstadt zum sonntäglichen Gottesdienst in die Ruinen strömte.

Klingt das zu flapsig oder zu absurd? So ähnlich hat es Henri Pirenne in den 30er Jahren dargestellt [Fried 1991, 133 f.]. Aber wir können denselben Sachverhalt auch in Worten honoriger Gelehrter aus jüngerer Zeit wiedergeben:

- »*In Resten der alten Bauten lebte ein Rest von Bevölkerung*, ja die meisten wichtigeren Städte behielten als Bischofssitze eine gewisse Bedeutung. Aber die weltlichen Herren wohnten auf dem Lande« [Steinen 1967, 392].
- »Zweifellos hat es im Abendland immer Städte gegeben, aber die ›Kadaver‹ der römischen Städte aus der Spätantike umschlossen in ihren Mauern nur *eine Handvoll Bewohner* mit einem militärischen, administrativen oder kirchlichen Führer. Es waren zumeist *Bischofssitze*, in denen sich *ein spärliches Häuflein* von Laien um einen kaum zahlreicheren Klerus scharte; das wirtschaftliche Leben beschränkte sich auf einen kleinen lokalen, den täglichen Bedürfnissen angepaßten *Markt*« [Le Goff 1993, 14].

Zu diesem Dasein im Schatten von Ruinen, zu dieser »Kontinuität durch Ruinen« [Sydow 1987, 16] gehörte ein »vorstadtartiges Leben« [Petrikovits 1959, 84]. So war es nicht zuletzt in Köln, wo »das städtische Leben [...] auch unter den Franken *nicht gänzlich* zum Erliegen gekommen« war [Verscharen 1991, 74].

Hinter dieser Vorstellung, daß die Franken nur sonntags zur Messe in die zerfallen(d)en Städte kamen, geistert eine Art germanischer Urinstinkt gegen das Stadtleben durch die Literatur. Er dürfte auf den spätantiken Historiker Ammianus Marcellinus zurückgehen, der über Kaiser Iulians Kampf von 356 gegen die Alemannen schreibt: »Diese scheuten die Städte wie Gruben, die, von Netzen umgeben, das Grab ihrer Freiheit bedeuteten« [Dopsch 1923, 152].

Carlrichard Brühl kontert diese Ansicht ironisch: »Merkwürdig nur, daß die doch gewiß nicht verweichlicht zu nennenden Merowinger des 6. Jahrhunderts das Leben in den Städten offenbar recht gut vertragen haben, während ihre Nachfahren im 7. Jahrhundert trotz des gesunden Landlebens politisch nicht mehr viel zuwege brachten« [Brühl 1989, 79].

Wenn wir über Mitteleuropa hinausschauen, dann finden wir im byzantinischen Reich noch dramatischere Zustände. Nach der Blütezeit unter Iustinian I. (527-565) sind *fast 1500 Städte verschwunden und erst Jahrhunderte später wiederaufgetaucht* [Mango 1980, 60-81]. Dieser beispiellose Vorgang, von dem selbst ein Zauberer wie David Copperfield nur träumen kann, ist bis ins 11. Jahrhundert hinein von keiner einzigen Münzverschlechterung begleitet worden, weder als Folge noch als Ursache [Thieß 1992, 815]. Und in England ringt die »neue Stadtarchäologie« mit dem Problem, warum an keinem Ort Kontinuität von den späten Römern zu den Normannen nachweisbar ist [ausführlich Niemitz 1992]. Wer dieses Phänomen nicht verdrängt, kann nur zu dem Schluß kommen, daß es nicht am archäologischen Befund, sondern an der geltenden Chronologie liegt, daß sich das Kontinuitätsproblem so bizarr stellt. Edith Ennen sprach in diesem Zusammenhang von einer Frage, mit der die tiefsten Geheimnisse der Geschichte berührt werden [Ennen 1981, 9]. Die These von der künstlich verlängerten Chronologie enthüllt dieses Geheimnis.

Die virtuellen Wikinger

Kehren wir in das immer kümmerlicher werdende Frankenreich zurück. Erstaunen weckt auch der Mangel an Vorsorge gegen äußere Gefahren. Die Normannen (Wikinger) haben noch zu Karls Zeiten damit begonnen, England (793), Irland (795) und schließlich den halben Kontinent zu attackieren, was die Annalen in schreckensvollen Bildern schildern. Gleichwohl bemühten sich deutsche Städte gerade damals um überhaupt keinen Schutz. Zu Merowingerzeiten waren die Römermauern noch ausgebessert worden, obwohl kaum Feinde drohten. Die bös gebeutelten Spätkarolinger verzichteten darauf [Ennen 1981 b, 92] – aus Armut, Dummheit oder Stolz? Deutsche Städte erhalten erst dann neue, frühmittelalterliche *Befestigungen*, als die Ungarn immer wieder ins Land einfallen: 917 zuerst Regensburg, 948 dann Köln [Pitz 1991, 173].

Doch gab es überhaupt Angreifer? Graf Eric Oxenstierna muß sich über seine Wikingerahnen wundern: »Wie viele Speere pfiffen im 9. Jahrhundert durch die Luft? Wie viele Schwerter schlugen hart und schneidig? Nur Einzelstücke von ihnen bleiben bis in die Gegenwart erhalten – erstaunlich wenig Gräber, ein paar Dutzend in England, darunter etliche in Schiffen, *auf dem Kontinent insgesamt drei Gräber*, und zwar ein außerordentlich reich ausgestattetes Schiffsgrab auf der Ile de Croix an der Südküste der Bretagne, das *um 900 zu datieren ist.* [...] Aus Pîtres bei Rouen kommen zwei ovale Frauenspangen, aus Holland ein Waffengrab. Das ist alles. *Die Spärlichkeit der Gräber im Gegensatz zu den schriftlich dokumentierten Kriegszügen fällt auf*« [Oxenstierna 1979, 114].

Da Oxenstierna überdies einräumt, daß die Gräberfunde im Osten noch spärlicher ausfallen als im ohnehin fast fundleeren Westen [Oxenstierna 1979, 117], muß spätestens jetzt klar werden: Das blutrünstige Geschichtsdrama ›Die Wikinger plündern und brandschatzen Europa von 793 bis 911‹, bei dem nur drei Berserker auf der Walstatt bleiben, hat ausschließlich in den Annalen, hat nur auf Pergament stattgefunden. Wir brauchen nicht mehr nach den Überresten riesiger Flotten und Heere zu suchen, die bald nach dem Jahr 850 gut 700 Schiffe und damit 30 000 bis 50 000 Mann umfaßt hätten [Braunfels 1991, 159]. Wir brauchen nicht mehr daran zu glauben, daß Wikinger im 9. Jahrhundert den Sarazenen Andalusien streitig machten und weit ins Mittelmeer vorgedrungen sind. Wir brauchen auch nicht mehr nach den *originären Wikingerüberlieferungen* zu

Abb. 20 Wikingerzüge von 793 bis 12. Jh.: Zwischen Nordkap (870), Neufundland (1000), Cádiz (844) und Bagdad (910). Ab 793 Angriffe auf Lindisfarne, Bordeaux (827), Arles (859) [Pörtner 1971, Vorsatzblatt]

fahnden, die *gerade für jene Zeit fehlen*, also 7. und 10. Jahrhundert *nicht* verknüpfen können [Oxenstierna 1979, 177]. Und ihre Zerstörungen sind in den Städten archäologisch nicht nachzuweisen, obwohl es in Köln oder Trier versucht worden ist. Es gilt:

- »Vom Normanneneinfall des Jahres 881 blieb auch Köln nicht verschont. Gleichwohl läßt sich das Ausmaß der Zerstörungen aus den Quellen nicht erschließen, und es gibt ›im archäologischen Befund nicht den mindesten Anhaltspunkt für gewaltsame Zerstörungen‹« [Bodsch 1991, 112, bezogen auf den Ausgrabungsbericht von H. Borger].
- »Die angebliche Zerstörung von Worms durch die Normannen im Jahre 891 hat nie stattgefunden« [Brühl 1990b, 117].
- »Keine dieser alten Römerstädte ist dem Normannensturm zum dauernden Opfer gefallen« [Ennen 1981b, 93].

Aller Wahrscheinlichkeit nach beginnt – nach relativ wenigen Streifzügen – die kontinentale Wikingergeschichte erst mit der Lehensverleihung durch Karl III. an den Normannen Rollo (911), der als Herzog Robert I. und Schwiegersohn des Karolingerkönigs von Rouen aus die Normandie regiert.

Natürlich waren die Wikinger/Normannen im weiteren Verlauf auch zerstörerische Krieger – es sei nur an die Wikingereinfälle des Jahres 994 in Niedersachsen erinnert [Schuffels 1993, 31]. Aber die psychologisch heiklen Probleme, wie ein Volk wilder Zerstörer *gleichzeitig* vertrauenswürdiger Geschäftspartner sein kann, warum im 9. Jahrhundert Raub- und Handelswiking aus den Quellen heraus so schwer zu trennen sind [Fried 1991, 153f.], verlieren ihre abstrusen Aspekte.

Mittlerweile ist vielerorts ins Bewußtsein getreten, daß die blutrünstigen Raubzüge, »das kriegerische Bild der Wikinger bis ins Lächerliche überzeichnet wurde« [Boyer 1994, 63]. Dieser Stimme aus Frankreich hat sich eine lebhafte Diskussion in Norwegen und vor allem Großbritannien angeschlossen, da dort eine revisionistische Gruppe um Janet Nelson eine »›good Vikings‹-theory« vertritt. Weil die christlichen Chronisten maßlos übertrieben haben müssen, relativiert man die frühen Greuel, um weniger die ruhmesgierigen Berserker als die Händler in den Vordergrund zu rücken [Boyer 1994, 83, 135, 137].

Gleichwohl werden sich die Widersprüche erst lösen, wenn man davon ausgeht, daß die Wikingerzüge des 9. Jahrhunderts eine verdoppelnde Rückprojektion von Attacken sind, um eine niemals vergangene Zeit mit wüstem Leben zu füllen.

Bezeichnenderweise kann auch »der erste ernsthafte Gegner für die Wikinger«, der Wessex-König Alfred der Große [Boyer 1994, 143], im herkömmlichen Geschichtsbild nicht verstanden werden. Schon 1964 hatte V. H. Galbraith erklärt, daß Asser, der Biograph von Alfred, keine Glaubwürdigkeit verdiene. Das wurde nicht gehört, doch nunmehr betonen sogar zwei wissenschaftliche Autoren [Smyth 1995; Sturdy 1995], daß Alfreds Vita zur Gänze eine brillante mittelalterliche Fälschung sei. Völliges Verstehen wird aber auch hier erst eintreten, wenn man Alfred den Großen als ebensolche Fiktion wie Karl den Großen akzeptiert.

Karl Ohnegeld: das fränkische Finanzsystem

Ohne Städte ist üblicherweise auch kein ausgeprägtes Finanzwesen zu erwarten. Diese Binsenweisheit bestätigt das Frankenreich nachdrücklich. Karls mächtigem Riesenreich *»fehlten ein geordnetes Finanzwesen und ein funktionierender Beamtenstab* und überdies auch *der ausreichende Rückhalt* in seinem Volk« [Bayac 1976, 314].

Als Verwaltungsbeamte hatte Karl nur die Schreiber seiner Hofkapelle und drei Ministeriale: Erzkaplan, Kanzler und Kämmerer, wobei letzterer zwar für die Finanzen zuständig, doch zugleich General war. »Doch scheint es Karl offenbar nie an Menschen gefehlt zu haben, die gewillt und befähigt waren, die Königsaufgaben auch in entfernten Landesteilen zu übernehmen« [Braunfels 1991, 69].

Sollen wir also glauben, daß Karls ›Beamtenapparat‹ nur

dezentral funktionierte? Aufschlußreicher ist, daß die Hofkapelle »in ottonisch-frühsalischer Zeit eines der wichtigsten Herrschaftsinstrumente des deutschen Königs« geworden ist [Fried 1991, 58].

Die Vermutung liegt nahe, daß Karls Hofkapelle einfach eine Rückprojektion war, die von den Fälschern allzu karg ausgestattet worden ist.

All diesen Erbärmlichkeiten zum Trotz halten andere Kenner Karl für einen weitblickenden *Finanzminister:* »*Die Münzreform Karls des Großen* gilt als *wichtigster Festpunkt in der europäischen Münzgeschichte*« [P. Berghaus laut Wies 1986, 176].

Ihr Zeitpunkt war lange umstritten, standen doch die Jahre 774, 781, 790 und 794 zur Auswahl [Grierson 1965, 507]. Schließlich einigte man sich darauf, daß 794 der merowingische Wirrwarr von 2000 privaten Münzschlägern durch einen einzigen, neu definierten Münzwert ersetzt wurde [Witthöft 1994, 126]. Geprägt wurde nun der *Pfennig*, lateinisch »denarius«, als *Silberdenar* mit dem von 1,3 auf 1,7 g erhöhten Gewicht, was einer drastischen Aufwertung gleichkam. Nur gelegentlich wurde auch der Halbdenar geprägt, der *Obulus*. *Pfund und Schilling* wurden nur definiert, nicht geprägt: 1 Pfund Silber = 20 Solidi = 240 Denare [Schneider 1990, 67]. Dank gesetzlicher Sicherung können wir »*die erste staatlich garantierte Währung* seit dem Zusammenbruch der römischen Herrschaft« begrüßen [J. Werner laut Fleckenstein 1990 a, 75].

Dieses Millennarereignis geschah so dezent, daß die Annalen es schlicht übergangen haben; ihnen waren offenbar Kriegstaten wichtiger. Das wäre verständlich; weniger verständlich ist, daß auch Karls Münzen sehr, sehr rar sind. Begründet wird diese Fehlanzeige dadurch, daß Sohn Ludwig die väterlichen Münzen »in Verruf« gebracht habe. Darunter ist der – eigentlich erst – im Hochmittelalter ausgeübte Zwang zu verstehen, alte Münzen gegen neue Prägungen umtauschen zu lassen, wobei der Fiskus kräftig abschöpfte [Pitz 1991, 137]. De facto ist es so, daß mittelalterliche Münzen sehr, sehr schwer zuzuweisen sind, da weder Münzstätte noch Münzherr oder Prägezeit gesichert sind und datierte Münzen erst seit dem 14. Jahrhundert geprägt werden [Waurick 1992, 177]. Schon der um die

Kontinuität besorgte Dopsch mußte hier erklärend Hilfestellung leisten:

»Ich wende mich vielmehr gegen die allgemeine Annahme, daß damals eine reine Naturalwirtschaft geherrscht hätte, und nehme eine Koexistenz letzterer mit der Geldwirtschaft an. Über das *Münzwesen* der Karolingerzeit sind wir jetzt viel besser unterrichtet, als dies früher der Fall war. Freilich gehört es noch immer zu den kompliziertesten Problemen der Wirtschaftsgeschichte. Die alte Auffassung, daß die Karolinger von der Gold- zur Silberwährung übergegangen seien, darf heute wohl als berichtigt gelten« [Dopsch 1938, 67 f.; seine Hvhg.].

Henri Pirenne hatte dagegen den Mut, die traurige Wahrheit vorzuweisen. Karls Münzsystem »ist also in einer Zeit aufgestellt worden, als *der Geldumlauf auf den tiefsten Stand gekommen war, den er je erreicht hat* [...] *Die geringe Größe des Geldbestandes und sein eingeschränkter Umlauf* verdienen gleichfalls Aufmerksamkeit« [Pirenne 1963, 210 f.].

Um diesen absoluten Tiefststand des Geldumlaufs wirklich ausloten zu können, der zu Zeiten von immerhin 47 karolingischen Münzstätten [Fried 1991, 45] eingetreten sein muß, soll ein Numismatiker zu Wort kommen, der den Münzmangel unter Karl wenigstens in ein relatives Wachstum uminterpretieren möchte: »Obwohl die Zahl der Münzen auch nicht annähernd merowingischen Umfang erreichte, ist *ein ganz langsames, stetiges Anwachsen* zu beobachten« [Hendy VII 39].

Der »merowingische Umfang« kann daran ermessen werden, daß von Karls Vater Pippin, der 755 die erste Münzreform vollzogen hat, kaum 150 Münzen geborgen worden sind [Riché 1981, 107]. Dem scheint zu widersprechen, daß etwa 1500 Silbermünzen der Karlszeit erhalten sind [Heer 1977, 64]. Angesichts dieser wenigen Restexemplare einer großen Epoche kann durchaus postuliert werden, daß die sogenannten karolingischen Münzen in späterer Zeit geprägt worden sind. Damit kein falscher Eindruck aufkommt: Porträtmünzen, also relativ leicht zuzuordnende Münzen Karls, sind ausgesprochen rar. Wir kennen lediglich ein gutes Dutzend Prägungen mit Profilkopf, Diadem und Schultermantel, die in Umschrift und

Rückseite differieren und meist nur in einem einzigen Exemplar erhalten sind [Schramm 1973, 55]. Es gibt übrigens Münzen mit der Aufschrift CARO/LVS/X/MAG/C, die der Laie gerne zu Carolus magnus auflösen würde. Tatsächlich steht MAG/C nicht für »der Große«, sondern für Magoncia civitas, also für den Prägungsort Mainz (ein Hinweis von Dr. Paul C. Martin, Hamburg).

Unklar ist außerdem, aus welchem Rohmaterial eigentlich die kurante Währung des großen Karl gefertigt worden ist. »Vor der Öffnung der Silbergruben im Harz basierte die karolingische Münzgeldwirtschaft ganz offensichtlich auf eingeschmolzenen und umgeprägten arabischen Dirhem« [Brandt 1993, 346].

Nachdem innerhalb der Reichsgrenzen praktisch kein einziger Dirhem gefunden worden ist, bleibt dies ein Herkunftsnachweis ›ex silentio‹. Er hätte außerdem ein betont umständliches Verhalten zur Grundlage: Erst wurden inländische Handelsprodukte gegen Dirhems getauscht, um aus ihnen jene Münzen zu prägen, mit denen man wiederum bei den Arabern einkaufen wollte. Das hätte man mit den Dirhems direkter und einfacher haben können. Dieser doch sehr ›unrunde‹ Kreislauf findet ›im Ausland‹ keine archäologische Bestätigung, etwa durch karlische Münzfunde.

Noch vor einigen Jahrzehnten hat man Karl den Großen gerne weiträumige Handelsbeziehungen konzediert: »Die politische Machtausbreitung der Karolinger hat den Handelsverkehr dann noch weiter entwickelt, wie die Kapitulariengesetzgebung deutlich werden läßt. [...] Karl der Große hat als rechter Vorläufer Napoleons aus handelspolitischen Gründen eine *Kontinentalsperre* gegen England verhängt!« [Dopsch 1938, 91].

Solche modernistischen Fehleinschätzungen können nicht durch Münzfunde dokumentiert werden. Erst in salischer Zeit wird sich das Fernhandelswesen in großen Schatzfunden widerspiegeln, die – wie jener von Vichmjaz am russischen Ladogasee – über 12 000 deutsche Münzen enthalten konnten [Waurick 1992, 187 f.]. Nur ein Forscher, der allein die schriftlichen Quellen der Karolingerzeit auswertet, kann zu dem genau entgegengesetzten Schluß kommen, daß gerade in diesem

8. Jahrhundert die Naturalwirtschaft der Geldwirtschaft gewichen sei [Dhondt 1968, 171].

Dieser Karl bezog seine *finanzwirtschaftlichen Kenntnisse* ganz aus christlichen Erbauungsbüchern und wirkte auch bei der Regelung seines Nachlasses – trotz seiner epochalen Münzreform – altväterlich:

- »*Karl hatte offenbar den Wert des gemünzten und ungemünzten Goldes und Silbers für den Staat noch nicht erkannt*« [Braunfels 1991, 116; ganz ähnlich auch 142].
- »Er verbot, Darlehenszinsen zu nehmen und Spekulationsgeschäfte zu tätigen« [Bayac 1976, 280].
- »Vor allem Karl der Große verbietet kraft seiner geistlichen und weltlichen Gesetzesgewalt schon 789 mit der *Admonitio generalis* von Aachen den Wucher Klerikern wie Laien« [Le Goff 1988, 21; seine Hvhg.].

Doch derselbe Autor stellt unmittelbar darauf fest: »In einer Vertragswirtschaft jedoch, in der Geldgebrauch und Geldumlauf noch unterentwickelt sind, ist das Problem des Wuchers zweitrangig. Außerdem gewährleisten bis zum 12. Jahrhundert die Klöster im wesentlichen die notwendige Kreditversorgung« [Le Goff 1988, 21 f.].

Sie tun dies mit »zinslosen Pfandleihen« genauso wie mit verzinsten Darlehen. Doch beide Finanzierungsinstrumente werden im 12. Jahrhundert verboten, weil die enorme Zunahme der Geldzirkulation und des Kreditwesens eine derartige Reaktion zu erzwingen scheint [Le Goff 1988, 37]. Warum aber nimmt Karl schon jene wucherfeindlichen Rechtsvorschriften vorweg, die ab 1139 von fünf Konzilien formuliert werden [Le Goff 1988, 22]? Er als ›Ohnegeld‹ hätte keinen Grund für sie gehabt.

Das ganze Ausmaß des karlischen Staatsvermögens zeigt sich beim Einbringen der *Awarenbeute*, die anno 796 auf ganzen 15 Ochsenkarren ins Lande rollte [Bayac 1976, 232]. »So gewaltig war der Einstrom von Gold und Silber ins Frankenreich, daß der Silberwert stürzte und der Münzfuß ins Schwanken geriet« [Wahl 1948, 227].

Fünf Jahre zuvor hatte Harun al-Raschid ein zweites Mal Byzanz attackiert. Die Kontrahenten einigten sich nach wenig Kampf auf einen dreijährigen Waffenstillstand. Harun ließ minderwertige Beute verbrennen, den ›Rest‹ schaffte er auf 20 000 Lasttieren weg [Clot 1991, 131]. Während Byzanz diesen massiven Verlust verkraftete und das Kalifat diese sagenhafte Beute problemlos vereinnahmte, hätten 30 Ochsen das Frankenreich ins monetäre Wanken gebracht?

Was also: Waren es nun wirklich »*die sagenhaft üppigen Mittel*, über die er [Karl der Große] verfügte« [Hubert 1969, ix], waren er und seine Hofleute jene »*goldene[n] Menschen*«, die die Araber unendlich erstaunten [Notker 8], oder waren die damaligen fränkischen Vermögenswerte durchaus dürftig? Ich vertrete die Ansicht, daß es weder die spärliche Awarenbeute noch Harun al-Raschids überbordende Schätze gegeben hat.

Auf jeden Fall hat sich der awarische Schatz in Luft aufgelöst. Ein einziges Stück östlichen Geschmeides glaubt man an der »Kanne Karls« zu entdecken [Braunfels 1991, 142; hier s. S. 194]. Wohin der Rest kam, weiß niemand zu sagen, obwohl nur Edelmetalle einschmelzbar sind – Edelsteine, Pelze, Stoffe und vieles andere nicht. Wo aber blieb das Gold? Im Kernreich selbst sind keine Goldmünzen geprägt worden; nur im langobardischen Bereich glaubt man Karl Prägungen zuweisen zu können, die seinen Namen, nicht aber sein Bildnis zeigen [Kahsnitz 1991, 110]. Wären demnach die langobardischen Herzöge wesentlich reicher gewesen als ihre fränkischen Herren?

Darf die Armut dieses Staates verwundern? Im Grunde nicht, da es ihm als eine Art Gottesstaat nicht auf Einnahmen ankam. »Es ist leicht begreiflich, daß es [das Geld] nur noch eine ganz untergeordnete Rolle in einem *Staat* spielt, *in dem die Steuer verschwunden ist*« [Pirenne 1963, 211].

Guy Bois präzisiert, daß die abendländische Gesellschaft »seit dem 6. Jahrhundert keine direkte Besteuerung mehr kannte« [Bois 1993, 80] und damit die Betreibung öffentlicher Unternehmungen sehr schwierig sein mußte. Die rasche Realisierung der 544 Großprojekte zwischen 768 und 855 [Mann 1965, 320] war davon seltsamerweise nicht betroffen. Erst die kirchliche

Verwaltung hob ab dem 10. Jahrhundert den »Zehnten« ein und ließ so in gewisser Weise die Grundsteuer der Antike wieder aufleben [Bois 1993, 80]. Weil damals Kloster- wie Weltgeistlichkeit in den Genuß dieser Steuer kommen wollten, argumentierten beide mit dem Rückgriff auf Kapitularien von Karl dem Großen [Ortega 1992, 41], der doch gar keinen Zehnten einheben hätte lassen sollen.

Wie kurzlebig die Karlische Münzreform schon bislang von einer karlstreuen Historie eingeschätzt worden ist, offenbart Ernst Pitz mit der Klarstellung, daß *die Einschätzung von Geld als Wertmesser und Tauschmittel* nicht nur mit den römischen Kaisern *unterging, sondern direkt nach Karl noch ein zweites Mal,* weswegen die hochmittelalterlichen Städte diese altrömische Erkenntnis in jahrhundertelangen Kämpfen erneut gegen Seigneurs und Fürsten durchsetzen mußten [Pitz 1991, 6].

Es wird Zeit für einen Schlußstrich. Schließlich geht es nicht an, auf Dauer im expliziten Widerspruch zu leben, wie es Friedrich Heer sogar auf ein und derselben Buchseite gelingt: »Ja, *es gibt eine Geldwirtschaft im Karlsreich*; in gewissen Zonen war sie wohl bedeutsamer, als lange angenommen wurde. [...] *Breiteste Schichten der Bevölkerung kommen mit Geld und Gut, teurem Gut, zeitlebens ebensowenig in Berührung* wie mit den Produktionen der großen Kunst und Literatur der Karlszeit« [Heer 1977, 65].

Statt von einer Geldwirtschaft zu phantasieren, bei der Geldstücke so rar wie handgemalte Evangeliare sind, behaupte ich: Deutschland kennt nach Römer- und Merowingerzeit – ohne irgendein karolingisches Intermezzo – im 10. Jahrhundert einen bescheidenen Geldumlauf. In nennenswertem Umfang setzt er wieder ab dem Jahre 1000 ein, wogegen Tauschhandel und Ersatzwährungen verschwinden [Pitz 1991, 245; Bois 1993, 105 f.]. Und jenes Italien, das unbestrittenerweise seine Städte behalten hat, bietet – nur um wenige Jahrzehnte voraus – dasselbe Bild: »Die im 10. Jahrhundert immer mehr durchdringende Geldwirtschaft zeigt sich in der Ablösung der Naturalzinse durch Geldzinse« [Ennen 1981, 254].

Handel und Wandel

Ein Schlaglicht auf die tristen wirtschaftlichen Zustände in fränkischen Landen wirft auch Karlsbiograph Andreas Kalckhoff: »*Die unterentwickelte Geldwirtschaft und der geringe Handelsumfang* machten die Hofhaltung an einem ständigen Ort zwar nicht unmöglich, wirkten aber doch erschwerend« [Kalckhoff 1990, 68].

Karl bestätigt sich als einsamer Geldwirtschafter in der Wüste einer Naturalwirtschaft, die seiner Zeit nicht nur vorausgeht, sondern auch nachfolgt.

Handel oder nicht Handel?

Um internationale Handelsbeziehungen zu belegen, wird gerne ein schwungvoller Sklavenhandel demonstriert [Wies 1986, 189]. So schreibt auch Edith Ennen: »Rörig hat darauf hingewiesen, daß gerade der im Frühmittelalter noch bedeutsame Sklavenhandel die *Weiträumigkeit der Handelsbeziehungen* spiegelt« [Ennen 1977, 174].

Auf der anderen Seite gab es so wenig Regionalhandel, daß laut Kalckhoff der nicht allzugroße Hofstaat seine nahe Umgebung buchstäblich kahlfraß und weiterziehen mußte – ein Umstand, der nur beim Bau der »Fossa Carolina« nicht ins Gewicht gefallen sein soll. Selbst der überaus kritische Carlrichard Brühl argumentiert zugunsten dieser wirtschaftlichen »Abweidetheorie«, um dann diesen Aspekt doch durch einen politischen zu ersetzen [Brühl 1968, 66, 74, 270, 288]. Wie dürftig Handel und Gewerbe blühten, machte ein Kenner deutlich:

»Im ganzen betrachtet, wird man dem Handel in dieser Frühzeit eine viel größere Bedeutung und Ausdehnung beimessen, als dies bisher geschehen ist. Insbesondere auch deshalb, weil *die Quellenüberlieferung hier auch nicht annähernd ein Bild von der Wirklichkeit zu gewähren vermag*. Ich habe schon für die Karolingerzeit auf die grundlegende Bedeutung dieser gewaltigen Lücke aufmerksam gemacht. Nirgends gilt das testimonium ex silentio weniger als eben da, weil einerseits die geistlichen Grundherrschaften, von welchen der Hauptvorrat an Urkunden herrührt, selbst wohl nur wenig oder gar keinen Anlaß hatten, Handelsgeschäfte abzuschließen, andererseits aber von jenen Bevölkerungskreisen, wo solche vermutlich sehr häufig vorkamen, Kaufleuten und Händlern, überhaupt keine direkte Überlieferung auf uns mehr gekommen ist« [Dopsch 1924, 474; seine Hvhg.].

Über dieses wertlose Zeugnis »aus dem Schweigen« ist die Wissenschaft seit 1924 nicht hinausgekommen. Aber weiterhin wird versucht, dieses bleierne Schweigen in einen schwunghaften Regional- wie Fernhandel umzudeuten. Ernst Pitz hat am besten demonstriert, wie weit sich archäologische Leerräume und die zugehörigen Interpretationen voneinander entfernen können: »Was den Handel im *städtelosen Europa* kennzeichnete, das war die Eigenschaft des *Tauschhandels, der ohne den Wertmesser des Geldes* auskam« [Pitz 1991, 82].

Hier wird Karl wieder zum ›Ohnestadt‹ und ›Ohnegeld‹, nicht aber zum ›Ohnehandel‹. Daß nur 13 Seiten später von der »ausgebeuteten Masse der Stadtbevölkerung« die Rede ist [Pitz 1991, 95], dürfte ein postmarxistischer Anachronismus sein. Pitz fährt dann damit fort, abwechselnd die gähnende Leere in den Depots der Händler auf- und zuzudecken: »Was den *europäischen Fernhandel* anlangt, so haben Araber, Normannen und Ungarn ihn keineswegs *zum Erliegen gebracht*, sondern allenfalls ihn *reduziert*« [Pitz 1991, 127]. Und: »So *gering* wir auch die Transportkapazitäten dieses den ganzen Kontinent umspannenden und zusammenfassenden Fernhandelssystems einzuschätzen haben, so groß ist doch seine historische Bedeutung« [Pitz 1991, 129].

Ernst Pitz imaginiert hier ein weitestgespanntes Fernhandelsnetz für geringste Transportkapazitäten, um sich dann in die Feststellung zu retten, daß der Fernhandel mit Luxusgütern weder von Städten abhängig gewesen sei noch solche hätte ins Leben rufen können [Pitz 1991, 81]. Nur so kann das europäische Fernhandelssystem des hohen Mittelalters mit Fundamenten auskommen, die im städtelosen Zeitalter der Karolinger gesetzt worden sein sollen [Pitz 1991, 235], aber ungreifbar sind. Daß obendrein die direkte Verbindung durch ein veritables dunkles Jahrhundert zwischen 850 und 950 unterbrochen ist, wird stillschweigend übergangen.

Offenbar hat sich Pitz nicht zwischen Henri Pirenne und Maurice Lombard entscheiden können, die sich fundamental widersprechen und so einmal mehr beweisen, daß mangels aussagefähiger Quellen praktisch jeder Indizienschluß möglich ist. Gemäß Lombard hätten arabische Völker »ihr Gewinnstreben und ihre Kenntnisse des Seehandels gebündelt, Gold ins Abendland eingeführt und somit die Renaissance des abendländischen Handels bewirkt« [Bois 1993, 96].

Pirenne hat dagegen für dieselbe Zeit nach dem 8. Jahrhundert festgestellt: »Der Umlauf an beweglichen Gütern ist auf *das allergeringste Maß* zusammengeschrumpft. Weit gefehlt, daß Fortschritt herrscht. *Überall beobachtet man Rückgang*. Die früher blühendsten Gebiete Galliens sind jetzt seine ärmsten« [Pirenne 1963, 203].

Und so geht es Schlag auf Schlag und auf breiter Front bei Henri Pirenne weiter. Die tyrrhenischen *»Häfen* sind für jeden Verkehr *geschlossen«, der Großhandel* mit Spanien ist »ganz *eingeschlafen* [...], die Schicht der *Großkaufleute* ist *verschwunden* [...], es gibt *keine Geschäftsleute* mehr, die den Kirchen Güter schenken [...], es gibt *keine Kapitalisten* mehr, die die Steuererträge pachten und den Beamten Geld leihen. Man hört nicht mehr von Handel, dessen Mittelpunkt die Städte bilden. Übrig bleiben [...] Gelegenheitshändler. [...] *Der Handel ist zugrunde gegangen«* [Pirenne 1963, 214 ff.].

Oder es existierte, wie Henri Pirenne noch früher geschrieben hatte, »ein zufälliger, von atmosphärischen Einflüssen abhängiger Gelegenheitshandel«, »ein verblichener Rest von Handelsverkehr« [Pirenne 1986, 13, 107], insgesamt also eine eher ätherische Angelegenheit.

Aber internationaler Sklavenhandel ist doch weder ätherisch noch ästhetisch. Wie erklärt sich dann dieses karolingische Phänomen, das uns zu Beginn dieses Abschnitts begegnet ist? Es wurde primär interpolierend gewonnen. Gregor von Tours erzählt Ende des 6. Jahrhunderts von Sklavenhändlern aus Verdun, die slawische Gefangene nach Spanien verschachern. Im

10. Jahrhundert wird der Kalif von Córdoba auf demselben Weg mit Eunuchen versorgt. Dazwischen liegt eine vereinzelte karlszeitliche Erwähnung von Sklavenhändlern aus Verdun, auf der man den blühenden karolingischen Fernhandel basieren läßt.

Sklavenhandel wurde in Europa nachweislich bis Ende des 10. Jahrhunderts betrieben [Bois 1993, 190 ff.]. Weil er schon bei Gregor berichtet wird und für die Antike ohnehin typisch ist, unterstellte ihn die Forschung auch für die dazwischenliegenden drei Jahrhunderte, zumal es eine karolingische Stütze zu geben schien. Diese läßt sich – sekundär – wiederum damit erklären, daß spätere Fälscher noch vom Sklavenhandel wußten und ihn deshalb auch in karolingischen Phantomjahrhunderten ansiedelten.

War Karls Reich eine Messe wert?

Ohne Handel gibt es keine Märkte, keine Messen, wobei ich vorab mein Verwechseln von Handelsmesse und Meßfeier zu entschuldigen bitte. Laut Pirenne wurde *die einzige Messe* der Karolingerzeit in Saint-Denis abgehalten, während es in den Städten nur noch *Märkte* lokaler Natur gab: »Alle unsere Nachrichten zeigen, daß *jene kleinen Märkte* nur von den Bauern der Umgebung, von Krämern oder Flußschiffern besucht wurden. Man verkauft dort ›per denaratas‹, das heißt im kleinen. [...] Auf den Märkten kann man nichts kaufen, was von weither kommt« [Pirenne 1963, 216, 218].

Es braucht hier den Kommentar, daß ›kleine Denare‹, sprich Scheidemünzen, damals gar nicht geprägt worden sind, weshalb der Schluß zwangsläufig war, daß die ›großen‹ Denare ausschließlich für voluminösen Fernhandel bestimmt waren. Den aber gab es nicht.

Forscher, die wegen eines Kapitulars von 809 unterstellen, daß sich damals die Märkte stark vermehrt hätten [Dhondt 1968, 167], bestätigen nur, daß zuvor praktisch keine Märkte belegbar sind. Außerdem gibt es noch 919 im gesamten ›deutschen Reich‹ nur 40 Marktorte [Fried 1991, 45], befindet sich der Markt des 10. Jahrhunderts auf lokaler Ebene »notgedrungen noch in statu nascendi« [Bois 1993, 103]. Vor wie nach 809 gibt es auch zu den Märkten keinen archäologischen Befund in Gestalt von Markthallen, Loggias oder ähnlichem.

Dagegen dürfte die Beobachtung richtig sein, daß erst das nach 1000 entstehende Feudalsystem das Aufblühen des Kleinhandels ermöglicht hat [Bois 1993, 192]. Übrigens sucht Guy Bois verzweifelt nach einer Erklärung für die »unendlich lange Entstehungszeit der Feudalgesellschaft« ab der Spätantike, so daß er schließlich den »*ungleichen Rhythmus, der im Schoß der Geschichte wirkt*« bemüht [Bois 1991, 201] – eine Verlegenheitserklärung par excellence. Da scheint es mir wesentlich sinnvoller, die Zeit zwischen Spätantike und dem Jahre 1000 drastisch um drei Viertel zu kürzen.

Bezeichnenderweise hat mit Susan Reynolds eine Spezialistin nachgewiesen, daß sich unsere Vorstellungen vom damaligen Feudalsystem keineswegs von der damaligen Situation, sondern von Vorstellungen ableiten, die neuzeitliche Juristen bei Lektüre juristischer Schriften des Mittelalters gewonnen haben [Reynolds 1994].

Karl Ohneweg: Eine Sackgasse

Wie stand es mit den *Verkehrsverbindungen*? Hier kann die lapidare Antwort nur lauten: gänzliche Fehlanzeige! Denn im Mittelalter wurden die römischen *Straßen* so lange weiterbenutzt, solange es deren Reste irgendwie erlaubten. Ein Engagement für den Bau befestigter Landstraßen in nichtrömischen Gebieten ist nirgends belegt, allenfalls Straßenbau Karls in Sachsen in den Chroniken erwähnt [Brühl 1968, 63]. Wenn um 850 der Mönch von St. Gallen von Straßenarbeiten spricht, so gilt das als anachronistisch. Denn *die ersten Straßenpflasterungen* sind in Frankreich ab 1090 (Saint-Omer), in Deutschland ab 1150 (Minden) bekannt. Nur Córdoba soll bereits um 850 gepflastert gewesen sein [Precht 1987, 12 f.]. Aber die fabelhaften Schilderungen dieser ›idealen‹ Riesenstadt wirken angesichts der Tatsache, daß sich dort kaum eine Scherbe des 8. und

9. Jahrhundert gefunden hat, schlicht als fingiert oder auch als sehr reale Seitentriebe von »Tausendundeiner Nacht«. Das maurische Spanien von 711 bis 930 belegen im Grunde allein vereinzelte Bauglieder der großen Moschee von Córdoba, die allesamt im 10. Jahrhundert untergebracht werden können. Dieselbe mißliche Fundlage charakterisiert alle arabischen Riesenstädte des 9. Jahrhunderts, auch und gerade Bagdad.

Für Wolfgang Braunfels sind die desolaten Verbindungen ein Faktum. Er läßt eine doch immerhin vorstellbare karolingische Zentralverwaltung an »den gegebenen Verkehrsverhältnissen und Nachrichtenmitteln scheitern« [Braunfels 1991, 88].

Das wirkt wie eine vierfache Fehleinschätzung. Zum ersten hätte Karl, der Erbauer zahlloser Pfalzen und Klöster, auch Straßen in Auftrag geben können – schließlich sind Schlaglöcher keine gottbefohlene Fatalität. Zum zweiten wäre ein nomadisierender Hof von fehlenden Straßen um keinen Deut weniger betroffen gewesen als eine stationäre Zentrale – im Gegenteil. Um eine Hauptstadt bildet sich zunächst ein radiales Straßennetz aus; beim Reisekönigtum muß ein solches von jeder möglichen Niederlassung ausstrahlen, so daß ein viel dichteres Netz verlangt ist. Drittens ist das zugrundeliegende Faktum nur eine Fiktion: Karolingische Berichte über ein zerstörtes Straßennetz sind genauso rar wie jene über regen Straßenbau.

Braunfels ging viertens, solange er Wehrkraft und Präsenzpflicht beim alljährlichen Heereszug taxierte, davon aus, daß Karl ein sehr gutes Nachrichtennetz über sein Reich gelegt hatte (s. S. 113). Man muß durchaus nicht so weit gehen, daß man für gute Verwaltung heutige Computer-Netzwerke voraussetzen muß – nach dem Motto: »Lieber Karl der Große, Ihrer Kunst, ein großes Reich zusammenzuhalten, fehlte nur noch unsere Kunst, große Verwaltungen zu organisieren...« [Werbung eines Weltkonzerns in ›Focus‹ vom 31. 1. 1994, S. 144]. Klar scheint aber doch, daß Karl weder für den Kriegsaufmarsch noch für seine Verwaltung hinreichende Vorsorge getrieben hat.

Wenn *Juden*, erzwungenermaßen das Händlervolk schlechthin, ihre eigene europäische Vergangenheit erforschen, kommen sie zu identischen Ergebnissen. Cecil Roth schrieb über die Zeit von 600 bis ins 10. Jahrhundert: »*In den dunklen Jahrhunderten* wanderten die Juden als *Kaufleute* und Dolmetscher über die *zerstörten Landstraßen* und hielten so den Kontakt aufrecht zwischen jenen Regionen, die einst das Römische Reich bildeten« [Roth 1966, 314; vgl. Illig 1991 g].

Andererseits waren die Wege zwischen Portovénere (bei La Spézia) und Aachen immerhin für einen Elefanten passierbar, denn Harun al-Raschids Geschenk trottete in Begleitung des Juden Isaak diese 1200-Kilometer-Strecke über Apennin und Alpen, worauf Isaak sogar in kaiserlicher Audienz empfangen worden ist [Clot 1991, 113]. Oder waren die Wege nur für einen Elefanten passierbar?

Wenn aber schon ›überwachsene Pfade‹, warum zogen dann ausgerechnet Kaufleute auf ihnen? Kein Geld, kein Handel, aber Händler? Auch Roths Auskunft gründet nur auf seltenen Schriftquellen, in denen ein Jude unter Karl ein Gewerberecht erhält oder die Begriffe »judaeus« und »mercator« in Verbindung gesetzt werden [Pirenne 1963, 218]. Pirenne konnte im Gegensatz zu Roth die Kaufleute entbehren, da er sogar einen »Beweis für die Unwichtigkeit des Handels« führt [Pirenne 1963, 222]. Roth räumt redlicherweise ein, daß er zwischen den Zuständen um 600 und des 10. Jahrhunderts »interpolieren« mußte, um spärliches Material für die jüdischen »dark ages« zu gewinnen [Roth 1966, 5]. Behauptungen, wonach Karl bei Harun al-Raschid um Rabbiner gebeten habe [Heer 1977, 67], schenkt er keinen Glauben. Denn der archäologische Befund für Judaica ist klar und eindeutig: Nichts! Erst ab dem 10. Jahrhundert finden wir wieder jüdische Spuren im Rheinland, die ersten in Europa [vgl. Illig 1998, 133].

Das gilt nicht zuletzt für eine spezielle literarische Gattung – das Streitgespräch zwischen Christen und Juden. Schon in der Antike entstanden, blühte es erst unter Heinrich II. wieder auf, »nach einer nur vorübergehenden Renaissance in spätkarolingischer Zeit« [Lotter 1993, 228]. Wir verdanken sie Rückprojektionen aus dem 11. oder einem noch späteren Jahrhundert.

Wenn wir schon von jüdischem Geist sprechen, so stört bei ihm eine auffällige Lücke. Gunnar Heinsohn betont den Fund von Simon Dubnow, daß das Volk des Buches nur zwei Perioden kenne, in denen es keine literarischen Originale geschaffen hat: Abgesehen von einer 200jährigen antiken Epoche, die hier nicht relevant ist, stößt Dubnow auf »die geistige Stille, die mit dem 6. Jahrhundert eintritt und bis ans Ende des 8. Jahrhunderts fortdauert« [Dubnow 1921, 63 f.]. Darin sah Heinsohn [1991] eine Unterstützung für die These einer Phantomzeit, wie H.-U. Niemitz sehr treffend die als fiktiv erachteten Jahrhunderte bezeichnet hat [Niemitz 1993].

Händler und Handwerker

Nun könnte es natürlich sein, daß die Juden damals nur als Sklavenhändler zugelassen wurden, ein Gewerbe, das sie noch im ganzen 11. Jahrhundert ausübten [Lotter 1993, 226]. Dann müßten die ›klassischen Märkte‹ von ›germanischen‹ Gewerbetreibenden abgehalten worden sein. Doch die Suche nach ihnen ist ausgesprochen frustrierend. Als florierende Gewerbe im ganzen 9. Jahrhundert kann Pitz lediglich Salzmacher in Comacchio, Töpfer in Mainz und Duisburg, eine Bäckerin in Mainz und ein westfränkisches Gesetz von 864 gegen falsches Maß und Gewicht anführen [Pitz 1991, 126 f.]. Insofern muß wieder ein *Nachweis aus dem Schweigen* heraus postuliert werden: »Auch für die übrigen christlichen Länder Europas braucht man die Existenz von Gewerbetreibenden am städtischen Markt nicht zu bezweifeln; im Gegenteil, die *spärlichen Nachrichten* sind um so aussagekräftiger, als das städtische Leben der Zeit ohnehin einen im Vergleich zur Grundherrschaft nur ganz *verschwindenden Quellenbestand* erzeugt und uns hinterlassen hat« [Pitz 1991, 126].

Die »ausgebeutete Masse der Stadtbevölkerung« war also so arm oder so ordentlich, daß sie kein Pergament durch Schrift vergeuden ließ und Scherben samt sonstigem Abfall zu Staub zermahlen hat. Über den angeblich größeren Quellenbestand der Grundherrschaft wird gleich ein ganz ähnliches Urteil zu fällen sein. Doch zuvor wollen wir uns den gleichfalls angesprochenen Maßen und Gewichten zuwenden. Erreichen wir bei ihnen frühmittelalterlichen, aber festen Boden?

Auf Pfund und Scheffel

Karl der Große gilt nicht nur als Schulmeister, sondern auch als *Eichmeister* der Nation, der »immer die Einheit im Auge hatte« [Fleckenstein 1988, 72] und in seiner jahrhundertelangen Voraussicht Maße und Gewichte normierte. Peinlicherweise haben sich seine Eichstandards so wenig durchgesetzt, daß sie die Forscher unseres Jahrhunderts lange rätseln ließen: Zum »Beispiel *schwanken die Angaben* über das gängigste karolingische Hohlmaß, den Scheffel, zwischen 20 und 70 Litern« [Wies 1986, 177].

Der »pondus Caroli« hat immer wieder die Tüftler herausgefordert. Denn in der Karolingerzeit sollte das Pfund schwerer als das alte römische (327 Gramm) geworden sein [Pirenne 1986, 108]. »Prou hat das neue Pfund auf 491,179 g berechnet, während andere Forscher etwa 408 g annahmen« [Dopsch 1938, 69].

Daß dann H. Witthöft nach umständlichsten Recherchen das Pfund bestimmen konnte [Schneider 1990, 100], bestätigt nur, daß es uns nicht tradiert worden ist, daß bis dato niemand wußte, wie schwer das *Karlspfund* wirklich war [Kottmann 1988, 155]. Kann eine geheime Verschlußsache als europäischer Standard gegolten haben? Wir dürfen eine solche Vorstellung als Fiktion erachten, zumal der Standard mit seiner Einführung auch schon zerbröckelt wäre.

»Schon 829 melden die Bischöfe Ludwig d. Fr., daß die Maße in allen Provinzen verschieden sind«, obwohl es unter Karl Urmuster zu Aachen gegeben haben soll [Pirenne 1963, 212]. Die »Annales Fuldenses« sprechen im Jahre 882 vom Pfund zu Mainz (470,1 Gramm), zu Regensburg (544,3 Gramm) und in der Normandie (567 Gramm), und die mittelalterlichen Pfundmaße zwischen England und Italien konnten auch nur 326 Gramm betragen [Kottmann 1988, 155 f.].

Auch der *Karolinger Fuß* zu 33,3 Zentimetern ist erst aus Bauwerken rückbestimmt worden; es kommt hinzu, daß er vom 5. bis 7. Jahrhundert in Spanien und Franken Verwendung fand, also kaum als karolingische Erfindung bezeichnet werden kann

[Kottmann 1971, 19]. Warum aber wurde die *Aachener Pfalzkapelle* mit ihm konstruiert, während die direkt anschließend gebaute, aus ihren Fundamenten rekonstruierbare *Aachener Königshalle* mit dem kapitolinischen Fuß (»Pes monetalis«) von 29,6 Zentimeter konstruiert wurde [Braunfels 1991, 100]? Wir müssen auf diese Frage zurückkommen (s. S. 246, 287).

Bauer und Buchhalter

Nehmen wir nunmehr die *Landwirtschaft* mit ihren angeblich reicheren Quellen der Grundherrschaft ins Visier. Konnte wenigstens sie samt den Bauern, diesen Antipoden der Städter, eine reiche karolingische Blüte verzeichnen? Wir finden neben der Bezeichnung Karls als »Landwirt« [Freytag 1866, I 263] auch gleich einen lobhudelnden Hinweis, der ihm eine herausragende Rolle als *Agrarminister* im eigenen ›Kabinett‹ zuschreibt: »Der karolingischen Gesetzgebung über die Agrarwirtschaft ist die gleiche Bedeutung zuzumessen wie der karolingischen Münzreform« [Wies 1986, 179].

Nach unseren Erkenntnissen zur Münzreform dürfen wir befürchten, daß sich auch die Agrarreform als eine fiktive herausstellen wird. Nur auf den ersten Blick sieht es besser aus. Da hat Bischof Arbeo von Freising, der älteste namentlich bekannte baierische Schriftsteller, sein paradiesisches Baiernland besungen: »*Eisen* besaß es in Fülle, im Überfluß *Gold, Silber und Purpur*. Seine Männer waren hochgewachsen und kräftig, es herrschten Nächstenliebe und Menschlichkeit. Die Erde war fruchtbar und brachte *üppige Ernten*« [»Vita et passio Sancti Haimhrammi Martyris« laut Schrott 1967, 22].

Auch erfahren wir von der Aufteilung weiter Ländereien in einzelne Bauernstellen und von der schriftlichen Erfassung dieses Gesamtbesitzes an Einkünften und Besitz, also von »Verhufung« und »Urbare«, die im 8. Jahrhundert einsetzen und das ganze 9. Jahrhundert dauern [Fried 1991, 146]. »Verhufung und Urbare folgen den ›dividierenden‹ Erkenntnismethoden der Zeit und offenbaren einen Zug zur Systematik« [Fried 1991, 37].

Dieser Systematik begegnen wir auch bei den ausgefeilten Vorschriften zur *Buchführung*: »Nicht nur für das Frühmittelalter, sondern für mehrere spätere Jahrhunderte bedeuten die im Capitulare de villis enthaltenen Anordnungen für die Buchführung und die Konten der Betriebsabrechnung *eine ausgesprochene Rarität*. Solche Konten der Betriebsabrechnung treten in zehnfacher Form auf, sie verfügen über detaillierte Unterkonten und bilden somit die Grundlage für eine Art Zwischenbilanz für die einzelnen Betriebszweige« [Schneider 1990, 70].

Fehlten damals nur noch wenige Schritte bis zur Entdeckung der doppelten Buchführung? Luca Pacioli hat sie erst 1494 systematisiert. Haben hier Fälscher allzu Spätes eingeschmuggelt? Derselbe Gedanke beschleicht einen, wenn man davon hört, daß Adalhard von Corbie bereits den Ernteertrag unterschiedlich guter Jahre mitteln möchte, um eine realisierbare Abgabenordnung zu erreichen und »um den Bedarf schwankungsfrei zu kalkulieren« [Fried 1991, 38]. Wir brauchen aber nicht bis ins 15. Jahrhundert gehen, sondern finden schon im frühscholastischen 12. Jahrhundert entsprechende Tendenzen [Pirenne 1986, 122 f.]. Damals gab es eine »*Universalwirtschaft*, die die Lebenshaltung, Erwerbsgebarung, Produktion und Konsumtion jedes einzelnen möglichst gleichmäßig zu gestalten sucht« [Friedell 1960, 90; seine Hvhg.].

Dem entspricht die schon oben angesprochene Beobachtung, wie lückenlos Karl der Große alle Mann zum Heeresdienst erfaßt (s. S. 133) oder die Windrose in zwölf Teile zerlegt habe (s. S. 59). Doch was sind solche Behauptungen für das 8. und 9. Jahrhundert wert, wenn sie beliebig konterkariert werden können: »Damit kommen wir zu der weiteren Feststellung, daß den Karolingern nicht nur die Anzahl ihrer Untertanen, sondern sogar die Anzahl der Menschen, die ihnen für den Krieg zur Verjüngung standen, unbekannt war. *Da statistische Aufzählungen und Archive fehlten,* kannte die Dynastie auch nicht den Umfang ihrer Domänen, deren Gesamtheit *ein unentwirrbares Durcheinander* darstellte« [Dhondt 1968, 64].

Wie nennt man eine Systematik, die nur sporadisch auftritt? Klingt die Antwort wie Chaos? Daß die systematische Registrierung gleichzeitig eine »Verschriftlichung« zumindest der gesamten Verwaltung voraussetzt [Fried 1991, 37], ist unbezweifelbar – gleichwohl wird just zu dieser Zeit von einem schriftlosen Land ausgegangen [s. S. 52].

Wir kommen von der chaotischen Systematik noch einmal aufs Landleben zurück. Heute wird hervorgehoben, daß die neue Art der Grundherrschaft in engem Bezug zu Markt und Geld gestanden haben muß, während sich für Henri Pirenne die damalige Situation noch ganz anders dargestellt hatte. »Unter den Karolingern aber begegnet keine Spur dieses regelmäßigen Handels [der Merowingerzeit] mit landwirtschaftlichen Erzeugnissen mehr« [Pirenne 1963, 222]; er fährt aber mit einem saltoartigen Schluß fort, indem er gerade aus dem fehlenden Handel schließt, »daß mehr als je der Boden zur wirklichen Grundlage des Wirtschaftslebens wurde« [Pirenne 1963, 222]. Also saß wie in grauer Vorzeit jedermann auf seiner karolingischen Scholle, lebte völlig autark und hatte keine Ansiedlung, brauchte auch keinen Oberen zu beliefern?

Karls epochale Agrarreform ließe gewaltige Fortschritte in der Landwirtschaft erwarten. Nur: Sie schlagen sich in den »Reichsannalen« als 13 große Hungersnöte zwischen 790 und 890 nieder. Die allerschlimmste trieb 793 die Bevölkerung bis zum Kannibalismus; ähnlich verheerend war die von 768. Alle acht Jahre eine Hungersnot – da darf man mit vollem Recht sagen, daß die Frankenherrscher nicht in der Lage waren, die Versorgung ihrer Bevölkerung zu sichern. Interessanterweise finden diese Nöte ihr genaues Pendant – bis hin zu kannibalischen Exzessen – in der Zeit von 987 bis 1059, als in 48 Jahren Hunger und Seuchen wüteten [Ortega 1992, 75 f.].

Die ›Hoffnung‹, daß die Karolingerzeit vielleicht durch eine jahrhundertelange widrige Witterung beeinträchtigt wäre, ist gering gegenüber der Sicherheit, daß eine vorsintflutliche Technik in der Landwirtschaft zum Einsatz kam. So ist Georges Duby überzeugt, »daß der *Gebrauch des echten Pfluges* [mit asymmetrischem Pflugeisen und Streichbrett] in der Karolingerzeit nicht zu beweisen sei« [Dhondt 1968, 114].

Diese Einschätzung teilt etwa J. Fried [1991, 40], und Duby selbst hat sie jüngst noch einmal bestätigt [Duby 1996, 26, 31], doch mangels archäologischer Beweise kann auch das Gegenteil behauptet werden, wie es andere Autoren taten [Dopsch/Geisler 1988, 37; Bois 1993, 121-124], die den echten Pflug gerade in der Karolingerzeit Einzug halten sehen. Doch nicht allein das allerwichtigste Gerät fehlte den Bauern: »Karl der Große hatte die Inventarisierung der Domänen angeordnet. [...] Aber obwohl wir mehrere solcher Verzeichnisse besitzen [...], ist ein genauer Einblick in das Domänenwesen nicht möglich. *Wie soll man es z. B. verstehen*, daß das Güterverzeichnis der vorher geschilderten Domäne von Annappes zwar 5 Wassermühlen aufweist, aber an eisernen Bodenbearbeitungsgeräten nur zwei Spaten, zwei Sicheln und zwei Sensen?« [Wies 1986, 184]

Vom Eisen befreit sind Land und Städte ...

Der eklatante Mangel an Eisen beunruhigt vor allem jene skandinavischen Archäologen, die in ihrer Heimat durch Tausende zeitgenössischer Funde verwöhnt werden, etwa den Wikingerforscher Oxenstierna: »Die Unmasse der Eisengeräte in den Gräbern [von Norwegen] steht in wirkungsvollem Gegensatz zu einem Inventar von einem der Güter Karls des Großen in Frankreich. Dort werden aufgezählt: 2 Äxte, 2 Spaten, 2 Bohrer, 1 Hacke, 1 Hobel. Schluß!« [Oxenstierna 1979, 58]

Daß trotzdem immer wieder diese beiden Inventarlisten herangezogen werden, beweist doppeltes: Wie verzweifelt wenige schriftliche Quellen wir zur wirtschaftlichen Situation der Karolingerzeit besitzen und *wie extrem selten archäologische Eisenfunde aus dieser Zeit sind*. Gäbe es reale Eisenfunde, würden sie selbstredend *gegen* die Annalen vorgebracht. Der Eisenmangel gibt uns aber durchaus eine gewisse Datierungsmöglichkeit. Erst im 12. Jahrhundert läßt sich eine »zunehmende Verwendung von Eisen im gesamten Werkzeug- und Fuhrpark der Bauern« beobachten [Bois 1993, 123].

Gerade Fälscher aus dieser Zeit würden darauf achten, daß

›ihre Karolinger‹ möglichst wenig Eisen besäßen, um sich deutlich von ihnen abzuheben. Dagegen hätten frühere Fälscher fehlendes Eisen nicht hervorgehoben, da der Mangel ein selbstverständlicher gewesen wäre; spätere Fälscher hätten wiederum leicht übersehen, daß Eisen nicht schon immer verfügbar war [vgl. L. Wamser in Illig 1998, 124 f.].

Bei jedem Nachbesserungsversuch zerreißt der Karolingerforschung ihr so mühsam zusammengeknotetes Indiziennetz an anderer Stelle. So passiert es auch beim Eisenmangel. Eine der beliebtesten Ausflüchte ist die Behauptung, im Karlsreich sei alles Eisen dem Heer zugeführt worden: »Man investierte in Schwerter, nicht in Pflugscharen« [Kalckhoff 1990, 97].

Wir haben bereits von der *eisenstarrenden Truppe* gehört, der laut Notker ein ebenso eiserner Karl voranritt [Notker, 17; Dhondt 1968, 62; Kalckhoff 1990, 96]. Seine eigene Panzerung war so vollkommen, daß die Normannen darauf verzichteten, auch nur ein Schwert gegen ihn zu schwingen [Notker, 14], und die Kapitularien sprechen wiederholt von Exportverboten für Panzerhemden [Dhondt 1968, 63] – doch leider: *Diese eisernen Franken sind archäologisch nicht nachweisbar!* Die Forschung hat daraus einen Schluß gezogen, der den Erforschern der Karolingerzeit verheimlicht worden sein muß: Erst »um die Jahrtausendwende vollzog sich der Übergang zu Rüstungen, die aus dem Panzer- oder Kettenhemd und Eisenteilen zusammengesetzt waren« [Cardini 1995, 129]. Die Suche nach den karlszeitlichen Panzerreitern kann also abgebrochen werden.

Das gilt insbesondere für ihre *Eisenwaffen*, für die berühmten fränkischen Schwerter. Sie sollen laut Notker [Wies 1986, 188] so begehrt gewesen sein, daß Karl ein Exportverbot erließ [Pitz 1991, 128]. Hier gibt es sogar veritable Funde. Allerdings finden sich die pseudodamaszierten Schwerter, also Nachempfindungen echter Damaszenerklingen, auf dem Reichsgebiet vorrangig in Merowinger-, nicht in Karolingergräbern; außerhalb des Reiches wurden sie nachkarolingisch bis ins 11. Jahrhundert ins Grab mitgegeben – eine klare, unausräumbare Asynchronizität [Lombard 1992, 95, 184]. Sind hier spätere und frühere Berichte untermengt worden, nach denen schon

Theoderich vielbewunderte Schwerter aus Thüringen bezog? [Braunfels 1991, 17 f.]

War also Karls allerchristlichstes Franken ein brutal-eiserner Militärstaat, der ausschließlich Krieg vorm blutunterlaufenen Auge hatte, während die Quellen den »liebevollen«, nicht den »schrecklichen« Karl hervorheben [Kalckhoff 1990, 109, 107]? Nur en passant: Indem Karl anordnete, jeweils mehrere Freie hätten einen berittenen Krieger, einen Ritter auszurüsten, erwarb er sich den Ruhm, neben Gerichts- und Münzreform auch eine wesentliche *Heeresreform* durchgeführt zu haben [Fleckenstein 1990 a, 76]. Allerdings ist bis heute unklar (s. S. 114), ob darunter die Einführung schwerer Reiterei zu verstehen sei, die allein als Reform bezeichnet werden könnte.

Einzig sein mißratenes *Flottenprogramm* [Fried 1991, 31] beeindruckte die Nachwelt nicht, allenfalls Wilhelm II., der jedoch gleichfalls Schiffbruch erlitt.

»Zur selben Zeit, da die fränkische Schwertschmiedekunst in aller Welt berühmt war, plagten sich die Bauern mit kümmerlichen Holzhacken und Hakenpflügen ab« [Kalckhoff 1990, 97]. Ein Land ohne Landwirtschaft kann kein Heer ernähren. Wenn schon der reisende Hof nicht lang an einem Platz verköstigt werden konnte, wie dann das Heer, das häufig genug durchs eigene Land zog? In diesen Fällen versagt auch das Gegenargument, Verpflegung wie Besoldung der Soldaten seien aus der Kriegsbeute bestritten worden. Es versagt auch in einem verwüsteten Land wie Sachsen, das alljährlich gebrandschatzt wird, und es versagt um so sicherer bei Winterfeldzügen. Wohl nicht zuletzt aus diesen Gründen ist die Mehrheit der Mediävisten geneigt, »die ›technologische Revolution‹ des Mittelalters und den gleichzeitigen jähen Beginn des Agrarwachstums auf einen früheren Zeitpunkt, das heißt auf das 9. und 10. Jh. (oder sogar noch früher), zu verschieben. [...] Heute scheint an der Feststellung eines frühzeitigen Agrarwachstums, hauptsächlich während der Karolingerzeit, niemand mehr zu zweifeln« [Bois 1993, 123 f.].

Diese älter gemachte technologische Revolution, der sich derzeit offenbar nur Robert Fossier [1989] entgegenstemmt, umfaßt Fortschritte wie die Wassermühle, den Eisenpflug, die Verwendung des Pferdes als Zugtier, neue Arten des Aufzäumens und die Dreifelderwirtschaft [Bois 1993, 123 f.]. All diese Erfindungen werden ohne jeden ›griffigen‹ Beweis älter gemacht, um der leeren Karolingerzeit etwas Leben einzuhauchen und sie halbwegs sinnvoll zwischen Spätantike und späterem Mittelalter unterzubringen [White 1968, 66 f.]. Für die Dreifelderwirtschaft hat das H.-U. Niemitz [1991 b] nachvollzogen. Daß sie dadurch ihren Ruf als »Phase der Erschlaffung« verliert [Bois 1993, 139], wird positiv gewertet. Gleich darauf muß diese positive Entwicklung ganz der karolingischen, *kaum greifbaren Kleindomäne* zugeschrieben werden, weil heute niemand mehr die Ineffizienz der »karolingischen Großdomäne« bestreite [Bois 1993, 156], die schließlich den Weg von der Spätantike zur Welt des Feudalismus »für eine kurze Dauer« gebremst habe [Bois 1993, 157].

Ein hoffnungsloses Land

Die Schilderer der Karolingerzeit müssen »an das fränkische Wunder« glauben [R. Fossier laut Bois 1993, 159], anders kann sich dieser karolingisch-fränkische Wirtschaftsraum und dieses Wirtschaftssystem nicht auf den Beinen halten. Dabei stammen die bisherigen Zitate fast durchweg aus Karl wohlgesonnenen Quellen. Wenn wir dagegen einen europäischen Verfasser zu Wort kommen lassen, dem die islamische Welt näher steht, dann hören wir ein ebenso klares wie vernichtendes Urteil:

»Im barbarischen Abendland, dessen *Geldumlauf*, wie wir sahen, *praktisch Null* ist, werden durch die Isolierung, dadurch, daß das *Handelsnetz förmlich verfault* und sich in einzelne Stücke auflöst, und auch dadurch, daß die bäuerliche Leibeigenschaft die städtische Sklaverei ablöst, die *Formen des städtischen Lebens ausgelöscht*. Die antike *Stadt verschwindet* unter den Erschütterungen von Wirtschaftskrisen, Völkerwanderungen und Raubzügen. Was bleibt, ist nur noch ein enges ›Castrum‹, zur Verteidigung und als Zufluchtsort bestimmt. Es ist die Zeit des

Triumphs der großen Ländereien und der Agrarwirtschaft. *Barbarisierung und Verbauerung* unterwerfen sich mehr oder minder den ganzen Okzident« [Lombard 1992, 130].

Wir sind endgültig am Scheideweg. Karl der Große, der Vater Europas und Wandler der Welt, ist viel zu groß und zu prächtig für ein Reich, dessen Handel und Wandel bei Null anzusetzen sind! Wer auch nur matten Glanz seiner Glorie retten will, braucht dringendst ein wirtschaftlich-materielles Substrat. Ohne dieses verliert Karl zwangsläufig und irreversibel seine reale, geschichtliche Existenz.

Eingangs hörten wir davon, daß Karl wie ein Blitzstrahl zwischen zwei Finsternissen wirkte. Nachdem sich der Blitz als Irrlicht herausgestellt hat, kann man getrost die beiden Finsternisse zu einer zusammenfassen, sie in ihrer Ausdehnung drastisch stutzen und das ›Glühwürmchen‹ Karl streichen. Es bleibt dann im Westen die merowingische Expansion im 6. Jahrhundert, der die östliche Blütezeit unter Iustinian I. gegenübersteht. Die Selbstzerfleischung der Merowingerkönige führt aber nun ebensowenig in ein dunkles Chaos wie die Thronusurpierung durch Phokas im Byzanz von 602. Statt dessen fügt sich im Westen wie im Osten der mähliche Aufschwung des 10. Jahrhunderts an. Nach dem endgültigen Sieg über die Steppenvölker (955) belebt er sich, um ab 1000 eine grandiose neue Kultur herauszubilden: Spenglers »faustische Seele des Abendlandes« blüht auf [Spengler 1963, 237 f.; vgl. Illig 1991 e, 79].

Wem verdanken wir dann jene wenigen Zeugnisse karolingischer Kunst und Kultur, die unsere bisherigen Kontrollen unbeschadet überstanden haben? Die Antwort ist einfach: Bekannterweise ist es ausschließliches Verdienst der *Ottonen*, daß die damals bereits abgestorbene »karolingische Renaissance« erneut entfacht wurde und sich jetzt und wirklich erst jetzt ab vielleicht 960 über Europa ausbreiten konnte. Damit schließen wir eine Alternative aus, die im Prinzip auch möglich wäre: die Rückführung karolingischer Kultur in spätrömische Zeit. Doch gegen diese Vermengung sprechen die zum Teil meterhohen Schichten zwischen Römerzeit und hohem Mittelalter, wie sie etwa auf dem Marsfeld in Rom oder auf Assisis Hauptplatz oder bei Ausgrabungen in den Altstädten von Köln und Frankfurt zu bestaunen sind. Auch die Tatsache, daß Karls Bau zu Aachen streng geostet ist und damit um 38° [Braunfels 1991, 97] oder »um nahezu 45°« [Weisweiler 1981, 26] von der Ausrichtung der dortigen Römerstraße abweicht, weist darauf hin, daß gerade nach Stadtzerstörungen römische Stadtstraßennetze durch anders geführte ›germanische‹ überlagert worden sind. Insofern müssen auch Anatolij Fomenkos Identitätssetzungen von karolingischen und hochmittelalterlichen Zeiten samt ihren Potentaten zurückgewiesen werden [Fomenko 1994]. Seine Chronologieverkürzung mittels statistischer Methoden erbringt (noch) keine stichhaltigen Ergebnisse.

Diese zunächst nur behauptete Gleichsetzung zwischen karolingischer und ottonischer Renaissance braucht Beweise. Als erstes werden uns die karlseigenen Kleinodien beschäftigen. Danach werden Beweise allgemeiner Natur vorgelegt, um schließlich ins Zentrum vorzustoßen. Es wird um das zentrale Baudenkmal jener Zeit gehen, um die Aachener Pfalzkapelle, die wir im Detail untersuchen werden, weiter um die Buchmalerei, jene schönste Schöpfung karolingischer Kunst, und um die vielleicht mächtigste Abtei der Karolinger, um Saint-Denis (heute in Paris).

Teil III
KARLS ›ANTIZIPIERENDE‹ KUNST

Der große Abschnitt über die Künste unter Karl bringt uns zu einem Gebiet, auf dem kein ausgesprochener Mangel zu herrschen scheint. Die Kunsthistoriker weisen der Karlszeit Bauten, Preziosen, Buchmalereien, Elfenbeinschnitzereien und manches andere zu. Zwar wird immer wieder beklagt, daß sich aus den damaligen Werkstätten so wenig erhalten hat, aber noch niemand ist auf die Idee gekommen, die Karlszeit als fiktiv einzustufen. Wir werden also auch hier Neuland betreten.

Karls Schätze

Es gab einmal – aus Anlaß der Kaiserkrönung – die üppigen Schenkungen an vier römische Hauptkirchen. Ihre Schilderung im »Liber Pontificalis« bezeugt einmal mehr die sorgsame Vorbereitung der Krönung und Karls Reichtum. Doch von all den *silbernen Tischen, edelsteingeschmückten Goldkronen, Kelchen, Patenen, Kreuzen, Tragziborien und Evangelienbüchern* hat sich fast nichts erhalten [Heer 1977, 224].

»Von den zahlreichen kostbaren *Kreuzen*, die Karl nachweislich für Kirchen in vielen Teilen des Reiches gestiftet hat« [Braunfels 1991, 143], ist leider ebenfalls keines mehr nachweisbar. Dasselbe gilt für die »sicher zahlreich vorhandenen *Goldeinbände* der Hofkapelle« und für die von Karl gestifteten *Altäre* mit Goldverkleidung [Braunfels 1991, 143 f.]. Was kann dann überhaupt von Karls Besitz und damit von seiner realen Person zeugen? »Abgesehen von den liturgischen Büchern, einigen Texten der Bibliotheken, den Elfenbeinen und Bronzen, von denen gesprochen wurde, sind es *verschwindend wenig Gegenstände, die aus Karls Schatz erhalten blieben*« [Braunfels 1991, 142].

Die *Reichskrone* zeugt nicht mehr für ihn. Ihre Datierung ist schon seit geraumer Zeit von Karl in die ottonische Zeit, zur Kaiserkrönung Ottos I. (962), gewandert. Seitdem werden weitere Verjüngungen versucht. Hermann Fillitz plädiert für die Zeit um 980 [Brandt 1993, 70]. Eine weitere Partei datiert nicht nur den Bügel, sondern den gesamten Reif in die Zeit Konrads II. (1024-1039), womit die Krone als salische, als die persönliche Kaiserkrone von Konrad II. identifizierbar wäre [Preuss 1991; Waurick 1992, 243; Schulze-Dörlamm 1991]. Somit fehlen uns, seltsam genug, die Kaiserkrone(n) von Karl dem Großen und Otto dem Großen.

Die nach Karl benannten Kleinodien

Das in Aachen verwahrte *Büstenreliquiar von Karl dem Großen* ist zu Recht nie mit dessen Zeit verknüpft worden. Es soll zwar seine Hirnschale bergen, gilt jedoch als böhmische Arbeit nach 1349 [Weisweiler 1981, 153]. Im *Armreliquiar Karls des Großen* dokumentiert »sich zum ersten Mal der imperiale Anspruch Friedrichs I. unter Berufung auf Karl den Großen« [Haussherr 1977, I 398]. Die rhein-maasländische Arbeit wird heute auf spätestens 1165 datiert [Luckhart/Niehoff 1995, 55 f.] und mittlerweile in Paris aufbewahrt. Dagegen gehört ein anderes *Karlsreliquiar* noch heute zum Aachener Domschatz. Es enthält drei seiner Zähne und einen Armknochen, der in Wahrheit ein Beinknochen ist; das Reliquiar selbst stammt aus der Mitte des 14. Jahrhunderts [Schmitz 1986, 60].

Ein ganz merkwürdiges Reliquiar, das unter der Bezeichnung »*das A Karls des Großen*« bekannt ist, wird zu Conques in Saint-Foi verwahrt [Bullough 1966, 195, 201]. Gleich, ob man es »A« oder »Stechzirkel mit Goldreliefs« nennt – es gehört zu den ausgefallensten Reliquiarformen und stammt aus der Zeit um die Jahrtausendwende.

Beim *Escrain de Charlemagne* handelt es sich um ein längst

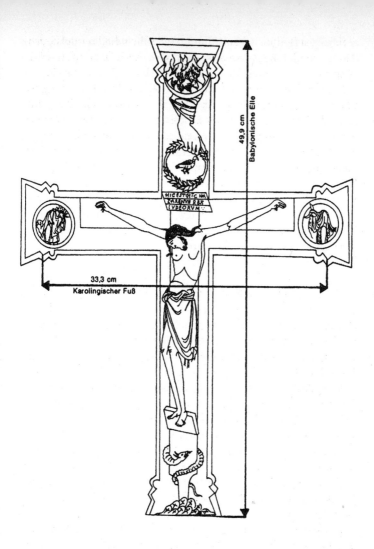

Abb. 21 Preziosen in Karls Umkreis II: Lotharkreuz, um 1000, in der Vermaßung von Hermann Weisweiler [Weisweiler 1981, 97]

zerstörtes Reliquiar, das mit ungewöhnlich vielen Edelsteinen, Perlen und Filigranarbeiten eine Kirchenfassade nachahmte, wie man einer alten Zeichnung entnehmen kann. Tatsächlich hat es Karl der Kahle der Abtei Saint-Denis gestiftet [Braunfels 1991, 143], sofern man Abt Suger hier vertraut (zu seiner Glaubwürdigkeit s. S. 349). Erst im 16. Jahrhundert erhielt das Stück die Bezeichnung »escrain Karls des Großen« [Brandt 1993, 295]. Die Kunstgeschichte weist die allein erhaltene Bekrönung mit einer römischen Gemme und karolingischer Fassung der Zeit zwischen 875 und 900 zu [Hubert 1969, 363].

Den *Talisman Karls des Großen*, ein Brustreliquiar für Haare der Mutter Gottes, soll dem toten Kaiser 1165 bei Öffnung des Grabes abgenommen worden sein. Wolfgang Braunfels läßt dies so gelten [Braunfels 1991, 143], während die Kunsthistoriker für die zweite Hälfte des 9. Jahrhunderts plädieren [Hubert 1969, 358].

Karl hat – so eine Hildesheimer Überlieferung – bei der Sachsenbekehrung *ein metergroßes Kreuz* getragen, das erhalten ist und gewissermaßen als Karlsreliquie gilt. Für den Kunsthistoriker gehört es allerdings in die salische Zeit um 1060/80 [Waurick 1992, 382].

Das *Brustkreuz Karls des Großen* soll Otto III. vom Hals des Toten genommen haben. In Wahrheit ist es eine maasländische Arbeit des 11. oder 12. Jahrhunderts [Schmitz 1986, 15].

Das oberbayerische Kloster Andechs ist stolz auf das *Siegeskreuz Karls des Großen*. Der Legende nach bekam er es von einem Engel und übergab es seinem Sohn Pippin als ›Schutzschild‹ im Kampf gegen die Ungläubigen. Tatsächlich handelt es sich um eine schwäbische Arbeit aus der Mitte des 12. Jahrhunderts [Bushart 1973, 120], die zu den 1388 »zufällig aufgefundenen Reliquien« und damit zu einem miesen, aber ertragreichen Schmierenstück gehörte [Ohorn 1992; Illig 1993 d].

Das *Lotharkreuz* in der Aachener Schatzkammer, benannt nach Karls Enkel (840 – 855) oder nach Lothar II. von Lotharingen (855 – 869) [Steinen 1967, 364], geht nicht auf die Karolingerzeit oder gar, wie einst vermutet, auf Karl den Großen selbst zurück. Heute gilt es als Kunstwerk aus der Zeit Ottos III., muß

Abb. 22 Preziosen in Karls Umkreis III: Reliquiar Karls des Großen (Aachen), 1370 / Büstenreliquiar Karls des Großen (Aachen), 14. Jh. / Escrain de Charlemagne, Aquarell (Paris) des zerstörten Werks, 900 [Christe 1988, 2x 484; Messerer 1973, Abb. 43]

also um die Jahrtausendwende gefertigt worden sein. Gleichwohl weist es Maßverhältnisse wie die Aachener Pfalzkapelle auf, beruht auf dem karolingischen Fuß [Weisweiler 1981, 92 f., 97] und steht in karolingischer Tradition [Brandt 1993, 387 f.].

Das Krönungsschwert der Könige von Frankreich wird als *Schwert Karl des Großen* bezeichnet. Sein ältester Bestandteil stammt wahrscheinlich aus dem Beginn des 11. Jahrhunderts, das Schwert selbst aus der zweiten Hälfte des 12. Jahrhunderts [Taralon 1973, 267; Gamber 1977, 115]. Allerdings ist die Feindatierung noch komplizierter: »Dieses Schwert zeigt in einer *einmaligen Verbindung vorkarolingische Reminiszenzen*, die einer bereits romanischen Formgebung unterworfen sind [...]. Hier offenbart sich eine dem Französischen fremde Stilrichtung durch ihr Wesen und ihre Bindung an jene Elemente, die zur gleichen Zeit in der *ottonischen Goldschmiedekunst* die Kontinuität des Karolingischen bestätigen« [Taralon 1973, 325]. Erst nach Streichung überzähliger Jahrhunderte wird jene Kontinuität von merowingischer bis ottonischer Zeit nachvollziehbar, die dieses Schwert dokumentiert.

Die Wiener Schatzkammer birgt den *Säbel Karls des Großen*. Ihm hängt noch ein zweiter, ebenso legendärer Beiname an: *Säbel Attilas*, der immerhin auf die geographische Herkunft verweist. Es handelt sich um einen ungarischen Säbel des 9. Jahrhunderts [Taralon 1973, 350]. Nachdem die Ungarn 896 erst das Karpatenbecken, noch nicht die Pußta erreicht haben [Zeller 1993, 70; 1996], darf diese frühe Datierung bezweifelt werden.

Der Aachener Domschatz enthält das *Jagdmesser Karls des Großen*, das als angelsächsisch oder skandinavisch (8. - 10. Jahrhundert) bezeichnet wird, dessen Scheide hingegen zuverlässig als angelsächsisch (11. Jahrhundert) anzusprechen ist; außerdem das *Jagdhorn Karls des Großen*, eine unteritalienische Elfenbeinarbeit aus der Zeit um 1000 [Schmitz 1986, 13].

Der *Mantel Karls des Großen, la chape de Charlemagne*, den die Kathedrale von Metz verwahrt, stammt in Wahrheit aus der Zeit um 1200 und wahrscheinlich aus Sizilien [Haussherr 1977, I 616, II 566]. Die *Dalmatica Karls des Großen* wird in den Vatikanischen Museen verwahrt und stammt aus dem 14. Jahrhun-

Abb. 23 Preziosen in Karls Umkreis IV: Dalmatica Karls des Großen, 14. Jh. (Vatikan) / Elefantenstoff aus dem Karlsschrein, um 1000 (Aachen) [Christe 1988, 238, 240]

dert [Christe u. a. 1988, 240]; Meßgewänder dieser Art, von Bischöfen und Diakonen getragen, gehörten einst zu den Krönungsgewändern der römisch-deutschen Kaiser.

Im Aachener Domschatz ruht ein Grabtuch, das aus dem Karlsschrein stammt, der sogenannte *Hasenstoff*. Hier ist von niemandem bestritten worden, daß die islamische Seidendecke vor Schließung des Karlsschreins, also kurz vor 1215, gewebt worden ist [Haussherr 1977, I 619; II 569; Schmitz 1986, 43]. Älter, aber immer noch deutlich jünger als die Karlszeit, wird der *Elefantenstoff* eingeschätzt. Dieser byzantinische Seidenstoff, gleichfalls im Karlsschrein gefunden, gehört in die Zeit um 1000 [Baumgart 1961, 53] oder, als Teil von Theophanus Brautschatz, in die zweite Hälfte des 10. Jahrhunderts [Schmitz 1986, 23]. Als dritte altehrwürdige Textilie wird in der Aachener Schatzkammer der *Quadrigastoff* verwahrt. Die Seide mit der spätantiken Arenaszene gilt »als ältestes und bedeutendstes byzantinisches Figurengewebe« und als mögliches Geschenk an Karl. Im Gegensatz zu allen anderen Karlsschätzen findet dieser Stoff sein nächstes Pendant im 6. Jahrhundert in einem syrischen Stoff und wird deshalb zwischen dem 6. Jahrhundert und 800 (Karls Kaiserkrönung) datiert [Lepie/Minkenberg 1995, 13 f.]. Diese Seide wird dem spätantiken 6. Jahrhundert erhalten bleiben.

Halberstadt legte Wert darauf, nicht wie Magdeburg und Merseburg ›nur‹ von Otto I. gegründet zu sein, sondern von Karl dem Großen höchstselbst. Der aus diesem Grund für den Dom gewebte *Karlsteppich* mit seinem Bildnis stammt nicht aus der Karlszeit, sondern aus der ersten Hälfte des 13. Jahrhunderts [Luckhart/Niehoff 1995, 56 ff.].

Die sogenannte *Wasserkanne Karls des Großen* wird in der Abtei Saint-Maurice d'Agaune (Wallis) verwahrt. Ihr wird immerhin eine karolingische Fassung und – als absolute Rarität – ein awarisches Einsprengsel zugestanden, während die Emailarbeiten der ersten Hälfte des 11. Jahrhunderts zugewiesen werden [Christe et al. 1988, 84].

Karl der Große soll dem Sachsen Widukind bei seiner Taufe das *Wittekind-Reliquiar* geschenkt haben, das im Schloßmuseum Berlin verwahrt wird. Diese *Burse aus Enger* galt vielfach als zeitgenössisches Werk des 8. Jahrhunderts, wird heute aber der ersten Hälfte des 9. Jahrhunderts zugeschrieben. »Damit wäre schon aus chronologischen Gründen eine Verbindung der Engerer Burse mit Karl dem Großen oder Widukind hinfällig« [Fried 1994, 157]. Ihre Zeitstellung wird mittels Vergleichsstücken von ihrer anglo-karolingischen Ornamentik abgeleitet [Bierbrauer in Dannheimer/Dopsch 1988, 329 ff.]. Doch gerät sie damit in die unmittelbare Nähe von Tassilo-Kelch und -Leuchtern, für die ja schon gezeigt wurde, daß sie ihre Datierung ins 8. Jahrhundert verlieren und ins frühe 11. Jahrhundert verbracht werden müssen. Ähnliches gilt für die *Stephansburse* der Wiener Schatzkammer, deren Datierung Wolfgang Braunfels mit einem »vielleicht« versehen hat [Braunfels 1991, 142].

Das *Wiener Krönungsevangeliar* ist angeblich im Jahre 1000 auf den Knien Karls des Großen gefunden worden, als Otto III. sein Grab öffnen ließ [Porcher 1969, 98]. Es wird erst im Zusammenhang mit den Buchmalereien ›entkarolingisiert‹.

Wir können das offizielle Wissen zusammenfassen: Von 22 Kleinodien – die drei späteren Karlsreliquiare seien nicht dazugerechnet, wohl aber die Reichskrone – gehen ganze fünf überhaupt bis ins 9. Jahrhundert zurück, zweifelsfrei auf Karl allenfalls das von uns noch ungeprüfte Evangeliar. Ein Karlskleinod stammt aus dem 10. Jahrhundert, neun der Schätze von der Jahrtausendwende und aus dem 11., zwei aus dem 12., drei aus dem 13. und eines aus dem 14. Jahrhundert, während das älteste dem 6. Jahrhundert und damit der spätantiken Zeit bleibt.

Plastiken:
Der doppelte Ursprung

Nach diesem ernüchternden Rundgang bleibt noch die berühmte *Reiterstatuette* aus dem Schatz der Metzer Kathedrale, die im Musée du Louvre verwahrt wird. Dieses bronzene Meisterwerk ist ebenso bekannt wie umstritten. So wird der Reiter als Karl der Große, als Karl der Kahle oder nur als Spätkarolinger angesprochen [Brockhaus, ›Karolingische Kunst‹; Hubert 1969, 355]. Das Pferd gilt teils als karolingisch, teils renaissancezeitlich [Legner 1972, I 12]; manchmal gelten sogar Roß *und* Reiter als Renaissancearbeit [Lill 1925, 11]. Gemäß einer jüngeren Karlsbiographie könnte das Pferd sogar aus dem Barock stammen [Kalckhoff 1990, 257], während es 1993 in der Ausstellung »Karl der Große und die Wissenschaft« in der Österreichischen Nationalbibliothek als antikes Werk bezeichnet wurde. Allerdings ist diese Einschätzung nicht in den Katalog [Irblich 1993] aufgenommen worden. So bleibt das Resümee gültig, das Percy Ernst Schramm schon 1928 abgegeben hat: »Wir müssen eingestehen, daß aller Scharfsinn vergeblich gewesen ist, um aus den Einzelheiten der Statuette einen sicheren Anhalt zu gewinnen. Gegen jedes der vorgebrachten Argumente erheben sich Bedenken« [Schramm 1973, 40].

Auf jeden Fall stände sie in der Kunst des 9. Jahrhunderts isoliert da [Schramm 1973, 56], denn diesem angeblichen Kaiserporträt folgt kein weiteres bis hin zum Cappenberger Porträtkopf von Friedrich I. Barbarossa. Dieser gilt als »die erste unabhängige Porträtdarstellung der abendländischen Kunst seit karolingischer Zeit« [Haussherr 1977, I 394], als *direkter Nachfolger nach langen 300 bis 360 Jahren Pause* (obwohl ein großer Porträtkopf nicht gerade direkt aus einer winzigen Reiterplastik ableitbar ist).

Überhaupt haben wir einen *doppelten Beginn für plastische Kunst in Mitteleuropa*. Der erste gehört zu Karl dem Großen, der ja mit seinem Sinn für Plastik angeblich auch das Standbild Theoderichs von Ravenna nach Aachen hat bringen lassen. Für diesen ersten Beginn zeugen die Reiterstatuette, ein Steinkopf aus Lorsch [Legner 1972, I 13], vielleicht Stuckfiguren aus Corvey (s. S. 202) und die umstrittene Karlsfigur in Müstair (in Sankt Johann im graubündischen Münster; s. S. 15). Sie ist insofern umstritten, als sie sowohl als zeitgenössisches, wenn auch provinzielles Porträt Karls gilt [Beutler 1964, 117], aber auch als Idealbildnis aus der Zeit um 900 [Braunfels 1991, 32]

Abb. 24 Reiterstatuette (Paris), Reiter wie Pferd vielfach datiert

oder als eine Arbeit des späten 12. Jahrhunderts [Kötzsche 1967; Loyn 1989, ›Charlemagne‹]. Für dieses 12. Jahrhundert spricht ganz entschieden, daß vor ihm kein kaiserlicher Vollbart zur Darstellung gekommen ist – es sei denn in Müstair [Braunfels 1965, 34]. Wie dieser Streit auch geschlichtet werden mag, Faktum bleibt: »Tatsächlich spielen diese [rundplastischen Kunstwerke] gar keine Rolle in der karolingischen und ottonischen Zeit« [Lill 1925, 12].

Die Schaffung von Skulpturen setzt um 1000 ein

Kurz vor oder um 1000 setzt dann der zweite, eigentliche Aufschwung der Freiplastik ein [Lill 1925, 15], dem die erste Bauplastik folgt [Binding 1991, 297].

Die Entwicklung der *Holzplastik* könnte mit einem ›Startdatum‹ um 970 korrekt bestimmt sein. Ob allerdings ihr erster Vertreter, das gewaltige Kölner Gero-Kreuz, aus dieser frühen Zeit stammt, darf bezweifelt werden. Es bezieht seine Datierung von Erzbischof Gero († 976), der als sein Auftraggeber gilt [Bodsch 1991, 118]. Wohl nicht zu Unrecht ist es durch Günther Binding in die Zeit um 1000 gerückt [Euw 1991 b, 191], von anderen sogar um bis zu 200 Jahre jünger datiert worden [Holländer 1991, 164]. Mit größerer Wahrscheinlichkeit sind die Goldene Madonna der Essener Münsterkirche [Pörtner 1967, 160] und das Ringelheimer Kruzifix, beide der Zeit um 1000 zugewiesen, die ersten hölzernen Großplastiken. Bei der Präsentation dieses Kreuzes wurde klargestellt, daß es keine karolingische Plastik gegeben hat: »Der Ringelheimer Kruzifix[us] gehört, soweit wir wissen, zu den ältesten Großplastiken, die *nach Jahrhunderten plastischer Abstinenz*, die auf das Ende der antiken Skulptur gefolgt waren, im frühen Mittelalter wieder geschaffen worden sind« [Brandt 1993, 500].

Im Gegensatz zum Gero-Kreuz kann eine elfenbeinerne Bischofsstabkrümme von »vor 989« als eines »der wenigen sicher datierbaren Zeugnisse für die Skulptur des 10. Jahrhunderts« gelten [Brandt 1993, 304]. Für Groß- wie Kleinplastik stehen dann insbesondere Bernwards Kunstwerke, die allesamt

Abb. 25 Frühe Plastik: Türsturz von Saint-Genis-des-Fontaines, 1020 / Detail des langobardischen Ratchis-Altar, 760 (Cividale) / Bronzefigur in Hoch- wie Flachrelief der Bernwardstür, 1015 (Hildesheim) / Kapitell aus Orléans, Saint-Aignan, vor 1029 [Christe 1988, 332; Bullough 1966, 34; Koch 1990, 398; Christe 1988, 334]

aus seiner Bischofszeit in Hildesheim (993-1022) stammen dürften: aus *Bronze* die Domtüren und die Bernwardsäule, aus *Silber* Bernwardkreuz und -leuchter, aus *Stein* die Kapitelle aus der Damenstiftskirche in Quedlinburg, aus *Elfenbein* Bernwardstab und die Krümme des Abtes Erkanbald, aus *Holz* das Ringelheimer Kruzifix und die Große Goldene Madonna [Brandt 1993, passim]. Hier kann erlebt werden, wie die abendländische Plastik über ihre byzantinischen Vorbilder hinauswächst.

Steinerne Skulptur beginnt für die Mehrzahl der Forscher um das Jahr 1000 [Sauerländer 1972, 44]. Für Deutschland gehören die Figurenfragmente von St. Pantaleon in Köln zu den allerfrühesten Beispielen; sie werden genauso dem Ende des 10. Jahrhunderts zugewiesen [Brandt 1993, 223] wie die Skulpturen des ersten Heribert-Baus in Köln-Deutz [Binding 1991, 297]. In Frankreich sieht man die ältesten Reliefs bei 1020 [Grodecki 1973, 64]. Diese Einschätzung leitet sich von einem reliefierten Portalsturz in Saint-Genis-des-Fontaines her, dessen Inschrift in die Jahre 1019-1021 verweist [Rupprecht 1984, 77; Pichard 1966, 125]. An ihm wird die uns hier beschäftigende Problematik überdeutlich.

Zunächst stammt dieser Türsturz aus einer Gruppe von 20 vergleichbaren Stücken ostpyrenäischer Kunst südlich und nördlich des Hauptkammes, bildet also keineswegs ein isoliertes Werk [Rupprecht 1984, 77]. Seine Kerbschnittornamentik ist in ihrem ›Primitivismus‹ zu Recht als »*vorkarolingisch*« bezeichnet, allerdings keineswegs so datiert worden [Schapiro 1963, 61]. Auf der Suche nach vergleichbar ›primitiven‹ Köpfen wird man in Cividale fündig, also in der ersten Langobardenresidenz auf italienischem Boden. Der dortige Ratchis-Altar wird gleichfalls vorkarolingisch eingeschätzt, wegen des eingemeißelten Herzognamens aber in die Zeit von 737-744 datiert [Tagliaferri 1992, 60]. Damit stehen wir vor überaus ähnlichen Kunstwerken, zwischen denen nicht nur ein Zeitraum von 280 Jahren liegen soll, sondern die gesamte, wesentlich reifere karolingische Kunst.

Unter Berücksichtigung dieser Beobachtungen lassen sich die bisherigen Widersprüche auflösen und in meine Generalthese einfügen: Die sogenannte vorkarolingische Kunst des 8. Jahrhunderts ist in Wahrheit eine häufig eher provinzielle Kunst aus der Zeit des 10. und frühen 11. Jahrhunderts; erlesene Arbeiten wie die Stuckfiguren Cividales könnten vom 8. sogar bis ins 12. Jahrhundert aufrücken [hierzu vgl. Illig 1993 a]. Sie könnte aber weiterhin zum Teil als vorkarolingisch bezeichnet werden, weil auch die karolingische Kunst verjüngt wird: Sie bezeichnet in Wahrheit die höfische Kunst der Zeit um 1000!

Ergänzend und abschließend können drei Elfenbeintafeln aus Frankfurt (Sanctusgesang), Wien und Cambridge (Meßintroitus) betrachtet werden. Obwohl ihre stilistische Auffassung so markant ist, daß man sie ein und demselben Schnitzer zuschreibt, ist ihre zeitliche Fixierung mühselig. »Auch in der neueren Literatur schwankt die Datierung: um 875 oder gegen Ende des 10. Jahrhunderts« [Fried 1994, 159].

Nichts anderes kann erwartet werden, wenn ein Kunststrang in zwei Teilstränge aufgedröselt wird, die dann nacheinander angeordnet werden. Mit dieser Umdatierung wird erstmals klar, daß die Ostpyrenäenplastik keineswegs auf ›uralte‹ Vorbilder zurückgegriffen hat, die noch vor der damals fast 100 Jahre toten karolingischen Kunst entstanden wären. Diese ›Vorbilder‹ gehören in dieselbe Zeit wie die ostpyrenäischen ›Nachahmungen‹.

Überaus engen stilistischen Ähnlichkeiten begegnen wir auch bei der reinen *Bauskulptur*. Deutlich treten sie bei den Comasken hervor, jenen Langobarden, die früh plastisch schufen und nicht zuletzt als Bauleute am Dom zu Speyer beteiligt waren. In Oberitalien sind karolingische und romanische Kapitelle praktisch nicht zu unterscheiden [vgl. Zastrow 1981, passim; Pippke/Pallhuber 1989, 40, 113, 136, 296]. Deshalb braucht comaskische Kunst nicht mehr für karolingisch-langobardische Zeiten stehen, sondern repräsentiert eindeutig lombardisches Schaffen des 10. und 11. Jahrhunderts.

Ganz ähnliches gilt in französischen Regionen: »Die Kapitelle [von Saint-Romain-le-Puy, frühes 11. Jahrhundert] mit ihrer zarten Ornamentik aus Voluten, Rosetten und Flechtwerk erinnern an karolingische Schmuckmotive und sehen ihnen zum Teil *zum Verwechseln ähnlich*: ein Kapitell in der südlichen

Apside *stimmt völlig* mit einem Kapitel von Aliate in der Lombardei *überein*, einer Kirche, die spätestens 880 datiert wird« [Aubert 1973, 525].

Muß die älteste Plastik noch älter werden?

Ganz im Gegensatz zu meinem ›verjüngenden‹ Datierungsvorschlag zeigten sich bislang nur Bestrebungen, den zweiten Anfang der Plastik mit dem ersten zusammen- und in die karolingische Epoche zurückzuverlegen. Einen massiven Anstoß dafür hat Christian Beutler gegeben, den beim Registrieren deutscher Plastik des 11. Jahrhunderts Zweifel ankamen, weil einige der einschlägigen Werke »aus vielerlei anderen Gründen – historischer, baugeschichtlicher, ikonographischer oder sonstiger Art – sich viel sinnvoller im 9. Jahrhundert entstanden denken ließen als in der ottonischen oder nachottonischen Zeit« [Beutler 1964, 9].

Jean Taralon hat dann Beutler in diesen Umdatierungen bestätigt [Taralon 1973, 359], woraufhin dieser sogar einen Kruzifixus aus dem 13. ins 6. Jahrhundert verbracht und als den allerältesten bezeichnet hat [Beutler 1991]. Seine Beweisführung kann dieses Kreuz aber nicht aus seinen mittelalterlichen Bezügen lösen, sondern nur klarstellen, daß die angeblich so fern liegende Spätantike über eine zum Verwechseln ähnliche Formensprache verfügt hat [vgl. Illig 1992 c].

Noch jünger (1995) ist Beutlers Versuch, den »Udenheimer Kruzifixus« vom 12. ins 8. Jahrhundert zurückzudatieren. Der Streit darum erbrachte als vorläufigen Kompromiß die Mitte des 11. Jahrhunderts [Illig 1996 b].

Ähnlich ist im karolingischen Westwerk von Corvey ein Indiziennachweis geführt worden, demzufolge auf den Pfeilern einst vier Großplastiken aus Stuck standen [Schümer 1992]. Das würde sogar die Anfänge großformatiger Plastik zwingend im 9. Jahrhundert ansiedeln.

Ich selbst teile die Idee Beutlers, »daß unser überliefertes Geschichtsbild vom Beginn der mittelalterlichen Plastik nicht stimmt« [Beutler 1964, 9], schlage aber entschieden vor, alle

Abb. 26 Aachener Pfalzkapelle: Blick vom Karlsthron in der Rekonstruktion von Felix Kreusch [Bullough 1966, 153], Karlsthron s. S. 209 und Abb. 30

Plastiken des angeblichen 9. Jahrhunderts der Zeit nach 970 zuzurechnen! In Corvey sind erst gegen 1150 Umbauten erfolgt, so daß mehr als ein Jahrhundert Zeit für diese Stuckarbeiten war. Die Blütezeit großformatiger Stuckplastik liegt in Deutschland ohnehin in dieser Zeit [vgl. Illig 1993 a].

Meine These stiftet bezüglich der Plastik doppelt Sinn. Zum einen bleibt der angebliche Aufschwung der Plastik noch bis 1050, ja bis 1100 sehr zögerlich [Legner 1972, I 12, 15]; von einem »karolingischen Impuls« ist hier so wenig wie in anderen Kunstgattungen zu verspüren. Zum anderen wird durch die Eliminierung rund dreier Jahrhunderte der Kontakt zwischen vorromanischer und antiker Kunst ein viel engerer, ist doch ein Kunstwerk der Jahrtausendwende nicht mehr 524 Jahre, sondern nur noch ca. 224 Jahre vom ›Untergang Roms‹ entfernt; statt über ein halbes Jahrtausend hinweg müssen nur noch vergleichsweise wenige Künstlergenerationen den Kontakt zwischen ›alt‹ und ›modern‹ halten. Werke, die bislang innerhalb der fraglichen drei Jahrhunderte gesehen wurden, rücken sowohl näher an die Antike als auch näher an die Romanik heran. Beispielsweise käme ein Kapitell von 820 gemäß bisheriger Rechnung 344 Jahre nach Roms Untergang und 200 Jahre vor dem Beginn der Bauplastik; nach einer Umdatierung auf 1023 gehört es zum Beginn eben dieser Bauplastik und ist gleichwohl nur noch 250 Jahre von der Antike entfernt [vgl. Siepe 1998, 66].

Schlußendlich sei auch noch der *Kaiserthron* im Aachener Münster erwähnt, vor dem selbst Napoleon ins Sinnieren gekommen sein soll. Friedrich Heer spannt den ganzen Bogen: »Wer vor den Steinthron Karls des Großen im Dom zu Aachen tritt, vor diesen Königsstuhl, tritt vor ein repräsentatives Monument jenes ›karolingischen‹ Europas, das in wesentlichen Strukturen für über ein Jahrtausend, bis 1945, damals begründet wurde« [Dümmler 1976, 33].

Und Theodor Haecker war noch beeindruckter von diesem »schauererregendsten, inhaltsvollsten Nationaldenkmal der Deutschen« [Grimme 1986, 5], nicht ahnend, daß heute nicht mehr von einem karolingischen Thron gesprochen werden kann, denn er ist »in der heutigen Form freilich erst zur Krönung Ottos des Großen 936 hergerichtet« worden [Schütz 1989, 21; dito Keller 1977, 31].

Diese Aussage leitet sich auch von den Brettern im Karlsthron her, die laut dendrochronologischer Analyse aus Bäumen gesägt wurden, die um 935 gefällt worden sind. Heutige Besucher sehen aber nur die 1000 Jahre jüngere Thronrekonstruktion von 1936. Die Fragen nach Originalplatz und -zustand ließen einen Aachener Professor sogar einen mächtigen, zwölf Stufen hohen Thron entwerfen, unter dem Kaiser Karl in aufrechter Sitzhaltung seiner Umbettung in den Karlsschrein entgegengesehen hätte [Hausmann 1994, 105 bis 124].

Im Bewußtsein dieser skeptischen Einsichten wenden wir uns nun Karls Bauten und besonders seinem Hauptbau in Aachen zu.

Bauherr und Bauvolumen

Der Bauherr Karl ist aus zwei Gründen rätselhaft. Von seinen Leistungen ist allzu wenig erhalten geblieben, was ihm jedoch nicht zur Last gelegt werden kann. Rätselhafter ist, warum dieses Allzuwenige derartig progressiv war, daß es ohne weiteres zwei bis drei Jahrhunderte jünger sein könnte. Dabei hat Karl weniger die Architektur als die Wissenschaften gefördert, doch ging »der Aufstieg der Architektur dem der Wissenschaften voraus« [Hubert 1969, ix].

Ein Bauherr der Extraklasse

Karl der Große und die beiden nachfolgenden Kaiser Ludwig I. und Lothar I. haben angeblich ununterbrochen bauen lassen. Die Statistik nennt 544 Großbauten für ihre Regierungszeit (768-855): 27 Kathedralen, 100 Königspfalzen und 417 Klöster. Allein unter dem 44 Jahre Krieg führenden Karl entstanden 16 Kathedralen, 65 Königspfalzen und 232 Klöster, also gemäß Albrecht Mann 313 Großbauten [Mann 1967, 320 ff.]. Pierre Riché kennt aus der Karlszeit sogar »einige hundert

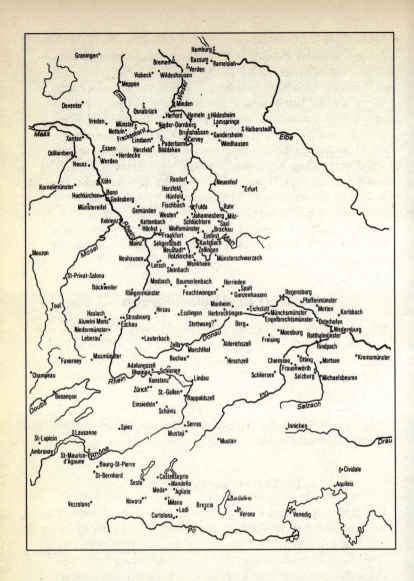

Abb. 27 Karolingische Großbauten (768-850) im Osten und Süden [Koch 1990, 73]; fast alle in dieser Zeit fertiggestellt, nur in minimaler Anzahl erhalten.

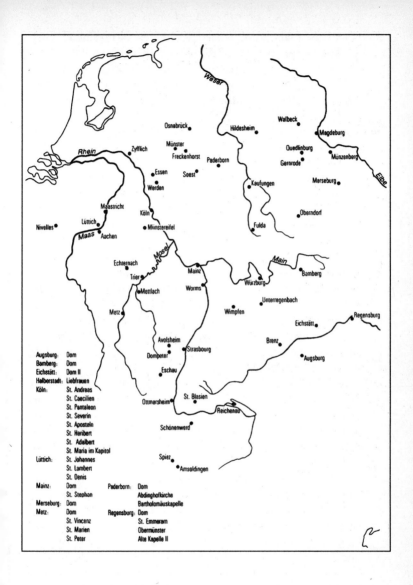

Abb. 28 Ottonische Großbauten (919-1024); ihre sehr viel geringere Anzahl wurde zum Teil erst in späterer Zeit fertiggestellt [Koch 1990, 81]

königliche Pfalzen und *villae*« [Riché 1991, 171; seine Hvhg.], Iris Zilkens spricht von 250 Residenzen [Klugmann 1983, 88].

Manns Gesamtstatistik für die ›mageren Zeiten‹ zwischen 476 und 855 besagt, »daß wir im ganzen von 1695 ›Großbauten‹ wissen, 312 Kathedralen, 1254 Klöstern, 129 Königspfalzen [...]. Von allen diesen Bauten hat man nur 215 archäologisch untersucht, *nur von einem Bruchteil von diesen sind Reste erhalten.* Die Werke, die ganz oder doch in wesentlichen Teilen noch stehen, lassen sich *fast an den zehn Fingern aufzählen,* und mit Ausnahme der kleinen Marienkapelle auf dem Würzburger Schloßberg ist keines darunter, das noch frühkarolingischer Zeit angehört. Aus dem 8. Jahrhundert mit Ausnahme des letzten Jahrzehnts besitzen wir so gut wie nichts« [Braunfels 1991, 58].

Dieser Befund wirkt noch erschreckender, wenn man erfährt, daß die *Würzburger Kapelle* inzwischen die Karolingerzeit verlassen und um 250 Jahre verjüngt werden mußte. »Die *erst im frühen 11. Jahrhundert errichtete Rundkirche* der Burg führt offensichtlich die Tradition der frühen Marienkirche fort, die bisher archäologisch nicht nachgewiesen werden konnte und auch zu Füßen des Berges in der Talsiedlung gestanden haben könnte« [Erichsen 1989, 27].

Auf der Gegenseite, sprich durch neue Ausgrabungen, ist diese Aufstellung in den letzten 27 Jahren kaum länger geworden. 1974 klagte Carlrichard Brühl, von spätrömischen ›praetoria‹ und der Einsicht herkommend, daß die Stadtpfalzen wie die ›praetoria‹ zuverlässig von den Zentren moderner Städte bedeckt sind:

»*Aber der archäologische Befund für das frühe Mittelalter ist eher noch schlechter, soweit hier ein Komparativ überhaupt möglich ist.* Dies gilt übrigens für städtische wie für ländliche Pfalzen gleichermassen. Wo sich einst die großen fränkischen Pfalzen von Compiègne und Quierzy, von Ver und Verberie, von Attigny und Servais erhoben, befinden sich heute nur noch Äcker und Wiesen, und wie steht es in Italien um Corteolona und Monza, um Marengo und ›Auriola‹, um Senna und Sospiro, um nur einige der bekanntesten Pfalzen zu nennen?« [Brühl 1989, 75].

G. Fehring [1992, 130-135] beklagt den »unzulänglichen For-

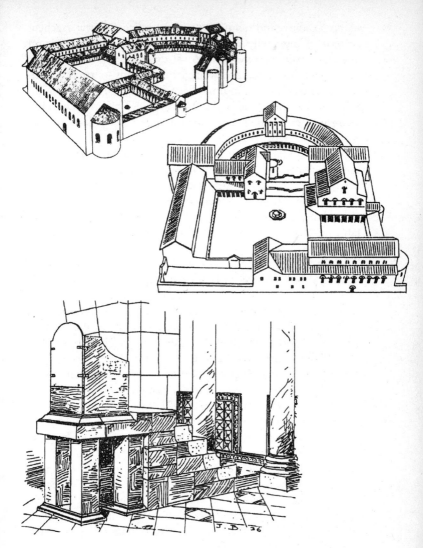

Abb. 29 Ingelheim: Karolingerpfalz ohne Gotteshaus. Heutige Rekonstruktion ohne, frühere mit Kirche [Diwald 1990, II 485; Schütz 1989, 225].

Abb. 30 Aachener Pfalzkapelle: Thronsitz von 1936, als Nachempfindung des Zustands von 936 [Buchkremer 1940, 19]

schungsstand« und nennt *nur vier erforschte Pfalzen*: Aachen, Frankfurt, Ingelheim und Paderborn. Günther Binding kann in seinem Standardwerk [1996, 7] diese vier nur bestätigen, nennt allerdings noch drei weitere Pfalzen mit mutmaßlich karolingischen Resten: Bodman bei Konstanz, Broich in Mühlheim und Zürich [ebd., 132, 141, 143]. Archäologische Hinweise gibt es allenfalls noch in Annappes, Doué-la-Fontaine, Quierzy und Worms [Riché 1981, 59].

Niemand kann sagen, was mit all den anderen passiert ist, von denen die Quellen sprechen. Sind beispielsweise die Reste der bedeutendsten südostdeutschen Pfalz, die im Stadtgebiet des heutigen, gut erforschten *Regensburg* gelegen haben muß, gefunden worden? »Von der Pfalz Karls des Großen, der zwei Jahre in Regensburg residierte, ist kaum die Lage bekannt« [Strobel 1972, 43].

Diese unbefriedigende Sachlage hat Richard Strobel zu einer in ihrer Verzweiflung lächerlichen Aussage getrieben: »Von karolingischen und ottonischen Wohnbauten haben wir kaum Kenntnis. Daß es sie gegeben hat, *nicht nur im vergänglichen Material Holz*, ist anzunehmen, zumindest die großen Repräsentationsbauten wie Pfalzen und Höfe, auch Klöster und Häuser der hohen Geistlichkeit. Doch durch den Wandel der Lebensgewohnheiten, durch häufige Brände oder auch nur *ein intensives ›Abwohnen‹* sind derartige Bauten nur in seltenen Fällen überliefert worden« [Strobel 1972, 43].

Sollen wir wirklich glauben, daß die in Stein gebauten Pfalzen deshalb zugrunde gingen, weil zu oft Fliesen durchgescheuert, Speere an die Wand gelehnt und Truhen verrückt wurden? In öffentlicher Diskussion mit mir brachte Rudolf Schieffer dieses Argument erneut ein. Ihm erscheint es plausibler, daß sich Bauten samt Fundamentsteinen verflüchtigen, als daß die von den Bauten erzählenden Urkunden irren [vgl. Illig 1996]. Sind Urkunden nicht wesentlich hinfälliger und fälschungsbedrohter als Steine?

Dann melden sich Stimmen, wonach die Pfalzsucher in Regensburg fündig geworden seien, doch wurde ihnen von Walter Hotz widersprochen [Hotz 1988, 215]. Inzwischen hat

Abb. 31 Gewölbeformen mit Grundriß: 1) Rundtonne, 2) Spitztonne (Cluny III), 3) Tonne mit Gurtbögen, 4) Kreuzgratgewölbe

Abb. 32 Gewölbeevolution zwei Jahrhunderte *nach* Aachen, I: Fehlende Gewölbe in Montier-en-Der, vor 1000 / Kleingewölbe in San Michele de Cuxá; der Ursprungsbau von 975 mit den Türmen von 1040 / Primitive Kleintonne in Saint-Martin-du-Canigou, 1009 [Koch 1990, 97; Christe 1988, 274, 270; Kubach 1986, 76]

Carlrichard Brühl für mehr Klarheit gesorgt. Ihm zufolge ist die Pfalz eine der bestbezeugten in Ostfranken, von der nicht nur Annalen sprechen, sondern auch Urkunden zwischen 791 und 884. Doch obwohl sie explizit für die Nordostecke des römischen Castrums bezeugt ist, muß weiterhin nach ihr gesucht werden, denn »archäologisch [ist sie] bisher nicht nachgewiesen« [Brühl 1990 b, 246, 248]. Dieser unbestechliche Kopf, dessen Anliegen die reinliche Scheidung von Dichtung und Wahrheit ist, muß des öfters seine allzu chronik-gläubigen Kollegen kritisieren. So kommt er etwa – wiederum für Regensburg – zu dem Urteil, daß »diese Lokalisierung der ang. römischen Kathedrale *ein reiner, von archäologischen Befunden nicht getrübter Willensakt* [eines Forschers] ist« [Brühl 1990 b, 233].

Oder wie steht es um die römische Pfalz, die doch – im ersten und ewigen *Rom* – auch nicht unbedeutend gewesen sein dürfte? Wir wissen von ihr durch ein Privileg auf Papyrus für die ›Schola Francorum‹ in Rom. Aus der Textzeile »actum est in palatio iuxta Vaticano ad basilica Sancti Petri apostoli« geht hervor, daß Karl der Große ein Pfalzbau außerhalb Roms zuzuschreiben ist. Gemäß der ›Konstantinischen Schenkung‹, die angeblich gerade aufgetaucht war, durfte der Kaiser nicht innerhalb der Stadtmauern logieren. Die späteren Potentaten folgten ihm mit einer Ausnahme: Otto III. hat angeblich auf dem Aventin, in Wahrheit wohl auf dem Palatin gebaut [Brühl 1989, 17, 42]. Die Pfalz nahe dem Petersdom hat »aber offenbar den Investiturstreit nicht überlebt« [Brühl 1989, 151]. Dies dürfte seine Richtigkeit haben, nicht aber die Gründung durch den großen Karl. Denn das papyrene Privileg für die ›Scola Francorum‹ ist laut C. Brühl [ebd.] als Fälschung erkannt worden.

Die Leere der Fülle

Die Mittelalterarchäologie sucht meist vergeblich nach Spuren merowingischer oder karolingischer Bauten und beweist mit jedem Fehlschlag die leeren Jahrhunderte. Dagegen hat meine Kontraposition, die die Fiktionalität jener Zeiten behauptet, hier leichteres Spiel. Sie muß nur den überaus wenigen Überresten neue Urheber zuweisen. Bei der *Mustergrabung Ingelheim* ist das – ohne mein Zutun – zum Teil schon geschehen: Die mitten im regelmäßigen karolingischen Pfalzkomplex gebaute Kirche gilt nicht mehr als karolingisch, was dem Ausgräber und Rekonstrukteur Chr. Rauch (1908-1914) noch ganz selbstverständlich war und was es von der Gesamtkonzeption her auch unbedingt sein müßte. Doch nach heutiger Kenntnis [Sage 1965, 332; Winterfeld 1993, 44; Binding 1996, 111] kann die Kirche erst nach 950 errichtet worden sein. Nur eine nibelungentreue Karlsliebe rettet das gesamte Ingelheim vor der Umdatierung ins 10. Jahrhundert. Hier wie in Nimwegen fällt im übrigen auf, daß Friedrich Barbarossa die Karolingerpfalz erneuern ließ. Er hat auch ganz nahe der Einhard-Abtei eine Pfalz errichten lassen [Hotz 1988, 39, 106]. Dieser Kaiser wird uns als emsiger Karls-Ausstaffierer noch des öfteren begegnen.

Ebenso schwer greifbar sind die *Klosterbau*-Aktivitäten zu Karls Zeit. 400 Klöster entstanden ab 750 in den Wäldern des Reiches [Bayac 1976, 248], mehr als fünf in jedem Jahr von Karls Herrschaft [Mann 1965, 320]. Doch nur bei einem winzigen Bruchteil sind karolingische Spuren nachweisbar. Nichts wissen wir etwa über die rund 50 Klöster, die fränkische Mönche zwischen Loire und dem Mittelmeerbereich gründeten, nichts über jene 25 anderen südlich der Alpen, hauptsächlich in der Lombardei. Ernst Adam kann und muß sich ausschließlich am St. Gallener Klosterplan orientieren, »da *keine karolingischen Klosteranlagen mehr erhalten* sind – noch stehende Gesamtanlagen kennen wir erst von Zisterzienserklöstern des 12. Jahrhunderts.« [Adam 1968, 13]. Allerdings wird unsere Unkenntnis auf dem Gebiet des Klosterbaus noch von unserer »*Unkenntnis* auf dem Gebiet der *ländlichen Architektur*« übertroffen [Hubert 1969, 269].

Selbst bei den *Kirchen* kommen wir nicht leicht über ein Dutzend hinaus: Aachen, Lorsch und Corvey, die Einhards-Basilika von Steinbach, Fulda, Reichenau und Seligenstadt, der (angezweifelte) Kölner Dom, Sankt Justinus in Hoechst und Maastricht, Saint-Riquier und Saint-Denis. Zum Glück sind

»mehrere dieser Vorbilder *nach 950 buchstäblich kopiert* worden« [Grodecki et al. 1973, 3 f.], sonst wüßten wir mangels dieser ottonischen Imitationen noch weniger über die Originale. Offen muß bei dieser Sichtweise bleiben, warum sich die ottonischen Kaiser mit Kopien zufriedengaben, obwohl sie mit den byzantinischen Kaisern auch um die künstlerische Führerschaft wetteiferten.

Eine weitere Statistik läßt sich aus einem Kompendium zur *französischen Sakralromanik* gewinnen. Marcel Aubert [1973] gibt zu *417 Kirchen und Klöstern* mehr oder weniger ausführliche Baugeschichten, aus denen sich, wenn nicht konkrete Zahlen, so doch auf jeden Fall konkrete Tendenzen ablesen lassen. Die Mehrzahl dieser romanischen Bauten stammt aus dem 12. oder 13. Jahrhundert; 143 haben ihre Ursprünge im 11. Jahrhundert, 18 im 10. Jahrhundert. Aus den Dokumenten heraus werden in 37 Fällen antike, in 65 merowingische und in 66 Fällen karolingische Wurzeln genannt. Wenn es jedoch um konkrete Reste geht, wird es wesentlich spärlicher: Antike Spuren finden sich effektiv in sechs Bauten, merowingische in einem einzigen, karolingische in sechs bis zehn Bauten. Man muß dazu wissen, daß zum Beispiel »Mauern vielleicht noch karolingisch« [Aubert 1973, 570] lediglich bedeutet, daß sich rötlicher Mörtel zeigt, den die Bauhistoriker als ›Leitfossil‹ für karolingische Mauern erachten [M/S 3; hier S. 352]. Auch hier kann die Schlußfolgerung nur lauten: Die Karolingerbauten sind praktisch spurlos verschwunden.

Spurlos verschwunden ist auch Karls berühmte hölzerne *Rheinbrücke* bei Mainz, »welche ganz Europa in gemeinsamer, aber wohlverteilter Arbeit vollendet hat« [Notker, 30]. Sie soll noch zu seinen Lebzeiten von Fährleuten in Brand gesteckt worden sein, die um ihren Arbeitsplatz bangten. Nur sein rasch folgender Tod hat [Einhard, 17] verhindert, daß nunmehr eine steinerne Brücke geschlagen wurde. Sie wurde trotzdem gebaut – *über 1000 Jahre später*, im Jahre 1862 [Purlitz 1910, 26]. Damals wurde erstmals seit der Römerzeit, seit Konstantin dem Großen (um 315) wieder eine feste Brücke nördlich von Basel über den Rhein geschlagen [Burckhardt o. J., 63; Ohler 1991, 151]. Weiter als ›Pontifex‹ Karl kann man seiner Zeit

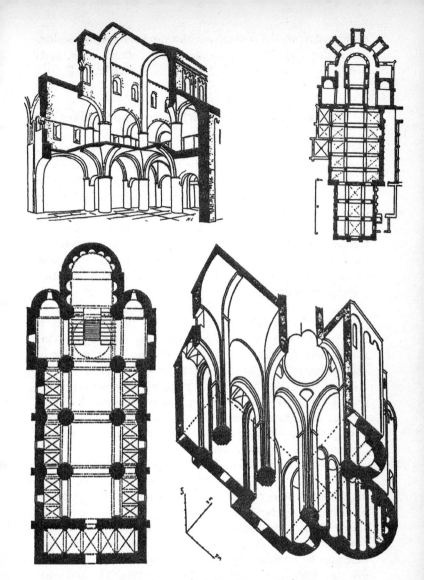

Abb. 33 Gewölbeevolution zwei Jahrhunderte *nach* Aachen, II: Erste vollständig gewölbte Vorkirche: Tournus, Saint-Philibert, Narthex bis 1018 / San Vincente in Cardona, 1040 beendet [Christe 1988, 272; Eckstein 1986, 45]

kaum voraus sein. Wäre Einhard, der von Steinbrücken wußte, demnach in jenem 12. Jahrhundert anzusiedeln, in dem sie erstmals – Regensburg (1135 bis 1146) – gebaut worden sind?

Der Gewölbebau zwischen Römern und Staufern

Um die Aachener Anachronismen besser zu verstehen, vergegenwärtigen wir uns zunächst die bisher gelehrte *Gewölbeentwicklung*. Sie übersieht manchmal schlicht und einfach die »wunderbaren« Gewölbe von Aachen und ihre Pendants in Germigny-des-Prés, indem sie einen direkten Bogen von der Antike zur Romanik schlägt: »In Europa sollte es bis über die Jahrtausendwende dauern, bis sich beim Aufblühen des romanischen Stils, zuerst in Frankreich, etwas später in Deutschland und Italien, die Wölbetechnik wieder häufiger an größere Aufgaben heranwagte« [Straub 1992, 65].

Nachdem Aachens Kuppel durchaus als größere Aufgabe gelten kann, wird dieses Meisterwerk in vielen Darstellungen ausgeblendet, um mit der allgemeinen Bauevolution zurechtzukommen. Ähnlich wurde schon 60 Jahre zuvor verfahren: »Das Kreuzgewölbe kommt so gut wie nicht [bei Germanen] vor; nur in der Karolingerzeit findet man es ganz vereinzelt (Aachen); kaum minder selten sind Kuppelgewölbe, doch sind dies so sehr Ausnahmen, daß man der Regel nach weder Kreuzgewölbe noch Kuppeln vor dem Beginn des 11. Jahrhunderts zu setzen braucht« [Haupt 1935, 101].

Gerade diese germanophile Sicht warf das schwierige Problem auf, daß die vom Holzbau herkommenden Franken, Goten und Vandalen weder ein Steingewölbe kannten, noch es bauen konnten, daß es aber gleichwohl »selten« und »unregelmäßig« auftrat. Ist eine Baukunst verständlich, die nur für einen oder zwei Bauten komplizierte, schwierige Gewölbeformen realisiert, um sie anschließend wieder zu vergessen und viel später neu zu erfinden? Wie begreift sich das Aachener Gesamtkunstwerk mit seiner Vielzahl ganz unterschiedlicher Gewölbeformen, wenn Wölbungen erst *Ende des 10. Jahrhunderts* – so die heutige Datierung – *in kleinstem Maßstab (wieder?) einsetzen?*

Wie schwer dieser (Neu-)Anfang war, können wir an einem Detail erkennen. Apsiden konnten früher als Schiffe gewölbt werden, weil ihre Kalotte in Gestalt einer Viertelkugel weniger Schub entwickelt und sich an die Abschlußwand des Hauptraumes lehnt. Gleichwohl konnten bei den ersten tastenden Versuchen Probleme entstehen, wie wir an einem der am besten erhaltenen Sakralbauten aus ottonischer Zeit beobachten können. Markgraf Gero begann um 961 die *Stiftskirche Gernrode* mit der Ostanlage. Um deren Festigkeit zu erhalten, wurde damals nicht gewagt, auch nur ein einziges Fenster in die Mauern zu brechen [Schütz 1989, Abb. 47 f.].

Gewölbte Schiffe entdecken wir erstmals in einem Gebiet, das Nordspanien, Teile Südfrankreichs und Burgund umfaßt. Nach allerersten Anfängen wie dem 975 fertiggestellten *Saint-Michel de Cuxá*, das allerdings in den Formen von 1040 überdauert hat, gehört das 1009 geweihte *Saint-Martin-du-Canigou* in den französischen Pyrenäen zu den ältesten durchgehend gewölbten Kirchen. Die äußerst bescheidene Spannweite von 3,50 Metern spricht jedoch für sich [Aubert 1973, 522; Eckstein 1986, 42]. Wir wollen hier nur als Vermutung aussprechen, daß sowohl Wölbungsgedanke wie Sakralturm aus dem maurischen Spanien dorthin kamen. In Córdoba wurden nach 950 mehrere Joche der dortigen Moschee – allerdings in einer ganz anderen Technik – gewölbt und ein hohes Minarett errichtet [Barrucand 1992, 71, 75 f.]. Die Vorbilder für beide Bauformen sind in Syrien zu suchen [Kalokyris 1991, 32], haben aber nicht den direkten Weg über byzantinisches Gebiet nach Mitteleuropa gefunden. Auch der berühmte Hufeisenbogen wanderte von Syrien auf diesem Umweg über Spanien bis an die Loire nach Germigny-des-Prés.

Im Loire-Gebiet finden wir die ebenfalls durchgehend gewölbte, eingangs (S. 33) schon erwähnte Vorkirche von *Saint-Philibert in Tournus*, die im selben Jahre 1009 fertiggestellt wurde. Ihr Narthex ist die früheste noch stehende, in allen Teilen gewölbte Anlage größeren Formats [Aubert 1973, 523; Adam 1968, 75]. Die benachbarte Landkirche *Saint-Barthélemy von Farges* besitzt noch ihr einstiges Hauptschiffgewölbe, das bezeichnenderweise nur 3,40 Meter spannt [Aubert 1973, 524]. An der gewölbten, heute weitgehend zerstörten Rotunde von *Saint-Bénigne in Dijon* wurde von 1001 bis 1018 gebaut [Aubert 1973, 524].

Für Katalonien können *Santa-Maria in Montbui* [Eckstein 1986, 284] und *San Vincente in Cardona* [Adam 1968, 76] genannt werden. Die dreischiffige Pfeilerbasilika von Cardona mit ihrer Längstonne im Mittelschiff und den Kreuzgratgewölben über den Seitenschiffen wurde 1040 vollendet. An ihr läßt sich ablesen: Die »romanische Baukunst hat ihre gültige Form gefunden« [Adam 1968, 76]. Nicht zuletzt deswegen wird in dieser Zeit eine – von mehreren konkurrierenden – Trennungslinien zwischen Vorromanik und Romanik gezogen.

Größere Spannweiten aber werden noch immer nicht (wieder?) bewältigt. Bis 1050 werden Mittelschiffe vorzugsweise mit flacher Decke oder offenem Dachstuhl versehen, die Seitenschiffe mit Kreuzgratgewölben geschlossen, die Emporen mit Dachstühlen gedeckt [Gall 1955, 18]. Diese Konstruktionsformen starben auch nach der Jahrhundertmitte keineswegs aus. Zu jenen französischen Kirchen, die zu dieser Zeit vollständig gewölbt worden sind und damals zu den Großbauten zählten, gehören *Saint-Savin-sur-Gartempe* und Lesterps in der Charente. *Lesterps*, 1030-1070 gebaut, »ist bereits genügend vervollkommnet, um eine gänzliche Überwölbung des Gebäude mit einer von Gurtbogen verstärkten Tonne zu ermöglichen. Im Jahr 1060 beginnt der Bau von Saint-Savin-sur-Gartempe, eine Konstruktion von bemerkenswerter Kühnheit im Hinblick auf die Höhe der Rundpfeiler und des steinernen Gewölbes« [Grodecki 1973, 49].

Cluny II kann nicht angeführt werden, weil der von 955 bis 981 aufgeführte Bau nach 1000 umgeformt und sein Mittelschiff wohl erst 1050 eingewölbt [Grodecki 1973, 67], diese Wölbung jedoch immer wieder bestritten worden ist [Kubach 1974, 144]. Wohl aber ist *Speyer I* zu nennen. Hier sind zwischen 1050 und 1060 die Seitenschiffe eingewölbt worden: Auf 70 Metern Länge erreichen die 7,75 Meter spannenden Seitenschiffe eine Höhe von 14,70 Metern. Dieser Bau gilt allgemein als Beginn kaisergemäßer Architektur. Das viel breitere Mit-

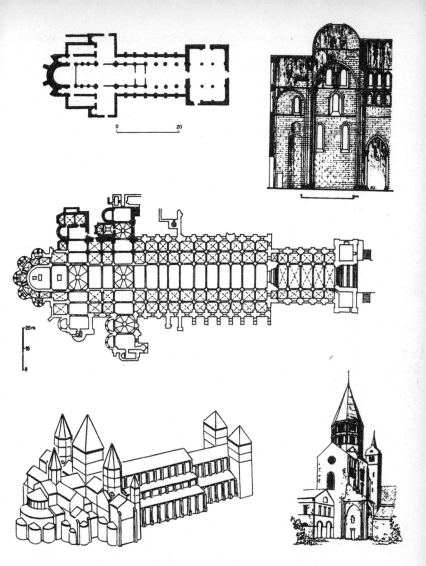

Abb. 34 Gewölbe- und Bauevolution zwei bis drei Jahrhunderte *nach* Aachen, III: Cluny: Grundriß von Bau II, gew. 981 / Grund- und Aufriß von Bau III (1088 - 1118) / Rekonstruktion des größten romanischen Kirchenbaus / Heute allein erhaltener Rest des südlichen Querschiffs [Koch 1990, 116; Christe 1988, 3 x 275]

telschiff war selbstredend in dieser Bauphase noch nicht wölbbar.

Der erste *Höhepunkt der Wölbungstechnik* liegt innerhalb der Romanik um 1100. In den Jahren 1095 und 1096 werden in Frankreich drei Großbauten vollständig eingewölbt: Saint-Martial in Limoges, Saint-Sernin in Toulouse und *Cluny III*. Diese berühmte Kirche erhält eine durchlaufende Spitztonne von etwa 30 Metern Höhe [Aubert 1973, 620]. Obwohl dieser Tonnenbau konstruktiv leichter zu beherrschen ist als ein Kreuzgratgewölbe, ist er bereits 1125 eingestürzt [Gall 1995, 93].

Speyer II, als kaiserlicher Bau ein ausgesprochener Sonderfall, dürfte seine Hauptschiffwölbung in den ersten Jahren des 12. Jahrhunderts erhalten haben. Als Kaiser Heinrich IV. den Bau ab 1080 umbauen läßt, bleiben die Seitengewölbe unberührt, erhalten aber jetzt ihr vergrößertes Pendant im Mittelschiff. Das wird zu diesem Zweck im Aufriß verändert und erhöht, um dann jene berühmte, für Deutschland früheste Großwölbung [Adam 1968, 88] zu erhalten: Kreuzgratgewölbe über Gurtbögen, die eine Scheitelhöhe von 33 Metern erreichen [Speyers Maße bei Winterfeld 1993, 57].

Damals bewältigte die Romanik auch bei den Spannweiten das Maximum: *Vézelay* mit 10 Metern im Mittelschiff, *Cluny III* mit seiner 11-Meter-Tonne, *Sant'Ambrogio in Mailand* mit 12 Metern Spannweite [Straub 1992, 65] und *Speyer* mit seiner Mittelschiffbreite von fast 14 Metern, die von seinem Querschiff mit 15,40 Metern lichtem Innenmaß gleich noch einmal überboten wurde.

Innerhalb Deutschlands gilt noch die 1138 begonnene Kirche von *Knechtsteden* als eine der ersten vollständig gewölbten großen Kirchen [Kubach 1977, 177 f.]. Genau zu dieser Zeit hat in der Normandie und in der Île-de-France jene stürmische Entwicklung eingesetzt, die als Gotik zu ganz neuen und unübertroffen kühnen Gewölbekonstruktionen führen sollte.

Seit dem Aufbruch um die Jahrtausendwende, der mit kleinsten Kirchen seinen Anfang nimmt, verläuft die europäische Architekturgeschichte in sich homogen. Kommen also Aachen

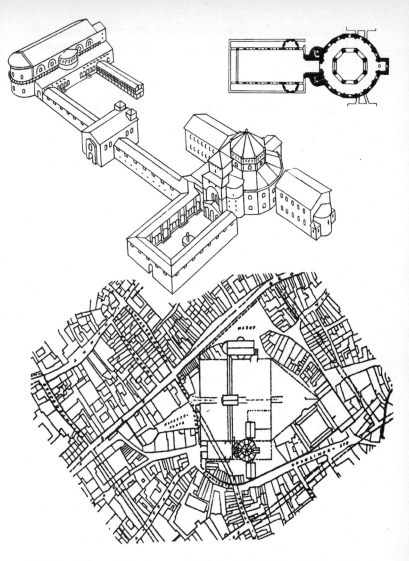

Abb. 35 Aachener Pfalz: Hauptgebäude der Zeit bis 814 mit Aula, Atrium und Kapelle samt Anbauten / Verbesserter Atriumgrundriß mit den halbrunden Exedren (analog zur Aula) / Lage der fränkischen Pfalz im anders orientierten römischen Straßennetz [Schütz 1989, 255; Christe 1988, 111; Braunfels 1991, 101, 98]

und die übrigen Karolingerbauten entschieden zu früh? Mit dieser Fragestellung können wir uns erneut der Pfalzkapelle Aachens zuwenden.

Aachens Pfalzkapelle – 24mal zu früh

Mögen auch fast alle Pfalzbauten, fast alle Kirchen und Klöster der Karolingerzeit fehlen – unerschüttert steht Karls Aachener Pfalzkapelle. Weder an ihrer Existenz ist ein Zweifel möglich noch daran, daß sich hier mit Recht von einem »Wunder« sprechen läßt. Aber handelt es sich auch um ein »karolingisches ›Wunder‹« [Hubert 1969, X]? Wie steht es mit seiner Datierung? Schon eingangs sind wir fasziniert und beunruhigt unter ihrer Kuppel gestanden. Aber ihre Wölbung ist nur *der erste, auffälligste Anachronismus* einer Reihe, die mehr als zwei Dutzend an Zeitproblemen umfaßt.

1. Die zentrale Kuppel

Keiner kann bezweifeln, daß die Aachener Pfalzkapelle das Meisterstück einer hochentwickelten Baukunst sein muß, die gleichwohl plötzlich, vorgängerlos und damit völlig unverständlich einsetzt [Adam 1968, 43], denn »schon zu seiner Entstehungszeit wurde es als Wunderbau angesehen, war es im Norden als durchgehend gewölbter Steinbau *voraussetzungslos*« [Adam 1968, 7].

Ganz ungezügelt war die Wertschätzung nicht, denn die »Reichsannalen« erwähnen ihren Bau gar nicht, während Einhard sie immerhin »auf bewundernswerte Art und Weise gebaut« sein und »dem Königreich zur Zierde und zum Nutzen gereichen« läßt [Einhard 17].

Es soll nicht verheimlicht werden, daß gleichwohl versucht worden ist, das »voraussetzungslose« Aachen in eine weitreichende Evolutionslinie einzubinden, doch blieben die Versuche erfolglos, ja wertlos: »Für die [Zentralbauten] ist eine Gruppe von Baptisterien in Oberitalien und Südostfrankreich

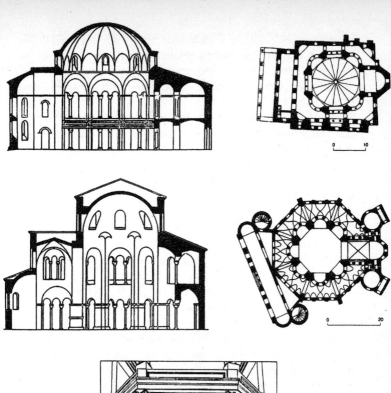
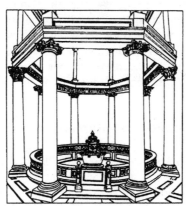

Abb. 36 Vorbilder der Aachener Pfalzkapelle: Konstantinopel, Sancti Sergios und Bakchos, vor 536 / San Vitale, Ravenna, 522-547 (jeweils Auf- und Grundriß) / Rom, Lateran-Baptisterium, doppelstöckiges Säulenoktogon, ≈ 430 [Christe 1988, 2x 108; Schütz 1989, 45]

charakteristisch, die sich lückenlos vom 4./5. bis ins 11. Jh. fortsetzt. *Die Datierung der einzelnen Bauwerke schwankt bis heute um Jahrhunderte.* Die meisten sind gewölbt und setzen so die Tradition des Gewölbebaus über die ›dunkle Zeit‹ hinweg fort« [Kubach 1974, 50].

Nun gehören gerade die so beunruhigend weit schwankenden Datierungen weder zu den Bauten der Spätantike, also des 4. bis 6. Jahrhunderts, noch zu denen der Frühromanik des 11. Jahrhunderts. Diese beiden Gruppen sind zeitlich gut fixiert. Nur jene Bauwerke, die über die »dunklen Jahrhunderte« hinweg vermitteln sollen, sind schwer faßbar und können *nicht* als Traditionsträger dienen. Dasselbe gilt für den immer wieder angestellten Vergleich mit Ravenna und seinen byzantinischen Kuppelbauten, der bis heute [Kalokyris 1991, 19] gezogen wird: »Kein anderer uns bekannter Bau steht so dicht bei Aachen wie San Vitale in Ravenna« [Bandmann 1967, 439].

Nun ist aber diese Kirche zwischen 526 und 549 gebaut worden, liegt also wiederum durch zweieinhalb Jahrhunderte getrennt von Aachen und kann im übrigen mit ihren Ziegelgewölben kein Vorbild für die viel schwerere und viel schwierigere Einwölbung Aachens sein, was Günther Bandmann und andere verleitete, rein spekulativ eine »monumental *nicht mehr greifbare, aber zu vermutende* fränkisch-gallische Tradition zentraler Herrscherkirchen« [Bandmann 1967, 431] zu imaginieren. Nach diesen Abklärungen wollen wir unseren anfänglichen Rundgang im Aachener Dom fortsetzen.

2. Wabenförmige Kreuzgratgewölbe

Wir treten vom kuppelüberwölbten Oktogon in den *äußeren Umgang*. Würde man dieses Sechzehneck geradebiegen und -strecken, entstünde ein 70 Meter langes Seitenschiff samt Empore, das unten wie oben von komplizierten Gewölbeformen gedeckt wird.

Im Aachener Erdgeschoß war als heikles Problem ein Gewölbe zu entwerfen, das zwischen dem inneren Achteck und dem äußeren Sechzehneck vermitteln kann. Als Lösung

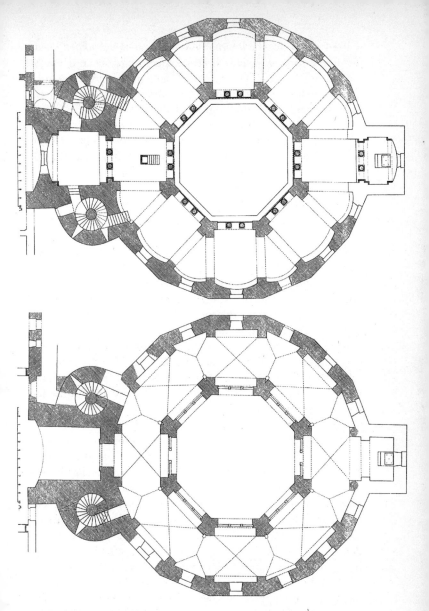

Abb. 37 Bau-Anachronismen II. Aachen: Gewölberisse von Erdgeschoß (2; unten) und Obergeschoß (3) [Haupt 1913, Taf. XV]

gefunden wurde eine *wabenförmige Kreuzgratkonstruktion, »eine gewinkelte Ringtonne*. Durch Stichkappen wird sie an den acht Hauptseiten einem Kreuzgewölbe angenähert. Aber es gibt keine Gurtbögen (wie manche Grundrisse sie fälschlich angeben), sondern nur Schildbögen« [Kubach 1974, 52].

Die Perfektion beim Ineinandergehen ihrer Gewölbeflächen würde auch in viel späteren Zeiten verblüffen. »Diese Umgangskonstruktion mit Kreuzgratgewölben ohne Gurtbogen grenzt an Vollkommenheit« [Hubert 1969, 346].

Ein ähnlich komplexes Raumgebilde, die Chorscheitelrotunde von *Saint-Bénigne in Dijon*, ist allemal 210 Jahre jünger als Aachen. Die Ausarbeitung des allein erhaltenen untersten Geschosses ist ungleich schlechter als jene von Aachen; trotzdem werden seine Gewölbe gerühmt: »Die Gewölbe dieses kreisförmigen Doppelumgangs zeigen mit ihren erstaunlichen Durchdringungen von Ringtonnen und Kreuzgratgewölben das hohe Können ihrer Erbauer« [Aubert 1973, 524].

Jean Hubert erachtet diese Krypta geradezu als Krönung karolingischer Baukunst: »Doch die schönste Ehrung, die der karolingischen Architektur zuteil wurde, war vor der Französischen Revolution in der romanischen Kirche Saint-Bénigne in Dijon zu sehen, wo der östliche Rundbau der karolingischen Krypten zu einem riesigen dreigeschossigen Rundbau geworden war« [Hubert 1969, 68].

Hubert sieht also direkte Fortentwicklung, obwohl zwischen den Karolingerkrypten und Saint-Bénigne allemal eine Lücke von 130 Jahren klafft. Wir müssen das ausgefeilte Aachener Gewölbe sogar später als Saint-Bénigne datieren. Das fällt nicht schwer, wenn wir die nächstfolgenden Gegenstücke betrachten. In der Krypta von *Sankt Michael zu Hildesheim* sind ebensolche gurtlose Gratgewölbe wie in Aachen realisiert worden, die mit vollem Recht als »ottonisch« betrachtet werden, da sie zuverlässig nach 1010 gebaut worden sind [Cramer u. a. 1993, 381]. Die *Paderborner Bartholomäuskapelle* ist 1017 mit untypischen Kuppelgewölben ausgestattet worden, die sie griechischen Baumeistern verdankt [Binding 1991, 293]. Erst nach 1030 (und vor 1061) sind in *Speyer I* die ersten großen

Abb. 38 Bau-Anachronismen III. Klosterkuppe (1) / Quertonne (3; hier Tournus von 1010) / Schildbogen (=Sch) als Stütze eines Kreuzgratgewölbes (5) / ›romanischer‹ Kreuzpfeiler (13) / Schneckengewölbe im Aachener Westwerk (4) [Lecourt 1988, 33, 58; Koch 1990, 440, 416; Haupt 1913, Abb. 6]

gewölbten Seitenschiffe gebaut worden, die von einfachen Kreuzgratgewölben gedeckt wurden. Diese Lösung ist zweifellos schlichter als die Aachener ›Winkeltonne‹. Außerdem tragen die Seitenschiffe von Speyer keine gewölbten Emporen. Insofern ist Aachens Umgang respektive ›Seitenschiff‹, das ja noch vor dem Krönungsjahr 800 fertig geworden sein soll, der Entwicklung erneut – wie die Kuppel – weit voraus, diesmal rund 250 Jahre.

3. Schräge Stützgewölbe

Wenn wir nun die sehr kommod angelegten Treppen im Westwerk zu den *Emporen* hinaufsteigen, präsentiert Aachen weitere Gewölbeformen. Zum nicht zu unterschätzenden Gestaltungswillen trat die Notwendigkeit, die Oktogonmauern gegen den Schub der Mittelkuppel verstärken zu müssen. Die realisierte Lösung würde auch in der so viel späteren Hochromanik zu den besten gehören. Die Architekten führten nämlich von allen äußeren Ecken radiale Mauern zu den Oktogonpfeilern; diese Mauern wirken wegen ihrer großen Durchlasse wie Schwibbögen. So ist perfekte Schubableitung gewährleistet. Zwischen jeweils zwei parallelen Schwibbögen steigt ein *Tonnengewölbe* von außen nach innen in einem Winkel von 24° an [Faymonville 1916, 80].

»Bei den ausgenischten Wänden ruhen die Tonnen dann auf vorgelegten sphärischen Schildbögen auf, ›die ihrerseits den Gewölbeschub auf die Ecken übertragen‹. [...] Zugrunde liegt antikes Denken. Die Kühnheit aber, die es fortsetzt, weist in die Zukunft voraus. Spätes scheint geahnt: die Strebebögen der Gotik« [Schnitzler 1950, IX]. Dieses Erahnen der Gotik wird uns noch mehrmals begegnen, doch ist zunächst festzuhalten, daß auch die frühe Romanik zu dieser Technik gefunden hat. »Diese Lösung wird etwas mehr als zweihundert Jahre später beim Westwerk von Tournus wiederholt« [Hubert 1969, 67].

Die Vorkirche von *Saint-Philibert, Tournus* (≈ 1009 oder 1019 vollendet) steht demnach mit ihrer vollständigen Einwölbung und ihren Tonnen für genau denselben Evolutionsschritt wie

Aachen, doch mehr als 200 Jahre später – der dritte Anachronismus! Obendrein sind Aachens ansteigende Tonnen wesentlich fortschrittlicher als jene von Tournus. Wie weit Aachen wirklich vorgreift, wird gerade an der Würdigung des schon bei der Kuppelevolution erwähnten Saint-Philibert von Tournus erkennbar, denn »sämtliche Konstruktionsmöglichkeiten sind hier vereinigt: Kreuzgratgewölbe, Tonnengewölbe über Gurtbogen, quergerichtete Tonne, Halbtonnengewölbe; *der Okzident kennt kein weiteres romanisches Bauwerk von ähnlichem Erfindungsreichtum an Strukturformen*, die die Schaffung einer Reihe verschiedener Konstruktionssysteme vorwegnehmen« [Grodecki 1973, 73].

Wie hoch wäre demnach Aachen zu rühmen, das doch 220 Jahre vor Tournus begonnen worden sein soll und mit ebensolchen ›Premieren‹ aufwarten kann: »Konstruktion und Ausführung zeugen von genauer Kenntnis antiker Baupraxis. Die Pfeiler des Oktogons nehmen den senkrechten Druck, *Ringanker* den Schub des Zentralgewölbes auf. *Steigende Tonnen* über den Emporen entlasten die Arkaden. Ihr Seitenschub wirkt auf die schwibbogenartigen *Gurtbögen*, die Dreiecke dazwischen sind mit *Kappen*, der Umgang im Erdgeschoß mit einer gewinkelten *Ringtonne* gedeckt« [Atlas 1974, II 373; seine Hvhg.].

Trotz solcher Ähnlichkeiten, ja Identitäten ist bislang niemand auf die Idee gekommen, die Datierungen beider Kirchen kritisch zu prüfen und daraufhin Aachen zu verjüngen.

4. Spiralig steigende Tonnengewölbe

Zwischen Aachens Tonnengewölben über der Empore bleiben noch acht Joche, die wie hohe Schächte wirken und mit den gerade erwähnten *dreieckigen Gewölbekappen* geschlossen worden sind [Schnitzler 1950, IX]. Und es gibt noch einen weiteren, ebenfalls schulbildenden Gewölbetyp im Dom zu Aachen. In beiden Treppentürmen ziehen *spiralig steigende Tonnengewölbe* nach oben, die gleichzeitig als Überdeckung wie als Auflager dienen [Verbeek 1967, 148]. Diese Schneckengewölbe könnten, ebenso wie die ansteigenden Tonnen, von antiken Amphitheatern hergeleitet werden; gleichwohl bildet ihre Aachener Wiederbelebung ein kurzes Intermezzo, bevor sie nach dem Jahr 1000 weite Verbreitung finden – für uns Punkt vier der datierungsmäßigen Auffälligkeiten.

Aachen bevorzugt auffallend breite Treppen mit geringer Stufenhöhe, während später vielfach enge und steile Treppen in die Turmwände hineingezwängt wurden [Verbeek 1967, 148]. Wer ging *hier* wem voraus?

»Das ganze durchdachte und technisch meisterhaft durchgebildete Aachener Gefüge hat seinen Eindruck auf die Nachwelt nicht verfehlt, nachweisbar indes wieder *erst nach der Jahrtausendwende*« [Verbeek 1967, 148].

Diese Beobachtung von Albert Verbeek läßt uns noch einmal an die Gewölbeevolution denken, die wir verschiedentlich behandelt haben und die vor 1000 keine derartige Vielfalt hervorgebracht hat.

Das wird noch deutlicher, wenn wir Aachen die Haus- oder Palastkapelle des Theodulf in *Germigny-des-Prés* zur Seite stellen. Dieser kleine Zentralbau an der Loire ist 806 von Theodulf gebaut worden, den Karl zum Bischof von Orléans ernannt hatte. Das gut konservierte Meisterwerk verbindet quadratischen mit kreuzförmigem Grundriß, besitzt einen Vierungsturm und das einzige vollständige karolingische Mosaik im Frankenreich [Holländer 1991, 95]; nur Italien, insbesondere Rom hat ›zeitgleiche‹ Mosaiken, die aber separat behandelt sein wollen [Illig 1996 c]. Trotz seiner geringen Ausmaße besticht der Bau durch die Vielfalt seiner Gewölbe: Über der Vierung ruht eine Kuppel auf Trompen; die hohen Querschiffe sind mit Tonnen, die Apsiden mit Kalotten gewölbt; bei den vier Ecken sind weitere kleine Kuppeln plaziert. Zwar entspricht der heutige Raumeindruck dem ursprünglichen nur bedingt, weil später ein Langschiff angefügt und der Bau überarbeitet worden ist. Doch das ändert nichts an dem Urteil, daß schon zu Lebzeiten Karls des Großen alle Gewölbeformen beherrscht worden sind, die bis zur Gotik in Europa gebaut wurden.

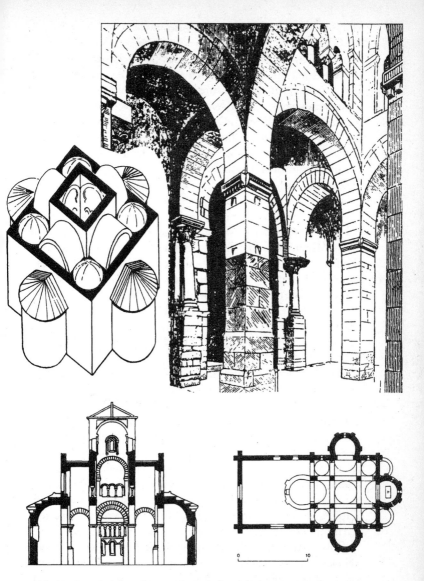

Abb. 39 Bau-Anachronismen IV. Gewölbevielfalt von Germigny-des-Prés: Innenansicht / Raumgefüge / Grundriß / Blick in die Vierung (2, 3, 4) [Koch 1990, 69; Kubach 1986, 27]

5. Schildbögen

Schildbögen dienen Gewölben als senkrechte Stütze, gewissermaßen zum Anlehnen. In Aachens Pfalzkapelle treten sie im Umgang auf (vgl. S. 226). Ihre Verwendung als ›Schubableiter‹ ist auch bei weiteren mit Aachen fast zeitgleich gesetzten Bauwerken nachzuweisen. »Die Schildbögen – die viel später in der Entwicklung der frühgotischen Baukunst eine bedeutende Rolle spielen sollen – fangen den Schub der Trompenkuppel in Germigny und der Kreuzgratgewölbe der Krypta von Saint-Médard in Soissons auf. Dieser Zug verrät eine hochstehende Technik« [Hubert 1969, 67 f.].

Derselbe Autor verweist später noch einmal darauf, daß die Schildbögen bei der Gestaltung des Kreuzrippengewölbes im 12. Jahrhundert eine entscheidende Rolle spielen werden [Hubert 1969, 346]. Aachen ist in diesem fünften Fall um 250, wenn nicht fast 300 Jahre voraus, denn im 10. und beginnenden 11. Jahrhundert sind keine Schildbögen gebaut worden.

6. Strebepfeiler und Vorlagen

Der Begriff Stütze führt uns zu einem weiteren Detail, das Aachen hervorhebt. Von außen werden die Mauern des Oktogons leicht übersehen, zieht doch der gotische Chor die Blicke auf sich, während Kapellenanbauten und Westwerk den inneren Baukörper verdecken. Gleichwohl lassen sich an allen seinen Ecken Stützen erkennen. Über sie gibt es keine einheitliche Meinung. Eine Partei spricht von »antikisierenden Pilastern« [Adam 1968, 55], während die andere sie für »vom Schub der Kuppel konstruktiv geforderte Streben« hält, die mit ihren Kapitellen nur als antikisierende Pilaster »getarnt« werden [Grimme 1986, 4]. Diese Partei hat besser beobachtet.

»An diesen 5,80 m hohen Fenstergaden springen zu beiden Seiten der acht Ecken als Fortsetzung der inneren Oktogonpfeiler doppelte, pilasterartige Streben hervor. Sie sind organisch mit dem Mauerwerk verbunden und ragen in ihrem unteren Teile um 0,45 m aus bei einer Breite von durchschnittlich

Abb. 40 Bau-Anachronismen V. Mauervorlagen (6): Aachens Oktogon (oben) / Caen, La-Trinité (gegr. 1062) / Caen, Saint-Etienne (gegr. 1063) [Haupt 1913, Taf. XIII; Christe 1988, 2x 289]

0,56 m [...] Diese übermäßig gestreckten Pfeiler verstärken in kräftiger Weise die Widerlager der inneren Kuppel« [Faymonville 1916, 71].

›Eigentlich‹ findet sich Außengliederung in den Jahrhunderten nach Aachen nur in Form von Lisenen und Rundbogenfriesen. Solche flachen Vorsprünge haben jedoch keine statische Bedeutung. So verbindet der ›Nachbau‹ Aachens in *Lüttich* (972-1008) Pilaster, Lisenen und »lombardische« Rundbogen. Die ersten Strebepfeiler seit Aachen zeigt *Sankt Michael in Hildesheim* gegen 1020 [Cramer u. a. 1993, 381]. Beim Westwerk des Essener Münsters (≈ 1045) wird auf die »ältere Aachener Form« der Vorlagen zurückgegriffen [Verbeek 1967, 145]. Dasselbe gilt für den Vierungsturm der Heiligkreuzkapelle bei Trier, der um 1060 die Außengliederung mit Eckpilastern zeigt [Verbeek 1967, 146]. In jener Zeit bringt die normannische Romanik, der von Anfang an die Tendenz zum Gotischen innezuwohnen scheint, die mauerreduzierenden Vorlagen ganz offen als gliederndes Element. In Caen erhalten kurz nach 1060 die doppeltürmigen Fassaden von Saint-Etienne und von La-Trinité kräftige Vorlagen – 260 Jahre nach Aachen, das somit ein sechstes Mal viel zu früh kommt.

7. Das Strebesystem

Diese Vorlagen werden gerade in der Normandie und in der Île-de-France in das ständig verfeinerte Strebewerk der Gotik integriert. Aachen muß zugestanden werden, daß es bereits erste Schritte auf diesem Weg zurückgelegt hat: Die geschrägten Radialmauern der Emporen sind von der Funktion her Strebebögen, die – von außen nach innen ansteigend – das Oktogon sechzehnfach abstützen [Schnitzler 1950, IX]. Über dem Emporengeschoß setzt sich diese Unterstützung in den äußeren Vorlagen fort [vgl. S. 228 f.]. »Die an der Kapelle zutage tretende technische Reife des Gewölbebaus ist auch von kunstgeschichtlicher Bedeutung; denn wir haben hier das erste Beispiel von Widerlag- und Strebesystem auf deutschem Boden« [Faymonville 1916, 85 f.; konträr Kreusch 1965, 470; vgl. Illig 1997, 268].

Diese Art, hohen Gewölben Widerhalt nicht durch reine Massenentwicklung des Mauerwerks zu geben, sondern durch ein *Strebesystem*, kommt in Aachen mindestens 260 Jahre und ein siebtes Mal zu früh.

Erst wenn man Aachen mit den frühen Bauten der Gotik vergleicht, erkennt man, wie erschreckend weit Aachens System schon gediehen ist. Wir können nämlich bis ins frühe 12. Jahrhundert zu den Vorformen der Gotik gehen, um auf eine adäquate Emporenkirche zu stoßen.

»Aus den ersten Jahrzehnten des XII. Jahrhunderts stammen Lessay, St. Etienne in Beauvais, Poissy und St. Germer, alle mäßigen Umfanges und schwer in der Gliederung, denn *die Gewölbepraxis stand in den Anfängen und mahnte zur Vorsicht.* Am interessantesten ist *St. Germer,* die einzige *Emporenkirche* dieser Gruppe. Gleichmäßig, ohne Stützenwechsel, reihen sich die kräftigen, aber reich gegliederten Pfeiler mit ihren weit vortretenden Diensten, über Spitzbogen steigt die Wand auf, darüber liegen die niedrigen Emporen, die sich noch unter Rundbogen öffnen, die vertikale Aufgipfelung in den zwischen den Diensten liegenden Flächen keimt also erst gerade auf. Vor den kleinen Hochschiffsfenstern zieht sich ein verkümmerter Laufgang über eingebundenen Kragsteinen hin. Hier sieht man die Opfer, die die Wölbung forderte: Der Architekt glaubte, die *feste Wand nicht entbehren* zu können, denn das bisher bekannte Widerlagerungssystem schien mit Recht unsicher; wie andere vor ihm, namentlich Meister Wirmbold in St. Lucien zu Beauvais, benutzte er den Dachraum über den Emporen und brachte hier unauffällig *Strebebogen* unter; sie verlangten bei der gegebenen Breite der Emporen ein steiles Pultdach; um die entsprechende Wandfläche im Innern wenigstens etwas zu beleben, ordnete er über den Emporenöffnungen rechteckige *Mauerluken* an. So ist ein Aufriß entstanden, den man als viergeschossig bezeichnen kann, alles, was er an Ungeschicklichkeiten enthält, geht auf *das Mühen um die Steindecke* zurück; nicht nur hier, auch bei allen anderen Bauten der Zeit zeigen sich auffällig die Nachteile des neuen Systems für den Inneneindruck, der viel von seiner früheren Leichtigkeit und Spannkraft verloren hat. Historisch betrachtet, geht St. Ger-

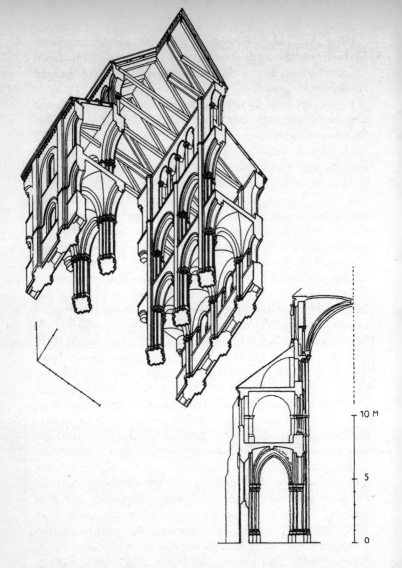

Abb. 41 Bau-Anachronismen VI. Schubableitendes Strebesystem (7): Caen, Saint-Etienne; zum gotischen Strebesystem hinführende Normannenkirchen kennen 1066 keine Wölbungen über Empore oder Mittelschiff / Saint-Germer-de-Fly, 1140-1150, sehr frühes gotisches Strebesystem, Strebebogen noch unterm Emporendach [Gall 1955, 25, 363]

Abb. 42 Bau-Anachronismen VII. Strebesystem (7): Aachens romanisches Stützsystem im Vergleich mit einer der frühesten gotischen Kirchen, Saint-Germer-de-Fly, ab 1130 [Kottmann 1971, 117; Gall 1955, 363]

mer auf St. Etienne in Caen zurück [ab 1060], es ist der gleiche Typus, aber in seiner künstlerischen Freiheit beeinträchtigt, mögen die technischen Vorteile der Wölbung auch noch so hoch veranschlagt werden« [Gall 1955, 69 f.].

Die Abteikirche von Saint-Germer, die vom Baugedanken her – ab 1130 – sogar älter ist als Saint-Denis, jenem »Gründungsbau der Gotik«, quält sich noch mit Details, die für Aachen selbstverständlich sind. Wo sich Aachens zweistöckiges Säulengitter weit zwischen den Pfeilern öffnet, zeigt sich Saint-Germer viel unbeholfener: Im Chor übergreift ein Bogen eine Dreierkolonnade mit gestelztem Mittelbogen. Diese Lösung ist zwar schwächer als jene von Aachen, aber immerhin noch zu vergleichen. Im ›dritten Stock‹ ist dies nicht mehr möglich. Wo Aachens obere Säulen frei im Raum stehen, kann Saint-Germer nur eine massive Wandfläche zeigen, nachdem die ohnehin kleinen Mauerluken späterhin vermauert werden mußten.

Bevor aber Aachen ›gotische Baugesinnung‹ unterstellt wird, empfiehlt sich der Vergleich mit der bereits genannten Kirche *Saint-Etienne in Caen*. Dieser Normannenbau wurde von 1064/66 bis 1077 errichtet; er hat große Rundbogenöffnungen in den Emporen, über denen nur wenig kompakte Wandfläche verbleibt. Dies war möglich, weil damals nur die Seitenschiffe Gratgewölbe erhielten; Mittelschiff und Emporen wurden sehr wahrscheinlich mit offenen Dachstühlen gedeckt und erst zwischen 1100 und 1120 eingewölbt. Wir sind dieser Kirche in Caen bereits begegnet, weil bei ihr kräftige Pilaster das Mauerwerk von außen stützen, die gleichfalls an Aachen erinnerten. Wenn wir nunmehr die Baudaten von Saint-Etienne in Caen und von Saint-Germer mit Aachen vergleichen, könnte die Pfalzkapelle zwischen 1060 und 1100 errichtet worden sein und wäre auch dann noch ein beispielgebender Bau! Ein weiterer Vergleich mit Speyer wird diesen Eindruck vertiefen.

Abb. 43 Bau-Anachronismen VIII. Vertikalität (8): Aufrisse der Oktogonseiten von Aachen (799; links) und Ottmarsheim, ≈ 1040 [Kottmann 1971, 121, 117]

8. Vertikalität

Die Höhenentwicklung des Aachener Innenraums wirkt nicht nur steiler, »schachtartiger« als beim Vorläufer in Ravenna [Kubach 1974, 54]; sie ist sogar steiler als bei den direkten ›Nachfolgebauten‹ in *Essen* und Ottmarsheim, die beide dem 11. Jahrhundert zugehören. Gerade *Ottmarsheim*, diese getreueste ›Kopie‹ Aachens, läßt im ›dritten Stockwerk‹ die Vertikalität der Aachener Bogenstellungen entschieden vermissen, die doch so dramatisch empfunden wird. Der Aachener Raum »betont zum ersten Male die für das abendländische Bauen charakteristische vertikale Tendenz, den Drang zur Höhe« [Stephany 1983, 3].

Auch die Gesamtrelation von Kuppelhöhe zu Oktogondurchmesser ist in Aachen noch ausgeprägter: Aachen übertrumpft mit einem Quotienten von 5,1 die 4,4 von Ottmarsheim deutlich,* obwohl die bautechnischen Schwierigkeiten bei der um 50 Prozent höheren Kuppel Aachens überproportional ansteigen. Erst Speyer entspricht an Steilheit des Aufrisses wieder Aachen, achtes Indiz dafür, den Aachener Bau erst in der zweiten Hälfte des 11. Jahrhunderts anzusetzen.

Seltsam genug nimmt Aachen die Strebungen der nördlichen Romanik und Gotik um Jahrhunderte vorweg, »den dynamischen Steilraum [...] die Vertikale als dominierendes Element des Innenraums. [...] In der strengen Vertikalisierung liegt das schöpferisch Eigenständige« [Adam 1968, 8, 43].

Gleichwohl fehlt diese Komponente in den anderen karolingischen Bauten wie Corvey, Essen, der Einhards-Basilika oder Sankt Georg-Reichenau. An der Säulenbasilika *Sankt Justinus in Hoechst* wird sogar getadelt, daß ihr Raum »für karolingische Kirchen ungewöhnlich steil« sei [Winterfeld 1993, 30]. Diese Vertikalität tritt erst mehr als 200 Jahre später wieder auf. Für

---

* *Ottmarsheim*: 4,4 oder exakt 4,44 sind errechnet aus 20,08 m zu 4,52 m [Kottmann 1971, 117]; der Quotient 4,65 aus 21,04 m zu 4,52 m dürfte auf falschen Maßangaben beruhen [Will 1982, 49].
Aachen: 5,1 oder exakt 5,08 sind errechnet aus 30,49 m zu 6 m [Weisweiler 1981, 235]; aus 31,28 m zu 6 m [Kottmann 1971, 121] ergäben sich sogar 5,21.

Abb. 44 Bau-Anachronismen IX. Wandgliederung (9): Hildesheim, Sankt Michael (1010 - 1033) ist die gleiche flachgedeckte Säulenbasilika mit hochliegenden Fenstern wie (unten) das karolingische Sankt Georg auf der Reichenau, 896 - 913, mit ottonischer Ausmalung [Koch 1990, 68; Schütz 1989, 267]

das 1046 geweihte *Sankt Gertrud in Nivelles* hören wir von der »steilen Gestrecktheit des Langhauses in seiner rechtwinkligen Kantigkeit, bezeichnend für die *Reichskunst der salischen Kaiserzeit, deren steile Raumproportionen* erst wieder von der gotischen Baukunst übertroffen werden« [Adam 1968, 63].

Von Heinrichs Umbau des *Speyerer Doms* wird wiederum die »strenge Vertikalisierung des Raumes« hervorgehoben [Adam 1968, 84]; er verdient die Bezeichnung »himmelanstrebende Gottesburg« [Seibt 1992, 145], die auch Aachen trefflich charakterisieren würde, wenn es ein salischer Bau sein dürfte. Wenn wir bislang für eine ›Verjüngung‹ Aachens ins 11. Jahrhundert plädiert haben, müssen wir jetzt hinzufügen, daß die meisten anderen Karolingerkirchen – Ausnahme bleibt Theodulfs Germigny-des Prés – nicht mehr *nach* Aachen, sondern *vor* ihm einzuordnen sein werden: Ende des 10. bis Mitte des 11. Jahrhunderts.

9. Wandgliederung

Wer das Aachener Münster mit den übrigen karolingischen Kirchenbauten vergleicht – etwa der Einhards-Basilika im Odenwald oder Sankt Georg in Reichenau/Oberzell –, kann nur den Kopf darüber schütteln, daß diese Kirchenbauten aus derselben Zeit stammen sollen. In Aachen imponieren die Säulengitter, also die fast zu Pfeilern reduzierten Wände, deren Säulenstellungen nur der Optik, nicht mehr der Statik dienen (ihre ›Nachfolger‹ betrachten wir unter Punkt 23). Dabei zeichnet die übrigen karolingischen Kirchen das genaue Gegenteil aus, nämlich, »daß die Wände des Langhauses als glatte, durchgehende Flächen ausgebildet sind, daß keine horizontalen Gesimse oder vertikale Bauglieder den Gesamtzusammenhang unterbrechen« [Adam 1968, 48].

Nach dieser Definition könnte Aachen mit seinem horizontalen Gurtgesims und seinen vertikalen Baugliedern nimmermehr ein karolingischer Bau sein.

Seine Wandgliederung ist eine völlig andere, spätere – der neunte Anachronismus. Oder hätte man in Basilikakirchen einen anderen Raumeindruck als in den Zentralbauten angestrebt? Ein Wandel scheint sich erst lange Zeit später anzubahnen. *Sankt Pantaleon in Köln* steht mit seinem Langhaus aus der Zeit um 1000 am Anfang dieser Entwicklung.

»Die kubische Strenge des Schiffes wird gemildert durch eine Gliederung der großflächigen Wände in zartester Schichtung [...]: Flache, schlanke Blendnischen, bis unter die Fensterzone reichend, sind in die Wand eingetieft, so daß ein feines Relief die Oberfläche belebt. Die Nischen unterbrechen den glatten Fluß der Wand, schaffen in ihrer regelmäßigen Reihung eine Unterteilung in einzelne Abschnitte [...] *Der geschlossene Wandzusammenhang karolingischer Bauten oder die Gernroder Flächigkeit sind hier überwunden*, ein Gedanke von größter Tragweite, der dann konsequent weitergeführt zur Jochbildung der romanischen Baukunst« [Adam 1968, 52].

Für Sankt Pantaleon sei angemerkt, daß sein Bau I abwechselnd als karolingisch oder als ottonisch angesehen wird [Neu-Kock 1991, 312 f].

10. Die Auflösung der Wände

Während wir also hier im Köln der Jahrtausendwende »die Anfänge der Wandgliederung im Rheinland« beobachten können [Adam 1968, 52], finden wir im doch 200 Jahre älteren Aachen eine viel weitergehende, zukunftsweisende Entwicklung, wie wir sie erst in *Speyer II* (wieder)finden. »Das tragende Gerüst für die Gewölbe tritt [in Speyer] hervor, die begrenzenden Mauern treten zurück, haben keine tragende Funktion. Der zukünftige Weg der mittelalterlichen Architektur ist vorgezeichnet bis hin zur Gotik mit ihrer völligen Auflösung der Wände zwischen dem tragenden Gerüst der Glieder« [Adam 1968, 84].

Aachens aufgerissene Wände mit den weit geöffneten Emporen zwischen den allein tragenden Pfeilern sind genausoweit entwickelt wie die von Speyer, was kunsthistorischer Sachverstand ungern beachtet, weil Aachen an byzantinischen Vorbildern, insbesondere an San Vitale in Ravenna, gemessen wird, bei denen solches schon realisiert war. Für das nicht-

Abb. 45 Bau-Anachronismen X. Wandauflösung (10): Hildesheim, 1010 bis 1033 / Reims, Saint-Remi, um 1049 / Caen, Saint-Etienne, 1063 bis 1076, ab 1120 gewölbt / Speyer, von rechts nach links: Bau I, vor 1061 ausgeführt; Bau II geplant, Bau II ausgeführt 1082 - 1106 [Christe 1988, 274, 287, 307; Koch 1990, 96; Schütz 1989, 271]

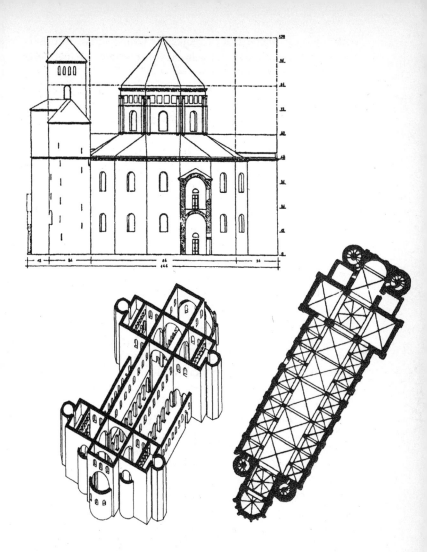

Abb. 46 Bau-Anachronismen XI. Gebundenes Maßsystem (11): Aachen, Pfalzkapelle / Hildesheim, Sankt Michael, Isometrie, 1010-1033 / Worms, Dom, Grundriß, Langschiff 1160-1181 [Schütz 1989, 267, 295; Braunfels 1991, 104]

byzantinische Abendland bedeutet das konstruktive Auflösen der Wände gleichwohl das zehnte Vorpreschen Aachens um mehrere Jahrhunderte.

11. Das gebundene Maßsystem

›Und das elfte folgt sogleich‹. Romanik wie Gotik versuchten aus einem Grundmaß, aus einer einzigen Maßvorgabe heraus den gesamten Bau zu entwickeln, zu komponieren, Relationen zwischen kleinsten und größten Einheiten zu schaffen. »Dabei mußte er [der Baumeister] darauf bedacht sein, daß überall die gleichen Größen wiederkehrten und auch alle Maße des Aufrisses schon im Grundriß festgelegt blieben. *Das ganze Mittelalter sollte es ähnlich halten*« [Braunfels 1991, 103].

Seit der Jahrtausendwende, seit *Sankt Michael in Hildesheim* (1010 - 1033) wird das »*gebundene System*«, jener »*quadratische Schematismus*«, immer konsequenter eingehalten, bei dem aus dem (Vierungs-)Quadrat heraus ein umfassendes *Maßsystem* entwickelt wird [Adam 1968, 16, 56]. Aber auch für das 200 Jahre ältere Aachen wird ein solches System für die Kirche, sogar für die gesamte Kaiserpfalz berichtet. »*Die gesamte Anlage wurde nach einem einheitlichen geometrischen Prinzip errichtet. Daher ist sie auch heute noch als geometrische Konstruktion rekonstruierbar*« [Hausmann 1994, 8; seine Hvhg.].

Das braucht nicht zu verwundern, spricht doch die lateinische Widmungsinschrift, die im Oktogon umläuft, ausdrücklich davon, daß »die gleiche Mathematik das ganze Bauwerk harmonisch aufeinander abstimmt« [Hausmann 1994, 10]. Und so läßt sich ein klares Zahlensystem in Fuß (= f) bestimmen. Vielleicht liegt es an der Genialität des Baumeisters, daß verschiedene Rekonstrukteure mit unterschiedlichen Fußlängen zu sinnvollen Relationen kommen. Während sich Braunfels, Hugot, Kottmann und Weisweiler für die Pfalzkapelle auf den karolingischen Fuß von 33,3 Zentimeter stützen, kommt Axel Hausmann [1994, 34] mit 29,6 Zentimeter, also mit dem römischen Fuß, zurecht. Wir beschränken uns auf das öfters genannte Maß:

Abb. 47 Bau-Anachronismen XII. Aachen: Anfänger der Kreuzgewölbe zeigt Quader- und Bruchstein (12), offener Sturz über der Tür (16), nach unten geschrägte Fensterlaibung (14) [Haupt 1913, Taf. XXI, Abb. 15]

144 f: Länge der Kapelle sowie Innenumfang des Oktogons
108 f: Gesamthöhe der Kapelle wie des Westwerks
100 f: Äußere Breite des Sechzehnecks sowie Gesamthöhe Kapelle [Kottmann anders als Braunfels]
 50 f: Durchmesser des Oktogons inklusive Mauerdicken
 48 f: Höhe des äußeren Gesims (Sechzehneck)
 24 f: Freie äußere Höhe des Oktogons sowie Höhe des Kuppeldachs
 18 f: Eine Seite des Oktogons sowie Breite der Vorhalle
 12 f: Dachhöhe des Sechzehnecks sowie obere Innensäulen
 10 f: Breite des Westportals sowie Fensterhöhe im Lichtgaden [Braunfels 1991, 103; Weisweiler 1981, 31, 116; Kottmann 1971, 120 f.].

In Aachen wurden diese Maße, auch für den inneren wie äußeren Aufriß aus dem Quadrat, in das kompliziertere Oktogon transponiert, was nun wirklich nicht dafür spricht, daß diese Lösung bereits 200 Jahre früher gefunden worden wäre als das schlichte Quadratschema. Erinnert sei auch noch einmal an das Lotharkreuz, das in seinen Maßrelationen exakt dem Aachener Oktogon entspricht, obwohl es 200 Jahre später angefertigt worden ist [Weisweiler 1981, 92 f.]. Sankt Michael in Hildesheim wiederum, das doch den eigentlichen Beginn des gebundenen Systems verkörpert, kann noch mit keiner ausgereiften Systematik aufwarten. »Die breiten Seitenschiffe, die niedrigen Arkaden des Mittelschiffs und die kleinen Obergadenfenster hoch oben, die riesige ungegliederte Wandflächen stehen lassen, machen deutlich, *daß es noch keinen festen Proportionskanon gibt*« [Cramer u. a. 1993, 382].

Hildesheim liegt also 220 Jahre nach Aachen noch deutlich hinter dessen Präzision zurück – ein sehr gewichtiger Anachronismus. Hervorzuheben ist, daß ein Physiker, der akribisch die geometrische Struktur der Aachener Kaiserpfalz herausarbeitet [Hausmann 1994], dabei übersehen kann, daß er mit jeder aufgespürten Relation jene geltende Kunstgeschichte ins Unrecht setzt, die bislang und rechtens Bischof Bernward von Hildesheim die Erfindung des gebundenen Systems zuspricht.

12. Zwischen Bruchstein und Quader

Könnte eigentlich Aachens Grauwackenbruchsteinmauerwerk, aus dem die Hauptmasse seiner Mauern besteht [Haupt 1913, 9], einfach in ein späteres Jahrhundert versetzt werden? Das würde keine Probleme bereiten, weil das Bauen mit gutgeschnittenen *Großquadern* nach dem Aussterben römischer Baukunst erst wieder nach 1050 einsetzte [Waurick 1992, 204; Eckstein 1986, 28], um unter den Staufern seinen Höhepunkt zu erreichen. Wir benennen einige Zwischenstationen auf diesem Weg.

Für das mäßige Gemäuer einer Provinzkirche – *Saint-Gilles von Puypéroux* vom Ende des 11. Jahrhunderts – kann noch vermerkt werden, »das Mauerwerk dürfte zur Zeit der Karolinger nicht anders gewesen sein« [Ch. Daras laut Aubert 1973, 576].

An bedeutenderen Bauten ist jedoch schon früher damit begonnen worden, auf besseren Steinschnitt zu achten. Die *Michaeliskirche in Hildesheim* steht vielleicht am Beginn dieser Übergangszeit: »Das von Bernward [wohl ab 1010] entworfene und bis zur Mitte des 11. Jahrhunderts fertiggestellte Bauwerk ist trotz der vergleichsweise kurzen Bauzeit von nur wenig mehr als einer Generation *durch zwei grundsätzlich unterschiedliche Mauerwerkstechniken charakterisiert*«, einmal durch Sandsteinmauerwerk, dessen lange, recht niedrige *Blöcke* sauber geschichtet sind, einmal durch »unregelmäßig und ohne erkennbares Ordnungssystem geschichtetes *Bruchstein*mauerwerk« [Cramer u. a. 1993, 376].

In *Speyer I*, an dem von 1025 bis zum Jahr 1061 gebaut worden ist, finden wir dasselbe auffällige Nebeneinander von einfacher und besserer Steinbearbeitung. »Die Außenflächen der Mauern bestanden aus zunächst sehr kleinteiligem, in Lagen vermauertem hammergerechten Kleinquaderwerk, dessen Schichten später höher und sorgfältiger wurden« [Winterfeld 1993, 58]. »Sehen wir vom üppig gestreiften Mauerwerk des Westbaus ab, so fällt uns am deutlichsten der Kontrast zwischen dem unregelmäßig kleinteiligen Mauerwerk des Seitenschiffs und dem sorgfältigen Quaderwerk des Obergadens ins

Auge. Bis auf die Zwerggalerie *stammen jedoch beide Mauerzüge von Bau I und sind zeitlich nicht voneinander zu trennen*« [Winterfeld 1993, 99].

Diese Parallelität ist auch in *Speyer II* (bis 1106) noch nicht überwunden, wie die folgende Auflistung klarstellt: »Die Hauptarten der Bearbeitung bestehen in allen Perioden, die wir hier betrachten, nebeneinander. Feingefugtes, sauberes Großquaderwerk haben wir am Aachener Münster um 800, an St. Pantaleon in Köln und an St. Michael zu Hildesheim zu Beginn des 11. Jhs., in Speyer I um 1050, um 1100 in Speyer II, in Cluny III, in Durham, in Bari und Pisa, in Toulouse, in Santiago. Im 12. Jh. überall« [Kubach 1974, 383].

Hier wird nun Aachen als frühester Bau einer Übergangszeit angesprochen. Und so ist es Zeit, daran zu erinnern, daß die Pfalzkapelle keineswegs allein aus Bruchsteinmauerwerk besteht, sondern – wie Kuppel und Oktogonpfeiler – aus sorgfältig behauenen Quadern [Kubach 1986, 28]. Dasselbe gilt für Lorsch, vor allem aber für die bereits genannte Krypta von *Saint-Médard in Soissons*, die von 817 bis 841 in einer hochentwickelten Technik gebaut worden ist.

»Das ist in einer Krypta, deren Halbkreis- und Kreuzgratgewölbe ausschließlich *aus hervorragenden Hausteinen* gearbeitet sind, nicht überraschend. *Später*, vom 10. Jahrhundert bis zur Mitte des 12. Jahrhunderts, vermag man die ersten französischen Kirchen der Romanik *nur noch mit Bruchsteingewölben* zu überdecken« [Hubert 1969, 68]. Und weiter: »Die Quadergewölbe sind mit einer Kunstfertigkeit ausgeführt, die nach der karolingischen Zeit erst wieder vom zweiten Viertel des 12. Jh. an im Pariser Becken und in Südfrankreich noch später auftreten sollte« [Hubert 1969, 359].

Hier trennen sich die Wege zwischen bisheriger Kunstgeschichte und meiner Analyse. Denn die Vorstellung, daß von 794 bis 1150 schlechtere und bessere Steinmetzkunst immer nebeneinander auftreten, ist nicht zu halten, wenn sich die bessere Steinschnittechnik zumindest im Westen für 300 Jahre, für die Zeit von 850 bis 1150, ganz verabschiedet hat. Handwerkskönnen hängt aber von seiner Tradition ab und kann deshalb nicht nach Belieben des Betrachters wieder auftauchen, wenn es für mehr als eine Generation verschwunden war.

Von den ›Karolingerbauten‹ Aachen, Lorsch und Saint-Médard einmal abgesehen, hat sich sauberer Quaderbau bei den großen Kirchenprojekten binnen 120 Jahren, zwischen 1030 und 1150, durchgesetzt. Eine Übergangszeit dieser Länge wirkt akzeptabel, sofern das ein Kriterium ist. Niemand kann aber leugnen, daß die Mischtechnik der sogenannten Königshalle zu Lorsch und von Aachen besser im 11. Jahrhundert untergebracht wäre. Dieser zwölfte Anachronismus scheint für die Krypta von Saint-Médard, Soissons, bereits ausgeräumt zu sein, denn der »Fischer-Hachette-Reiseführer«, ein »guide bleu« [1986, 512], hat sie – trotz ihrer Form als karolingische Stollenkrypta [Kubach 1986, 26] – ins 11. Jahrhundert verwiesen.

13. Kreuzpfeiler

Aachens Gewölbe ruhen auf *Pfeilern* mit schwach ausgeprägten Vorsprüngen. Diese Vorlagen dienen dazu, die Unterzüge zu tragen, die von diesen Pfeilern ausgehen. In Aachen fällt dieses Charakteristikum der Oberkirche kaum ins Auge: Zum einen fehlt es an den Innenwänden des Oktogons, die durchgehend glatt gehalten sind, zum anderen wird es durch die spätere Marmorverkleidung fast verdeckt [Faymonville 1916, 82]. In den karolingischen Kirchen von Germigny-des-Prés und Auxerre, Saint-Germain, tritt dieses Element vollständig auf, und hier läßt sich erkennen, daß es sich um ein eigentlich antikes Bauelement handelt, um den kreuzförmigen Pfeiler, der wegen seiner kreuzförmigen Grundfläche so bezeichnet wird. Bei ihm können die Gurtbögen oder Gewölbe auf allen vier Seiten bis zum Boden geführt und dort abgestützt werden, ohne in den Pfeiler selbst eingeleitet werden zu müssen. Aachens Oktogonpfeiler haben zwangsläufig noch kompliziertere Grundflächen, ohne an Zweckmäßigkeit einzubüßen.

- »Die Bedeutung dieser Bauform, die einen Fortschritt darstellte, muß unterstrichen werden. Wie die Übernahme des Schwibbogens und der quergelegten Tonne zeigt sich, daß die romanische Kunst auf der karolingischen Kunst aufbaut« [Hubert 1969, 68].
- »Man kann die Bedeutung dieses von der Antike übernommenen Bauelements nicht genug unterstreichen. Die vollkommen mit Gewölben überspannte Kirche des Mittelalters baut darauf auf« [Hubert 1969, 359].

Trotz dieser Vorzüge geraten die Kreuzpfeiler anschließend wieder in Vergessenheit, um ab der Jahrtausendwende erneut auf- und einen regelrechten Siegeszug anzutreten, kann doch hervorgehoben werden, »... wie sie im 11. und 12. Jahrhundert überall geläufig wurden« [Hubert 1969, 347]. Sehr gut zu erkennen ist das an den kahlen Pfeilern von *San Vincente in Cardona*, jenem Bau aus dem früheren 11. Jahrhundert (1019 bis 1040), bei dem »die Stützglieder, die Dienste oder Vorlagen, in neuartiger Weise die Wände [formen], ihnen als straffe Vertikalbahnen aufgelegt« sind [Adam 1968, 76].

Nur noch archäologisch ist die alte *Kathedrale von Orléans* zu erschließen [Kubach 1974, 110], die von 989 bis 1029 entstanden ist. Bei ihr ermöglichten es diese Kreuzpfeiler »um das Jahr 1000 [...], die vier Seitenschiffe und vielleicht die Emporen der riesigen Kathedrale von Orléans, des ältesten großen, fast vollständig mit Gewölben überspannten Bauwerks im romanischen Europa, einzuwölben« [Hubert 1969, 68].

So sind die Kreuzpfeiler und ihr Bauherr Karl der Große ein dreizehntes Mal der Entwicklung um gut 200 Jahre voraus. Ob aber das Wissen von Aachen aus weitergegeben worden ist, darf mit Fug und Recht bezweifelt werden, sonst wären nicht nur die Seitenschiffe von Orléans, sondern auch das dortige Mittelschiff eingewölbt worden. Genau das ist aber – trotz Aachen – kurz nach der Jahrtausendwende noch nicht einmal versucht worden.

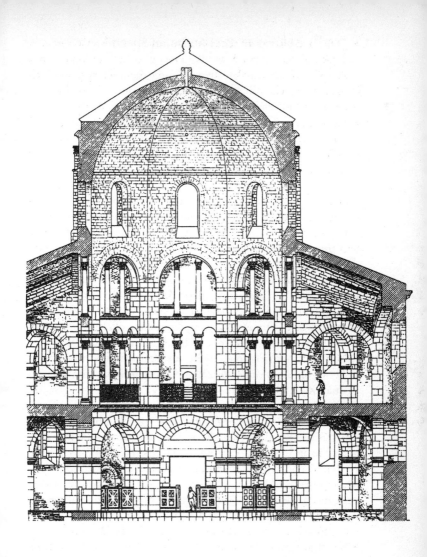

Abb. 48 Aachener Pfalzkapelle: Querschnitt; zu den Aachener Anachronismen zählen im Erdgeschoß der offene Sturz überm Eingangstor (16), im ersten Stock die schrägen Gewölbetonnen (3), die Fensterlaibungen (14) und der senkrecht beschnittene Kämpfer im Umgang (15) [Haupt 1913, Taf. XV]

14. bis 16. Drei Aachener Spezifika

Nur dem Kenner fallen Details auf, die selbstverständlich scheinen, es aber nicht sind. Karl Faymonville machte in Aachen noch drei Beobachtungen: »Die nach innen ringsum etwas abgeschrägten und unten stark abfallenden Fenster dürften wohl *das älteste Beispiel* für diese später so beliebte Fensterform sein. Die Kämpfer der Gurtbögen in der Oberkirche sind charakterisiert durch ihre glatt abgeschnittenen Seitenflächen. Diese Eigentümlichkeit ist *gleichfalls auf die frühromanische Architektur übergegangen*. Die Portale mit ihren offenen Entlastungsbögen über dem geraden Sturz galten *noch bis ins 11. Jahrhundert* hinein als Vorbild. So z. B. in Lorch und in Limburg a. H.« [Faymonville 1916, 86 f.].

Schon zuvor waren Aachens Fensterlaibungen Albrecht Haupt aufgefallen: »Für die in romanischer Zeit so häufige innere Fensterabschrägung dürfte dies wohl das erste Beispiel sein« [Haupt 1913, 14]. So haben die *angeschrägten Fensterlaibungen,* die *glatt abgeschnittenen Kämpfer* und die *offenen Entlastungsbögen über geradem Sturz* die architektonische Pause zwischen Karolingern und Ottonen nicht nur überdauert, sondern werden wie andere karolingische Eigentümlichkeiten in der Romanik geradezu stilbildend.

Wir ziehen eine *Zwischenbilanz:* 1) Zentralkuppel als hohes, achtseitiges Klostergewölbe in Stein, 2) gekonnte Kreuzgratgewölbe im Umgang, 3) steigende Tonnengewölbe als Stützen in den Emporen, 4) Schneckengewölbe, 5) Schildbögen, 6) Mauervorlagen als äußere Stützen, 7) schubableitendes Strebesystem, 8) Vertikalität des Raumes, 9) differenzierte Wandgliederung, 10) Auflösung der Wände, 11) ganzzahliges Maßsystem für Grund- und Aufriß, für Innen- und Außenbau, 12) Übergang von Bruchstein- zu Quaderwerk, 13) Pfeiler mit kreuzförmigem Grundriß, 14) Fenster mit abgeschrägten Laibungen, 15) glatt abgeschnittene Kämpfer, 16) offene Portalbögen über waagerechtem Sturz.

Sechzehnmal ist Aachen der abendländischen Kunst um 200 bis fast 300 Jahre voraus. Wir vergleichen dieses vorläufige

Ergebnis mit dem didaktischen Schema von Wilfried Koch, der den Sakralbau der Frühromanik (1000-1100) folgendermaßen von Vor- und Hochromanik abgrenzt:

»Konrad II. 1024-1039 Differenzierung des Baukörpers
Heinrich III. 1039-1056 durch Stützenwechsel *Bündel-*
Heinrich IV. 1056-1106 *pfeiler* Überfangbogen *Dienste* an
den Hochschiffwänden ausgeschiedene Vierung mit Vierungsturm *Seitenschiffgewölbe Hochschiffgewölbe* gegen Ende des Jahrhunderts Zwerggalerie *Quader statt Bruchstein*« [Koch 1988, 94].

Die kursiv hervorgehobenen Charakteristika dieses 11. Jahrhunderts zeichnen schon das Aachen des späten 8. Jahrhunderts aus; der Eindruck des anachronistischen Vorläufers verstärkt sich noch dadurch, daß erst für die Hochromanik (1100 bis 1180) »voll überwölbte Bauten«, »Strebewerk« und »Systematisierung aller konstruktiven Teile« aufgeführt werden [ebd.].

Braucht es noch mehr Beweise, daß die Aachener Pfalzkapelle niemals ein Bau des 8. Jahrhunderts ist und in Wahrheit aus dem späteren 11. Jahrhundert stammen dürfte?

17. Eiserne Ringanker

Es bedürfte keiner weiteren Beweise, aber sie sind gar nicht abweisbar. Denn wie zum Beispiel ließ sich die gewichtige Kuppel technisch bewältigen? Nachdem die Außenstützen am kritischen Übergang zwischen ›Tambourzone‹ und Gewölbe endigen, die Kuppel aber aus schwerem Haustein besteht, muß die Statik der Kuppel auf andere Weise gewährleistet worden sein. Bewundernd wird immer wieder hervorgehoben, daß in Aachen mindestens sieben *eiserne Ringanker* eingebaut wurden, die alle Schubkräfte auffangen sollten. Die beiden untersten Eisenstangen liefen – 8 mal 8 Zentimeter stark – über den

Türen des Sechzehnecks um den Bau. Über dem Sturz des Hauptportals fanden sich beim Versetzen der Wolfstür zwei weitere Eisenstäbe, die durchtrennt werden mußten [Buchkremer 1940, I 25]. Schon im 18. Jahrhundert wurden jene offen geführten Eisenstangen entfernt, die im Erdgeschoß des Oktogons unter den acht Bögen durchzogen [Haupt 1913, 15]. Daß dies ohne Folgeschäden möglich war, beweist, daß diese und andere Armierungen im Grunde gar nicht zwingend nötig waren, sondern nur der Vorsicht geschuldet waren. Über den Fenstern des Achtecks zogen mindestens vier Anker durch die Mauer. Ein erhaltenes Stück seines Hauptgesimses zeigt eine tiefe Rille, in der ein Eisenanker gelegen haben muß [Buchkremer 1940, 26]. »In ähnlicher Weise ist der untere Teil der Kuppel durch einen vierfachen eisernen Ringanker verstärkt; die beiden unteren 6-7,5:8 cm, der dritte 3:4,5 cm und der obere 3:5 cm« [Faymonville 1916, 83]. »Die Glieder der unteren zwei sind, wie man sieht, sogar durch Keile in Schlitzen, zum Anspannen der Anker verbunden, die der oberen nur durch einfache Ringe zum Fassen der umgebogenen Enden. Diese Verbindungsstellen sind nachher durch umgegossenes Blei geschützt« worden [Haupt 1913, 15]. Anfangs gab ein Eichenringanker zusätzliche Sicherheit [Kreusch 1965, 470].

Beim Beheben der Kriegsschäden von 1943/44 entdeckte man eine weitere, besonders interessante Armierung. In jedem Strebepfeiler ist der Ankerring über den Oktogonfenstern mit dem nächsthöheren durch einen 3,70 Meter langen Eisensplint verbunden. Diese Armierung hat, das beweist die Ausführung, von Anfang an zum Bau gehört: Nach dem Vorspannen des unteren Ankers wurden die senkrechten Splinte gesetzt; auf sie wurden beim Weiterbau die darüber liegenden, durchbohrten Pfeilersteine regelrecht aufgefädelt, um die Splintenden schließlich mit dem oberen Ringanker zu verbinden [Huyskens 1953, 19]. So wurde ein regelrechtes *Eisenkorsett* zusammengeschraubt – der siebzehnte Anachronismus.

Denn von Zugankern, noch dazu eisernen, wird für die nächsten Jahrhunderte nichts berichtet. Beim *Dom zu Speyer*, der in seiner zweiten Phase (1080 bis 1106) als erster Bau die Höhe der Aachener Kuppel übertraf, kam *mannigfache Holzbe-*

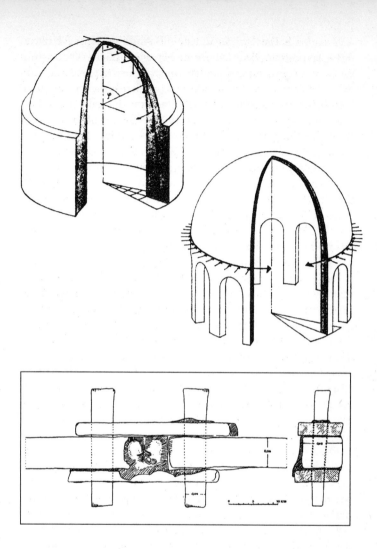

Abb. 49 Bau-Anachronismen XIII. Kuppelarmierung (17): Kräfteverlauf in Kuppel mit massiven Widerlagern bzw. mit Ringanker [Hart 1965, 21] / Aachens sieben Ringanker s. Abb. 2. / Verschluß der beiden unteren Kuppel-Ringanker Aachens mit bleivergossenen Steckverbindungen [Haupt 1913, Abb. 25]

wehrung zum Einsatz. So wurde die Apsis durch ein Balkenpolygon gestützt, wurden nördliches wie südliches Querschiff von Ringankern zusammengehalten, die zusätzlich an die Türme anschlossen. Sie bestanden aus Eichenbalken mit einem Querschnitt von 30 mal 35 Zentimetern, die jedoch alle vermodert sind. Für das Vierungsgewölbe darf ein noch nicht gefundener Anker vermutet werden [Kubach/Haas 1972, 586].

Als man hier – erstmals in Europa – ein großes Mittelschiff einwölbte (32 Meter hoch, 14 Meter breit), mußte es von jenen Mauern der ersten Bauphase getragen werden, die noch nicht für einen Gewölbeschub ausgelegt waren. Deshalb lief unter jedem Gurtbogen ein Balken frei durchs Mittelschiff; so wurden die Wände regelrecht zusammengespannt [Winterfeld 1993, 91]. Auf diese Methode konnte nicht einmal die Gotik mit all ihrem raffinierten Strebewerk ganz verzichten. Denn solange sich Pfeiler, Strebebögen und Gewölberippen noch nicht gegenseitig abstützten, so lange brauchte es provisorische Holzanker. Sie wurden nach der Fertigstellung abgesägt, wie ihre Reste in der *Kathedrale von Chartres* beweisen [Meulen/Hohmeyer 1984, 50 f., 56]. Im *Dom zu Regensburg*, also im späten 13. Jahrhundert, finden sich sowohl hölzerne Zuganker als auch schmiedeeiserne Haken, in die hölzerne Zugbänder mit Eisenösen eingeklinkt wurden [Schuller 1989, 205 f.]. Überhaupt wurde an diesem Bau relativ viel Eisen eingesetzt, nicht zuletzt jenes mit Blei vergossene Eisen [Schuller 1989, 205, 214], das so schon in Aachen auftritt.

Die großen Kuppeln nach Aachen wurde alle mit Ringankern gebaut. Brunelleschi verließ sich in *Florenz* auf eine Balkenkonstruktion aus Kastanienholz (frühes 15. Jahrhundert), Michelangelo sah in *Roms Petersdom* einen armierten Tambour und sechs eiserne Zuganker vor (16. Jahrhundert), Christopher Wren nutzte für die *Saint Pauls Cathedral in London* (17. Jahrhundert) vier Kreisketten und einen Eisenringanker [Hart 1965, 71, 75, 83]. Aachens Eisenarmierung kommt sehr früh, beunruhigend früh, zumal wir das Karolingerreich als ausgesprochen eisenarm kennengelernt haben.

Natürlich ist der Petersdom zu Rom nicht der direkte Nachfolger von Aachen – so weit reicht keine Umdatierung im frühen Mittelalter. Aber um wie viele Jahrhunderte Aachen in diesem Falle konkret voraus ist, ließ sich nicht fixieren, weil sich keine mittelalterliche Entwicklungsreihe für derartige Anker gefunden hat – die letzte umfassende Arbeit über mittelalterliche Dachwerke und deren Holzkonstruktionen stammt von 1908 [F. Ostendorf laut Schuller 1989, 187]. Bekannt ist lediglich, daß schon römische Baumeister in den Caracalla-Thermen Bronze- und Eisenstangen verbaut haben, obwohl die römischen Gußkuppeln fast keine Schubkräfte entwickelten und deshalb keine derartigen Sicherungen benötigten [Straub 1992, 269]. Weder im römischen Pantheon noch in den anders konstruierten Kuppeln von San Vitale zu Ravenna, noch in der Hagia Sophia zu Konstantinopel sind Armierungen gefunden worden [Thode 1975].

Wir wollen aber eine Denkmöglichkeit nicht außer acht lassen: Könnte der Kernbau von Aachen älter sein als seine heutige Kuppel? Zweimal ist der Dachstuhl über der Kuppel abgebrannt, was anschließend zu baulichen Änderungen führte. »Im Jahr 1146 erfolgte nach einem Brand die erste Aufstockung des Kernbaus, der nach einem zweiten Brand 1224 eine weitere Erhöhung folgte« [Kottmann 1971, 199].

Gemeint sind damit Anfügungen am Außenbau wie die umlaufenden Bogenstellungen und die steilen Dreiecksgiebel über jeder Seite. Könnte es sein, daß erst nach einem dieser Brände die Kuppel ihre heutige Gestalt erhielt? Da kürzlich eine Dissertation über die Münsterdekoration erschienen ist, kann sie uns Hilfestellung geben. Das heutige Kuppelmosaik stammt aus wilhelminischer Zeit, während sich ältere, in der Dombauhütte verwahrte Mosaiksteinchen zeitlich schwer einordnen lassen [Wehling 1995, 19-23, 38]. Bei den schriftlichen Quellen kommt Ulrike Wehling zu einem erstaunlichen Befund: »Die folgende eingehende Analyse der Quellen wird ergeben, daß erst kurz vor 1166, im Zusammenhang mit der Kanonisation Karls des Großen, von Mosaik im Münster gesprochen wird. Dies steht im Gegensatz zur bisherigen Forschung« [ebd., 12].

1870 sind bei Restaurationsarbeiten an der Kuppel Malereifragmente gefunden worden, die über bloße Vorzeichnungen für ein Mosaik hinausgehen. Wehling kommt zu dem neuen Ergebnis, »daß die gesamte Kuppel zunächst ausgemalt wurde und in einem unbekannten Zeitabstand vor der Mitte des 12. Jahrhunderts mosaiziert wurde« [ebd., 33]. Und weiter: »Es ist aufgrund der Quellen sogar möglich, daß erst Friedrich Barbarossa als besonderes Zeichen seiner Verehrung Karls des Großen die Kuppelmalerei durch Mosaik ersetzen ließ« [ebd., 36].

Gleichwohl präferiert die Autorin dafür als spätesten Termin das Jahr 1130 [ebd., 38], während »die Malereifunde in der Kuppel [...] auf römische Maler der 1. Hälfte des 9. Jahrhunderts schließen« lassen [ebd., 38].

Diese Datierung hat sie im Vergleich mit karolingischen Bauten Roms ermittelt, die jedoch ihrerseits erst daraufhin geprüft werden müssen, ob sie nun tatsächlich aus dem 9. oder einem späteren Jahrhundert stammen [vgl. Illig 1996 d].

Es kann also nicht ausgeschlossen werden, daß Kuppel und Ausmalung erst nach dem Brand von 1146 entstanden sind und das Kuppelmosaik binnen 20 Jahren folgte. Ebensogut können aber Kuppel und Ausmalung um 1100, das Mosaik bis 1130 entstanden sein; eine Untergrenze ist durch den Umstand gegeben, daß im westlichen Europa die Mosaikkunst erst nach 1060 wieder einsetzt [Illig 1996 c]. Nach Wehling stammt die Kuppel mit Sicherheit aus der Zeit um 800, doch weiß sie keine Erklärung, warum dieser bedeutungsvolle Raum bis zu 300 Jahre lang auf sein strahlendes Kuppelmosaik warten mußte. Bei Streichung von Phantomjahrhunderten entfällt diese mißliche Provisoriumszeit, ohne daß der Bezug zu den römischen Malereien verlorengehen muß (s. Wandmalerei, S. 329). Dann sind auch Kuppel und Kernbau mit Sicherheit gleichzeitig entstanden, wofür ohnehin der äußere Eindruck des Oktogons spricht.

Um einem Mißverständnis vorzubeugen, will bemerkt sein, daß das gesamte Strebesystem von Anfang an auf eine schwere Kuppel ausgelegt war, ein Kuppelbau im 12. Jahrhundert also nur eine ältere Kuppel ersetzt hätte. Noch etwas ist denkbar, bevor wir mit den Spekulationen abbrechen: Die Pfalzkapelle wäre wie der Dom zu Florenz als Kuppelbau begonnen worden, ohne daß seine zeitgenössischen Baumeister gewußt hätten, wie eine derartig große Kuppel überhaupt zu wölben wäre.

18. Glockenklang

Auch dem Glockenguß wohnte Karl bei, wie Notker [29] zu berichten weiß. Wir hingegen wissen, daß die älteste erhaltene Glocke nicht lange vor 1000 [Waurick 1992, 405], allenfalls um 950 [Brandt 1993, 348] in Haithabu gegossen worden ist, und müssen ein achtzehntes Mal befürchten, daß hier späteres Wissen früheren Zeiten zugeschrieben worden ist. Daß die allerfrüheste Glocke – aus Canino bei Viterbo – ins 8. Jahrhundert datiert wird [ebd.], dürfte karolingischem Begleitmaterial geschuldet sein und bedarf neuerlicher Überprüfung. Ebenso muß geprüft werden, ob die ersten großen Bronzegüsse der Romanik wie die Hildesheimer Türen von Glockengießern hergestellt worden sind, die derartige Volumina gewöhnt waren [Drescher 1993, 337]. Der Glockenkenner Hans Drescher leitet lieber eine gut fünf Tonnen schwere Glocke aus der Zeit um 1050 von den dortigen Türen her, als von einer umgekehrten Reihenfolge auszugehen [Drescher 1993, 349].

19. Glockentürme

Mit den karolingischen Glockentürmen treffen wir auf eine weitere, buchstäblich herausragende Bauform mit mehrfachem Baubeginn. Denn lange Zeit galt das Jahr 600 als ihr ›Geburtsjahr‹: »Um die Wende zum 7. Jahrhundert aber entstanden, wie es scheint, die ältesten wirklichen Glockentürme bei ravennatischen Kirchen, und zwar runde freistehende in Ziegelbau« [Haupt 1935, 181].

Noch vor 30 Jahren war es sogar gesichertes Wissen, daß es nicht nur Kampanile aus dem 7. Jahrhundert gibt, sondern daß freistehende Türme im Grunde bereits den altchristlichen Basiliken zugehörten [Drixelius o. J., 52, Abb. 124]. Noch heute wird beispielsweise San Lorenzo Maggiore in Mailand mit seinen vier Ecktürmen dem 4. Jahrhundert zugeschrieben [Koch 1990, 45].

Aus dieser ›antiken‹ Sicht heraus war es überhaupt kein Problem, daß karolingische Türme und Westwerke existieren oder zumindest überliefert sind. Wir erinnern uns an jenen Glockenturm, den Papst Stephan II. (752-757) bei Alt-Sankt-Peter in Rom errichten ließ, der aber nicht mehr nachweisbar ist [Hubert 1969, 314]. Ebenso unproblematisch waren die beiden freistehenden Rundtürme auf dem nie realisierten *Sankt Gallener Idealplan* eines Klosters (820), die das nach diesem Plan gebaute Modell dominieren [Braunfels 1991, 72].

Dieses ehrwürdige Pergament verdient eine kurze Abschweifung. Seltsamerweise – gewissermaßen ein Anachronismus im Anachronismus – wundert sich kaum ein Forscher, daß dieser Plan »die einzige Architekturzeichnung Europas vor dem 13. Jahrhundert« ist, also um fast 400 Jahre der sonstigen europäischen Evidenz vorausgeht [W. Braunfels laut Angenendt 1990, 410]. Und nur ein einziger Forscher – Volker Hoffmann – scheint (1989) den Plan kritisch geprüft zu haben. Sonst wäre auch anderen aufgefallen, daß seine Details vor Widersprüchen derart strotzen, daß dieses »Muster der Vollkommenheit« eher als »Muster der Absurditäten« erscheinen könnte. Die gesamte Zeichnung folgt dem Denkmuster der Fiktion und dürfte der erste fingierte Bauplan sein [Hoffmann 1995].

Ebenso unbedenklich waren die sehr hohen Türme der Hildesheimer Cäcilienkirche [Kozok/Kruse 1993, 291] aus der Zeit vor 834 und der Vierungsturm der Kirche von Germigny-des Prés, der eindeutig zum karolingischen Bau gehörte, obwohl Vierungstürme zumindest bei größeren Kirchen erst im 11. Jahrhundert gewagt worden sind [Kubach 1974, 49, 54]. Und Westwerke sind in Aachen, Corvey und Werden bekannt und etwa für Centula/Saint-Riquier überliefert [Grodecki 1973, 11]. Ja, selbst die Zweiturmfassade konnte eine karolingische Erfindung sein [Kubach 1974, 67]. So war bis weit in die 60er Jahre unseres Jahrhunderts hinein die Welt der Türme gewissermaßen noch in Ordnung.

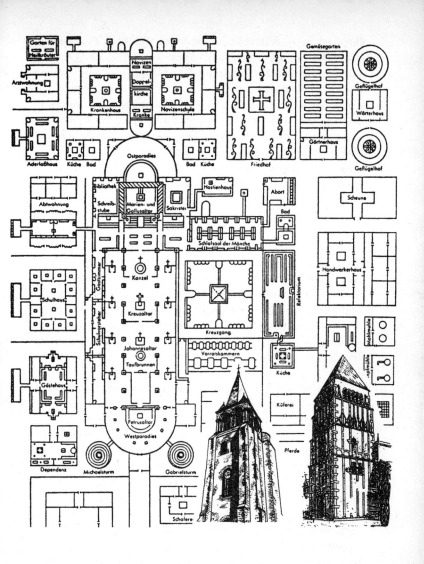

Abb. 50 Bau-Anachronismen XIV. Sakraltürme (19): Sankt Gallener Klosterplan mit zwei Rundtürmen, um 820 / Paris, Saint-Germain-des-Prés, nach 1000, oberstes Stockwerk 12. Jh. / Earls Barton, nach 1000 [Messerer 1973, 90; Christe 1988, 273; Haupt 1935, 288]

Inzwischen sind Kirchtürme eindeutig jünger geworden – ein neunzehntes Alarmsignal. Als ältester freistehender Glockenturm gilt heut der ›Campanile dei Monaci‹ von Sant' Ambrogio in Mailand vom Ende des 10. Jahrhunderts, der aber zeitgleich mit anderen europäischen Türmen gebaut wurde [Grodecki 1973, 83]. So wird der Glockenturm von Saint-Germain-des-Prés in Paris auf 990 datiert [Prichard 1966, 124], ein Exemplar aus Northamptonshire nur Jahre später: »Zu den frühest erhaltenen Türmen gehört der im 10. oder 11. Jahrhundert entstandene Westturm von Earls Barton« [Adam 1968, 39].

20. Das Westwerk

Von dieser drastischen Verjüngungsaktion blieb jedoch das Alter karolingischer Westwerke unberührt. Darunter sind Turmbauten über dem Eingang oder ganze Baugruppen zu verstehen, die als Gegenpol zum Ostchor fungieren [Adam 1968, 9]. »Wenn wir heute die Karolingische Zeit als eine große, schöpferische Kunstperiode verstehen, so hat die Kenntnis des Westwerks entscheidend dazu beigetragen« [Kubach 1986, 17].

Zwischen spätkarolingischen und ottonischen Bauten klafft auf deutschem Gebiet eine Lücke von 70 bis 90 Jahren; die Kunstgeschichte hat sie redlicherweise hervorgehoben. Erst sterben die »Westwerke« baugeschichtlich ab, verfallen der »Auflösung«, dann können »aus deren Bestandteilen« die frühromanischen »*Westbauten*« entstehen [Grodecki 1973, 83]. Für das französische Gebiet ist die Lücke größer, denn während in Deutschland die Bautätigkeit nach dem Ungarnsieg von 955 einsetzt, bleibt Frankreich unter den Karolingern bis 987 praktisch ohne Neubau. Offenbar sind alle spätkarolingischen Bauten den frühen Karolingern – bis einschließlich Karl dem Kahlen († 877) – zugeschlagen worden.

Diese Scheidung zwischen Westwerk und Westbau [Literatur siehe Verbeek 1967, 121 f.] ist nicht durchhaltbar, da sie sich in den Bauten keineswegs zeigt. So wird zur Abteikirche *Saint-*

Léger von Ebreuil angemerkt: »Das Westwerk der karolingischen Kirchen lebt als Vorhallenturm in der Romanik fort« [Aubert 1973, 630].

Beim *Aachener Westwerk* »tritt zum erstenmal das Bild einer Komposition aus dichtgedrängten und hohen Baukörpern dem Besucher vor Augen, das später die ganze kirchliche Architektur des Mittelalters beherrschen sollte« [Braunfels 1991, 109].

Und weiter: »So treffen wir schon im karolingischen Aachen die Verbindung eines turmartigen quadratischen Baukörpers, der axial dem Zentralbau vorgelagert ist, mit zwei symmetrischen runden Treppengehäusen. Werden alle drei zu vollen Türmen (das ist in Aachen strittig), so ist der *Dreiturm-Westbau* fertig. In Maastricht tritt er um 1000 großartig in Erscheinung, wenig später am Dom zu Paderborn, um dann zwei Jahrhunderte lang zwischen Schelde und Elbe zahlreiche Nachfolger zu finden« [Kubach 1974, 67; seine Hvhg.].

Die normannische Architektur setzt fast genau um 1000 mit der Abtei *Sainte-Trinité in Fécamp* ein, wo »durch Beschreibungen ein nach der Disposition seiner Anlagen vollkommen karolingisches Westwerk überliefert ist« [Grodecki 1973, 77].

»Am reinsten hat sich der karolingische Westwerktypus in der ottonischen Architektur der Rheinlande erhalten« [Eckstein 1986, 119], etwa in Sankt Pantaleon zu Köln, wobei der Autor nicht vergißt anzufügen, daß weder von ottonischen Westbauten noch von karolingischen Westwerken wie etwa Centula ausreichend viel erhalten sei [Eckstein 1986, 118 f.]. Aber karolingische Westwerke sind allemal am rarsten, im Sinne des Wortes einmalig: »Ihre [›Hunderte von‹] steinernen Westwerke[n] sind samt und sonders untergegangen – bis auf eines, in *Corvey* an der Weser« [Schümer 1992].

Und dieses eine Corvey, das von 873 bis 885 sein Westwerk erhalten haben soll [Adam 1968, 44], tatsächlich aber im Kern ein römisches Bauwerk zu sein scheint [Klabes 1997], hält engsten Kontakt mit den sogenannten ottonischen Westbauten, die trotz ihrer Benennung durch Hans Jantzen [1947] auch und gerade nach dem Abtreten der Ottonen (1024) noch jahrzehntelang gebaut worden sind. So kann selbst der Dreiturmbau der Abteikirche von *Maursmünster/Marmoutier*, der Mitte des 12. Jahrhunderts aufgeführt worden ist, »als später Nachzügler des Typus karolingischer Westwerke« bezeichnet werden [Schütz 1989, Abb. 43]. Wir finden in diesem Westbau »eine Raumdisposition und Gruppierung der Baumassen, die große Ähnlichkeit mit [den Karolingerbauten] Centula und Corvey aufweisen« [Eckstein 1986, 120].

»Selbst der Westbau von Jumièges (gegen 1070), den man als frühe Zweiturmfront ansprechen kann, hat durch den Mittelrisalit und die Raumanordnung des Innern noch viele Anklänge an das Westwerk. Es wird hier klar, daß auch die Zweiturmfassade eine ihrer Wurzeln im Westwerk hat« [Kubach 1974, 67].

Der großartige Westbau der *Damenstiftskirche in Essen* ist ein »erstaunlich weitgehend einer karolingischen Idee angepaßte[r] Bau« [Grodecki 1973, 25], der gleichwohl erst kurz vor 1050 gebaut worden ist, nicht schon, wie noch vor 30 Jahren geglaubt wurde, unter Äbtissin Mathilde (971 - 1011) [Jantzen 1963, 29]. Die Nachahmung Aachens umfaßt hier nicht nur Westwerk und Oktogonaufriß, sondern reicht bis ins Detail. »Das *Nachleben der karolingisch-antikisierenden Formensprache* zeigt sich nicht nur in der Benutzung des Aachener Aufrißmotivs, sondern auch in der Behandlung der Einzelformen. Korinthische und ionische Kapitelle, feingezeichnete Profile nach Art der karolingischen, die zarte, schmuckhafte Wirkung eines Perlstabes lassen keinen Zweifel über die Bevorzugung des Karolingischen« [Jantzen 1963, 31].

Anzumerken bleibt, daß die Gründung des Stifts Essen durch Bischof Altfrid in ehrwürdige Karolingerzeiten *zurückgefälscht* worden ist. Der fromme Betrug von ca. 1090 nannte als Gründungsdatum den 27. September 870 und prunkte mit einem *gefälschten Bleisiegel*, für dessen Punze extra alte Buchstabenformen kopiert worden waren. Diese Fälschung strauchelte über ihre eigene Perfektion, gibt es doch kein einziges Bleisiegel eines fränkischen Bischofs aus der Karolingerzeit, sondern erst aus der Zeit ab rund 950 [Brandt 1993, 386, 421].

Der sich nun aufdrängende Schluß entbehrt in seiner Schlichtheit fast der Kühnheit: Karolingische Westwerke und ottonische Westbauten sind sich so ähnlich, daß zwischen

Abb. 51 Bau-Anachronismen XV. Westwerk (20): Corvey: Über gewölbtem Erdgeschoß öffnet sich ein ringsum von Arkaden umgebener Raum mit Kaiserempore (873 - 885). Verbindung zwischen Westwerk und Langschiff heute vermauert [Christe 1988, 110; Koch 1990, 71; Schütz 1989, 261]

ihrem Absterben und ihrer Neuentwicklung keine hundert leeren Jahre liegen können. Ihre doppelte Entwicklung ab 760 und ab 960 ist eine einzige, die 960 beginnt und ungebrochen bis ins 12. Jahrhundert führt!

Genauso ließe sich bei anderen Errungenschaften karolingischer Baukunst argumentieren, also bei *Säulenbasilika, Querhaus, Ringkrypta und Doppelchor* [Braunfels 1991, 60]. Der Doppelchor etwa, den der Sankt Gallener Idealplan genauso zeigt wie die Abteikirche Fulda, hat »in der deutschen Architektur der ottonischen Zeit eine reiche Nachfolge gefunden« [Lehmann 1965, 314]. Ihn zeigte auch der karolingische Dom zu Köln, der aber in Wahrheit vielleicht der ottonische Dom ist (s. S. 288).

Und Bauten wie die berühmte *Lorscher Königshalle*, die nur Frauenchiemsee und spanische Königshallen zur Seite hat, sind ohnehin schwer datierbar: Neben der ›offiziellen‹ Datierung auf 774 stehen Braunfels' Einschätzung für 790/791 und andere Meinungen, die bis 843 [Braunfels 1991, 61] oder gar bis 882 ausgreifen [Winterfeld 1993, 24]. Der Bau zu Lorsch ist in einem anderen Maßsystem als die Aachener Pfalzkapelle entworfen [Kottmann 1971, 22]; für Kerstin Merkel und Christian Beutler ist diese »Königshalle« zu allem Überfluß als Bibliothek oder Skriptorium errichtet worden [Merkel 1993; Beutler 1996]. In meiner Sicht entsteht Lorsch nach 1050 und nach der Torhalle von Frauenchiemsee [Illig 1997c, 249].

Erinnern wir uns daran, daß die karolingische Renaissance erst durch die ottonische überhaupt zur Ausstrahlung kam: »Wie allgemein die ottonische ›Renovatio‹ auf die karolingische zurückgreift, so wird die Architektur zur Zeit Karls des Großen das bedeutende Vorbild für die Architektur unter den Ottonen. Damit wird sie zu einem wesentlichen Ausgangspunkt für die mittel- und westeuropäische mittelalterliche Sakralarchitektur überhaupt« [Lehmann 1965, 319].

Die in der Literatur immer neu versuchten Abgrenzungen zwischen karolingischer und ottonischer Renaissance, auch Protorenaissance, Rinascita oder Renovatio genannt, erledigen sich dadurch, daß sie in der hier entwickelten Chronologie

Abb. 52 Bau-Anachronismen XVI. Westwerk Aachen und fünf Westbauten (20): Köln, Sankt Heribert, 1010, rekonstr. / Essen, Stiftskirche, um 1050, rekonstr. / Paderborn, Münster, nach 1050 / Marmoutier/Maursmünster, um 1140 / Hildesheim, Sankt Michael, 1010-1033 [Christe 1988, 297; Koch 1990, 69; Schütz 1989, 261, 262, 266, 289]

ineinanderfallen. Dadurch verschwindet auch eine Unmöglichkeit, die Jacques Le Goff klar erkannt hat: »Die Karolingische Renaissance hortet, statt zu säen. Ist eine geizige Renaissance denn überhaupt möglich?« [Le Goff 1993, 17].

Da eine solche nicht möglich ist, kann diese Frage sinnvoll nur dahingehend beantwortet werden, daß karolingisches Kunstwirken keinen Ursprung darstellt, sondern einen rückdatierten Ableger der ottonischen Renaissance.

Nunmehr enträtseln sich auch Vexierspiele wie die *Hersfelder Ruine*. Diese einstige Klosterkirche wurde 1038 auf karolingischen Fundamenten (wie auch Fulda) errichtet und bewahrt deshalb getreu die Großform des unabgeteilten, durchgehenden Querschiffs, das die Ottonen von den Karolingern übernommen haben sollen [Grodecki 1973, 31 f., 44]. Deshalb hat D. Großmann bereits vorgeschlagen, den bestehenden Bau aus dem 11. Jahrhundert in karolingische Zeit zurückzuversetzen [Kubach 1986, 14]. Geht man jedoch den umgekehrten Weg und bringt die Fundamente in ottonische Zeit, dann erst löst sich die leidige Frage, wieso bereits ›die Karolinger‹ eine so große Kirche bauten, daß sie dem so viel späteren Speyerer Dom hätte Konkurrenz machen können.

Last not least verschwindet auch jene protokarolingische Renaissance, die Jean Hubert vermuten wollte: »Die antike Kultur war schon in der Zurückgezogenheit der Klöster wiederentdeckt worden, ehe sie am Hofe Karls des Großen zu neuem Leben erweckt wurde« [Hubert 1968, 293].

Die notwendigen, aber unentdeckbaren, nur postulierten Vorläufer der karolingischen Renaissance finden sich gemäß meiner These nunmehr im 10. Jahrhundert, wo sie die ottonische Renaissance ankündigen – und diese impliziert die karolingische Renaissance.

21. Das Oktogon und seine Nachfolger

Wie steht es eigentlich mit jenen Bauten, die den Aachener Bau in unverwechselbarer Weise nachempfinden? Wir können verschiedene Traditionsstränge unterscheiden und konzentrieren

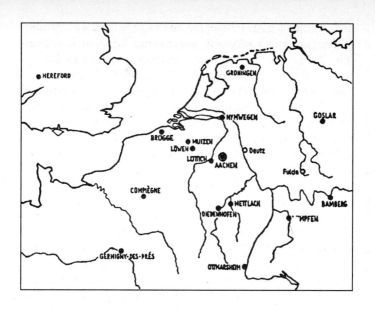

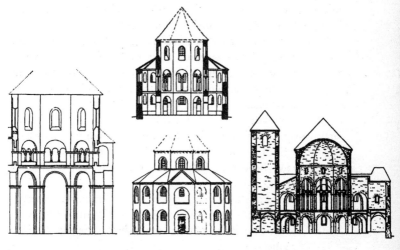

Abb. 53 Bau-Anachronismen XVII. Oktogone (21): Lage der Zentralbauten in Aachens Nachfolge / von links: Mettlach, Alter Turm, ≈ 990 / Nimwegen, ≈ 1030 / Ottmarsheim, ≈ 1040 / [Verbeek 1965, 155; Schütz 1989, 3x 289]

uns zunächst auf Zentralbauten mit Umgang. Danach wird uns der Typus der Doppelkapelle interessieren, bei dem zwei übereinanderliegende Sakralräume miteinander verbunden sind.

Die Literatur kennt etliche Oktogone in der Nachfolge Aachens [vgl. Verbeek 1967, 114-123]. Denn die »Acht« nahm in der mittelalterlichen Zahlenmystik einen hervorragenden Platz ein. Seit dem heiligen Ambrosius galt diese unendliche Schleife, waagrecht liegend Lemniskate genannt, als die Zahl der Auferstehung [Christe u. a. 1988, 27]. Aber nicht allein Achtecke wurden gebaut, wie unsere Auflistung zeigt:

n. 799: Marienkirche in Centula/Saint-Riquier, zerstört, laut Bauarchäologie 6/12 (= Abkürzung für ein inneres Sechseck mit zwölfseitigem Umgang);

n. 805: Sveti Donat in Zadar, doppelstöckiges Achteck mit rundem Umgang;

≈ 960: Saint-Donatian in Brügge, zerstört, laut Überlieferung und Grabung ein Nachbau von Aachen mit 8/16, Rechteckchor und Westbau;

≈ 990: Sankt-Lambert-Kirche in Muizen, zerstört, 8/rund;

≈ 990: Saint-Jean-l'Evangeliste in Lüttich/Liège, mit Ausnahme des Westwerks zerstört, ursprünglich 12/rund, Neubau als Oktogon;

≈ 990: Marienkirche in Mettlach, zerstört, Achteck mit Nischen statt Umgang, Aachener Vorbild in Chroniken genannt, früher auf 944 datiert [Ennen 1981 a, 5].

»Alle übrigen Zentralbauten nach dem Aachener Muster scheinen der frühsalischen Zeit, dem *zweiten Viertel des 11. Jh.* anzugehören« [Verbeek 1967, 117].

≈ 1030: Pfalzkapelle in Nimwegen, eine verkleinerte Wiederholung mit Kernoktogon und 16seitigem Umgang;

≈ 1030: Sankt Georg in Goslar, zerstört, achtseitige Grundmauern;

≈ 1040: Sankt Marien in Ottmarsheim, erhalten, das vollständigste Beispiel einer Aachener ›Kopie‹, 8/8, erst 1049 geweiht;

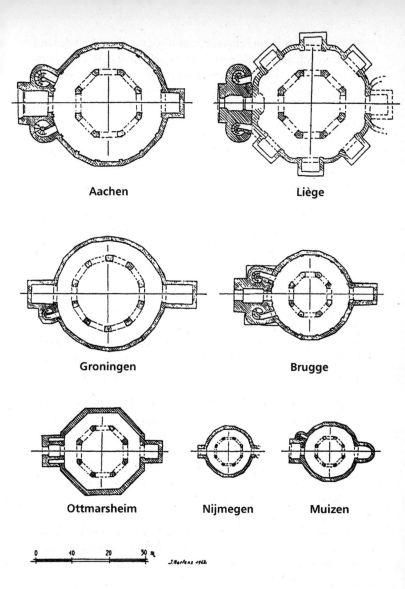

Abb. 54 Bau Anachronismen XVIII. Oktogone (21): Maßstabsgetreue Grundrisse der Aachener Pfalzkapelle und fünf ihrer Nachfolgebauten. Nach J. Mertens [Verbeek 1965, 123]

- ≈ 1045: Walburgiskirche in Groningen, zerstört, 10/20;
- ≈ 1045: Stiftskirche Wimpfen im Tal, zerstört, 6/12;
- ≈ 1050: Andreaskapelle der Bischofspfalz Bamberg, zerstört, stark reduzierte Version.

Demnach entstand nur ein weiteres Oktogon, Centula/Saint-Riquier, zu Lebzeiten Karls. Von *Zadar/Zara* können wir absehen, da es nicht nur weit außerhalb der Reichsgrenzen liegt, sondern auch ein anderes Erscheinungsbild als Aachen bietet: Von außen wirkt es nicht ›pyramidal‹ wie Aachen, sondern zylindrisch, da der runde Innenbau kaum über das Außenrund hinausreicht. Falls ursprünglich eine Kuppel mit hohem Tambour vorhanden war [Rother 1976, 116], muß das Innere mit seinen hohen Säulen und Pfeilern im ›Erdgeschoß‹ noch wesentlich steiler und enger als Aachen gewirkt haben.

Alle anderen ›Kopien‹ von Aachen stammen aus ottonischer und salischer Zeit, hinken also 160 bis 250 Jahre nach, ohne das angebliche Vorbild an Größe, Grad der Komplexität und Feinheit der Ausführung auch nur annähernd zu erreichen. Insbesondere ist nur von der Kapelle in *Ottmarsheim* gesichert, daß sie gewölbt war; alle anderen Beispiele dürften flach gedeckt gewesen sein, wie sehr wahrscheinlich auch der Goslarer Bau, der einen Außendurchmesser von 22 Metern hatte [Zotz 1993, 245]. Noch um 1060 erhielt der achteckige Vierungsturm der Heiligkreuzkapelle bei Trier zwar ein Aachen verwandtes Klostergewölbe, aber eben nur aus Holz [Verbeek 1967, 146 f.].

Wie massig ein ottonisches Oktogon gebaut sein mußte und wie klein es gegenüber Aachen ausfallen mußte, demonstriert am besten der erhaltene Bau in Wieselburg bei Ybbs, fertiggestellt 996 [Illig 1997 h, 141].

Angefügt werden sollte an Verbeeks Aufstellung die *Busdorfkirche in Paderborn*, die zwar auf die Anastasisrotunde in Jerusalem zurückgeführt wird, aber als gewölbtes Oktogon Aachen sehr nahe kommt. Sie ist nach 1033 begonnen worden [Schütz 1989, 62, 290].

Im Lichte der hier vorgestellten These wird erkennbar, daß die Entwicklungsreihe der Oktogone nicht 790, sondern erst

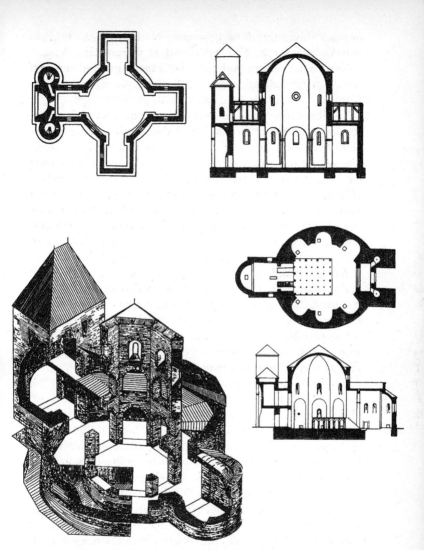

Abb. 55 Bau-Anachronismen XIX. Oktogone und verwandte Bauten (21): Paderborn, Busdorfkirche, ab 1033, Grund- und Aufriß rekonstr. / Muizen, Sankt Lambert, ≈ 990, rekonstruiert nach J. Mertens / Köln-Deutz, Sankt Heribert, 1020: außen oval, innen Achteck mit Nischen, Grundriß und Wölbung rekonstruiert [Christe 1988, 117; Schütz 1989, 289; Verbeek 1965, 116]

gegen 950 beginnt, die sogenannten Nachbauten in Wirklichkeit Aachen zum großen Teil vorausgehen und somit Aachen eher am Ende als am Anfang steht. Das mag schon aus dem einfachen Grund einleuchten, daß die Ottonen wegen ihres Namens der Zahl »8« näher standen als die Karolinger.

Vor allem aber ist auch Aachen den Gesetzen der technischen Evolution unterworfen – und das bedeutet nun einmal, daß die Schwierigkeiten überproportional wachsen, wenn die Architekten alle Dimensionen steigern, Flachdecken durch schwere Gewölbe ersetzen, massive Wände aufbrechen, sie gar zu Pfeilern reduzieren und immer wagemutigere Türme darübersetzen. Auch in der Gotik stehen die höchsten Mittelschiffe mit den ausgereiftesten Gewölben und Stützsystemen nicht am Anfang ihrer schon vor 1100 kryptisch einsetzenden und ab 1137 unverkennbaren Entwicklung, sondern werden erst im späteren 12. und im 13. Jahrhundert realisiert. Deshalb kann das Paradoxon entfallen, das wir bereits einmal zitiert haben, daß nämlich die karolingischen Pfalzkapellen »hinsichtlich der Leistung konstruktiver und raumgestalterischer Probleme vielen romanischen Zentralbauten weit überlegen sind. Das ist zum mindesten von denen in Aachen und in Germigny-des-Prés zu sagen« [Eckstein 1986, 79].

22. Die Doppelkapelle

Aachen wird bislang nicht nur als beispielgebendes Oktogon gesehen, sondern ebenso als ›vorbildliche‹ Doppelkapelle. »*Die typenschaffende Kraft der Aachener Kapelle erweist sich noch einmal zwei Jahrhunderte später bei den Doppelkapellen, und zwar dem Sondertyp der zweistöckigen Herrschaftskapelle mit räumlicher Verbindung beider Geschosse*« [Verbeek 1967, 137].

Hätte Albert Verbeek korrekterweise ab 799 gerechnet, betrüge der Abstand nicht zwei, sondern *fast drei Jahrhunderte*. Denn nachdem sich die ältere Liebfrauenkirche in der Kaiserpfalz Goslar (1034–1038) nicht hinreichend rekonstruieren läßt, müssen wir bis ans Ende des 11. Jahrhunderts gehen.

Um 1090 wird dem Speyerer Dom die *Sancti-Emmeram- und*

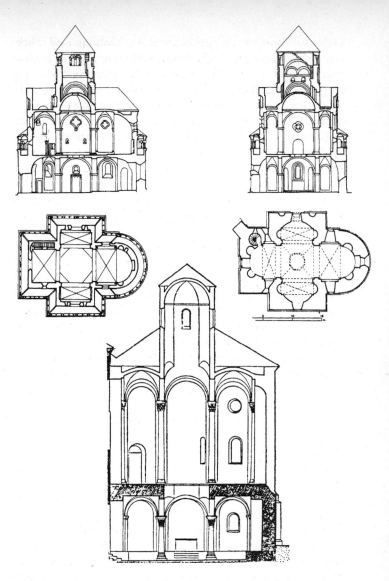

Abb. 56 Bau-Anachronismen XX. Doppelkapellen (22): Schwarzrheindorf, bis 1151, zwei Längsschnitte, beide Grundrisse / Speyer, Sancti Emmeram- und Katharina-Kapelle, 1090 [Schütz 1989, 288; Verbeek 1965, 138]

Katharina-Kapelle angefügt, die zwar über einen quadratischen Grundriß konstruiert ist, aber nicht nur eine achteckige Raumöffnung samt überhöhter Lichtkuppel, sondern zwei Altäre übereinander aufweist [Verbeek 1967, 138].

Gleichzeitig wird in *Hereford* eine – heute zerstörte – doppelstöckige Kapelle errichtet, die jener in Speyer geähnelt haben muß. Der aus Lothringen kommende Bischof Rotbert (1079 bis 1095) ließ sie erklärtermaßen nach Aachener Muster bauen [Verbeek 1967, 137]. Damit erhalten wir eine zeitliche Obergrenze für Aachen. Daß diese Kapelle im Detail weniger Aachen glich als dem Bau von Tournus, könnte ein Hinweis darauf sein, daß Aachen selbst noch gar nicht vollendet war. Die auf Speyer und Hereford folgenden Doppelkapellen entstammen erst dem 12. Jahrhundert: Goslarer Ulrichkapelle, frühes 12. Jahrhundert; Mainzer Gothardkapelle, um 1130; Doppelkapelle von Schwarzrheindorf, 1151 geweiht; Doppelkapelle der Pfalz Eger, gegen 1200.

Dieser dreihundertjährige Anachronismus wirkt besonders auffällig, weil gerade diese Kapellengruppe verhältnismäßig klein und explizit auf Aachen zurückführbar ist: »Daß die raumverbindende Sonderform im allgemeinen auf das Reichsgebiet beschränkt blieb und daher als ›autochthone Erfindung der deutschen Baukunst‹ bezeichnet werden konnte, spricht wiederum für die Abkunft von Aachen« [Verbeek 1967, 140]. Auch dieser ›Zeitensprung‹ verweist die Aachener Pfalzkapelle erneut in die Jahrzehnte nach 1050.

23. Säulengitter

Schließlich prägt den Aachener Innenraum ein überaus schönes Säulengitter, das nur in zwei Kirchen nachgeahmt worden ist. Bezeichnenderweise entstammen sie nicht dem 9. Jahrhundert, sondern wiederum einer deutlich späteren Zeit. Das *Münster zu Essen* wurde von jener Äbtissin Theophano (1039 bis 1058) in Auftrag gegeben, die als Enkelin von Otto II. und Theophanu dem Kaiserhaus entstammte. »Der Essener Westbau blieb mit der architektonisch sinnfällig gemachten Verbin-

Abb. 57 Bau-Anachronismen XXI. Säulengitter (23): Köln, Sankt Maria im Kapitol (1040 - 1065): Vom Grundriß her ein Nachbau der justinianischen Geburtskirche in Bethlehem (vor 565; rechts unten). Im Westbau ein ›Aachener‹ Säulengitter [Christe 1988, 107; Schütz 1989, 268; Verbeek 1965, 145]

dung von Funktionen der Westwerke und Westchöre durch Wiederholung des Aachener Zentralbaus in halbierter Abkürzung ›ein genialer Einzelfall‹« [O. Schürer laut Verbeek 1967, 128].

Auch wenn nur drei Oktogonseiten ausgeführt sind, gleicht das Säulengitter in seinen Bogenstellungen dem Aachener ›Vorbild‹, allerdings wird die Vertikalität in Essen weniger betont.

Die zweite ›Kopie‹ findet sich im zeitgleichen Westbau von *Sankt Marien im Kapitol zu Köln*. Auch sie stammt von einer Enkelin Ottos II. und Theophanus, von der Äbtissin Ida, die hier bis 1060 bauen ließ und nur noch eine von acht Emporenwänden ›reproduzierte‹: »Das Motiv des Aachener Säulengitters scheint demnach wie das des Oktogons oder der großen Tornische als *Hoheitsform* verwendet zu sein« [Verbeek 1967, 146].

Beide Aachener ›Abkömmlinge‹ haben Emporen wie ihr großes Vorbild. Emporenkirchen aber wurden weniger im 8./9. als gerade im 11. und 12. Jahrhundert erbaut. Genannt seien nur das niedersächsische Gernrode, Saint-Remi in Reims und das normannische Jumièges [Kalokyris 1991, 29].

Im übrigen bietet Sankt Maria im Kapitol noch eine dritte interessante Parallele zu Aachen. Sie hat nicht rechtwinklig, sondern rund geschlossene Querarme und ist damit hierzulande die erste Kirche mit drei Apsiden – eine Dreikonchenkirche. Nun bot auch das *Atrium* vor Aachens Pfalzkapelle in seiner ersten Bauphase eine *Dreikonchenanlage*, da der Außennische des Westbaus zwei weitere halbkreisförmige Apsiden im nördlichen und südlichen Atriumsflügel zugeordnet werden sollten. Auch die *Aachener Palastaula* hatte drei ebensolche Apsiden [Beumann 1967, 35]. Hierzu will erwähnt sein, daß sich in Byzanz ab dem 10. und 11. Jahrhundert Dreikonchenkuppelkirchen verbreiten, die sich auf die von Kaiser Iustinian errichtete Geburtskirche in Bethlehem zurückführen lassen [Kalokyris 1991, 27]. Auch diese Reminiszenz erklärt sich leichter, wenn sie nur 100, nicht mehr als 400 Jahre zurückgreift.

Aus Byzanz lassen sich Aachens in die Bogen stoßende Säulen herleiten. Iustinians 537 geweihte Hagia Sophia in Kon-

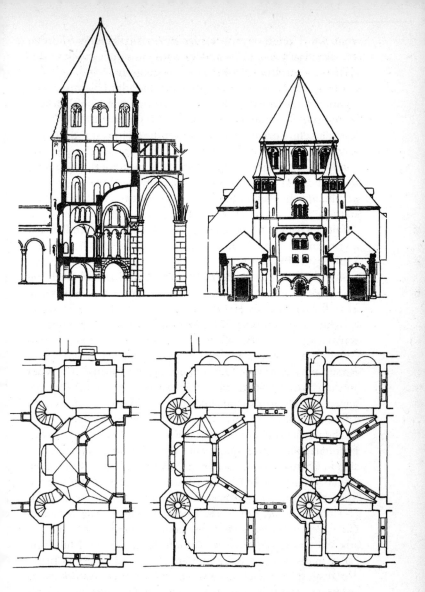

Abb. 58 Bau-Anachronismen XXII. Säulengitter (23): Essen, Münster (um 1050): Im Westwerk drei ›Aachener‹ Seiten / Grundrisse dreier Stockwerke / Außenbau [Koch 1990, 80; Schütz 1989, 262]

stantinopel zeigt sie – in schlechterer Ausführung – in den Westfenstern [Mango 1986, 17], während doppelstöckige Arkaden den Eindruck des Innenraums steigern.

Wie in der Nußschale erkennen wir hier das Dilemma einer Architekturgeschichte, die immer wieder drei leere Jahrhunderte zwischen äußerst ähnlichen Bauten aufreißen und anschließend überbrücken muß, weil sie nicht wagt, die Chronologie zu kritisieren. Noch deutlicher wäre das Beispiel von San Marco in Venedig, für das im 11. Jahrhundert als direktes Vorbild die Apostelkirche in Konstantinopel gewählt worden ist, die gleichfalls von Iustinian, also aus dem 6. Jahrhundert, stammt.

Die imperiale Hoheitsform, die ›kaiserliche‹ Ähnlichkeit zwischen Aachen, Essen und Köln beschränkt sich nicht auf Säulengitter und Empore:

»Die sichtlich an Aachen orientierte antikisierende Haltung jener spätottonischen Bautengruppe am Niederrhein ist bis in Einzelheiten wie die Wandpilaster und Säulenkapitelle korinthischer und jonischer Prägung, die weichgeschwungenen Karniesprofile an Kämpfern und Gesimsen sowie selbst Perlstäbe zu verfolgen. Es ist *ein der sogenannten karolingischen Renaissance verwandter Klassizismus*, der im Formalen bewußt an die römische Spätantike, nicht an Byzanz anknüpfte. Dagegen hat die großartige, gleichzeitige Baukunst der ersten salischen Kaiser – trotz der betonten Wiederaufnahme des Aachener Zentralbautypus unter Konrad II. [1024-1033] – den Formenapparat konsequent alles Antikischen entkleidet, wie sich in Ottmarsheim, aber auch in Wimpfen oder Nymwegen zeigen läßt. [...] *Erst* in der zweiten salischen Bauphase am Speyrer Dom, dem großen Umbau *seit 1082* unter Heinrich IV. († 1106), *verbindet sich die monumentale Baugesinnung imperialen Charakters mit antikischem Formenwesen*, sowohl in der Bauplastik wie in der räumlichen Wandgliederung durch Muldennischen in der Apsis und die aus den Chor- und Querschiffmauern ausgesparten Gelasse. Damals wurde auch ›ähnlich wie in Aachen... die römische Auffassung des Massenbaues wieder aufgenommen‹. Einen unmittelbaren Bezug auf Aachen scheint in Speyer außer der schon besprochenen Doppelkapelle

SS. Emmeram und Katharina der mächtige oktogonale Vierungsturm zu verraten, der über zweigeschossiger Nischengliederung mit einem Klostergewölbe überdeckt ist« [Verbeek 1967, 144 f.].

So verweisen uns die beiden ›imitierenden‹ Säulengitter von Essen und Köln als solche in das Jahrzehnt nach 1050, während die antikisierende Wirkung insgesamt an eine sogar noch später liegende Bauzeit für Aachen denken läßt – unser dreiundzwanzigstes Argument gegen ein Aachen im 8. Jahrhundert und zugleich die zeitliche Zusammenführung byzantinisch orientierter Architektur auf deutschem Gebiet, die Verbeek abstreiten mußte. Aachen erweist sich gerade hier als byzantinisch beeinflußter kaiserlicher Raum, dessen Stilmittel bevorzugt von Nachfahren der Kaiserin Theophanu, also einer Byzantinerin, eingesetzt worden sind.

24. Bronzearbeiten

Abschließend seien die Aachener *Bronzearbeiten* in Erinnerung gerufen. Erhalten sind uns der große Pinienzapfen, acht Brüstungsgitter und acht von zehn in je einem Stück gegossene, bis zu zwei Tonnen schwere Türflügel [Weisweiler 1981, 80 f.]. Sie eröffnen eine lange Reihe von Bronzetüren, die leider erst 1009, also 210 Jahre später, mit denen des Mainzer Erzbischofs Willigis wirklich einsetzt, um sich in den Hildesheimer Bernwardstüren von 1015 sogleich fortzusetzen und ab da für mindestens 200 Jahre Kontinuität zu bewahren [nach Mende 1983; vgl. Illig 1991 e, 90]. Während zwischen Aachen und Mainz keine weitere Tür vermittelt, wissen wir zwischen Mainz und Monreale, also innerhalb eines etwas kürzeren Zeitraumes, von insgesamt 20 Türen!

 800 Aachen; ganze Flügel;
1009 Mainz: ganze Flügel, überaus ähnlich gearbeitet;
1015 Hildesheim: ganze Flügel;
1055 Augsburg: verwandt mit byzantinisch-italienischen Arbeiten;

1066 Amalfi: byzantinisch;
1076 Monte Sant'Angelo: byzantinisch, wie Amalfi; zeitgleich die verschollenen Türen von San Paolo fuori il mura, Rom, Monte Cassino und Salerno;
1087 Atrani: byzantinisch;
1090 Verona, San Zeno: italienisch;
1111 Canosa: erste in Süditalien gefertigte Bronzetür; von Rogerius;
1119 Troia: von Oderisius von Benevent, datiert; zwei verschollene Türen von Oderisius in Capua und San Bartolommeo, Benevent;
1130 Gnesen: byzantinisch oder böhmisch;
1150 Nowgorod: Magdeburger Werkstatt;
1175 Trani: von Barisanus;
1179 Ravello: von Barisanus, datiert;
1186 Monreale I: von Bonanus von Pisa; größte Bronzetür;
1190 Pisa: von Bonanus von Pisa; byzantinisch angeregt;
1190 Benevent: byzantinisch beeinflußt;
1190 Monreale II: von Barisanus.

Aachener und Mainzer Türen sind, obwohl durch 210 Jahre getrennt, einander so ähnlich wie nur möglich. Beide haben glatte Türflächen, begrenzende Zierleisten und Tierkopfgriffe: »Der Mainzer Tür liegt ebenso wie den Türen in Aachen das antike Gliederungssystem von Rahmen und Füllungen zugrunde, das jedoch – auch dies vergleichbar mit Aachen – nicht konsequent durchgeführt worden ist« [Mende 1983, 25].

Aachens Bronzeguß sprengt jeden verständlichen Entwicklungsrahmen, was offen eingestanden worden ist: »Wäre es nicht ausdrücklich bezeugt, dann würde niemand heute glauben, daß man um 800 und in Aachen so vollkommene Güsse hätte herstellen können, wie sie uns in den Gittern und Türen der Pfalzkapelle erhalten sind« [Braunfels 1965, 24]. Weil dieses Kunsthandwerk seit 468 nicht mehr ausgeübt worden ist [Mende 1983, 18, 20], schon gar nicht im Frankenland, müßte es aus dem Stand heraus zur Perfektion entwickelt worden sein, um anschließend sofort wieder vergessen zu werden. Denn

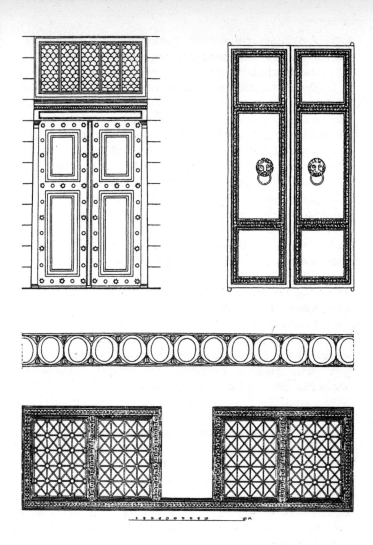

Abb. 59 Bau-Anachronismen XXIII. Bronzearbeiten (24): Cora, antike Tür des römischen Herkulestempels / Aachener Seitentür / Rahmenleiste der Wolfstür / Emporengitter vor Aachener Thron [Grassnick 1978, 115; Haupt 1913, Taf. XXIII, XXVI]

Aachens Arbeiten stammen erklärtermaßen aus Aachen selbst, sind also nie als byzantinische Importstücke gesehen worden.

So würde einer Verpflanzung der Aachener Türen ins 11. Jahrhundert nichts entgegenstehen, wenn sich Willigis von Mainz nicht in seiner Türinschrift ausdrücklich auf Karl dem Großen beriefe. Dieser Hinweis will aber unter dem Aspekt gesehen werden, daß Willigis seit 971 Reichskanzler für Otto II. und Otto III. war, denen wir zutrauen, daß sie sich im westlichen Kaiserreich für die Datierung nach Christi Geburt und für die Einfügung dreier künstlicher Jahrhunderte in die Zeitrechnung eingesetzt haben [vgl. Illig 1991 c, 1991 e]. Willigis könnte auf Karls Türen auch dann verwiesen haben, wenn sie in Wahrheit erst kurz vor oder nach denen von Mainz erstellt worden wären. Im übrigen sollte die Inschrift nicht überbewertet werden, nachdem sie nicht mitgegossen, sondern später eingraviert worden ist.

Dasselbe Datierungsproblem wie bei den Türen scheint bei dem großen *Pinienzapfen* von Aachen bereits in Sinne unserer neuen Chronologie gelöst zu sein. Lange galt dieser Brunnenaufbau als römische oder karolingische Arbeit auf ottonischem Sockel. Heinz Drescher plädiert inzwischen [Brandt 1993, 116 f.] dafür, Sockel *und* Zapfen in die Zeit der Hildesheimer Bernwardsäule, also um 1020, zu datieren.

Weitere Anachronismen

Weil 24 Anachronismen genug sind, wollen wir diese Aufstellung nicht weiter fortsetzen. Doch könnte beispielsweise *die hohe Eingangsnische* von Aachen in ottonischen Bauwerken wiedergefunden werden, sei es an der Ritterstiftskirche von Wimpfen im Tal, um 1030 [Schütz 1989, Abb. 29], oder an Sankt Heribert in Köln-Deutz aus den ersten Jahrzehnten des 11. Jahrhunderts [Schütz 1989, 289]. Auch das *Entstehen der Emporenkirche* im 11. Jahrhundert ließe sich zu Aachens Emporen in genaueren Bezug setzen.

Interessant wäre es, den Gebrauch unterschiedlicher *Maßsysteme* im Laufe der Zeiten zu verfolgen. Die euopäische Baugeschichte kennt mindestens drei verschiedene Grundmaße. Verwendet wird der 33,3 Zentimeter lange karolingische Fuß, der römische oder kapitolinische Fuß (Pes monetalis) mit einer Länge von 29,6 Zentimetern und der langobardische Pes Liutprandi mit 28,6 Zentimetern. Albrecht Kottmann hat die Meinung vertreten, daß etliche ›karolingische‹ Bauten an dem von ihm so genannten Karlsfuß zu erkennen seien, während eine ältere Tradition am kapitolinischen Fuß festgehalten habe [1971, ab S. 19].

Doch hat Kottmann [1988, 151] selbst eingeräumt, daß beide Standards alternierend schon zur Römerzeit verwendet wurden. Da inzwischen der quadratische Schematismus der Aachener Pfalzkapelle sowohl aus dem karolingischen Fuß [Kottmann 1971, 120; Braunfels 1991, 103] wie aus dem römischen Fuß [Hausmann 1994, 34] abgeleitet worden ist (s. S. 246), wird es bis zur einigenden Klarheit noch dauern. Einsichtig ist immerhin, daß bei meiner verkürzten Chronologie die bis 614 reichende Spätantike unmittelbar vor dem 10. Jahrhundert liegt. Hier braucht die Verwendung römischer Maße im 10. und 11. Jahrhundert viel weniger zu verwundern als bei einer Chronologie, die mehrere Jahrhunderte ohne nennenswerte Bautätigkeit mitschleppt.

Damit wollen wir allmählich das Gebiet der Architektur verlassen, bevor es dieses Buch allzusehr dominiert. Nur der Abrundung halber seien zwei ehrfurchtgebietende *Gräber* in der Aachener Pfalzkapelle erwähnt. Wenn sie erst aus dem 11. Jahrhundert stammt, können wir nicht mehr erwarten, daß hier in einem fiktiven 9. Jahrhundert ein ebenso fiktiver Karl der Große begraben worden ist – die Nichtauffindbarkeit seines Grabes ist dann zwangsläufig. Von Otto III. (1002) ist hingegen ein Grab bekannt, das 1910 im Zuge von Ausgrabungen geöffnet worden ist [Poll 1960, 252]. Wenn es aber stimmt, daß sein Grab in den gotischen Chor eingefügt, sein Grabmal unter Napoleon entfernt und seine sterbliche Hülle verschleppt worden ist, muß es sich nicht um das einer Neudatierung widersprechende ›Urgrab‹ handeln.

In welche Zeit gehört Aachens Pfalzkapelle?

Zwei gewichtige Einwände sind bei der Argumentation gegen eine karolingische Pfalzkapelle zu Aachen bislang nicht angesprochen worden. Zum einen sollten doch lokale Urkunden zu gewärtigen sein, denen zufolge das Aachener Münster erbaut, instand gesetzt, verändert worden ist, zum anderen scheint kaum glaublich, daß Aachens tradierte Baugeschichte einfach in ein anderes Jahrhundert verpflanzt werden könnte. Wieso wären Bauherr und Baugeschichte einfach austauschbar?

Verschollene Bauherren in Köln und Florenz

Dieser berechtigten Frage ist entgegenzuhalten, daß wir keineswegs hinreichend über die Entstehung der großen mittelalterlichen Bauten informiert sind. Dafür lassen sich zwei adäquate Beispiele geben. Für eine wohl ebenbürtige, aber von Flächen- und Raummaß her noch größere Kirche, nämlich für *Bau VII des Kölner Doms*, wird noch immer die Frage diskutiert, ob er vor 870 errichtet, also ›spätkarolingischen‹ Ursprungs sei, oder erst 960 unter Erzbischof Bruno erbaut worden ist. Die uns in den Chroniken und Urkunden heute vorliegende Überlieferung des größten deutschen Bistums mit dem größten vorromanischen Dom schweigt sich über Bauherren, Bauzeit und Baudauer restlos aus; ähnlich unsicher sind die allein aus Chroniken bekannten Kirchenzerstörungen [Neuheuser 1991, 299-305; Weyres 1965, 385, 406 f.]. Deshalb mußte oben angemerkt werden [s. S. 268], daß dieser Bau als karolingischer angezweifelt wird. Und dieser Zweifel geht tief: »Spätestens seit dem rheinischen Kunsthistoriker-Kolloquium 1981 in Bonn wurde auch für den Zusammenhang mit der Kölner Kathedrale deutlich, daß es ›kaum möglich ist, zwischen karolingischer und ottonischer Architektur zu unterscheiden‹« [Neuheuser 1991, 299]. Die Problematik beruht nicht zuletzt darauf, daß für den Kölner Bau eine Chorlösung rekonstruiert wurde, die im Sankt Gallener Idealplan eine sehr enge Parallele findet (vgl.

Abb. 50 und 60). Da der Plan unbeirrt in die Zeit um 820 datiert wird, muß Kölns einstiger Dom mitziehen, obwohl viele andere Details bei ihm auch für eine Datierung nach 950 sprechen [Wolff 1996].

Angesichts solcher Zweifel freut es, daß wenigstens von einem Nebengebäude dieses Doms klargeworden ist, daß es nicht karolingerzeitlich ist. »Dabei sei natürlich kein Gedanke an die alte Mär verschwendet, wonach Karl d. Gr. seinen Palast am Dom Erzbischof Hildebald geschenkt habe« [Brühl 1990 b, 39]. Denn dieses Bauwerk wird erst für 965 urkundlich erwähnt.

In *Florenz* steht ein weiteres großes Oktogon mit noch imposanterer Kuppel: das *Baptisterium*. Obwohl es vor dem 1296 begonnenen Dom die städtische Hauptkirche gewesen ist, kann seine Baugeschichte nur in wenigen und widersprüchlichen Daten erfaßt werden: Bekannt sind eine Weihe (1053) und der Bau der Laterne (1174), dann der Apsisumbau von 1202 und der Beginn der Mosaikverkleidung von 1225/26 [Marchini 1985, 4, 24]. Erst in diesem 13. Jahrhundert folgt das heutige Pyramidendach samt der Außengestaltung des obersten Stockwerks.

Aber jedwede Quelle zu Bauherren und eigentlicher Bauzeit fehlt. Wann wurde jene Kuppel gewölbt, auf der die Menschheitsgeschichte von der Schöpfung bis zum Jüngsten Gericht glanzvolle Darstellung findet? Wegen des – nicht näher spezifizierten – Weihedatums wird gemeinhin vom 11. Jahrhundert gesprochen, dann wieder von ca. 1100 [Blaser 1983, 63] oder nur ganz vage von reifer Romanik [Kubach 1974, 235]. Darüber hinaus denken Kenner an einen achteckigen, langobardischen Bau des 7./8. Jahrhunderts [W. und E. Raatz laut Neeracher 1967, 16]. Andere konstatieren ein Kernmauerwerk aus der Zeit um 400, ist doch die heute verdeckte Kuppel wie die des Pantheon an ihrer Basis stufenartig verstärkt [Marchini 1985, 3 f.]; vielleicht hatte sie auch ein ›offenes Kuppelauge‹, also zwei klassisch-römische Baumerkmale, die weder in der Karolingerzeit noch in der Romanik Nachfolger gefunden haben. Auch Spannweite und Höhe (ca. 28 bzw. 33 Meter), die weiten Raumproportionen, die Architravkonstruktionen im Erdgeschoß und – mit gewisser Einschränkung – selbst die Gewölbe der Scheinemporen lassen eher an einen römischen Bau denken als an einen romanischen vor 1053. Denn zum einen hinkte Italien der nördlichen und westlichen Entwicklung hinterher, nahm es doch erst 1063 mit dem Dom von Pisa und mit San Marco in Venedig seine ersten großen Kirchenbauten in Angriff, und zum anderen kennen wir römisches Raumgefühl gut vom Pantheon, von der Trierer Aula oder von altchristlichen Basiliken wie Santa Maria Maggiore in Rom. Auch hier können nur neuerliche bauarchäologische Untersuchungen zu einer definitiven Klärung der Bauzeit führen.

So zeigen uns die Beispiele Köln und Florenz, daß es tatsächlich vorstellbar ist, für einen so großartigen Bau wie die Aachener Pfalzkapelle einen anderen Bauherrn, eine andere Baugeschichte und eine andere Bauzeit zu suchen.

Herrscht in Aachen seit Karl dem Großen Kontinuität?

Wie aber steht es um Aachen selbst? Finden wir nicht im Stadtarchiv zahlreiche Urkunden, die die Existenz des Münsters seit 799 absichern?

Aachen bereitet dem Interessierten – je nach Blickwinkel – eine herbe Enttäuschung oder auch ein Aha-Erlebnis. So hart umkämpft die Frage nach der Kontinuität zwischen Antike und Mittelalter auch ist, für Aachen wird keine Kontinuität behauptet: »In fränkischer Zeit verkehrsgeographisch unbedeutend, zu Gau und Bistum Lüttich gehörend, wurde Aachen aus römischem Staatsland in königlichen Besitz überführt, *ohne nachweisbare Siedlungskontinuität*. Seit König Pippins Überwinterung 765/66 vor allem als Pfalzort bezeugt, nach ersten Aufenthalten Karls d. Gr. ausgebaut« [Falkenstein 1980].

Gerade in seinem letzten Lebensjahrzehnt hat sich der große Karl überwiegend in Aachen aufgehalten, so daß von einer Art Kapitale des fränkischen Riesenreiches ausgegangen werden könnte, auch wenn das stolz »nova Roma« oder »secunda Roma« benannte Aachen niemals auch nur den Rang der

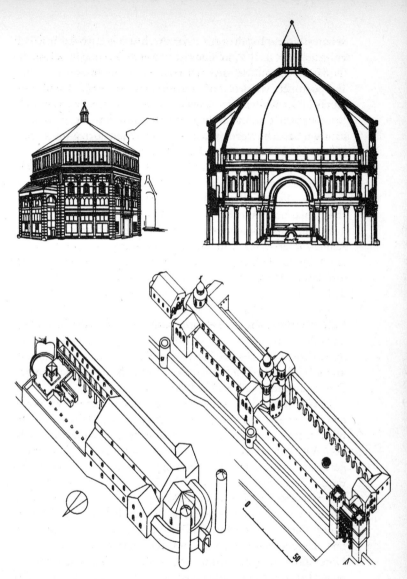

Abb. 60 ›Unbekannte Großbauten‹: Florenz, Baptisterium, Außenansicht und Schnitt, 11. Jh. / Köln, Alter Dom, Rekonstruktion, auch der Vierung, 10. Jh., gleiche Apsis mit Rundtürmen wie Sankt Gallen, siehe Abb. 50 [Christe 1988, 303; Koch 1990, 67, 142; Schütz 1989, 257]

»Hauptstädte« Toledo oder Pavia erreicht hat [Brühl 1989, 142; vgl. auch 133, 253]. Allerdings ist so wenig über die Pfalz und ihr Umland bekannt, daß selbst der Kranz von Königsgütern zum Teil postuliert werden muß, um irgendwie die Versorgung des Hofes in der Winterzeit zu gewährleisten [Brühl 1968, 337 f.].

Unter Karls Sohn Ludwig dem Frommen ist Aachen noch häufiger besucht worden, wie die zahlreichen dort ausgestellten Urkunden beweisen [Brühl 1989, 111 f.], und nahm zeitweise Residenzcharakter an [Falkenstein 1980] oder schien zumindest Hauptstadtcharakter zu bewahren [Fried 1991, 162]. Nach dem Tod von Lothar II. (869) legt sich mählich ein Dornröschenschlaf über Aachen, der im Gefolge der Normannen endgültig die Ansiedlung erstarren läßt. Diese Seefahrer hätten 881 Aachen über Maas, Rur und die winzige Wurm erreicht, die Stadt geplündert und gebrandschatzt, die Pfalzkapelle zum Pferdestall degradiert. Ungeachtet des dringenden Verdachtes, daß auch dieser Angriff ein fiktiver war, der lediglich in den Chroniken stattgefunden hat (s. S. 160) – in Aachen ist auf alle Fälle für die nächsten 200 Jahre kaum mehr etwas zu finden: »Aus den Jahren zwischen Karolinger- und Stauferzeit ist über die örtlichen Verhältnisse nur wenig bekannt. [... Die Marienkirche] wahrt die Kontinuität des Ortes, als die Bedeutung der Pfalz schwand« [Falkenstein 1980].

Es soll nicht unterschlagen werden, daß gleichwohl Urkunden eine ganz andere Sprache als die Archäologie sprechen. So wird von Otto dem Großen 966 in einer Urkunde »die Pfalz von Aachen ›der vornehmste Königssitz diesseits der Alpen‹ genannt« [Schramm 1975, 68], der nur von Rom übertroffen wird. Doch was war dieses Rom? Die Stadt zerfiel seit der Gotenattacke im Jahre 410 unentwegt und unaufhaltsam. Nach der byzantinischen Einnahme von 552, der vierten Heimsuchung seit der gotischen, fiel das alte Rom »mit immer größerer Schnelligkeit in Trümmer« [Gregorovius 1978, I 231]. Unter Gregor I., also um 600, ging »die Stadt selbst [...] unrettbar mit jedem Tage mehr und mehr in Ruinen« [Gregorovius 1978, I 282].

Nach diesem Papst, der als einziger durch die Benennung »großer Kirchenlehrer«, als einer von dreien durch die Verleihung des Epithetons »der Große« und durch die Heiligsprechung geehrt worden ist, »lag Rom als ausgebrannte Schlacke der Geschichte am Boden. Wir wissen nichts von den inneren Zuständen der Stadt; kein Dux, kein Magister militum, kein Präfekt wird irgend genannt, und vergebens suchen wir nach Spuren des bürgerlichen Lebens und der städtischen Gemeindeverfassung« [Gregorovius 1978, I 291].

Nur einmal zwischen Gregor dem Großen und Otto dem Großen fällt Licht auf diese Stadt Rom: als die Erscheinung des großen Karl gleich einem Blitzstrahl die Nacht erhellte [Gregorovius 1978, I 498; oben zitiert].

Im Fall von Rom versagen auch Chroniken und Urkunden kläglich, was Gregorovius wiederholt zutiefst bedauert [Gregorovius 1978, I 241, 291, 486, 499 f.]. Ottos Lob vom ›ewigen Rom‹ kann damals keinen sinnvollen Hintergrund gehabt haben. Gerade diese unvereinbaren Gegensätze zwischen Urkunden und archäologischem Befund, aber auch zwischen verschiedenen Urkunden machen immer wieder schmerzlich bewußt, daß die Welt der Schriftbelege sich grundsätzlich von der tatsächlichen Welt jener Zeit unterscheidet.

Kehren wir zur Aachener Lokalgeschichte zurück. Im 10. Jahrhundert soll sich – doch das bleibt D. Flachs Konstrukt – das Amt des Schultheißen, auch »judex« genannt, aus dem des karolingischen Fiskalamtmanns »in direkter Folge« entwickelt haben [Ennen 1981 a]. Greifbar wird Aachen erst wieder im 11. Jahrhundert, als der Haupthof Aachen mit ein paar Nebenhöfen zu einem Fiscus und gegen 1100 das Reichsgut um Aachen zur Reichsvogtei zusammengefaßt wird. Ab da sind Vögte belegt, ab da wird Aachen als Tuchproduzent auch überregional bekannt.

Trotzdem ist erst Barbarossa jener ›Prinz‹, der das Dornröschen Aachen aus seinem Schlaf erlöst. Am 8. Januar 1166 benennt er Aachen als »caput Galliae« und »caput et sedes regni«, als Haupt des Reiches, und stattet Marienstift und Stadt mit seinem Markt- und Münzprivileg zur Förderung städtischen Lebens aus. Pikanterweise berief sich der Kaiser auf ein Privileg Karls des Großen über die Gründung der Kirche und die Rechte der Stadt. Die in das Barbarossa-Privileg wörtlich aufgenommene Urkunde Karls des Großen ist ihrer Form nach eher einem karolingischen Kapitular als einer Urkunde nachempfunden und – wen mag es wundern – als Fälschung entlarvt worden. Wir lassen dahingestellt, ob sie schon zur Regierungszeit Heinrichs V. (1106-1125) [Müllejans 1988, 38] oder »vor 1147« oder »um 1158« fabriziert worden ist [Engels 1988, 38]. Das »Haupt Galliens« ist auf jeden Fall von dieser Fälschung in das Barbarossa-Privileg übernommen worden [Ennen 1981 a] und mochte eine Drohung gegenüber Nordfrankreich darstellen. Barbarossa hat mit derselben Hervorhebung »caput« auch Arles und Monza privilegisiert.

Von 1171 bis 1175 sind dann die ersten Stadtmauern um Aachen gezogen worden, während die Hofkapelle in ebendiesem Jahrhundert verfiel [Ennen 1981 a]. Friedrich II. hat dann wiederholt – 1215, 1244 – die Privilegien Aachens bestätigt, wie es auch Karl IV. im Jahre 1349 tat. In diesem 14. Jahrhundert legte sich ein weiterer Mauerring um Aachen, die Einwohnerzahl lag bei 10 000, doch das königliche Münzrecht erlosch [Ennen 1981 a].

Das Stiftsarchiv Aachen enthält Akten über »die höhere Geistlichkeit des Stifts« leider erst ab 1220, Unterlagen über das »Münster und seine hohen Beziehungen zu den deutschen Kaisern« ab 1076. Eine Ausnahme bildet die Bulle von Papst Gregor V. vom 10. Februar 997, die jedoch nur als Abschrift aus dem 16. Jahrhundert vorliegt [Faymonville 1916, 32]. Und die Regesten der Reichsstadt beginnen scheinbar erst gegen 1251 [Mummenhoff 1961], während das »Rheinische Urkundenbuch« erst ab 1100 einsetzen soll [Poll 1960, 11]. Zur offiziellen Krönungsstätte wurde Aachen sehr spät, 1356 in der »Goldenen Bulle«, bestimmt.

Wie aber steht es um Karls Aachen? Aus Urkunden und anderen Quellen glauben wir zu wissen, daß das eigentliche »palatium regis« und die »aula regia« kurz nach 794, die Pfalzkapelle gegen 800 vollendet und 805 geweiht war. Wir lesen auch von einem als »Lateranis« benannten Gebäude, das dem Papst als Residenz gedient haben könnte. Kann das die Archäologie bestätigen? 1964 fiel der Grabungsbefund in allen karolingischen Pfalzen noch sehr, sehr bescheiden aus: »Aber *nicht einmal in Aachen,* wo bedeutende Teile der Pfalz erhalten sind, können die Archäologen einen kompletten Aufriß der karolingischen Pfalz vorlegen« [Pörtner 1964, 285].

Daran hat sich in den 30 nachfolgenden Jahren praktisch nichts geändert. »Neben der Pfalz lag zum Teil der vicus Aachen, eine Siedlung von Kaufleuten und Handwerkern mit einem Markt sowie den Unterkünften der zum Hof kommenden kirchlichen und weltlichen Großen. Pfalz und vicus waren zwar topographisch und rechtlich geschieden, *ihre genaue Ausdehnung ist aber nicht bekannt«* [Falkenstein 1980].

Ganz ähnlich gestehen Eugen Ewig und Carlrichard Brühl ein, daß »wir über die Pfalzanlage in ihrer Gesamtheit *leider nur ungenügend unterrichtet«* sind [Brühl 1989, 96].

Brühl geht in seiner skeptischen Zurückhaltung noch weiter als Ludwig Falkenstein, weil ihn beunruhigt, daß wir über die genannten Absteigequartiere der Großen gar keine Berichte haben [Brühl 1989, 97]. Wie weit die Unsicherheit reicht, illustriert eine Fußnote: »Es bedarf wohl kaum des Hinweises, daß Aachen in karolingischer Zeit noch keine *Stadt*mauer besaß wie die alten Römerstädte Pavia und Regensburg; ummauert war lediglich der Pfalzbezirk, den man sich aber nicht zu klein vorstellen darf« [Brühl 1989, 113 f.; seine Hvhg.].

Mit anderen Worten: Wir kennen weder eine karolingische Pfalzmauer noch die damalige Ausdehnung des Pfalz- wie des Ortsbezirkes; wir können nur Rückschlüsse von anderen Hauptstädten wie Pavia oder Regensburg ziehen. Zumindest die Stadt an der Donau soll trotz Aachen schon im 9. Jahrhundert »eine echte Hauptstadt« dargestellt haben [Heimpel laut Brühl 1989, 100]. Allerdings haben wir schon oben vernommen, daß noch nicht einmal die Pfalz dieser ›Hauptstadt‹ gefunden werden konnte. Und wir müssen bedenken, daß Aachen im 9. Jahrhundert lediglich »vicus« gewesen ist, keine »civitas«, also keine Stadt [Brühl 1989, 132, 630]. Vicus mit Dorf zu übersetzen, wäre jedoch auch nicht richtig, nachdem dort die Adelshöfe der Großen und ein Handwerker- und Kaufmannsviertel vermutet werden müssen. Edith Ennen, die dieses angemerkt hat, bringt sofort eine Einschränkung: »Es fällt auf, daß Aachen als Münzstätte zurücktritt, dabei war die Münzreform ein wichtiger und erfolgreicher Bestandteil der karolingischen Wirtschaftspolitik« [Ennen 1981 a].

All dies muß denn doch verwundern: Ausgerechnet von dem durch Karl so bedeutend gewordenen Aachen, in dem Krönung auf Krönung vollzogen worden sein soll, läßt sich fast nichts über seine Topographie, über seinen Umfang sagen. So kann und muß auch von dem lokalen Befund her unterstellt werden, daß Aachen erst im 11. und 12. Jahrhundert zu einem städtischen Gemeinwesen heranreifte. Wann kann dann seine Pfalzkapelle wirklich gebaut worden sein?

Die wahre Datierung der Aachener Pfalzkapelle

Um diese Frage zu beantworten, stellen wir jene Datierungen zusammen, die wir aus den 24 Anachronismen ableiten konnten. Was die Gewölbe anlangt, kann Aachens Vielfalt auf gar keinen Fall vor dem Jahre 1000 erwartet werden, realistischerweise auch nicht vor 1025. Im einzelnen lassen sich feinere Abgrenzungen festlegen, die für jeden Anachronismus den frühestmöglichen Zeitpunkt angeben:

(18) Glocken nach 970
(19) Glockentürme nach 980
 (9) Wandgliederung nach 1000
 (4) Schneckengewölbe nach 1000
(14) Geschrägte Fensterlaibungen nach 1000
(15) Glatt beschnittene Kämpfer nach 1000
(16) Offene Portalentlastungsbögen nach 1000
(24) Bronzetüren (wegen Mainz) um 1010
 (3) Emporentonnen (wegen Tournus) nach 1010
(11) Gebundenes System (wegen Hildesheim) ab 1010
(13) Kreuzpfeiler nach 1010
 (6) Pilaster als Vorlagen ab 1020/60
(10) Wandauflösung (wegen Speyer) nach 1030

(21) Oktogone nach 990, wahrscheinlicher nach 1030
(12) Mischung aus Bruchsteinen und Quadern
 (wegen Speyer) ab 1040
(20) Westwerk (wegen Essen) nach 1040
(23) Antikisierende Formensprache (wegen Essen) nach 1040
 (2) Umgangswölbung (wegen Speyer) nach 1050
 (5) Schildbögen nach 1050
 (8) Vertikalität nach 1050
(23) Säulengitter (wegen Essen und Köln) ab 1050
(17) Eisenkorsett nach 1060
 (1) Kuppel (wegen Speyer) nach 1080
 (7) Strebesystem (wegen Caen) nach 1080
(22) Doppelkapelle (wegen Hereford) zwischen 1070 und 1090

Wenn einmal der Gedanke abdankt, daß Aachen in allen baulichen Details unbestrittener und gleichwohl jahrhundertelang unbeachteter Vorläufer mitteleuropäischer Architektur gewesen sei, dann läßt sich aus dieser Tabelle die ungefähre Bauzeit herausfiltern. Bei den Jahrzehntangaben will berücksichtigt sein, daß sie wegen der schlechten Datenlage und der Zeitdiskrepanzen zwischen jeweiliger Planung und Ausführung nicht leicht festzulegen sind.

Es bietet sich angesichts des imperialen Bauwillens an, Aachen an Speyer zu messen. Dann sollte das Gewölbe des unteren Umgangs *nach* der Einwölbung der Speyerer Seitenschiffe geschlossen worden sein, weil es komplizierter ist als die bahnbrechende Lösung von Speyer und weil es obendrein – im Gegensatz zu Speyer – eine vielgestaltige Empore trägt. Heute [Winterfeld 1993, 55] wird die erste Bauphase in Speyer von 1025 bis 1061 gerechnet. Angesichts der überdimensionalen Krypta und der zwangsläufig späten Einwölbung der Seitenschiffe kann Speyer keinesfalls vor 1050, wahrscheinlich erst um 1060 gewölbt worden sein.

Wäre es nun denkbar, den Baubeginn Aachens in der Zeit von Konrad II. (1024 - 1033) anzusetzen, unter dem auch andere Zentralbauten realisiert worden sind, und die Einwölbung des Umgangs bei 1060 zu erwarten? Mit diesem Jahr 1060 würden wir jene Zeit erreichen, in der wir allerfrühestens das Strebesystem Aachens erwarten können. Nachdem schon im Erdgeschoß Eisenanker eingelassen wurden und die Vorlagen an den äußeren Oktogonmauern keine nachträglichen Anfügungen sind, ist der Bau mit hoher Wahrscheinlichkeit bereits von Anfang an mit den verschiedenen Gewölben, mit Kuppel und Strebesystem, also in seiner ganzen Komplexität, geplant worden. Das schließt nicht aus, macht es aber unwahrscheinlich, daß der Bau noch in der ersten Hälfte des 11. Jahrhunderts begonnen worden ist.

In Analogie zu Speyer und Caen läßt sich ein Baubeginn bald nach 1060 mutmaßen. Dann wäre es sogar möglich, daß mancher Handwerker oder sogar die komplette Bauhütte von Speyer nach Aachen weiterzog. Denn in Speyer ruhten die Arbeiten von 1061 bis ca. 1082. Gleichzeitig fällt ein Streiflicht auf den Umstand, daß bislang Aachen praktisch der einzige monumentale Sakralbau des westlichen Abendlandes war, der von keiner Bauhütte errichtet worden ist, weil es für eine solche im späten 8. Jahrhundert niemals einen Hinweis gegeben hat. So würde auch in dieser Beziehung Normalität in Aachen Einzug halten.

Nachdem der Bau Zeit brauchte – der bisherige Ansatz von rund acht Jahren war nur eine Rückrechnung aus den Urkunden heraus –, kann das »Hochmünster«, das die ›oberen Stockwerke‹ und die Kuppel umfaßt, in der Zeit von 1080 bis 1100 oder kurz danach errichtet worden sein. Nicht einmal das Oktogon von Hereford würde gegen diese Datierung sprechen, wie wir oben dargelegt haben. Für sie spricht aber ganz Wesentliches: »Mit dem Tode Heinrichs IV. († 1106) verebbte auch diese Bauwelle imperialer Prägung, die sich in ihrer Wendung zur spätantiken Form mit der ›Renaissance‹ der karolingischen Hofkapelle getroffen hatte« [Verbeek 1965, 153].

Nach diesem umfänglichen Indizienbeweis haben wir in der Aachener Pfalzkapelle einen salischen Bau vor uns, der mit sehr großer Wahrscheinlichkeit in die Zeit Heinrichs IV. (1056 bis 1106) fällt!

Offen bleibt, wie der Einschnitt des großen abendländischen Schismas von 1054 zu bewerten ist. Nachdem immer wieder als Aachens Vorbilder San Vitale in Ravenna und die Kirche Sancti Sergios und Bakchos in Konstantinopel genannt werden

Abb. 61 Würfelkapitelle, 11. Jh. [Christe 1988, 354]

Abb. 62 Lorsch, Torhalle oder Bibliothek, nach Adamy, 8./9. Jh. (nunmehr 11. Jh.) [Haupt 1935, 245]

und Arkaden wie Säulengitter auf die Hagia Sophia rückführbar sind, wäre zu fragen, ob sie Vorbilder wurden, obwohl Ost- und Westkirche getrennt waren, was dann auf die kaiserlichen Traditionen seit der Ottonenzeit zurückzuführen wäre [bejahend Illig 1996 c].

Mit dieser neuen Aachener Datierung harmoniert, daß im 11. Jahrhundert an Bauten des Kaiserhauses noch einmal, in Speyer oder in Sankt Pantaleon zu Köln, ganz klassizistisch gebaut wird, also insbesondere ohne jene *Würfelkapitelle*, die ansonsten bald nach 1000 die Architektur bestimmten und auch in den ›Nachbauten‹ Ottmarsheim und Sankt Maria im Kapitol verwendet wurden. Diese Würfelkapitelle, die der Architektur des 11. und 12. Jahrhunderts eigen sind [Binding 1991, 287], haben ihrerseits anachronistische Exemplare in früherer Zeit. So stört sich W. Jacobsen daran, daß an dem Karolingerbau von Viernheim bei Lorsch derartige Kapitelle viel zu früh datiert werden: »Die übliche Frühdatierung ›um 800‹ (Mann 1965; Minst 1967) ist auf jeden Fall nicht aufrechtzuerhalten. F. Oswald (KDM 1969) schlägt weit glaubwürdiger eine Datierung in das 11. Jahrhundert vor« [Roth/Wamers 1984, 350]. Früher hatte man solche ›Störfälle‹ einfach relativiert und damit neutralisiert: »In der Vielfalt karolingischer Kapitelltypen ist *das Würfelkapitell als Zufallsform* nicht auszuschließen« [Braunfels 1965, 452].

Wir können daraus getrost schließen, daß karolingische und ottonische Bauten zusammen eine Bauepoche bilden, daß die karolingische Periode fiktional ist. Damit entfallen alle weiteren Versuche, diese Bauten trotz immer neuer Widersprüche abwechselnd in der realen und in der fiktiven Zeit unterzubringen.

Diese Datierung harmoniert auch mit all jenen *Anbauten*, die sich später der Aachener Pfalzkapelle anfügten. In den Jahren 1187 bis 1193 wurden »claustrum« und »dormitorium« an die Aachener Pfalzkapelle angebaut; bis 1215 schmiegten sich vier Kapellen an das Sechzehneck [Faymonville 1916, 62], die dann von noch späteren Anbauten weitgehend verdrängt worden sind. Es würde diesem herausragenden Bau durchaus entsprechen, daß er sich nicht erst nach Ablauf von fast 400 Jahren als erweiterungsbedürftig und -würdig erwies (wie wir bislang zu lernen hatten).

Somit wandelt sich die karolingische Pfalzkapelle zu einem salischen Bau. Um dies trotz aller Anachronismen leichter ›erträglich‹ zu machen, können schlußendlich noch Beispiele dafür angeführt werden, daß schon nach bisheriger Ansicht ›karolingische‹ Architektur und Baubestandteile in ottonischer Zeit errichtet worden sind: »Wir wissen heute, daß die Confessio von Saint-Philibert-de-Grand-Lieu mit ihren Kreuzgratgewölben, der Sarkophag, den sie umschloß, und vor allem das große Mittelschiff mit Pfeilern und Bogen, die durch den Wechsel von Ziegel- und Steinlagen betont sind, *ausgesprochene ›Fälschungen‹ des karolingischen Chors* sind. Die aus Tournus stammenden Mönche hatten sie Anfang des 11. Jahrhunderts erdacht in der Hoffnung, damit den Kult des heiligen Philibert neu zu beleben. Auch die *gefälschte karolingische Inschrift in Germigny-des-Prés*, die in der Romanik in die Pfeiler des Theodulf-Oratoriums eingemeißelt wurde, ist eine Huldigung, die die Mönche von Saint-Bénoit-sur-Loire der Prachtentfaltung der Zeit Karls des Großen zollten, wie eine Chronik des Klosters bezeugt. Etwa gleichzeitig wurden die Krypta und der darüberliegende Chor von Flavigny neu gestaltet; dabei behielt man die karolingische Gliederung bis ins kleinste bei « [Hubert 1969, 68].

Die Kunstgeschichte geht also bereits davon aus, daß Architektur ›auf alt‹ gebaut worden ist, auf daß ihr Ansehen steige. Meine These geht noch einen wesentlichen Schritt weiter. Ihr zufolge gab es keine karolingische Gliederung, sondern im 11. Jahrhundert wurde jener »klassizistische« Stil entworfen, den man in Speyer »kaiserlich«, in Aachen und Lorsch lieber »karolingisch« benennt, während im Florenz des 11. Jahrhunderts nicht nur »der stolze, aristokratische Geist der karolingisch-ottonischen Kunst« spürbar wurde, sondern auch der überaus enge Zusammenhalt beider kunstgeschichtlichen Epochen [Salvini 1982, 8].

Bei Basiliken und anderen Kirchen machte man sich, abseits von Speyer und vom Kaiserhaus, weniger Mühe. Hier wurden einfach die ältesten Bauten zu karolingischen erklärt; sie fehlen heute der Kunstgeschichte im 10. Jahrhundert. Ein Urteil wie jenes von Louis Grodecki über das romanische Ottmarsheim und seine »Treue zur karolingischen Kunst« [Grodecki 1973, 18] wird hinfällig.

Wir erinnern uns, daß die Marienkapelle der Würzburger Burg durch die Kunsthistoriker vom 8. ins 11. Jahrhundert verbracht worden ist [s. S. 208]. Nunmehr kann die Aachener Marienkapelle folgen. Im Grunde handelt es sich dabei um keinen revolutionären Schritt, weil praktisch alle ihm zugrundeliegenden Anachronismen aus Urteilen honoriger Fachgelehrter abgeleitet werden konnten.

Wo stand die Krönungskirche der deutschen Könige?

Wir stellen also fest, daß Aachen selbst sich erst im 11. Jahrhundert zum größeren Gemeinwesen entwickelt – angeblich 1077 erstmals als Stadt erwähnt [Stein 1987, 463] – und daß die Aachener Pfalzkapelle erst Ende des 11. Jahrhunderts oder sogar noch etwas später vollendet wurde. Damit verlieren nicht nur die Karolinger ihr Zentrum, es bleiben auch eine ganze Reihe späterer Königskrönungen ›unbehaust‹: 936, 961, 983, 1028, 1054, 1087 und vielleicht 1099 [Lepie/Minkenberg 1995, 57].

Für die Fachwelt stellt sich diese Frage nicht, weil sie lieber auf pergamentene als auf steinerne Zeugnisse pocht und damit vielen peinigenden Widersprüchen aus dem Wege geht. Auf all die Aachener Anachronismen angesprochen, ging Rudolf Schieffer in öffentlicher Diskussion mit keinem Wort auf sie ein, sondern konstatierte: »Die Behauptung, die Aachener Pfalzkapelle, so wie wir sie vor uns sehen, sei erst im 11. Jahrhundert gebaut worden, ist schon deshalb absurd, weil Widukind von Corvey in einem berühmten Kapitel seines Werkes im 10. Jahrhundert sehr anschaulich bauliche Details dieses Gebäudes schildert, die wir heute noch sehen können. [...] Die Behauptung, dieser Bau sei aus dem 11. Jahrhundert, scheitert einfach an den schriftlichen Quellen« [vgl. Illig 1996a, 114 f.].

So inadäquat sich diese Blickverengung auch ausnimmt, so soll doch versucht werden, Stein- und Schriftzeugnisse in Einklang zu bringen, sofern bei letzteren nicht Fälschung auf Fälschung gesetzt worden ist. Widukind von Corvey spricht davon, daß man den Thron im ersten Stock über eine Wendeltreppe erreichte. Nun ist die Frage durchaus offen, wie viele Thronsitze überhaupt in und vor der Pfalzkirche, in der Aula und im Verbindungstrakt installiert waren [vgl. Beumann 1967]. Sowohl Aula als auch das Eingangstor im Verbindungstrakt gäben einem Thronsitz im oberen Stock Raum. Widukind (nach 973), der anläßlich der Krönung Ottos des Großen als ältester Zeuge von diesem Thron spricht, bestätigt nur »die Basilika Karls des Großen, aber nicht SEIN *solium* als bedeutsam für die Weihehandlung« [Hauck 1967, 51; seine Hvhg.].

Die heute stehende Pfalzkapelle entspricht von der äußeren Form her keineswegs einer Basilika. Hatte das der wachsame Widukind nicht bemerkt; sprach er von einem »königlichen« oder von einem anderen Bau? Unter der Aachener Pfalzkapelle ist eine Vorgängerkirche nachgewiesen, von der allerdings wenig mehr als die Altarposition geklärt scheint [Falkenstein 1981, 68 f.]. Hausmann hat hier mittlerweile eine Basilika vorgeschlagen [Hausmann 1994, 47 bis 51]. Diese eher hypothetische Rekonstruktion steht noch auf wackligen Beinen, deshalb könnte man – so denn Widukind eine bessere Quelle ist – genausogut mutmaßen, daß er von der Aachener Aula spricht, die gleichfalls der Basilikaform näherkam als die Pfalzkapelle?

Doch wir besitzen ein weiteres Zeugnis auf Pergament, das in diesem Zusammenhang Beachtung verdient. Ademar von Chabannes hat aus der ersten Hälfte des 11. Jahrhunderts eine Abbildung der Aachener Pfalzkapelle hinterlassen, die uns eine ganz fremde Kirche zeigt: »Gemeint ist die Aachener Pfalzkapelle, doch ergibt sich dies nur aus dem Zusammenhang, da die Zeichnung selbst *so gut wie keine Ähnlichkeit mit dem Aachener Bau* erkennen läßt. Die gezeichnete Architektur zeigt rechts einen aus vier Arkadengeschossen bestehenden Turm, links einen kuppelgewölbten Rundbau, dazwischen ein langgestrecktes Schiff mit 9 rundbogigen Fenstern in der oberen Zone. Die im Gegensatz zur Kirche perspektivisch gegebene

Grabtumba ist vor die Kirchenarchitektur gezeichnet« [Beumann 1967, 36].

Demnach wäre in Aachen nach 1000 eine ganz andere Kirche gestanden, die an Karl den Großen erinnert hat. War diese Basilika die Krönungskirche? Nicht erklärt wäre damit, warum sich der vermeintliche Krönungsort jahrhundertelang so überaus bescheiden dahinschleppte. Sind die Krönungen in Wahrheit nicht in Aachen, sondern andernorts vorgenommen worden? Eine erste, verblüffende Antwort liegt aus Italien vor. Giovanni Carnevale siedelt Aquisgrani, »das neue Rom« im Val di Chienti (nahe Loreto) an, von wo es erst durch Kaiser Barbarossa ins deutsche »Aquisgrani«, also nach Aachen, übertragen worden sei [Carnevale 1993, 1994, 1996]. Er beruft sich dabei auch auf meine Überlegungen zu Aachen, bürstet sie jedoch gegen den Strich, indem er gutdatierte italienische Kirchen aus dem romanischen 11. Jahrhundert in die ›karolingische‹ Zeit zurückbeordert. Aber wieso sollte dieser beliebte Fehler ein weiteres Mal gemacht werden?

Es gäbe eine in jeder Hinsicht viel naheliegendere Möglichkeit. Zu Köln am Rhein stand seit dem späten 4. Jahrhundert mit *Sankt Gereon* eine ganz außergewöhnliche Kirche: Zentralbau auf ovalem Grundriß mit acht überwölbten Nischen, einem größeren Halbrundchor, zweiapsidiger Vorhalle und weiträumigem Atrium. Nach den jüngsten Untersuchungen dürfte der Hauptraum (23 × 18 Meter) überkuppelt gewesen sein; in den Nischen haben sich Wölbungen aus Ziegeln und leichten Amphoren erhalten (also kein Vorbild für Aachen). Die Ausstattung war prächtig: Mosaikboden, marmorne Wandverkleidung und Goldmosaike, wegen denen Gregor von Tours im späten 6. Jahrhundert von der Kirche »zu den goldenen Heiligen« sprach [Wolff 1993, 200–204].

Diese prachtvolle Kirche des Stadtheiligen hat die dunklen Jahrhunderte überdauert, stand also auch im 10. Jahrhundert. Sie war im politischen Sinne eine wahre ›Basilika‹, weil sie vielfältigen Bezug zu den Herrscherhäusern hielt: Mit hoher Wahrscheinlichkeit ein Bau des römischen Kaiserhauses, der Legende nach die Grabeskirche von Kaiserin Helena; hier lagen fränkische Adlige bestattet und hier ist den Merowingerkönigen

Chlodwig und Theuderich II. (595-613) gehuldigt worden. Der von Karl zum Erzbischof von Köln erhobene Hildebald soll hier begraben sein, »die Legende verbindet auch die Säulen von Sankt Gereon mit der Aachener Pfalzkapelle« [Bandmann 1967, 433]. Unter Erzbischof Anno (1056-1075) fand die erste romanische Erweiterung statt, bis 1227 die großartige zweite.

Diese Kirche entspräche fast allen Wünschen für prachtvolle Krönungen im 10. und 11. Jahrhundert: nur 70 Kilometer von Aachen entfernt, ein gewölbter Bau mit Mosaikschmuck, dem das 10. und frühe 11. Jahrhundert noch nichts zur Seite stellen konnte, kaiserliche und königliche Reputation. Widukinds »Säulengänge im Kreise«, die den Thron flankierenden Säulen und seine Wendeltreppe [II, 1] hätten Entsprechungen. Dieser sächsische Chronist erwähnt nur eine einzige Wendeltreppe. Während in der Aachener Pfalzkapelle zwei auf die Empore führen, zeigt der alte Grundriß von Sankt Gereon nur eine. So wäre es eine reizvolle Aufgabe für die weitere (Bau-)Forschung, herauszufinden, ob die deutschen Krönungen bis hin zum 12. Jahrhundert hier stattgefunden haben und wann sie Aachen zugeschrieben worden sind.

Ist karolingische gleich ottonische Buchmalerei?

Neben dem Wunderbau der Aachener Pfalzkapelle darf als vielleicht edelste und ergreifendste Frucht der Karolingerzeit die Buchmalerei gelten. Wer auch immer diese Epoche zu einer fiktiven, niemals existenten Un-Zeit erklären will, muß andere Meister finden, die solch große Kunst schaffen konnten. Doch will gleich vorausgeschickt sein, daß gerade bei der Buchkunst die Kunstgeschichte noch große Probleme hat, daß sie zwar Knoten eines Netzes erkennt, aber das Netz selbst nur schlecht überblickt [Holländer 1991, 92]. Diese zurückhaltende Einschätzung gegenüber dem Forschungsstand speziell für das 9. Jahrhundert gilt bis ins 11. Jahrhundert hinein.

Karolingische Buchkunst

Bei großzügiger Einschätzung kann ein Knospen der Buchmalerei schon ab 750 bemerkt werden. Die Blütezeit reicht weit über das Todesjahr 814 von Karl dem Großen hinaus, denn erst etwa 877 beginnt das Welken. Für die Zeit des großen Kaisers hat die Forschung zwei Gruppen zusammengestellt [vgl. Braunfels 1991, 119-137].

Die *Ada-Gruppe*, nach einer angeblichen, ansonsten unbekannten Schwester Karls benannt, umfaßt seit Wilhelm Köhler neun Prachtcodices der »Hofschule Karls des Großen« (sieben Evangeliare, ein Evangelistar, ein Psalter, dazu das Fragment des »Codex Cottons«; außerdem drei rekonstruierte Evangeliare). Der Sitz der Werkstatt ist umstritten; neben Aachen werden Trier, Mainz, Lorsch, Metz oder die »école du Rhin« genannt. Man separiert mittels des Krönungsdatums 800 fünf Königs- und vier Kaiserhandschriften, die ein gutes Hundert ganzseitiger Illustrationen enthalten, als da sind Evangelistenbilder, Kanontafeln und einige wenige textunabhängige Kompositionen wie etwa der Lebensbrunnen.

Zur *Gruppe des Wiener Krönungs-Evangeliars* gehören außer diesem selbst drei weitere Evangeliare (Aachen, Brescia, Brüssel), die alle von fremden Malern an der Hof- oder Palastschule geschaffen worden sind. Das *Krönungsevangeliar* soll Otto III. auf den Knien Karls des Großen gefunden haben, als er im Jahre 1000 dessen verschollenes Grab öffnen ließ [Porcher 1969, 98]. Als einzige der oben geprüften Karlskleinodien blieb es der eigentlichen Karlszeit erhalten, weil wir seine Datierung zurückgestellt hatten. Nun ändert sich seine Beurteilung, denn sein Stil wie der des Aachener Evangeliars »stehen durchaus fremd in ihrer Zeit. [...] *Wiederum gibt es in karolingischer Kunst nichts Verwandtes*« [Holländer 1991, 74 f.].

Statt dessen gibt es byzantinische Bezüge. Sie reichen sowohl zum 6. wie zum – anachronistisch – späten 10. Jahrhundert [Gaehde 1979, 51], woraus bereits geschlossen worden ist, daß es wahrscheinlich byzantinische Arbeiten sind [Panofsky 1990, 62]. Und welche Kaiser hatten bessere Beziehungen zu Byzanz als Otto II. und Otto III.? Was läge näher, als wenn

Abb. 63 Utrecht-Psalter: Oben Original, 816-823, »das bedeutendste Kunstwerk der gesamten Karolingerepoche« / Kopie um 1000, England [Wilson 1984, 181 ff.] Liegen wirklich 180 Jahre zwischen Vorbild und Kopie?

Otto III. dem fiktiven Grab ein reales Buch entnommen hätte, das er genau für diesen Zweck erstellen ließ?

Mit Karls Tod verabschiedet sich seine nicht lokalisierbare Hofschule auf Nimmerwiedersehen. Nur im Skriptorium zu Fulda setzten sich einige ihrer Tendenzen bis gegen 850 fort. Ansonsten zerfleddert die einheitliche Prägung; an verschiedenen Orten blühen Werkstätten für nicht mehr als jeweils 20 Jahre. Auch der Ort, an dem die Hofschule Karls des Kahlen tätig war, konnte bis heute nicht bestimmt werden [Mütherich 1979, 15]. Skriptorien arbeiten damals in Reims (bis 853) – hier entstehen »Ebo-Evangeliar« und »Utrecht-Psalter« (beide zwischen 816 und 835) –, in Tours (bis 853) und in Saint-Denis; andere Zentren entstehen in Sankt Emmeram in Regensburg, Metz oder Corbie. Tours liefert im übrigen mit den Porträts von Lothar I. und Karl dem Kahlen die allerersten anerkannten Herrscherbilder [Braunfels 1991, 23]. Nach 870, nach dem hochberühmten »Codex aureus« aus Sankt Emmeram (heute München) und der vielleicht aufwendigsten Bibel überhaupt, jener von »San Paolo fuori le mura«, verlöscht die karolingische Buchmalerei.

Ihre Arbeiten sind verwirrend mit früherer und späterer Kunst verzahnt und stehen dadurch wie in einem Brennpunkt abendländischen Kulturschaffens. So ist der hochgerühmte »*Utrecht-Psalter*« von 835 eine selbständige Weiterentwicklung, obwohl »die Szenenfolge und die Details der Bildordnung einem Zyklus des 5. Jh. folgen« [Holländer 1991, 81].

Wirklich geschätzt wurde er offenbar erst nach der Jahrtausendwende, denn nun wurde er gleich dreimal in England kopiert: im frühen 11. Jahrhundert, gegen 1150 und zuletzt um 1200 [Gaehde 1979, 22]. Allein diese glanzvolle Arbeit soll also eine zusammengehörige Kulturzeit von rund 700 Jahren umreißen.

Die gerühmten Genesis-Zyklen der »*Grandval-Bibel*« aus Tours (um 840) gewinnen »besondere Bedeutung als Ausgangsposition für den Meister der Hildesheimer Bronzetüren« [Holländer 1991, 76], also für die Zeit kurz nach 1000. Eine weitere touronische Handschrift, die »*Gesta Sancti Martini*«,

»belegt die reiche Ornamentik der karolingischen Malerschule von Tours, deren verschiedene Blatt- und Flechtwerkformen *von einigen ottonischen Malerschulen aufgegriffen* wurden« [Brandt 1993, 297; vgl. auch 300].

Eine Sternkarte des 10. Jahrhunderts ist eine getreue Kopie des karolingischen Vorbilds; ein Weltdiagramm aus dem 12. Jahrhundert wird unter karolingischer Kunst geführt, weil dieses Bild »mit Sicherheit« auf 300 Jahre frühere Vorbilder zurückgeht [beides Holländer 1991, 84]. Derselbe Kunsthistoriker flüchtet sich angesichts solch enger Verflechtungen und Überschneidungen in eine paradoxe Formulierung: »*In karolingischer Zeit ist Ungleichzeitiges benachbart und nebeneinander möglich*« [Holländer 1991, 76] oder spricht von »*Ungleichzeitigkeit und Ungleichförmigkeit* der karolingischen Kunstentwicklung« [ebd. 92]. Mit diesen Paradoxa sollen auch Beobachtungen wie die folgende ›auf die Reihe‹ gebracht werden: »Die große Majestas Domini des Sakramentars Karls des Kahlen ist *um 870 schon eine romanische Arbeit*« [Christe u. a. 1988, 22]. Doch dafür ist kein Paradoxon, sondern eine sinnstiftende Erklärung zu finden.

Ottonische Entwicklung der Buchkunst

Zwischen karolingischer (bis 877) und ottonischer Buchmalerei (ab 950) klafft eine Dunkelzeit, ein *Hiatus von rund 70 Jahren*. Nur auf deutscher Seite, in Sankt Gallen, wird bis ≈ 920 karolingisch weitergemalt. Wir folgen der weiteren Entwicklung vorrangig in Westfranken. Die einstigen Hofskriptorien – etwa Saint-Bertin, Saint-Vaast oder Saint-Amand – verschwinden dort nach dem großen Karl so plötzlich, wie sie unter ihm entstanden sind. Zugleich bricht der künstlerische Höhenflug ab. Dem jetzt vorherrschenden ›Primitivismus‹ stehen nur noch unzureichende technische und künstlerische Mittel zur Verfügung [Grodecki 1973, 189]. Mitte des 10. Jahrhunderts, als die Buchmalerei einen erneuten Anstoß erfährt, orientiert sie sich befremdlicherweise nicht am direkten Vorläufer, der spätkarolingischen Hochblüte, sondern an einem längst vergessenen Formenschatz. Schon deshalb müßte jeder Gedanke an Kontinuität innerhalb frühmittelalterlicher Buchkunst aufgegeben werden:

»Wenn die Vorbilder farbige Malereien waren, wurden oft einfache, bunte Farbwerte nebeneinandergesetzt, flächig, ornamental, *weit von dem entfernt, was die Buchmalerei des 9. Jahrhunderts sich an plastischen und räumlichen Werten erobert hatte.* [...] Die ihrer Natur nach provinziellen, aus lokalen Bedingungen und Möglichkeiten erwachsenen Werke weisen oft Ornamentformen auf – ganz oder teilweise aus Tierkörpern zusammengesetzte Initialstämme mit palmettenartigen Blattmotiven –, die *aus weit zurückliegender Zeit, aus dem vor- und frühkarolingischen 8. Jahrhundert stammen.* In den großen Schulen verdrängt und verschwunden, *hatten diese Motive in einer provinziellen Unterschicht das 9. Jahrhundert überdauert.* [...] Ebenso bedeutet der Figurenstil – die flächigen, gezeichneten oder primitiv kolorierten Bilder *– ein Wiederanknüpfen an vorkarolingische Formen*« [Grodecki 1973, 189].

Die »provinzielle Unterschicht« des 9. Jahrhunderts ist nicht nachgewiesen, sondern eine Hilfsannahme, ein zwangsläufiges Desiderat, falls es so etwas gibt. Auf deutscher Seite ist genau derselbe zeitgleiche Rückfall feststellbar. Es entstehen nunmehr »Bilder, die auf die malerischen Qualitäten der karolingischen Kunst verzichten und *zu einem flächenhaften, linearen Stil zurückkehren, der zuweilen fast an Vorkarolingisches erinnert*« [Grodecki 1973, 98].

Warum dieser Verzicht auf einmal errungene Fertigkeiten bei kontinuierlich arbeitenden Künstlern? Dieses »*Wiederaufleben von Formen vorkarolingisch-merowingischen Ursprungs*« [Grodecki 1973, 98], die »*Wiederaufnahme einer vorkarolingischen, spätantiken Tradition*« [Holländer 1991, 124] ist im Rahmen der bisherigen Chronologie ein ganz unverstandenes Phänomen, das jetzt erstmals aufgeklärt werden kann.

Die Gleichsetzung

Im Rahmen meiner Zeitkürzungsthese ist zu postulieren: Als sich die Buchmalerei im 10. Jahrhundert zu regen beginnt, kann sie nicht auf die superben karolingischen Arbeiten zurückgreifen, weil sie noch nicht existierten. Als ab ≈ 950 die abendländische Buchmalerei erstmals nach spätantiker und frühbyzantinischer Zeit verstärkt einsetzt, kann sie nur auf diese Zeiten zurückgreifen. Diesem Neubeginn – der Qualitätsabfall gegenüber dem 6. Jahrhundert ist ersichtlich – wurde von der Kunsthistorie ab 770 ein fiktiver Erstanfang verdoppelnd vorgeschaltet, der in Wahrheit Teil des Aufschwungs im 10. Jahrhundert ist.

Wir werden nun prüfen, wie weit uns dieses Postulat voranbringt und wie weit es auf die weiteren Entwicklungen übertragbar ist. Zunächst kollidiert es nicht mit der Erkenntnis: »Unter den letzten Herrschern der sächsischen Dynastie, Otto III. und Heinrich II., erreicht die Buchmalerei dann einen *Höhepunkt*, der die Werke dieser Epoche denen der Karolingerzeit *gleichwertig* erscheinen läßt, sie zum Teil in ihrer Bewegtheit und malerischen Schönheit sogar *übertrifft*« [Waurick 1992, 464].

Aber schon die folgende Aussage will relativiert werden: »Die ottonische Buchmalerei begann mit der Herstellung von *Kopien* nach karolingischen Hauptwerken« [Holländer 1991, 124; seine Hvhg.].

Kopiert wurden anfänglich nicht die jüngsten, sondern die älteren karolingischen Codices. Im Sinne meines Postulats ist zu schließen, daß die ›Fortsetzungen‹ im Rahmen des ottonischen Neubeginns zeitgleich sind mit der angeblich ab 770 einsetzenden karolingischen Buchmalerei. Erst diese Zeitgleichheit läßt das rätselhafte ›zeitversetzte Rekapitulieren‹ der karolingischen Entwicklung innerhalb der ottonischen Malerei entfallen.

Denn *nach 950* beginnen neue Ansätze in verschiedenen Gegenden wie in Limoges, im Limousin, in Aquitanien oder in den spaniennahen Gebieten. Nördlich der Loire tauchen die karolingischen Skriptorien – zuerst Saint-Bertin – erneut auf und erinnern sich der eigenen Leistungen. So kommt es zu einem »*Rückgriff über ein Jahrhundert hinweg*« [Grodecki 1973, 196]; genauer gerechnet sind es sogar *rund 150 Jahre* und damit etwa fünf übersprungene, fehlende Künstlergenerationen.

Unter Abt Odbert von Saint-Bertin entsteht *kurz nach 1000* ein Evangeliar (heute New York) mit einer tradierten Initialornamentik, »die *im 9. Jahrhundert* ihre schönsten Ausprägungen in den für den Erzbischof Drogo von Metz (823 - 855) geschaffenen Handschriften gefunden hat« [Grodecki 1973, 198],

In Odberts Zeit (986 bis ≈ 1007) wird »eine der berühmtesten Handschriften der karolingischen Renaissance« [ebd.], der »Aratus-Codex« (Leiden) aus dem zweiten Viertel des 9. Jahrhunderts [Gaehde 1979, 69] zweimal kopiert: »*Das Original wird* [nach mindestens 150 Jahren] *so genau wiederholt*, daß die Kopien heute einen Ersatz bilden können für einige Bilder, die in der Leidener Handschrift inzwischen zerstört oder verlorengegangen sind« [Grodecki 1973, 198].

Im Rahmen meiner These bedeutet das, daß die Zeiten von Odbert und eines angeblichen Drogo zusammen um die Jahrtausendwende anzusiedeln sind.

Nach 1025 wurden in Saint-Martial zu Limoges in zahlreichen Nachzeichnungen und Kopien »einige – *wohl karolingische* – Illustrationszyklen« geschaffen [Grodecki 1973, 190]. Diese Reminiszenzen sind in Wahrheit zeitgleiche Arbeiten. Damals beginnt auch das Skriptorium Saint-Vaast in Arras wieder aufzublühen. Anknüpfend an seine karolingische Tradition entsteht eine illustrierte Bibel, »eine eigentümlich eklektische Verbindung von anglosächsischem mit frankosächsisch-karolingischem Formengut, das man den aus dem eigenen Scriptorium hervorgegangenen Handschriften entnahm« [Grodecki 1973, 198].

Gerade die Kenner wundern sich, wie die dortigen Bibliotheksbestände den normannischen Verwüstungen entgehen konnten. Wer die Fiktionalität normannischer Angriffe im 9. Jahrhundert nicht kennt, staunt darüber, daß Karolingerbücher überdauern und als Vorbild dienen konnten. Ein Evangeliar und ein Sakramentar aus dieser Schule belegen ganz deutlich den »Anschluß an karolingische Vorbilder«: »So wird etwa der malerische Stil der karolingischen Kunst [...] übernommen, während die Silhouette der vor den fast leeren Grund gesetzten Gestalt Christi im Bilde der Kommunion der drei Heiligen an Wirkungen denken läßt, wie sie auch der ottonischen Kunst eigen sind. *Die Komposition ist auch hier wieder Handschriften des 9. Jahrhunderts nachgeahmt*« [Grodecki 1973, 200 ff.].

Diese feine Auftrennung verschiedener Aspekte karolingischer Kunst kann nicht mehr Zeitdifferenzen von eineinhalb Jahrhunderten rechtfertigen.

Gegen 1050 belebt sich auch das benachbarte Saint-Amand wieder. In der »Vita« des gleichnamigen Klostergründers erkennen wir: »Die farbigen Hintergründe mit den phantastischen Wolken sind *ein letztes Nachleben* der atmosphärischen Raumbildungen, die sich in den Handschriften des 9. Jahrhunderts finden« [Grodecki 1973, 202].

Ebensolche Rückgriffe und Kopien finden wir damals in Saint-Germain-des-Prés oder auf dem Mont-Saint-Michel: »In einer eindrucksvollen Synthese vereinigen sich hier noch einmal die Züge, die beiden entscheidenden Elemente, in deren Zeichen die Entwicklung der Buchmalerei des 11. Jahrhunderts in Frankreich steht: *der Rückgriff auf die karolingische Kunst*, vor allem auf die der frankosächsischen Schulen, und *die Beziehung zu den gleichzeitigen englischen Handschriften*« [Grodecki 1973, 206].

Sollen wir wirklich glauben, daß aus den eigenen Schubladen nur die ältesten Arbeiten anregend wirkten, während bei angelsächsischer Kunst keineswegs die unübertroffenen Meisterwerke wie das »Book of Lindisfarne« (≈ 700) oder das »Book of Kells« (≈ 800) befruchteten, sondern die zeitgenössischen? Dieser Widerspruch – zugleich Rückgriff auf die eigene gute alte Zeit wie das Aufgreifen der fremden ›Moderne‹ – löst sich in der neuen Chronologie dahin gehend auf, daß karolingische, also ottonische Kunst von gleichzeitig schaffenden Künstlern jenseits des Kanals beeinflußt worden ist. Genau das muß auch erwartet werden, da die Vorliebe für wirklich alte Kunst erst in den späteren Renaissancen, am stärksten in der humanistisch geprägten des 15. Jahrhunderts zutage trat.

Gerade ottonische Malerei läßt »jene in die Tiefe führenden Raumschichten« erscheinen, die auch schon die spätkarolingische Kunst ausgezeichnet haben, doch in ihrem Fall den Weg ins 12. Jahrhundert, in die Romanik anzeigen [Grodecki 1973, 206]. Grodecki beim Wort genommen, wäre ›spätkarolingische‹ Malerei direkt in die romanische Malerei des 12. Jahrhunderts eingemündet. Diese korrekte Einschätzung bleibt weiterhin gültig – nur die Datierung der spätkarolingischen Werke rückt vom 9. ins 11. Jahrhundert.

Das tolle Verwirrspiel in herkömmlichen Kunstgeschichten, das jeden Laien verstummen lassen muß, kaschiert eine schlichte Parallelität. Wenn wir all diese Ähnlichkeiten ernst nehmen – und die Beispiele ließen sich beliebig vermehren [etwa Panofsky 1990, 349] –, dann gehen ottonische und karolingische Kunst zeitlich ineinander über. Unter der Prämisse, daß die Entstehungszeiten gerade der karolingischen Handschriften ziemlich umstritten sind, schlage ich eine neue Grobgliederung vor. Mit ihr lassen sich die drei Abschnitte karolingischer Buchmalerei zwanglos in drei Abschnitte ottonischer Buchmalerei überführen:

$$
\begin{array}{rcl}
750-780 & \longrightarrow & 930-975 \\
780-815 & \longrightarrow & 975-1010 \\
815-875 & \longrightarrow & 1010-1050
\end{array}
$$

Mit diesen Identitätssetzungen wird das »ganze vielgestaltige Netz«, über das »sichere Auskünfte noch nicht möglich sind« [Holländer 1991, 929], zu einem tragfähigen Netzwerk einfacher Knüpfart. Diese Umdatierung bestätigt sich unmittelbar, wenn ein Vergleich zwischen Buchmalerei und Bauplastik gewagt wird. In *Rodez* hat sich das Fragment eines *Altar-Antependiums* erhalten, das in die Mitte des 11. Jahrhunderts datiert wird und (deshalb) Rätsel aufgibt: »M. Schapiro hat in einer gründlichen Analyse Verbindungen zur karolingischen Buchmalerei in Aachen wie auch zu Handschriften des 11. Jahrhunderts in Moissac, Limoges und Clermont nachgewiesen« [Rupprecht 1984, 76].

Bislang mußte unklar bleiben, warum diese Arbeit zugleich Anregungen von zeitgenössischer wie auch von mehr als 200 Jahre alter Buchkunst aufgriff und zusätzlich Kontakt mit jenem Türsturz von Saint-Genis-des-Fontaines hält [ebd.], den wir bereits betrachtet und dessen Datierung wir mit 1020 akzeptiert haben (s. S. 200 und Abb. 25). In diesem neuen chronologischen Maschenwerk werden aus Widersprüchen Bestätigungen, wird klar, was bislang erklärungsbedürftig blieb: »*Jede ottonische Werkstatt setzt die Tendenz einer karolingischen zunächst einmal fort*, verbindet sie mit anderen Vorbildern, neuen Elementen, verwandelt sie gemäß den Zielen und Möglichkeiten, aber Ausgangspunkt der Phantasie ist wie immer die als vorbildlich erkannte voraufgehende Kunst« [Holländer 1991, 141].

So folgen der karolingischen Ada-Gruppe ottonische Skriptorien im Osten – Fulda, Salzburg, Reichenau –, der zweiten Gruppe vorwiegend westliche Werkstätten, vor allem Reims [Braunfels 1991, 121]. Karolingische Bücher werden somit zum Produkt bestimmter ottonischer Skriptorien.

Das Ende der Kontinuitätsdebatten

Unser Postulat, das sich bereits zu erhärten beginnt, kann noch mehr erklären. Bislang mußte stören, daß zwischen 950 und 1050 *keine illustrierten Bibeln mehr entstehen*, die gerade karolingische Künstler gerne schufen. Kaiser Heinrich III. (1039 bis 1056) mußte sogar seiner Bamberger Kirche eine 200 Jahre alte karolingische Bibel aus Tours schenken [Grodecki 1973, 92-96]. Hatte er als einziger damaliger Potentat Freude an Antiquitäten, während alle anderen Könige Kunstwerke aus eigener Werkstatt präsentieren wollten? Nach 1050 blühen die Bibelmanuskripte wieder auf [Waurick 1992, 304], sicheres Zeichen dafür, daß nunmehr die zeitidentische karolingisch-ottonische Epoche überwunden ist. Die Lücke zwischen 950 und 1050 wird nunmehr mit den illustrierten Karolingerbibeln geschlossen.

Es kann nun auch die Debatte darüber eingestellt werden, ob die ottonischen Codices, die ab 965 karolingische Codices kopieren (»Gero-Codex« und »Codex Wittekindeus«), das Endglied einer ununterbrochenen Traditionsreihe bilden. »Es ist längst erwiesen, daß der Gero-Codex eine Kopie ist, daß wir es hier *nicht mit dem Fortleben, sondern mit der Wiederbelebung* karolingischer Formen zu tun haben, mit *einem Rückgriff über mehr als anderthalb Jahrhunderte hinweg*« [Grodecki 1973, 98; bestätigt bei Euw 1991 b, 202].

Die Beobachtung, daß es sich um kein jahrhundertelanges Fortleben handeln konnte, war völlig richtig. Es ist aber auch keine Wiederbelebung, sondern Gleichzeitigkeit beziehungsweise unmittelbare Aufeinanderfolge.

Kein Wunder mehr, daß im neuen Hildesheimer Skriptorium unter Bischof Bernward (993–1022) das erste Werk von 1011 direkt an jenes »Lorscher Evangeliar« anknüpft, das zwischen 800 und 814 entstanden sein soll, und daß Hildesheim in seiner kurzen Blüte bis 1022 die Formenwelt karolingischer Schriften bewahrt [Grodecki 1973, 111].

Ebenso plausibel wird, daß im frühottonischen Trier des Erzbischofs Egbert (977–993) der berühmte »Codex Egberti« um 980 mit dem ersten großen erzählerischen Bildzyklus der ottonischen Kunst die »*Wiederaufnahme einer vorkarolingischen, spätantiken Tradition*« präsentiert [Holländer 1991, 124], ja präsentieren muß, da mangels ihrer Existenz noch keine Rückgriffe auf karolingische Vorbilder möglich waren.

Es könnte beim Leser die Sorge keimen, daß hier bedenkenlos zwei trotz aller Ähnlichkeiten ganz separate Stile vermengt werden. Es ist aber unbestritten, daß sich zeitgleiche Handschriften verschiedener karolingischer Skriptorien untereinander erheblich unterscheiden; dasselbe gilt für ottonische Skriptorien: »Die abendländische Buchmalerei nimmt im Zeitalter der ottonischen Kaiser in jedem Skriptorium verschiedene Gestalt an« [Euw 1991 a, 10].

Die bisher so genannten Wiederaufnahmen und Variationen nach 100, 170 oder 200 Jahren halten sich, wenn sie hier als (fast) zeitgleich eingestuft werden, innerhalb der Bandbreite der schon bislang akzeptierten Stilunterschiede zeitgleicher Werke. Wie überaus eng die Verwandtschaften sind, zeigt auch ein anderes mit Egbert verknüpftes Kunstwerk: »Daß die Unterscheidung von ›ottonisch‹ und ›karolingisch‹ in der Schatzkunst problematisch sein kann, zeigt die unlängst [1990] vorgeschlagene *Umdatierung* des Nagelreliquiars aus dem ottonischen Trierer Egbertschrein in die Karolingerzeit« [Westermann 1991, 201].

Der einzige Unterschied in der Methodik besteht darin, daß bislang alle Welt, die Wissenschaften eingeschlossen, nach dem Komparativ ›älter‹ und dem Superlativ ›am ältesten‹ lechzt [Illig 1992 d, 7 ff.]. Deshalb hat man lieber ottonische zu karolingischen Kunstwerken ›veraltet‹ als karolingische Meisterleistungen zu ottonischen verjüngt. Der neue Zeitansatz verzichtet auf Kindereien dieser Art.

Die fehlenden Skriptorien

Wie weit kennen wir eigentlich die hochberühmten Skriptorien, die doch so untrennbar ihren Sitz mit Klöstern und Städten verbunden haben? Wir haben oben bereits gehört [s. S. 306], daß die Verortung der *Hofschule Karls des Großen* durchaus nicht klar ist, sondern vier, fünf Alternativen im Raum stehen. Dasselbe erfuhren wir für die *Hofschule Karls des Kahlen*. Auch für ihre Elfenbeinarbeiten, die sehr eng mit den Handschriften verbunden sind, muß gelten: »Wo in Nordfrankreich seine Hofwerkstätten arbeiteten, wissen wir nicht« [Brandt 1993, 322].

Daß zusätzlich die fraglichen Elfenbeinplatten abwechselnd ins späte 9., aber auch ans Ende des 10. Jahrhunderts datiert werden [Brandt 1993, 322], macht die Situation für die datierenden Wissenschaftler nicht leichter. Im Rahmen der hier vertretenen These ist diese zwiegespaltene Datierung dagegen zu erwarten und auflösbar.

Für *Köln* existiert der Hinweis eines Mönches, Froumund von Tegernsee, auf Bestehen einer Malerschule. Doch sie ist von 954 bis 999 nicht auffindbar [Euw 1991 b, 191], tritt überhaupt erst gegen 1030 in auffällige Erscheinung. Warum Köln im 10. Jahrhundert weder ein leistungsfähiges Skriptorium noch eine nennenswerte Kleinkunstproduktion hatte, ist mit dem gegebenen Fundbestand nur schwer klärbar [Euw 1991 b, 191]. Der Gedanke liegt nahe, daß manche karolingische Schrift, manche Elfenbeinschnitzerei in Wahrheit aus dem Köln des späteren 10. Jahrhunderts stammt.

Und wie steht es mit dem legendären *Reichenauer Skriptorium*, das für karolingische wie für ottonische Zeit »fast ein mythischer Begriff« [Holländer 1991, 129] ist, das »von c. 970 bis c. 1030 einzig im Abendland dastand« [Langosch 1990, 127]? Längst ist bekannt, daß dessen karolingische Arbeiten verschollen sind [Grodecki 1973, 119]. Aber auch die Reichenau der Ottonenzeit droht zu sinken, wenn dieses Bild bei einem Inselkloster statthaft ist. Zunächst wirkt die damalige Reichenau ›ganz in Ordnung‹: »Dort nämlich erblühte im 2. Viertel des 10. Jahrhunderts die ottonische Buchkunst ähnlich einem Wunder der Natur [...] *Das Zeitalter Karls des Großen (768-814) nimmt nach der Mitte des 10. Jahrhunderts auf der Reichenau neue Form an*, jedoch ist hier nicht St. Gallen maßgeblich, sondern die Aachener Hofschule Kaiser Karls und die Schule von Fulda, in der Hrabanus Maurus (um 780-856) wirkte« [Euw 1991 b, 197, 202].

Dieses Wiederaufleben des »Goldenen Zeitalters Karls« [ebd.] ist erstaunlich genug. Doch ist außerdem seit 1957 der Verdacht von Romuald Bauerreiß, seit 1965 die Beobachtung C.R. Dodwells bekannt: »Es gibt kein stichhaltiges Argument für die Existenz einer Reichenauer Malerschule, wohl aber sehr viele Hinweise auf die *Trierer Werkstatt*. Das Schlüsselwerk, der *Codex Egberti*, ist wahrscheinlich in Trier entstanden« [Holländer 1991, 129; seine Hvhg.].

Wenn solche Verschiebungen bei zentralen Werkstätten noch heute möglich sind – der »Codex Egberti« als Trierer Arbeit ist inzwischen akzeptiert [Euw 1991 b, 194] und damit um knapp 300 Kilometer disloziert –, dann darf mein Postulat zur These umbenannt werden. Mit der endgültigen Gleichsetzung von karolingischer und ottonischer Buchmalerei braucht für die folgenden vier Reichenauer Vexierrätsel keine Lösung mehr gesucht werden.

- »Würden der karolingische Folchart-Psalter [≈ *860* laut Porcher 1969, 320; . . .] und das Reichenauer Homiliar [≈ *1050*] nebeneinanderliegend aufgeschlagen, bemerkte man die *verblüffend enge Verwandtschaft* beider Bücher: Das ottonische Reichenauer Werk entwächst unmittelbar dem karolingischen St. Galler« [Euw/Schreiner 1991 a, 116].
- Der Reichenauer »Gero-Codex«, wohl kurz vor 969 entstanden, ist »ein Zeugnis der *Vorbildlichkeit karolingischer Werke* für das Zeitalter der Ottonen, denn sowohl das Bild der Majestas Domini als auch seine Evangelistenbilder sind nach einem Evangeliar der Hofschule Karls des Großen (776-814) wie dem Lorscher Codex aureus kopiert« [Euw/Schreiner 1991 a, 118].
- Dieser »Gero-Codex« kann, wie der Fuldaer »Codex Wittekindeus«, als »*Renaissance in der Renaissance*«, als »*Rückbesinnung der Ottonen auf die Karolinger* innerhalb ihrer bis zur Antike reichenden Rückbesinnung« [Euw 1991 a, 19] gelten.
- Das »Reichenauer Missale-Fragment« stammt ebenfalls aus der Zeit zwischen 960 und 980. Zwei Bilder als Einleitung der Votiv- und Totenmessen erlauben einen engen Querbezug: Der »lineare Faltenstil dieser Bilder zeigt *Verwandtschaft* mit den Figuren oberitalienischer karolingischer Handschriften wie den *um 800* in Nonantola entstandenen Gregorhomilien« [Euw/Schreiner 1991 a, 125].

Der Leonardo des 10. Jahrhunderts

Im ehemaligen Reichenauer Skriptorium, aber auch im Trierer Domskriptorium von Erzbischof Egbert treffen wir einen Mann, der für eine ganz unterschiedlich erscheinende Malerei innerhalb derselben Werkstatt zu derselben Zeit bürgt. Dieser bedeutendste ottonische Maler, der sogenannte Meister des »Registrum Gregorii«, kürzer *Gregoriusmeister* (nachweisbar *von 980-996*), der die Malerschulen von Köln, Echternach, Mainz, Lorsch und der Reichenau nachhaltig beeinflußt hat [Brandt 1993, 88], wird nicht umsonst als »der Leonardo da

Vinci (1452-1519) des 10. Jahrhunderts« bezeichnet [Euw 1991 a, 16]. Daß andere Kunsthistoriker seine Handschriften als sorgfältig ausgeführt, »ohne von einer besonderen Persönlichkeit zu zeugen«, einschätzen [Pichard 1966, 36], zeugt nicht gegen diesen Meister, sondern gegen die Kritiker. Von ihm stammen zwei Evangeliare, aber auch der unvergleichlich prunkvolle Schmuck der Heiratsurkunde der Theophanu [H. Hoffmann laut Brandt 1993, 63]. Möglicherweise hat er auch in Elfenbein gearbeitet [Brandt 1993, 157], mit Sicherheit hat er Niello-Arbeiten stark beeinflußt [Fillitz 1993, 184f.]. Dieser Meister besticht durch seine extraordinäre Fähigkeit, in *verschiedenen Stilen zu arbeiten* und »ein *antiquarisches Verständnis* für die Kunstformen der Vergangenheit« aufzubringen [Grodecki 1973, 127].

Seine Kenntnis früherer Schriftarten geht so weit, daß einer seiner Purpurcodices abwechselnd dem 7., dem 9. und dem 10. Jahrhundert zugewiesen worden ist [Grodecki 1973, 127]! Er kennt die byzantinische Kunst, aber er könnte auch noch früher gelebt haben, »im *5. oder 6. Jh.* [...], denn er hat sich die Kunst dieser Zeiten makellos einverleibt« [Euw 1991 a, 16]. Und: »Er gilt als Illustrator alter, unvollendeter Handschriften, weil seine Blätter nicht nur den ottonischen Codex Egberti zieren, sondern auch Handschriften des 9. Jh., selbst ›vorkarolingischer‹ Zeit« [Grodecki 1973, 129].

Zwischen 980 und 990 schuf er mit dem Einzelblatt zum Evangelisten Markus eines jener Werke, »die sein humanistischer Geist in *Anerkennung und Würdigung der Leistungen früherer Epochen* schuf. Dazu zählen [...] nicht nur die *Karolingerzeit*, sondern [...] auch die von der insularen Kunst geprägte *vorkarolingische Zeit*, in der das Skriptorium von Echternach bedeutend war« [Euw/Schreiner 1991 a, 148].

So ergibt sich auch die Verbindung zu den Evangelienbüchern aus der Zeit des heiligen Willibrord (658-739). Auch diese frühen Arbeiten brauchen im Rahmen unserer Generalthese eine neue Datierung. Sie werden nunmehr ohne neuerliche Komplikationen im 10. Jahrhundert eingereiht.

Abb. 64 Insulare Buchmalerei. »Lindisfarne Gospels« (um 700): Nachvollzug eines Musters / »Book of Kells« (Dublin, um 800): Das große Flechtwerk aus 10 Reptilien und 5 Vögeln mißt im Original von A nach B 3,8 cm; zwei Initialen [Wilson 1984, 38; Bain 1990, 94, 107]

Arbeiteten karolingische und ottonische Maler zusammen?

Wir lernen hier den Begriff der *Nachschöpfung* [Euw 1991 a, 19] kennen, der fatal an zwei andere Feigenblätter erinnert. Für die Antike muß die sogenannte *Nachbestattung* Datierungsprobleme kaschieren, wenn Beigaben mit ganz unterschiedlichen Zeitansätzen in demselben Grab auftauchen [vgl. Illig 1988, 127-130]; für Bauten vor 1000 muß die *Nachbenutzung* erklären, wie ›uralte‹ Holzbalken in wesentlich jüngere Ensembles gekommen sein könnten [Illig 1991 f., 128].

Da gibt es etwa das »Evangeliar aus St. Maximin«. In dieses karolingische bilderlose Evangeliar aus dem 9. Jahrhundert sind fünf Bilder aus der Schule des Gregoriusmeisters, also des späten 10. Jahrhunderts, eingefügt. Aber auch die Ikonographie dieser Bilder aus der Zeit um 1000 führt »letzten Endes in das karolingische Tours zurück [...]. Dieser touronische Einfluß scheint in der Trierer Buchmalerei der Jahrtausendwende immer noch wie ein Grundton zu herrschen« [Euw/Schreiner 1991 a, 144].

Dasselbe gilt für das Evangeliar aus Santa Maria ad Martyres [Euw/Schreiner 1991 a, 146]. Niemand braucht sich noch zu wundern, daß für den Gregoriusmeister das Plastische und das Räumliche als wesentliche Elemente seines Könnens gelten, also gerade jene Elemente, die auch die karolingische Buchmalerei auszeichnen [Grodecki 1973, 129].

Schließlich erlaubt die *Liuthargruppe*, in der die charakteristischsten Werke ottonischer Kunst zusammengefaßt sind, einen Blick über den Ärmelkanal hinweg: »Der Name Liuthargruppe ist dabei ein Pseudonym für einen schwierigen Komplex, ein Verständigungsmittel, eine Konvention, ein Sprachspiel. Er deckt eine künstlerische Entwicklung, die im frühen Mittelalter an Konsequenz nicht ihresgleichen hat« [Holländer 1991, 132].

Diese heterogene Gruppe hat ihren Namen vom Meister des Aachener »Otto-Evangeliars« (um 1000), bei dem – trotz aller Fortschritte – auch die Rückgriffe beeindrucken: »In seinen Einzelheiten aber ist das ungewöhnliche Werk eine Weiterbildung karolingischer, näherhin turonischer Modelle, zu denen auch das Bild Karls des Kahlen in der Grandvalbibel gehört« [Holländer 1991, 133]. Auch die »Lindisfarne Gospels«, die heute »um 700« datiert werden [Braunfels 1964, II 94], dienten als Vorbild.

Das Alter des »Book of Kells«

Der angeblich 300jährige Rückgriff auf das »Book of Lindisfarne« bringt uns zu jener *insularen Buchkunst*, die schon im 7. Jahrhundert einsetzt und damals keine kontinentalen Gegenstücke hat. Sie blüht bis zu ihrem einsamen Höhepunkt, dem »Book of Kells« (kurz nach 800); nach einer Kunstpause bis 930 erlebt sie eine letzte Blüte, die in Canterbury und Winchester über das Jahr 1000 hinausreicht [Euw 1991 a, 25].

Das *Evangeliar aus Sankt Severin* in Köln stammt aus dem Canterbury des *späten 10. Jahrhunderts* und gehört zu den allerschönsten und wertvollsten der Jahrtausendwende. Es dokumentiert, räumlich und zeitlich versetzt, die Präsenz ›spätkarolingischer‹ Kunst, »die Aufnahme jener großen Epoche der festländischen karolingischen Kunst, die der in Reims zwischen *816 und 835* geschaffene *Utrechtpsalter* vertritt, der nach England gelangt war und dort, heute noch nachweisbar, dreimal kopiert wurde« [Euw/Schreiner 1991 a, 156].

Aus »jener karolingischen Zeichenkunst [resultiert] in England ein neuer Stil, dessen kraftvolle Nervosität im ottonischen Zeitalter nicht nur das Kanalgebiet bis Nordfrankreich, sondern auch Niedersachsen und die Wesergegend beeinflußt« [Euw/Schreiner 1991 a, 156].

Anstelle weiterhin glauben zu müssen, daß der »Utrecht-Psalter« auf dem langen Umweg über Canterbury und die dortigen »außergewöhnlich getreuen« Kopien des 11. Jahrhunderts [Francis 1975, 162] schließlich norddeutsche Skriptorien beeinflußt habe, postulieren wir erneut annähernde Gleichzeitigkeit. Außerordentlich begünstigt wird diese Einschätzung durch die Tatsache, daß die karolingische Minuskel erst ab 960, also mit 200jähriger Verspätung, in England verwendet wird [Francis 1975, 162]. Um so leichter können auch das »Book of

Lindisfarne« und jenes von Kells ins mittlere und späte 10. Jahrhundert verbracht werden. Wir können uns nunmehr dieser absoluten Ausnahmeerscheinung widmen.

Das »Book of Kells«, jenes faszinierende Meisterwerk, ist vor nicht allzulanger Zeit bei 734 [Pichard 1966, 121] oder gar Anfang des 8. Jahrhunderts gesehen worden, fast zeitgleich mit dem »Book of Lindisfarne«, das aber selbst wiederum schon im 7. oder 6. Jahrhundert angesiedelt worden ist [Sullivan 1992, 27]. Erst seit A. M. Friend direkte Verwandtschaften zwischen den Kanontafeln von Kells und zwei karolingischen Evangeliaren aus der Zeit um 800 festgestellt hat [Nordenfalk 1977, 108, 112; Grodecki 1973, 126, 129], wird das »Book of Kells« in das letzte Viertel des 8. Jahrhunderts [Brown 1980, 17], auf 800, ja, in das frühe 9. Jahrhundert datiert [Worrall 1990, 75]. Zugleich wandelte sich sein früher Charakter zu dem eines »Hauptwerks nahe dem Ende der Entwicklung und gleichzeitig bereits mit den ersten karolingischen Ansätzen« [Holländer 1991, 30].

Diese enge Verwandtschaft muß beachtet werden. Bringen wir die »karolingischen Ansätze« in die Zeit bis 1000, muß auch dieses phantastische Meisterwerk nachfolgen.

Doch diese Umdatierung ist ohnehin zwingend, weil erst mit ihr die einstige Herstellung des Buches verständlich wird. Denn *zur fernhandelslosen Karolingerzeit* hätte keine einzige seiner Seiten gemalt werden können, kam doch das Karminrot aus *Südfrankreich*, Purpur und Auripigmentgelb aus *Spanien*, das »im Überfluß verwendete«, gummiarabicumhaltige Ultramarin sogar aus dem *Hindukusch* [Worrall 1990, 73]. Wer hätte in diesen Zeiten irische Mönche mit Farben aus Afghanistan beliefert?

Für die Datierung des Buches wird dieser unmögliche Handel und ein weiterer Umstand entscheidend. Im Jahre 1006 oder 1007 soll es – korrekter das mit ihm identisch gesetzte Evangeliar von Columkille – im Kloster von Kells gestohlen und »nach zwanzig Nächten und zwei Monaten« in einem Erdloch unter Grassoden und Moos wieder aufgefunden worden sein [Brown 1980, 92; Worrall 1990, 75]. Diese unsachgemäße Lagerung durch den Dieb hat kaum Spuren hinterlassen.

Abb. 65 Karolingische Fresken: Castelseprio, 6.-10. Jh. / Mals, Chorfresken, 9. Jh. [Christe 1988, 93; Haupt 1935, 261]

Nach meiner Meinung wurde damals das soeben fertiggestellte Buch samt dem Märchen seines hohen Alters und seiner glücklichen Rückgewinnung erstmals präsentiert. Das würde nicht nur zu der hier gebotenen Rekonstruktion der Chronologie passen, sondern auch zu der alten Datierung durch Edward Sullivan (1920), der wegen bestimmter Schrifteigentümlichkeiten schloß, das »Book of Kells« sei nach dem 8. Jahrhundert entstanden, aber leider nicht den Mut hatte, jenes späte 10. Jahrhundert vorzuschlagen, auf das ein Schriftmerkmal – die quadratische oder rechtwinklige Punktierung – nach seinem Wissen ganz eindeutig hinwies [Sullivan 1992, viii-xiv].

Ein Hauptindiz für diese Datierung ist das *aus Lapislazuli gewonnene Ultramarin*. Während es um 800, ohne Fernhandel und mit einer arabischen Blockade des Mittelmeers, unmöglich war, diesen Halbedelstein aus Afghanistan zu importieren, gab es diese Möglichkeit später durchaus, wie Doris Oltrogge und Robert Fuchs mittels Farbspektrometern bewiesen: »So konnten die Forscher nachweisen, daß es zur ottonischen Zeit offenbar einen florierenden Import von Lapislazuli aus dem Orient gab. Mit den Kreuzzügen reißt die Verwendung des kostbaren Edelsteins für Blaufarben fast völlig ab, und *Indigo* tritt, *wie im früheren Mittelalter*, wieder an seine Stelle« [Schümer 1993].

Aus anderen Beobachtungen wissen wir, daß ab ≈ 960 fernöstliche Gewürze auf den Inlandsmärkten auftauchen [Fried 1991, 48]. So sind die notwendigen Fernhandelswege für die Jahrtausendwende untermauert.

Schließlich wird auch die Errettung des Buches vor den raubmordenden Wikingern im Jahre 806 hinfällig, weil ihre Raubzüge des 9. Jahrhunderts niemals stattgefunden haben. Damit fällt die letzte Stütze für die bisherige Datierung um 800, und das »Book of Kells« rückt definitiv an den Beginn des 11. Jahrhunderts.

Zum Entstehen der irischen Minuskel

Diese Verjüngung irischer Handschriften bringt zugleich die frühe irische Schreibtradition viel enger an ihre späten Ausläufer heran, womit sich beiläufig ein weiteres Rätsel löst: »In geschriebenem Irisch hat – mit Ausnahme des *Book of Armagh* – kein Buch überlebt, das vor 1100 datiert wird« [Sullivan 1992, 31].

Doch dieses »Book of Armagh« soll aus dem Jahre 807 und damit aus den Zeiten der Karolinger stammen. Diese fast 300jährige Lücke schließt sich auf eine vertretbare Distanz, wenn das Werk aus den fiktiven Jahrhunderten herausgenommen und angemessen verjüngt wird.

Doch auch ›in der Gegenrichtung‹ wächst unser Verständnis. Wir haben gehört, daß ab 770 auf dem Festland die karolingische Minuskel ausgebildet und durchgehend benutzt worden ist. Ihr folgte ab 830 die griechische Minuskel [Schreiner 1991, 13]. Nun gibt es auch eine irische Minuskel, die jedoch ungleich früher eingesetzt hat, ohne schon damals die Franken zu ihrer eigenen Schrifterfindung anzuspornen. Üblicherweise läßt man die irische Minuskel gegen 680/90 im »Antiphonar von Bangor« an eine noch frühere Minuskel von 480 anschließen [Pirenne 1963, 239]. Das Manuskript »S. Hilarius on the Trinity« zu Sankt Peter in Rom, geschrieben in einer »frühen Minuskel, die irischen Einfluß zeigt«, steht für dieses 5. Jahrhundert [Sullivan 1992, 33].

Wir belassen diese Schrift in ihrem 5. Jahrhundert, verknüpfen aber die frühe irische Kalligraphie unter Auslassung von 300 Jahren direkt mit dem 10. Jahrhundert. So erhalten wir eine stimmige Schrift- und Kunstentwicklung, die ein weiteres Rätsel erhellt. Bislang konnte es nur Staunen und Verwundern erregen, daß typisch keltische Ornamentik sich in Irland noch bis ins beginnende 11. Jahrhundert gehalten hat. Diese spätesten Ausläufer einer alten Tradition, die in vorchristlichen Jahrhunderten wurzelt, werden bei Gültigkeit meiner These um drei Jahrhunderte näher an diese früheren Blütezeiten herangebracht – die Kontinuität wird stimmiger, die Zahl der Belegexemplare je Jahrhundert entschieden höher.

Abschließend darf darauf hingewiesen werden, daß in karolingischer Zeit ebenso große Genies wie der ottonische Gregoriusmeister gelebt haben: Wir kennen mindestens einen Meister, der gleich gut römisch und germanisch, also kontinental wie insular, malen konnte [Braunfels 1991, 130]. Werden er und seine Zeitgenossen dem Gregoriusmeister im Skriptorium zur Seite gestellt, reicht das Kunstpotential des 10. und 11. Jahrhunderts allemal aus, ottonische *und* karolingische Buchmalerei zu produzieren.

Wandmalereien
taumeln durch Jahrhunderte

Ein Wort noch zu karolingischer Freskomalerei. Sie ist uns – wie die Bauten – nur bruchstückhaft überliefert. So finden sich Reste im Obergeschoß der Lorscher Torhalle, relevante Malereien aber eigentlich nur in der *Krypta von Auxerre*, im graubündischen *Müstair*, wo schon die Stuckstatue Karls ins 12. Jahrhundert zu verpflanzen war, und im Südtiroler *Mals*. Das Urteil über sie weist aus, daß sie weder eine homogene Gruppe bilden noch unbedingt aus der vorgeschlagenen Zeit stammen:

- »Die szenischen oder repräsentativen Bilderfolgen von *Müstair* und *Mals* oder von *Auxerre* differieren so stark, daß man sie kaum über die Buchmalerei einander historisch zuordnen kann« [Messerer 1973, 21; seine Hvhg.].
- »Mr. Beckwith hat kürzlich erklärt, der Stil dieser Fresken von Müstair und Mals (leider sprach er nicht von den Stukkaturen) sei ›insofern nicht karolingisch, als er keinen Einfluß der höfischen und der mit diesen verbundenen Werkstätten erkennen läßt‹. Als rein stilistisches Urteil mag das wohl richtig sein, trotzdem ist die Einschränkung in Anbetracht dessen, *daß von den erwähnten Werkstätten keinerlei Fresken mehr existieren*, doch fragwürdig« [Bullough 1966, 156].

Sankt Johann in Müstair gilt als Gründung Karls des Großen. Die Saalkirche mit den drei Apsiden soll aus dieser Zeit stammen, ihre Wände waren von vornherein als Bildträger bestimmt: »Zu einer genauen Datierung fehlen Vergleichsbeispiele. Historische und technische Erwägungen legen die Entstehung um 800 nahe. [...] Die *Nähe zu Werken des 10. und 11. Jhs.* ließen P. Toesca, A. Grabar und andere an das späte 9. Jh. denken« [Braunfels 1965, 480].

Ein Streitobjekt par excellence sind die *Fresken von Castelseprio* bei Mailand. Seit ihrer Entdeckung im Jahre 1944 werden sie abwechselnd dem 7., 8., 9., selbst dem 6. oder 10. Jahrhundert zugeschrieben [Hubert 1968, 93 f.; Porcher 1968, 121 f.; Verzone 1979, 100]. Dieselbe – für eine ansonsten aufs Jahrzehnt genau datierende Kunstgeschichte geradezu beängstigende – Unsicherheit gilt für Santa Maria Antiqua in Rom [Porcher 1968, 121 f.], abgeschwächt auch für San Vincenzo al Volturno bei Montecassino und für Naturns im Vintschgau, das gegen 800, aber auch erst in ottonischen Zeiten angesiedelt wird [Verzone 1979, 220]. 1961 traten vorübergehend die Fresken der Torhalle von Frauenchiemsee hinzu [Schindler 1963, 75], die aber – trotz der ehrwürdigen Äbtissin Irmingard, einer Enkelin Karls des Großen – bald vom 9. ins 11. Jahrhundert verwiesen werden mußten [Knaur 1976, 241].

Die kürzlich aufgefundenen *Freskoreste von Corvey* – Sinopien, also Vorzeichnungen für die farbigen Malereien und für die Stuckplastiken – können wie die Plastiken selbst (s. S. 204) und analog zur Buchmalerei dem 10. und 11. Jahrhundert zugeschrieben werden. Auch in Corveys Buchmalerei gehen – aber das kann nun nicht mehr überraschen – ottonische und karolingische Elemente eine sehr enge Verbindung ein: »Für die frühottonische Corveyer Malerschule ist die Rezeption frankosächsischer Ornamentmotive und solcher der karolingischen Schule von St. Gallen charakteristisch« [Brandt 1993, 383].

Dieses Urteil wurde angesichts des Evangeliars aus Quedlinburg gefällt, das der Mitte des 10. Jahrhunderts entstammt, gilt aber gleichermaßen für das Corveyer Evangeliar aus der Kathedrale zu Reims [Brandt 1993, 410].

Teil IV
KARL ALS FÄLSCHUNGSPRODUKT

So hoch Karls Vermächtnis gepriesen wird, so bescheiden ist es tatsächlich. Wenn wir unsere Ergebnisse Revue passieren lassen, bleiben uns fast nur *Fehlanzeigen*. Mustern wir deshalb noch einmal die Hinterlassenschaft des »Vaters Europas« und des »Hauptes der Welt«.

Seine Vita ist mehr als problematisch: Wesentliche Stationen sind schlecht oder widersprüchlich berichtet, Wichtigstes fehlt, und in ihrer Grundanlage wirkt sie hypertroph, abgestellt auf allzu viele Bedürfnisse miteinander konkurrierender Nutznießer (vgl. die mehr als 100 Karls-Charakteristika im Register). Allenfalls der Jurist Karl könnte Spuren hinterlassen haben, aber wo sind der Volkskundler, der Mythologe, der Philologe, der Germanist, der Computist, der über dem Papst thronende Weltenherrscher und Theologe, diese Imitatio Salomos, Christi und Herkules', der Staatsmann, der Gründer ach so vieler Kirchen, Klöster und Universitäten, der Ahnherr allzu vieler Stammbäume und Herrscher über allzu wenige Vasallen, der Sozialist als Ahnherr von Bürgertum und Vasalität, der wüste Krieger und Erfinder der Reiterei, der trotzdem kaum über die alten Merowingergrenzen hinauskam, der Herrscher über ein Land ohne nennenswerte Städte, Märkte, Straßen, Münzprägungen, ohne zählbare Bevölkerung, ohne landwirtschaftliche Erträge und ohne Eisenwerkzeug, der Kanalbauer ohne Regional- oder Fernhandel, der Baumeister zahloser, doch spurlos verschollener Bauten? Wo ist jener Reformator, dessen Reformen – zur Schulbildung, zum Lateinunterricht, zur Klärung des Deutschen, zum Münz-, Heeres- und Eichwesen, zur Landwirtschaft und zur Buchhaltung – allesamt noch einmal gemacht werden mußten, bevor sie sich wirklich auswirkten? Wo ist der Begründer jener karolingischen Renaissance, die doch erst durch die Ottonen verbreitet worden ist? Wo sind seine wirklichen Besitztümer, nachdem praktisch all seine Residuen den Vermerk ›sogenannt‹ tragen müssen?

Folgenlos blieb auch eine der allerwichtigsten Einrichtungen Karls, der *Aachener Reliquienkult*. In der Pfalzkapelle ruhten verschiedene Heiligtümer, allen voran der Mantel des heiligen Martin, von dessen lateinischen Benennungen »cappa« und »capella« sich gleichermaßen die Begriffe Kapelle und Kapetinger herleiten. Zu Karls Zeiten sind sie ein Anziehungspunkt erster Ordnung, deren Verehrung »fast an Götzendienst grenzt« [Bayac 1976, 59]. Das müßte die Stadt fast automatisch auch zu einem bedeutenden Marktzentrum machen. Aachen war es gleichwohl nicht, und nach Karls Tod erlosch das Interesse an dem zusammengerafften Aachener Reliquienschatz so vollständig, als läge ein Gerichtsurteil gegen den heiligen Martin vor. »In der Tat weiß bis zum Jahre 1238 keine Quelle mehr etwas über die Vorzeigung von Reliquien zu berichten« [Wies 1986, 284].

Noch länger – bis 1359 – dauert es, bis der siebenjährige Turnus der Heiltumsfahrten Usus geworden ist [Keller 1977, 86].

Karls tatsächliches Nachwirken

Aus nicht nachvollziehbaren Gründen hat also Aachen darauf verzichtet, weiterhin geistliches, geistiges wie merkantiles Zentrum zu sein. Schlimmer noch: Das Kaiserreich hat damit auch auf seine Legitimation verzichtet, denn zumindest zur Merowingerzeit waren Gräber und Reliquien im Verein mit Schlachtensiegen der Ausweis der Herrschaftstauglichkeit [Kalckhoff 1990, 185]. Wir können daraus nur schließen, daß die im hohen Mittelalter ausgewiesenen Aachener Reliquien viel, viel später als geglaubt nach Aachen gekommen sind, wohl erst durch Friedrich Barbarossa.

Karlsbiograph Andreas Kalckhoff stand bereits am Tor zur Aufdeckung der Karlsfälschung, die ihm jedoch niemals in den Sinn kam und käme, wie er in unserem Briefwechsel zwischen einstigen Kon-Abiturienten klarstellte.

»Es brauchte indes *Jahrhunderte*, bis die karolingische Wirklichkeit überall im Westen Europas wahrgenommen und wahrgemacht wurde. [...] So wie Karl sich das Dienen vorgestellt hatte, wurde es erst im Dienstethos des hohen Rittertums verwirklicht – *dreihundert Jahre später. Ebenso lange* dauerte es, bis die Werte christlicher Lebensführung bei den Mächtigen Anklang fanden. [...] Karl [legte] den Grundstein für die mittelalterliche Kirche, das Papsttum und den Katholizismus. [...] *Noch das sächsische Königshaus*, das nach 900 im Osten die Macht übernahm und bis über die Jahrtausendwende herrschte, *vertrat in vielem ein vorkarolingisches Königtum*. Erst unter den Staufern holte man die Wirklichkeit des Westreiches ein. Nicht zufällig ließ denn auch Friedrich Barbarossa den großen Karl heiligsprechen« [Kalckhoff 1990, 245 ff.].

Hier ist bereits alles gespürt: die rätselhafte Verzögerung des karolingischen Impulses, die Kreation Karls durch Ottonen und seine ›Aufblähung‹ durch die Staufer – nur das Wesentliche ist nicht erfaßt. Ähnlich könnte A. J. Gurjewitschs These gewertet werden, wonach »Statik ein Grundzug des mittelalterlichen Bewußtseins« sei [nach Fried 1991, 112]. Diese Statik stammt ausschließlich von einem auf bald fünf Jahrhunderte ausgedehnten 10./11. Jahrhundert. Und wenn Karl Lamprecht die These aufstellte, »das frühere Mittelalter habe nur Typisches gesehen und geschildert, kaum Individuelles« [Fried 1991, 116], dann ist auch sie der retrospektiven ›Erschaffung‹ dieses Zeitraums geschuldet.

Mir – und wie ich denke, manchem Leser – ist es dagegen zur Gewißheit geworden, daß dieser Karl der Große in Wahrheit Karl der Fiktive genannt werden darf und muß. Allzuoft stellten wir fest, daß seine Taten nur Rückspiegelungen der Geschichte späterer Jahrhunderte sind, seine Besitztümer späteren Zeiten zugehören, seine Bauten den Plänen späterer Baumeister entstammen und seine Reformen niemals oder viel später stattgefunden haben.

Wird der Fälschungsverdacht manifest, braucht es auch keinen schicksalhaften Zufall mehr, der Karl der Große an jenem *28. Januar* sterben läßt, an dem Heinrich IV. 263 Jahre später in Canossa vom Bann gelöst wird [Hampe 1935, 83]. Zwei krisenhafte Geschehnisse des Kaisertums auf demselben Datum? Ein zahlenmystisch denkender Fälscher konnte derartigen Gleichklang mühelos erzeugen und auch noch den Krönungstag von Karl dem Einfältigen auf dieses Datum legen.

Mißtrauen verspürte wohl auch der überragende Karlskenner Wolfgang Braunfels, der sich wiederholt bemüßigt fühlt, Karl zu rügen [s. S. 52]. So stört ihn, daß Karl allen seinen Beratern weit entfernten Besitz – zwischen Aquiléia und Tours – zuwies: »Man gewinnt den Eindruck, daß Karl die Hindernisse nicht überschaut hat, die große Entfernungen in verkehrsarmen Zeiten der wissenschaftlichen Zusammenarbeit in den Weg gestellt haben« [Braunfels 1991, 77].

Als derselbe Braunfels jedoch hervorhob, daß die jährliche Aufstellung des Heeres, dank bester Informationswege genauestens überwacht werden konnte [ebd. 32; hier S. 113], störte ihn dieses Hemmnis nicht. Weiter spürt er sowohl bei dem geistlichen Oberhaupt Karl »ein utopisches Element« [Braunfels 1991, 68] als auch bei seinem Kaisertum [ebd. 78], speziell der letzten Jahre: »Improvisationen eines alternden Monarchen, der auf seinem Thron jenen Sinn für die Realität zu verlieren schien, der ihn zu Pferde in so hohem Maße ausgezeichnet hatte« [Braunfels 1991, 115].

Dieser Historiker hat bei aller Zuneigung gespürt, daß die Karlsvita nicht vor Leben, sondern vor Widersprüchen birst und die Maße eines einzelnen Sterblichen beträchtlich übersteigt. Bei Kombination von Braunfels' Detailkenntnis mit kritischer Karlsbetrachtung enthüllen sich die Utopien als spätere Imaginationen, entpuppt sich die Karolingerzeit als fiktives Schachbrett, auf dem ebenso fiktive Schachfiguren nach Laune späterer Denker nach Gutdünken verschoben werden konnten.

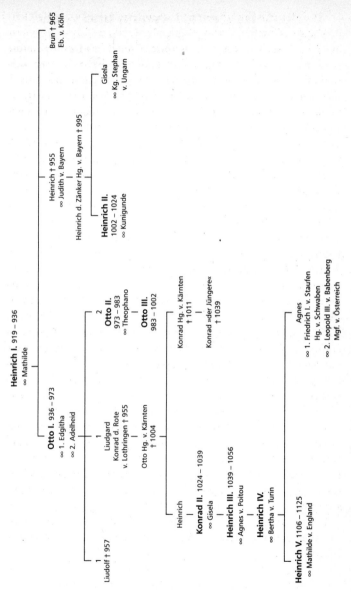

Abb. 66 Stammbaum der Ottonen und Salier [Hartmann 1955, 89]

Der gefälschte Karl – wann und wozu?

In unserer Untersuchung sind immer wieder bestimmte Zeiten genannt worden, zu denen Karlsfälschungen zu gewärtigen sind. Tatsächlich gibt es keine eindeutige Fälschungszeit, weil Karl der Fiktive zu unterschiedlichen Zeiten immer neue Konturen hinzugewonnen hat. Schrittweise wurde er zu jenem allumfassenden Popanz ausstaffiert und aufgebläht, dem alles materielle Substrat abgeht und der schließlich jeden Bodenkontakt verliert. Die Hauptstationen seiner Erfälschung sind zweifellos während der ersten drei kaiserlichen Dynastien anzusiedeln, unter Sachsen, Saliern und Staufern.

Unter *Otto III.* (983–1002) erwarten wir die erste ›Erfindung‹ des großen Karls. Er hat als Endzeitkaiser aufzutreten, der seine Macht an Otto delegiert. Von Otto selbst, seinem Vater Otto II. oder seiner byzantinischen Mutter Theophanu dürfte die universale Kaiseridee stammen. Mit Sicherheit hat er jene Renovatio versucht, die man dem großen Karl vergebens unterschieben wollte (s. S. 270). Am 28. April 998 beglaubigt er eine Urkunde erstmals nicht mit einem Wachssiegel, sondern wie die römischen Kaiser mit einer Bleibulle. Die Bulle nennt als Devise ausdrücklich »Renovatio imperii Romanorum« und zeigt analog zu einer Wachsbulle von Karl einen bärtigen Männerkopf [Althoff 1996, 117]. Otto III. könnte zusammen mit seinem Vertrauten Gerbert, den er zu Papst Silvester II. erhöhte, mit Reichskanzler Willigis von Mainz, mit Erzkanzler Heribert von Köln und seinem einstigen Erzieher Bernward von Hildesheim die Karlsfiktion kreiert und deren imaginäres Kaisertum auf seinen Großvater Otto I. rückübertragen haben [vgl. Illig 1991e]. Wie zufällig ist uns nur bei Otto III. und bei Karl dem Großen eine »Wahlverwandtschaft« zwischen Kaiser und Papst bekannt [Ranke 1938, 266].

Unter Kaiser *Heinrich IV.* (1056–1106) dürfte die Aachener Pfalzkapelle als Hauptbau der Karolingerzeit entstanden sein. Dieser Salier lag in ganz besonders heftigem Streit mit dem Papsttum, insbesondere mit Gregor VII., der ihn gebannt, als ersten deutschen König abgesetzt und zu jenem Canossa-Gang von 1077 genötigt hat, der noch heute immer wieder neu inter-

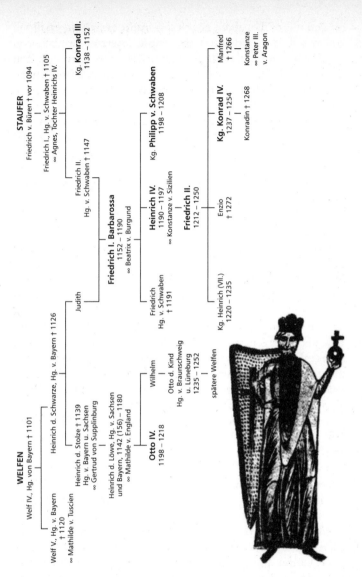

Abb. 67 Stammbaum der Staufer und Welfen [Hartmann 1955, 99] / Friedrich I. Barbarossa als Kreuzfahrer. Aus der Schrift des Propstes von Schäftlarn an Friedrich II. [Fechter 1941, 58]

pretiert wird. Bei ihrer zweiten Kraftprobe wurde Heinrich erneut gebannt, worauf er den Papst absetzte und sich von Gegenpapst Klemens III. 1084 zum Kaiser krönen ließ. Ihm mußte wegen des ausufernden Investiturstreits besonders an einem übermächtigen, papstdüpierenden Vorfahren gelegen sein.

Ganz neue Aktivitäten entfaltete der fast schon fanatische Karlsverehrer *Friedrich I. Barbarossa* (1152-1190): Er läßt Karl exhumieren, heiligsprechen und öffentlich verehren, von ihm stammt der Begriff »Heiliges Römisches Reich«, »Sacrum Romanum Imperium«. Auf seine Regierungszeit haben im Verlauf dieser Untersuchung viele Bezüge verwiesen, die Fälschern aus aktuellen Gründen in ihre Fälschungen eingeflossen sind, seien es die ersten steinernen Brücken oder der Merkurdurchgang, die Latein-Renaissance oder die Proto-Renaissance des 12. Jahrhunderts mit den ersten selbständigen Porträtdarstellungen. Auf sein 12. Jahrhundert weist auch das Gros der gefälschten Karlsurkunden hin oder das Aachener Stadtsiegel.

»Im Bildprogramm des Reliquiars [dem Armreliquiar von Karl dem Großen, um 1166 bis 1170], dem ältesten erhaltenen Denkmal einer kultischen Verehrung Karls des Großen, dokumentiert sich zum ersten Mal *der imperiale Anspruch Friedrichs I. unter Berufung auf Karl den Großen*. Dieser Anspruch gewinnt als politisches Programm dann noch einmal demonstrativ Ausdruck am Aachener Karlsschrein« [Haussherr 1977, I 398], der 1165 in Auftrag gegeben, aber erst 1215 unter *Friedrich II.* verschlossen wird.

Dieser Enkel Barbarossas hat dem fiktiven Karl weiteres Volumen zukommen lassen, bei so grundsätzlichen Vorläufermeriten wie dem Kreuzzugsgedanken, der Hervorhebung Jerusalems als Mittelpunkt der Welt oder bei so possierlichen Späßen wie der Menagerie. Karls Aachener Tierpark, in dem Marmara-Löwe beim numidischen Bären [Notker 9], Wolf beim Lamm und Panther beim Böcklein lag [Kalckhoff 1990, 202], wirkt nicht nur wie ein Paradiesgarten samt dem Zoologen Karl als Wächter, nicht nur wie der Vorläufer späterer Wildgehege bei den Pfalzen [Hauck lt. Brühl 1989, 147], sondern vor allem wie ein Vorläufer des Tierparks von Friedrich II. [Nette 1992, 103]. Nur diese beiden Kaiser ritten mit Elefanten aus. Und kümmerte sich Karl der Große um normierte Apothekergärtchen, so erließ Friedrich II. im Rahmen seiner Medizinalgesetzgebung auch die erste Apothekerordnung für das Abendland [Hunke 1991, 186 f.]. Gerade die Karlspolitik der beiden Friedriche könnte die Päpste zu ihrer bislang nicht völlig verstandenen tödlichen Hetze gegen die Stauferkaiser getrieben haben: »Innozenz IV. [1243 - 1254] forderte geradezu einen Vernichtungsfeldzug, der ›Namen und Leib, Samen und Sproß‹ [der Staufer] austilgen sollte« [Felenda 1992].

Friedrich II. hatte an seinem interkulturellen Hof, der dem von Karl nicht nachstand, genügend Geist versammelt, um eine Karlsfälschung wirkungsvoll ausstatten zu können. Im übrigen Europa wurden die europäischen Intellektuellen des 12./13. Jahrhunderts zu päpstlichen Handlangern [Le Goff 1993, 79] – auch sie können zu den Männern gehören, die eine frühere Zeitvorgabe zu einem undurchdringlichen Geflecht von Geschichte erweitert haben. Denn daß auch die päpstliche Seite bemüht war, das Bild Karls zu facettieren, beweisen die ihm und seinem Vater zugeschriebenen Schenkungen des Kirchenstaats.

Nicht unerwähnt darf König *Charles V.* bleiben, der von 1364 - 1380 über Frankreich herrschte und einen regelrechten Kult um Charlemagne kreierte [Lejeune/Stiennon 1967, 225].

Schließlich könnte der *Humanismus*, der allzuoft die ›passenden‹ Handschriften fand [Topper 1996] und sich einen Schrifttyp schuf, der der karolingischen Minuskel noch immer sehr nahesteht [vgl. Bischoff 1979, 19, 145, 168], letzte Hand an Karl gelegt haben. So wurde die Fiktion, Karls Geburtsort sei die Gautinger Reismühle [s. S. 37], von dem Humanisten Ulrich Fuetrer im Auftrag des bayerischen Herrscherhauses erfunden und 1481 in seiner »Bairischen Chronik« veröffentlicht [Barthel/Breitenfellner 1953, 41].

Hier ist Wilhelm Kammeier (1889 - 1959) zu nennen, der schon vor 60 Jahren eine so weitgehende Fälschungsthese aufstellte, wie sie vor ihm nur der Jesuit Jean Hardouin im frühen

18. Jahrhundert vertreten hatte. Er hielt das gesamte Mittelalter vor 1300 für gefälscht oder zumindest verfälscht, unser Bild des Mittelalters deshalb für ein Zerrbild, geschaffen während des 15. Jahrhunderts von kirchentreuen Humanisten [Kammeier 1935, 1939]. Diese »zweifellos unsinnige These« [H. Heimpel laut Fuhrmann 1996, 247], als »Wahnvorstellung« gebrandmarkt [C. Brühl in »Fälschungen« 1988, III 13] oder als »Abwegigkeiten eines offensichtlichen Außenseiters« bezeichnet [Fuhrmann/Gawlik 1992], beruhte auf richtigen Beobachtungen und berechtigtem Mißtrauen, war aber zu kurzschlüssig und zu einseitig, beschränkte sich doch ihre Beweisführung ganz auf Chroniken und Urkunden, während Baubestand, archäologische Fakten und die zahlreichen Verbindungen zwischen dem westlichen Europa, Byzanz und den arabischen Kalifaten vernachlässigt wurden. Doch das war damals unvermeidbar. Die Stadtarchäologie blühte erst auf, nachdem 1945 zahllose Innenstädte in Schutt und Asche lagen. Seitdem fördert sie jene Befunde ans Tageslicht, die unseren Urkundenbestand im Kern erschüttern.

Immerhin behauptete Kammeier, »daß fränkische Könige erdichtete Persönlichkeiten sind« [Kammeier 1935, 171], bezweifelte aber nicht die Existenz Karls des Großen, sondern lediglich die Richtigkeit von Einhards Karlsvita [Kammeier 1935, 182-190], was heutige Wissenschaft genauso tut [Fried 1996]. Er sah eine ›konzertierte‹ mittelalterliche Fälschungsaktion« unter Leitung der römischen Kurie im gesamten 15. Jahrhundert; für ihn bringt eine unermüdlich fälschende Renaissance »nicht nur eine Wiedergeburt des Altertums, sondern auch eine Neugeburt des Mittelalters« [Kammeier 1935, 238 f.].

Er sah Tausende von Humanisten mit diesen Fälschungen beschäftigt, obwohl gerade die Humanisten in oft sehr starkem Widerspruch zur Kirche standen und beispielsweise die »Konstantinische Schenkung« als Fälschung entlarvten. Zielte auch Kammeiers These viel zu weit, war sie auch durchsetzt und getragen von einem germanophilen Minderwertigkeitsgefühl, hat er doch zahllose Ungereimtheiten im Mittelalter (auf)gespürt und auch – anhand von anerkannter Fachliteratur – klar gezeigt, daß mittelalterliche Dokumente zu oft falsche oder veränderte Datierungen tragen, als daß dies nur auf das mangelnde kleine Einmaleins der Notare geschoben werden könnte. Doch war sein Ansatz über die Urkundenkritik chancenlos, weil auf dem Spezialgebiet der Diplomatik kein Außenseiter reüssieren kann, bekommt er doch niemals eine Originalurkunde in seine Hände, was obendrein noch gegen ihn ausgelegt wird. Gerade für Verfechter der hier dargelegten These – insbesondere Angelika Müller und Hans-Ulrich Niemitz – war es aufschlußreich, sich kritisch mit Kammeier auseinanderzusetzen [Niemitz, 1991c; Illig 1991e, 82-87].

Für die vorliegende These wird statt dessen vorrangig architektonisch und kunstgeschichtlich argumentiert, nachdem die Kunstwerke wesentlich besser zugänglich sind und ihre Entwicklungsbögen über die Jahrhunderte hinweg einigermaßen präzis zu verfolgen sind. Was die Situation bei den Urkunden betrifft, so läßt sich nur feststellen, daß die Spezialisten ständig weitere Urkunden als Fälschungen erachten und oft genug auch als solche entlarven [vgl. »Fälschungen« 1988]. Für sie stellt sich die Frage, ob sie nicht einfach die guten von den schlechten Fälschungen gesondert haben, als sie glaubten, Originale von Fälschungen zu scheiden. Mit Wissen um die These des fiktiven Mittelalters könnten sie zu ganz anderen Ergebnissen als bislang kommen.

Eine weitere Frage wird sein, *ab wann eine Fälschung überhaupt einen Sinn ergab*. Betrachten wir zum Beispiel die berühmt gewordene »karolingische Sozialfürsorge« [Schneider 1990, 79]. Niemand wäre auf die Idee gekommen, lange *vor* Gründung des ersten Findelhauses – 1198 durch Papst Innozenz III. –, diese Einführung bereits der Karlszeit (787) zuzuschreiben [Stein 1987, 390, 511]; niemand hätte obendrein behauptet, Karl habe nicht nur Findel-, sondern auch Krankenhäuser eingerichtet, die nach seinem Tod von der Kirche für sich reklamiert worden seien [Hunke 1991, 351]. In beiden Fällen liegt der Verdacht auf der Hand, daß die deutschen Kaiser des 12. Jahrhunderts den Päpsten den Primat bei der sozialen Fürsorge streitig machen wollten. Sie mochten sich dabei mit byzantinischen

Kaisern vergleichen, war doch Byzanz schon im 6. Jahrhundert auf diesem Gebiet fortschrittlich [Thieß 1992, 886]. Eine direkte Übernahme vor dem 12. Jahrhundert, in dem derartige Sozialeinrichtungen im Westen aufkommen, scheidet aus, weil man gemeinhin nur auf das stolz ist, was man auch selbst schätzt.

Cui bono?

Daran schließt die entscheidende Frage an: Cui bono? Wem zum Nutzen? Immer haben Fälscher versucht, akute Bedürfnisse auf dem Umweg über einen fiktiven Ahnen zu befriedigen, durch Rückprojektionen aktuelle und künftige Vorteile zu erzielen. Mit der Feststellung: »Das Phänomen der absichtslosen Fälschung müßte wohl noch erfunden werden« [Schmitz 1988, II 92] parierte Gerhard Schmitz beim Münchener Fälschungskongreß von 1986 den Vorsitzenden Horst Fuhrmann, der gerade die Fälschung mit »antizipatorischem Charakter«, die Fälschung auf Vorrat und damit einen Widerspruch in sich kreiert hatte [Fuhrmann 1988, 89 f.; vgl. Niemitz 1991 a, 21 - 24].

Der mittelalterliche Dauerkonflikt zwischen Kirche und Kaiser, zwischen Welf und Waibling, zwischen zentralistisch-römischer Klerikalherrschaft und zentrifugalen, romfeindlichen Kräften verlangte ohne Zweifel immer neue Argumente. Sie konnten am leichtesten durch Fälschungen beigebracht werden.

Wir erinnern uns, wie Karl zum ›Überpapst‹ ausstaffiert worden ist, um im Investiturstreit den Kaisern den Rücken zu stärken. Damals blieb nicht aus, daß sich auch die päpstliche Seite des fiktiven Karls und seiner ›neuen Zeit‹ bemächtigte. Sie kreierte »Pippinsche« und »Karlische Schenkung«, um den Kirchenstaat von den westlichen Herrschern, nicht dank »Konstantinischer Fälschung« von den byzantinischen Kaisern erhalten zu haben. Und es war wohl für die Kaiser nicht ganz einfach, diese Fälschungen vom Tisch zu wischen, hätten sie doch zugeben müssen, daß es sich bei Karl und Pippin um selbstgeschaffene Phantome, um kaiserliche Homunculi handele.

Die sich fortzeugende böse Tat lockte immer neue Nutznießer an. So fanden es Hunderte von Abteien und Diözesen genauso praktisch wie zahlreiche Kommunen, sich über einen Gründer oder Protektor Karl ganz irdische Vorteile zu schaffen. »Im 12. Jahrhundert wurden in verschiedenen kirchlichen Instituten, vor allem in Reichsabteien, *Urkundenfälschungen* angefertigt, um die Rechte der Familie (und der Ministerialen) festzustellen. Mit Vorliebe wurden diese Fälschungen auf die Namen von Kaisern und Königen älterer Zeit, wohl gar Karls d. Gr. und Ludwigs d. Fr. geformt. Man wollte als königliche Verfügung grauer Vorzeit hinstellen, was der Regelung damals bedurfte« [Dopsch 1938, 107; seine Hvhg.].

Das Gott und den Fälschungen gleichermaßen zugewandte Mittelalter hatte einen massiven materiellen Unterbau. Wir brauchen nur an Karls Heiligsprechung zu erinnern: »Mit aller gebotenen Zurückhaltung darf man sagen, daß somit zwei aus machtpolitischen Gründen geweihte Bischöfe auf Weisung eines schismatischen Papstes einen Heiligen schufen, der [...] die Reichspolitik Friedrich Barbarossas vom Himmel her bestätigen sollte« [Wies 1986, 278].

Die Kanonisation »stand im Dienst der Bemühungen Barbarossas um die Gottunmittelbarkeit des Kaisertums, um die Eigenständigkeit der weltlichen Herrschaft, um eine vom Papsttum unabhängige und dennoch religiös fundierte Legitimation der kaiserlichen Würde. War der Begründer dieses Kaisertums ein Heiliger, dann ließ sich die Autorität dieser Würde in der gewünschten Richtung aufwerten« [Engels 1988, 45].

Diese Würde konnte aber auch von kaiserfeindlichen Kräften benutzt werden. So kam im 13. Jahrhundert das Gerücht auf, ein ›richtiger‹ Papst, nämlich Gregor IX. (1227-1241), habe die Heiligsprechung Karls bestätigt, worauf ein spezieller Karlskult ausbrach, der »fast die ganze Schweiz als geschlossene Kultlandschaft der Karlsverehrung« umfaßte [Wies 1985, 279] und der das ›selbstverständlich‹ von Karl gegründete Zürich zu einem zweiten Aachen des Karlskultes machen sollte [Brecher 1988, 162]. Auf ›irdischer Ebene‹, also im Bereich der Realpolitik, schlossen 1291 die Urkantone Schwyz, Uri, Unterwalden ihren »Ewigen Bund«, der gegen die Habsburgische Herrschaft gerichtet war und 1315 erneuert wurde. Wir erinnern uns

(s. S. 148), daß in jener Zeit Rudolf von Habsburg endlich dem ›karlsgeschenkten‹ Kirchenstaat die Autonomie gewährt hatte. Zürich trat dem Bund 1351 bei und benutzte den Rückgriff auf ›seinen Gründerkaiser Karl‹ als Waffe gegen das Kaisergeschlecht der Habsburger, das erst 1389 die Eidgenossenschaft anerkannte.

Wir kommen ins 12. Jahrhundert zurück, in die Zeit Konrads III. und Barbarossas. Erst in dieser für das Kaisertum so kritischen Zeit blüht die deutsche Karlsdichtung, ein durch die hier vorgelegte These doppeldeutig gewordener Begriff, richtig auf. Der uns bald noch einmal wichtige Pseudo-Turpin verfaßt eine »Historia Karoli Magni et Rotholandi«, um 1147 stellt die »Kaiserchronik« 19 deutsche Kaiser in rund 3000 Versen dar, von denen ein Drittel Karl dem Großen gewidmet ist [Lohse 1967, 339]. Ein Aachener Mönch trägt um 1166 für Friedrich I. die »Historia Caroli Magni« (»Leben Karls des Großen«) zusammen, und Pfaffe Konrad, wie er sich selbst im Epilog nennt, dichtet von 1168 bis 1172 ein deutsches »Rolandslied«, das »doch eigentlich eine Karlsdichtung« ist [Eggers 1968, 884].

Seine französischen Vorgänger, die ab 1050 auftauchen und bis ins 12. Jahrhundert reichen, gipfeln im »chanson de Roland« um 1100 [Haussherr 1977, I 258 f.]. Gerade die altfranzösischen hochmittelalterlichen Sänger beziehen ihre Stoffe allesamt aus Karls Wirken [Kalckhoff 1990, 173] – eine Entlehnung, die nicht nur von mir, sondern auch von der Mehrzahl der orthodoxen Forscher als reine Erfindung beurteilt wird [Brockhaus ›Karlssage‹]. Hierbei ist ein singulärer Vorgang zu beobachten: »Es ist der einmalige Fall, daß eine Nation durch Lied und Dichtung eine Persönlichkeit anderen Stammes für sich gewinnt« [Wies 1986, 290].

Für uns stellt sich das anders dar. Zwei Völker haben sich einen gemeinsamen Vorfahren erfunden, der um so gewaltiger ausfallen konnte. Man entschied sich für einen Karolinger, die ja in Westfranken bis 987 regierten, um dann von den mit ihnen verwandten Kapetingern abgelöst zu werden. Nachdem ihre Reihe 911 einen namengebenden Karl (den Einfältigen) führt, drängte sich ein früherer, viel größerer Karl auf, eben ein Karl der Große. Den Deutschen konnte das recht sein, waren doch die sächsischen, karlserfindenden Ottonen erst zur Reichsgründung 919 zum Reich hinzugestoßen [hierzu Illig 1992 f.]. Niemand hätte einen noch größeren, älteren Otto irgendwo in Quedlinburg, also im städtelosen Osten, ernst genommen.

Der ›Einhard‹ des 12. Jahrhunderts

Was bedeutet das für die Hauptquelle ›*Einhard*‹? Trotz ihrer mehr als 80 erhaltenen Handschriften [Schreiber 1965, 114] muß sie wie alles aus karolingischer Zeit als spätere Fälschung beurteilt werden. Dieses Schicksal hätte sie schon lange ereilt, wäre Karl der Große nicht ein unbezweifelbares, sakrosanktes Kultobjekt. Für Theodulf, auch ein Fiktion, war Einhard »an allgemeiner Bildung niemand überlegen« [Wahl 1948, 183]. Aber seine skurrilerweise dem König, nicht dem Kaiser gewidmete *Karlsvita* serviert dem Leser bereits im allerersten Satz einen massiven Fehler, ist doch der letzte Merowingerkönig nicht von Papst Stephan, sondern von Papst Zacharias abgesetzt worden. In diesem fragwürdigen Stil geht es weiter. Friedrich Purlitz mußte in seinen Kommentaren zu ganzen dreißig Textseiten Einhards mehr als ein Dutzend Male von »ungenauen«, »übertriebenen« und »falschen« Angaben sprechen [Purlitz 1910]. Schon Leopold von Ranke übte harsche Kritik: »Das kleine Buch ist voll von historischen Fehlern [...]. Nicht selten sind die Regierungsjahre falsch angegeben [...]; über die Teilung des Reiches zwischen den beiden Brüdern wird eben das Gegenteil von dem behauptet, was wirklich stattgefunden hat [...]; Namen der Päpste werden verwechselt, die Gemahlinnen ebenso wie die Kinder Karls des Großen nicht richtig aufgeführt; es sind so viele Verstöße zu bemerken, daß *man oft an der Echtheit des Buches gezweifelt hat, obwohl sie über allen Zweifel erhaben ist*« [Ranke 1854 in den *Abhandlungen der Berliner Akademie*, laut Wattenbach u. a. 1991, 204 f.]. Über allen Zweifel erhaben?

Sollte dieser intelligente Einhard wie ein tumber Tor in der Kaiserpfalz herumgeirrt sein? Sein Herausgeber L. Halphen hat nachgewiesen, »daß Eginhard [= Einhard] die Augustus-Biographie von Sueton plagiiert und ungeschickt transportiert hat, anstatt einfach das zu erzählen, was er gesehen hatte« [Ariès 1990, 28].

Aber dieser Einhard konnte nichts sehen, weil Fiktives nicht im sichtbaren Bereich des Spektrums auftritt. Und sein Erfinder, der sich offenbar erst im 12. Jahrhundert Karls Vita aus der Feder sog, griff sicherlich gerne auf Sueton zurück. In diesem Zusammenhang verdient es Beachtung, daß es »der schon genannte Rahewin [...] aber auch mit einer geschickten Kombination von solchen ›Versatzstücken‹ [vermochte,] aus Einhards Porträt Karls des Großen und dem des hl. Martin in der Vita des Apollinaris Sidonius eine Charakterisierung Friedrich Barbarossas zu liefern, die nach Meinung Grundmanns zutrifft« [Schmale 1985, 103].

Lieferte Rahewin nicht umgekehrt mit seiner Charakterisierung von Barbarossa gewisse Versatzstücke für das Porträt eines fiktiven Karls? Sind eigentlich auch Karl der Große und sein Vater Pippin der Kleine über denselben Leisten fiktiver Chroniken geschlagen? Beide bekämpfen die Langobarden und die Sachsen, beide haben einen Bruder Karlmann, der ohnmächtig bleibt, beide werden gesalbt und (vielleicht) auch gekrönt, beide schenken dem Papst einen Staat, beide sprechen im sogenannten Bilderstreit zugunsten der Ikonen, beide bauen an Saint-Denis...

Und wurde als Leisten das Leben Ottos des Großen gewählt? Auch er ein Hüne, auch fast Analphabet, auch Kämpfer gegen die andrängenden Feinde aus dem Osten (diesmal Ungarn, nicht Awaren). Als Sachse geht er wiederholt gegen Franken vor (eine notwendige Umkehrung bei einer fränkisierenden Verdoppelung). Auch er zieht über die Alpen gegen die Langobarden, dringt auch bis Capua vor, heiratet auch eine langobardische Prinzessin und läßt sich auch in Rom zum Kaiser krönen [Kurowski, 220-229].

Nicht vergessen werden sollen die »Reichsannalen«. Lange genug ging der Streit darum, ob Einhard sie selbst geschrieben habe oder ›nur‹ einer seiner Zeitgenossen; in die Quellenbände der »Monumenta Germaniae Historica« wurden sie noch unter

Marsilie antwurt um des. ta du
wune cenubiles. chor mir rolanten gewn
nen. so han ich allen minen willen. un ne
gefristet nieman daz leben. des han ich
mine truwe gegeben. ame urist kxe ich

in gesunt. karl urgulter mir dere stunt. swaz er
des minet da hin furer. swa er sich rümet. daz
er scadin unt laster hat. ul gut ist der din rat.

Abb. 68 Glas- und Buchmalerei: Fenster aus Saint-Denis, 1144 / Roland und Karl aus der Heidelberger Handschrift des Rolandliedes, vor 1200 / Turpin und Roland, Zeichnung H. I. nach Heidelberger Handschrift, um 1170 [Christe 1988, 369; Fechter 1941, 54 f]

dem Titel »Einhardi Annales« aufgenommen [Pertz 1963, I 124, 135], da Einhard sie von 788 bis 829 fortgesetzt hätte.

Heute, da sie selten Einhard, wohl aber seiner Zeit zugerechnet werden, dürfen wir sie zusammen mit Einhard ins 12. Jahrhundert verbringen. Nachdem ich schon wegen ihrer übergenauen astronomischen Angaben vorgeschlagen hatte, sie der Zeit nach 1150 zurückzugeben (s. S. 96), dürfen wir sie nunmehr mit großer Wahrscheinlichkeit der zweiten Hälfte des 12. Jahrhunderts zuschreiben.

Und wie steht es mit *Notker dem Stammler*, der die »Gesta Karoli Magni«, »ein halb sagenhaftes Anekdotenbuch« [Brockhaus] verfaßt haben soll? Er hat nicht über »einen schon vom Mythos umspielten Herrscher« geschrieben [Lohse 1967, 337], sondern die Legende Karl erst richtig sagenhaft ausgestattet. Er gehört als ›Schöpfer‹ der lateinischen Sequenz genauso in deren erste Blütezeit, ins 12. Jahrhundert [s. S. 69], wie als Vereinnahmer Karls für Ostfranken wie als Alter ego von Ekkehard IV. (s. S. 70). Mit ihm müssen die anderen Karlsschriften, die vor 911 entstanden sind, die fiktiven Jahrhunderte verlassen. Das gilt gleichermaßen für den obskuren *Fredegar* samt seinen Fortsetzern, auch wenn sie noch nichts von Karl wissen durften.

Zum Beweis:
Der Wirrwarr in und um Saint-Denis

Wir wollen uns nunmehr der hochberühmten Abtei Saint-Denis im Norden von Paris zuwenden, die uns markante Informationen über typisch mittelalterliche Geschehnisse und mediävistische Einschätzungen liefern kann. Wenn wir der kuranten Meinung folgen, dann wäre diese Abtei 623 bis 625 oder 625 bis 636 vom Merowingerkönig Dagobert I. zu Ehren des heiligen Dionysius gebaut worden, der anno 250 nach seiner Enthauptung noch vom Berg der Märtyrer (Montmartre) bis hierher gegangen sei, um endlich sein Grab zu finden. Die Abtei diente seitdem als Grablege merowingischer und französischer Könige, sie barg die Kroninsignien Frankreichs und selbst das Königsbanner, jene ›Oriflamme‹ aus der Schlacht von Bouvines, die gemäß der Karlssage schon der große Karl geführt hat. Es gab auch eine Version, nach der sie König Dagobert I. gegen die Heiden trug, um sie dann Saint-Denis zu übergeben [Wehrli 1982, 89]. Erst nach 1418 wird sie nicht mehr benutzt und vergessen [Brühl 1990 a, 58]. Die Ausformung der Gotik ist aufs engste mit der Abteikirche verknüpft. Von 1137 bis 1144 entstand unter *Suger* der geniale Gründungsbau dieses Stils, ab 1231 wurde von Pierre de Montreuil das erste verglaste Triforium errichtet, mit dem die Vision eines vollständig gläsernen, lichtmythischen Baues fast in die Realität geholt wurde.

Der vergeßliche Abt

Suger (1081 - 1151), Abt seit 1122, ließ Westwerk und dann Chor in seinem neuen Stil aufführen. Er hat uns mit dem »Libellus de consecratione ecclesiae St. Dionysii« eine Baubeschreibung hinterlassen, in der er über seine Beweggründe für Abriß und Neubau, über den früheren Bau wie auch über seine Intentionen spricht:

»Der glorreiche und vielgepriesene König der Franken *Dagobert* [...] befahl [...] in bewunderungswürdigem Entschluß, eine Basilika mit königlichem Aufwande zu Ehren der Heiligen zu errichten. [...] Nur einen Mangel hatte *die Kirche*, sie *war nicht groß genug*: Nicht daß es dem Könige an Hingabe und gutem Willen gefehlt hätte, aber es mag wohl in jenen Zeiten, als die Kirche begründet wurde, überhaupt noch keinen größeren oder nur gleich großen Bau gegeben haben. [...] Da die an der *Westseite* der Vorderfront gelegene, dem Haupteingang dienende *schmale Vorhalle beiderseits von Türmen eingeengt* wurde, die weder hoch noch besonders stattlich, bereits dem Verfall nahe waren, so begannen wir mit Gottes Unterstützung eifrig an dieser Stelle die Arbeit« [Gall 1955, 99 f.].

Abt Suger handelte sich mit seinem Bericht postum heftigen Tadel ein. Kritische Leser bemerkten nämlich, daß er nicht den eigenen Augenschein beschrieben hat, sondern lediglich die

»gesta Dagoberti« kopierte, die zu seiner Zeit schon 300 Jahre alt waren. Doch auch diese »Gesta« zeichnen sich dadurch aus, daß »deren Verfasser Dagoberts Bau nicht einmal selbst gekannt haben kann« [Gall 1955, 107].

So hätte der Abt, der hier täglich die Messe las, so wenig von seiner Kirche erfaßt, daß er trotz seiner eigenen, nachweislichen Ausdrucksfähigkeit lieber auf eine Beschreibung zurückgriff, die ihrerseits nicht nach dem Augenschein geschrieben sein konnte. Und die seltsame Ignoranz des Abtes ging noch weiter: »*Suger irrte nämlich auch*, wenn er glaubte, die seinerzeit vorhandene Kirche stamme aus dem VII. Jahrhundert; aus den *in St. Denis aufbewahrten Urkunden* – z. B. der Karls des Großen vom 24. II. 775 [M.G.H. Dipl. Karol. I, S. 132] – hätte er entnehmen können, daß die karolingischen Herrscher einen Neubau unternommen hatten, der in Gegenwart König Karls 775 geweiht worden war« [Gall 1955, 107].

Obwohl also Suger die Unterlagen bei sich im Hause hatte, vergaß er vollkommen zwei ihm zeitlich viel näherstehende und obendrein gewichtigere Bauherren. Pippin der Jüngere hatte 754 den »ersten steinernen Großbau des neuen Herrscherhauses« [Braunfels 1991, 59] der Karolinger beginnen, Karl der Große ihn 775 weihen lassen.

Die äbtliche Unkenntnis muß in noch höherem Maße verwundern, wenn man sich vor Augen hält, wen Suger tatsächlich vorstellte. Dieser Abt war nicht nur *Priester* und *Baumeister*, sondern zeitweilig auch *Kanzler* des Landes; in dieser Eigenschaft übernahm er während des Zweiten Kreuzzuges für Louis VII. die Regentschaft in Frankreich. Dafür erhielt er sogar den Ehrentitel »Vater des Vaterlandes« verliehen [Kergall 1990, 10]. Zum Titel »Vater der französischen Geschichtsschreibung« kam er, weil er die Viten Louis' VI. und Louis' VII. verfaßte und die noch im 14. Jahrhundert führende Geschichtsschreibung von Saint-Denis begründete; ihre »Grandes Chroniques de France« werden 1476 [Ariès 1990, 62] oder 1493 [Cali 1963, 250] als erstes französisches Buch gedruckt. Die Einschätzung von Philippe Ariès: »Die *Königlichen Annalen* [der Karolinger] haben keine Fortsetzer gefunden« [Ariès 1990, 42; seine Hvhg.] kann nur dann gelten, wenn man allein in der direkt anschließenden Zeit sucht. Als ihre legitimen Fortsetzer dürfen Suger und die großen Chroniken Frankreichs gelten, weshalb schon hier die Frage keimt, ob im Saint-Denis des 12. Jahrhunderts die karolingischen Annalen des 9. Jahrhunderts geschrieben worden sind.

Dieser ebenso geschichts- und kunstbewußte wie weltzugewandte Geistliche und Politiker, der »den Mythos der Monarchie ersonnen und gestaltet haben« könnte [Ariès 1990, 58], hätte nicht gewußt, daß er die Kirche Pippins des Kleinen und Karls des Großen erneuerte? Diesem Abt sollte der 500 Jahre alte Dagobert, Sproß eines gestürzten und lächerlich gewordenen Königshauses, wichtiger gewesen sein als der nur 300 Jahre alte, ungleich bedeutendere Karl der Große? Wußte Suger nichts von Charlemagne, dem allergrößten Vorgänger seines eigenen Königs? Kannte er auch Karls des Großen Enkel nicht, jenen Ludwig, der ihm in Saint-Denis als Abt vorangegangen war? Litt er an hochgradiger Amnesie, wenn es um seine ureigenste Domäne ging? Hatte er tatsächlich nur König Dagobert I. vor Augen, dessen »erste wenigstens indirekt erhaltene künstlerische Darstellung [...] aus Sugers Zeit« stammt [Wehrli 1982, 86 f.]?

Eine Antwort kann mittlerweile auf zwei Forschungsebenen, der bauarchäologischen wie der diplomatischen, gegeben werden. Wir wenden uns zuerst den Grabungen vor Ort zu [Illig erstmals 1992 b, 57]. Denn hier hat Jan van der Meulen nach Chartres ein zweites Mal demonstriert, was für Resultate akribische Forschungsarbeit zutage bringen kann. Leider werden wir sehen, daß auch solch kritische Geister in dem Moment straucheln können, in dem sie die eigenen hohen Ansprüche aus den Augen verlieren.

Die eigentliche Baugeschichte von Saint-Denis

Vor seinen Arbeiten in Saint-Denis hat Jan van der Meulen zusammen mit Jürgen Hohmeyer die »Biographie der Kathedrale« von Chartres geschrieben und dabei bewiesen, daß er willens und in der Lage ist, bauarchäologische Befunde und literarische Quellen nicht einfach zu verquicken, um möglichst rasch Zuschreibungen und Datierungen präsentieren zu können. Dies ist keineswegs selbstverständlich, wie der Archäologe Jan van der Meulen und sein Mitautor Andreas Speer, Architekt, angesichts von Saint-Denis betonen. So »erstaunt die Tatsache, daß in der Kathedralforschung dieses Jahrhunderts keiner der Hauptbauten bauarchäologisch durchgreifend erfaßt worden ist. Vielmehr beruhen die beiden vorherrschenden kunsthistorischen Interpretationsschulen, die stilgeschichtliche Bestimmung der mittelalterlichen Kunst einerseits wie auch die vermeintliche ›histoire exacte‹ der Quellenauslegung andererseits, auf einer übertriebenen Gutgläubigkeit gegenüber den sichtbar erhaltenen Kathedralen als einheitlichen Gesamtkunstwerken« [M/S = Meulen/Speer 1988, 2].

Daraus erwächst ihr Vorwurf, daß es vor 1194, das heißt vor den in Chartres überprüften Baudaten, »kein einziges sogenanntes frühgotisches fränkisches Bauwerk gibt, das überhaupt quellenkundig datiert ist – geschweige denn in seinen Detailformen« [M/S, 2].

Um diesem unerfreulichen Zustand abzuhelfen, folgten die Autoren einer strengen Arbeitsvorschrift. Ihr zufolge »müssen wir von einem im erhaltenen Baukörper nachvollziehbaren archäologischen Sachverhalt und von stichhaltigen und allgemein nachprüfbaren Kriterien ausgehen. Wir wollen daher aus dem Bauwerk selber neue Ansätze für die Forschung freilegen. *Unter Verzicht auf manche liebgewordenen Kriterien sollen strengstmöglich die Grenzen der unmittelbar zugänglichen Bauarchäologie respektiert werden.* Wenn dabei die einzelnen Grabungsbefunde nicht eingehend besprochen werden, liegt dies an einer weiteren methodologischen Schwäche der Disziplin als solcher: ›Mittelalterliche Bauarchäologie‹ verläßt sich bis heute noch weitgehend auf die seit Arcisse de Caumont [† 1873] entfaltete *Evokationsfähigkeit von anerkannten Autoritäten*: gewisses Mauerwerk sei ›karolingisch‹, weil beispielsweise der Mörtel rötlich sei, anderes gehöre dem ›11. Jahrhundert‹ an, da etwa das Quaderwerk viel präziser bearbeitet sei. *Jedoch wurde diese Verordnung der absoluten Chronologie niemals an die internen Kriterien der archäologischen Disziplinen gekoppelt.* Sogar dort, wo Münz-

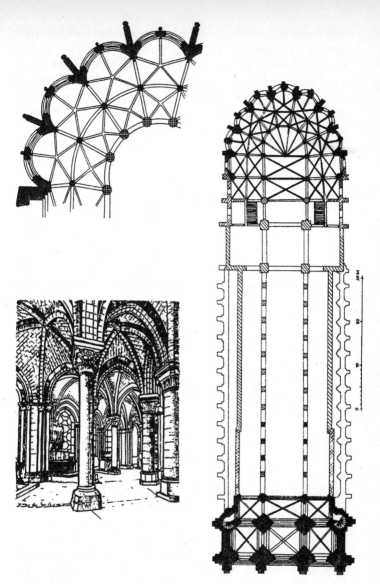

Abb. 69 Saint-Denis, Paris: Grundriß, halber Chor, Blick auf den Chor mit seinen Kreuzrippengewölben (1140 - 1144) [Gall 1955, 52, 364; Christe 1988, 306]

oder Grabfunde zufällig zutage treten, werden diese oft ignoriert oder abstrus zerredet« [M/S, 3].

Diese Kritik trifft ins Mark einer Disziplin, die allzu lange ihren Untersuchungsobjekten eher schwärmerisch entgegentrat und im voraus wußte, was sie an ihnen hat. Eine solche Haltung stört allzuschnell und allzuleicht die Ziele einer wissenschaftlichen Vorgehensweise. So müssen die Autoren einen Vorgänger in Saint-Denis hart kritisieren: »Der von Crosby veröffentlichte Grabungsbericht [1947] ruft den Eindruck hervor, als ob eine bereits im voraus als sicher geglaubte Hypothese durch nachfolgende Grabungen nurmehr bestätigt zu werden brauche. Wieder erkennen wir das Ungenügen, ja die Falschheit eines solchen *methodischen Ansatzes, der in bezug auf Quelle und Bauarchäologie nur das sucht, was er zu finden beabsichtigt*. Diese Zwangslage erklärt sicherlich auch die unpräzise Dokumentation der Grabungen, welche dementsprechend die vorgefaßte Hypothese auf keinen Fall nachträglich beeinträchtigen dürfen« [M/S, 104].

Um sich vor solchen peinlichen »Zirkelschlüssen im Methodischen zu feien« [M/S, 3], *muß »das methodische Nacheinander von Bauarchäologie und Quellenbefund streng bewahrt«* werden [M/S, 7].

Ausgerüstet mit diesem scharfen Werkzeug, traten die Autoren an die Baubeschreibung der Kirche von Saint-Denis heran, die sich bis dahin so las:

 636: Dagobert I. läßt die erste Kirche weihen;
 754: Pippin der Jüngere läßt den Fulrad-Bau beginnen;
 775: Weihe des Fulrad-Baus unter Karl dem Großen;
1137: Abt Suger beginnt den Westbau (bis 1140);
1140: Suger legt Grundstein für neuen Chor (beendet 1143);
1231: Abt Odo beginnt den hochgotischen Chor (bis 1281).

Die beiden Autoren prüften nunmehr den bauarchäologischen Befund – leider im wesentlichen nur den Ostteil – und legten Überraschendes frei. So verläuft unter dem Mittelschiff, aber über eine Quermauer des Großbaus hinweg ein durchgehendes Stratum, das im Ostteil auf rund 565, mittschiffs allgemein

Abb. 70 Fassaden: Saint-Denis, Paris, ab 1137 (und früher) / Caen, a-Trinité nach 1062 / Paris, Notre Dame, ab 1200 [Simson 1972, Abb. 23; Christe 1988, 309, 284]

merowingisch, im Westen aber karolingisch datiert wird [M/S, 29]. Die Datierung 565 stammt von dem einzigen identifizierten Sarkophag dieser Gruppe, dem der Königin Arnegunde. Damit war bereits klar, daß der zu dieser Quermauer gehörige Kirchenbau nicht aus dem 7., sondern nur aus dem 6. oder einem noch früheren Jahrhundert stammen kann. »Daß die ›Gesta‹ Dagoberts I. die frühere Forschung gelegentlich dazu verführt haben, Dagobert den ersten wesentlichen Kirchenbau zuzuschreiben, ist durchaus verständlich und liegt in der Absicht der Gesta-Erzählung. Nach dem Auffinden der Arnegundis-Bestattung aber war keine Polemik vonnöten, diesen zuletzt durch Formigé [1960] vertretenen Standpunkt zu entkräften« [M/S, 143 f.].

Das bestätigte die konkurrierende Meinung, in Saint-Denis sei die Kirche der heiligen Genovefa Mitte des 5. Jahrhunderts errichtet worden und bis zum Neubau Pippins gestanden, ohne daß Dagobert als Bauherr in Erscheinung getreten sei [Wehrli 1982, 36]. Das Autorengespann fährt fort: »Daß *Dagobert keinen Neubau der Basilika vornahm*, war schon von Crosby (1942), S. 67, akzeptiert worden – jedoch nur mit dem Ziel, den hypothetischen Nachfolgebau, die ›karolingische‹ Basilika, als frühesten Großbau am Orte zu ermöglichen« [M/S, 144].

Die Autoren schlossen, Dagobert I. habe lediglich die Ur-Apsis »entscheidend christianisiert«, behielten so einen Grund für die Weihe von 636 [M/S, 149], und wandten sich dann dem Karlsbau zu. Hier ergab sich der gleich überraschende Befund: *Eine ganze Karolingerkirche war und ist genausowenig wie ein Dagobertbau zu eruieren!*

Was als Reste des Karolingerbaus bezeichnet worden ist, entstammt in Wahrheit dem Merowingerbau vor 565. Doch mußten bislang – um den schriftlichen Quellen zu entsprechen – die Fundamente der frühen Kirche sowohl einen Dagobert- als auch einen Karlsbau belegen, was zu dem seltsamen Schluß führen mußte, Karlsbau und Dagobertbau hätten identische Grundmaße gehabt [M/S, 36]. Demzufolge wäre der – durch die Autoren ad absurdum geführte – »Gründungsbau karolingischer Sakralarchitektur« [M/S, 183] keineswegs größer ausgefallen als ein anderthalb Jahrhunderte älterer Dagobert-Bau, der doch laut Suger zu klein geworden war (s. S. 349). Angesichts derartig willkürlicher Interpretationen realer Befunde äußerten van der Meulen und Speer sarkastische Kritik. Sumner Crosby, der von 1942 bis 1981 über Saint-Denis publiziert hat und immer auf einen Karolingerbau fixiert blieb, »versteigt sich sogar zu Maßangaben mit Zentimeter-Genauigkeit, die er aus postulierten Fußmaßen, Proportionen und rekonstruierten (nicht ergrabenen) Bauteilen gewinnt und sogar (um ›the massing of Fulrad's church‹ zu verdeutlichen) in Form eines Modells darstellt. *Die dadurch entstandenen schattenhaften Umrisse des Gebildes einer Kirche, die nie existiert hat, sind eine zutreffende Darstellung imaginärer Werte, die sei 45 Jahren zu tiefen Überlegungen geführt haben*« [M/S, 179].

Man hebe sich diese Aussage ins volle Licht des Bewußtseins: Nur weil in den Quellen von einem Fulrad-Bau die Rede war, der 775 in Anwesenheit von Karl dem Großen geweiht worden sein soll, wurde phantomhaft ein frühkarolingischer Bau mit all seinen Charakteristika rekonstruiert, der – wenn man der archäologischen Evidenz folgt – als ganz anders gearteter Merowingerbau nur ins 6. oder 5., doch niemals ins 8. Jahrhundert datiert werden kann. Deutlicher kann auch der hier vorgelegte Ansatz nicht klarmachen, wie blind und schriftergeben bisherige Forschung den Chroniken und Urkunden gefolgt ist. Anders wäre aber auch nicht zu erklären, daß sich das fiktive Mittelalter so lange in den Geschichtsbüchern halten konnte.

Trotz solch harscher Kritik und bester Vorsätze waren selbst van der Meulen und Speer vor ähnlichen Fehleinschätzungen keineswegs gefeit. Denn solange die schriftlichen Quellen als grundsätzlich richtig erachtet und nicht auf weittragende Fälschungsabsichten hinterfragt werden, so lange laufen reale Bauteile immer Gefahr, einem fiktiven Geschehen zugeordnet zu werden. Dies kann auch van der Meulens Grundregel – erst bauarchäologische Klärung, dann Zuordnung zu den Quellen – nicht immer verhindern. Und so lassen die beiden kritischen Autoren zwei Bauglieder als karolingisch gelten – die Außenkrypta durch Abt Hilduin von 835 [M/S, 201] sowie den Apsisumbau – und erfinden ein neues hinzu: Charlemagnes Kirchenerweiterung in Gestalt des Westbaus [M/S, 267], der bis dahin dem 12. Jahrhundert Sugers zugerechnet worden ist. Wir müssen also mit wacher Skepsis den Rundgang durch die Bauzeiten fortsetzen.

Großen Wert legen van der Meulen und Speer auf die Aussage von Guibert von Nogent (1053-1124), daß im 11. Jahrhundert eine sogenannte »turris« entstand, die jedoch schon vor 1087 [M/S, 202] oder vor 1094 einstürzte [M/S, 201-256]. Sie erkennen in dieser Stiftung von Wilhelm dem Eroberer keinen turmförmigen Westbau, sondern einen Ausbau im östlichen Chorbereich, der Chorflankentürme umfaßt habe [M/S, 202].

Durch diese Interpretation verliert Abt Suger den Ruhm, den Gründungsbau der Gotik geschaffen zu haben. Schon bislang war dieser Ruhm angezweifelt worden, denn nach Ernst Gall habe Suger noch zu romanisch gebaut und ein Hauptschiff, in dem sich die Gotik immer besonders ausdrücke, nicht einmal begonnen [Simson 1972, 193]. Doch nunmehr verliert Suger auch seinen Chorgrundriß, weil er ihn gar nicht erfunden, sondern als normannischen Kapellenkranz der erweiterten Krypta vorgefunden und als Grundrißvorgabe akzeptiert habe. Außerdem brachte er – letzter überraschender Befund – seinen Hochchor nicht bis zum Schlußstein [M/S, 288]. Beim Bau des hochgotischen Chors im 13. Jahrhundert mußten also nicht die Gewölbe von Sugers Chor demoliert werden, was auch niemals berichtet worden ist, sondern dieser wurde jetzt erstmals mit den Mittelgewölben ausgestattet [M/S, 300]. Suger selbst hat freilich nie behauptet, Stammvater der Gotik zu sein, sondern rühmte an seinem Bau die prachtvolle Ausstattung, die Chorgestaltung und vor allem seine Lichtinszenierung, wie man heute sagen würde. Nichts von dem, was er selbst sich zuschreibt, muß ihm abgesprochen werden.

Gemäß van der Meulen und Speer ergibt sich folgende Bausequenz, die allerdings ihrem Buch von 1988 nur mit Mühen abgerungen werden kann:

6. Jahrhundert:	Ein merowingischer Kirchenbau entsteht vor 565 [M/S, 144], vielleicht sogar schon im 5. Jahrhundert [M/S, 36], wenn Genovefa wirklich um 460 ihre Basilika errichtet hat [Angenendt 1990, 188];
636:	Dagobert I. christianisiert lediglich die Ur-Apsis [M/S, 144];
775:	Westwerk als frühkarolingischer Grabanbau für Pippin geweiht [M/S, 173];
835:	Hilduins Außenkrypta mit drei Radialkapellen [M/S, 201];
ca. 1060:	Erweiterte Unterkirche und Chor-/Turmbau (Wilhelms »turris«);
ca. 1090:	Hilduins Wandarkaden erhalten neue Kapitelle/Schäfte [M/S, 255];
ca. 1137:	Suger baut bis 1140 Westwerk um [M/S, 176];
1140:	Suger beginnt den neuen Chor;
1231:	Abt Odo beginnt den durchgehend verglasten Hochchor [M/S, 300].

Kritische Kunsthistorik hat also in Saint-Denis bereits Abschied von Dagoberts wie von Karls Bau genommen. Damit hat sie – auch wenn sie das nicht explizit ausspricht – den Nachweis massiver Fälschungen rund um Saint-Denis geliefert, wie sie meine Generalthese konsequenterweise fordern muß. Die von Kritikern gelegentlich geäußerte Behauptung, diese These sei nicht falsifizierbar und stehe damit außerhalb der Wissenschaft, war schon wegen der Aachener Befunde nicht stichhaltig; die flinke Behauptung wird aber in Saint-Denis ein zweites Mal widerlegt, noch dazu gewissermaßen unter wissenschaftlicher Supervision. Weitere Wiederholungen dieses obsoleten Postulats würden der kritisierenden Wissenschaft ein schlechtes Zeugnis ausstellen.

Gleichwohl bleiben bei van der Meulen und Speer *noch drei Bauteile aus dem streichwürdigen Mittelalter* erhalten. Geschieht dies zu Recht?

Was *Dagoberts Apsis* angeht, so erbringen sie keinen bauarchäologischen Beweis dafür, daß er einen Apsisumbau im 7. Jahrhundert durchführen ließ, sondern akzeptieren das tradierte Datum 24. Februar 636, damit die angebliche Weihe durch Dagobert ein Minimum an Wahrheit behalte. Diese Zuweisung ist nicht nur bauarchäologisch wertlos, sondern auch sonst dubios, stammt doch die älteste Quelle für das Datum 636 aus dem 17. Jahrhundert [M/S, 149]! Man darf in diesem Zusammenhang daran erinnern, daß das Grab Dagoberts I. in dieser Kirche nie gefunden worden ist, genausowenig wie die Gräber von Karl Martell und seiner Frau Chrotrudis oder von Pippin dem Jüngeren [M/S, 173]. Es darf auch ergänzt werden, daß Dagobert in mancher Quelle fälschlicher- und fälschenderweise als Kaiser bezeichnet worden ist, etwa in den »Miracula« des 11. Jahrhunderts [Wehrli 1982, 87]. Daß er als Wiedererbauer des römischen Mainz bezeichnet wird, »ist eine gelehrte Legende wohl des 11. Jahrhunderts« [Brühl 1990b, 105]. Suger aber legte Wert darauf, den »vermeintlichen« Dagobertfaltstuhl restaurieren zu lassen [Hamann-Maclean 1957, 187], um ein Kultobjekt ›seines‹ Kirchengründers vorweisen zu können.

Bei der *Außenkrypta* des Hilduin räumen die Autoren selbst ein, daß hier ein bereits existentes Gebäude der Kirche angegliedert wurde [M/S, 197]. Aus welcher Zeit dieses eingebundene »Baptisterium« stammt, verraten die Autoren nicht, sondern beziehen sich lediglich auf zwei pergamentene Quellen von 833 [M/S, 191]. Sie haben daraufhin beträchtliche Probleme, zu erklären, wieso in dieser Krypta des 9. Jahrhunderts Wandarkaden stehen, die sehr wohl im 10. oder 11. Jahrhundert entstanden sein könnten [M/S, 254f.]. Es rächt sich leider unmittelbar, wenn sie wider bessere Einsicht reale Bauteile nach ungenügend geprüften Schriftquellen datieren.

So bleibt der berühmte *Westbau* von Saint-Denis, der als eigener Baukörper vor dem Kirchenschiff steht (und möglicherweise bald wieder seinen Nordturm erhält, wenn eine französische Initiative Erfolg hat). Kann er jetzt plötzlich karolingisch sein? Die beiden Autoren fühlen sich hier nicht beweispflichtig, denn: »Der genaue bauarchäologische Befund des

Westbaus betrifft nicht unsere eigentliche Themenstellung« [M/S, 260].

Das ist nur von der selbstgewählten Themabeschränkung her richtig; aber diese selbst erweist sich durch das en passant vorgebrachte Zusatzergebnis als falsch. Die Frage nach einer Ost-turris ist nun einmal nicht von einer möglicherweise vorhandenen West-turris zu trennen. Grundlage allen Grübelns sind jene Dokumente, nach denen Karl der Große im Westen einen (Grab-)Bau für seinen Vater Pippin angefügt und Suger diesen verändert habe. Und wer würde Suger mißtrauen, wenn er selbst in seiner Schrift »De Administratione« erwähnt, der Westbau sei eine Anfügung des großen Karl gewesen [M/S, 267]? So gewann der Abt um 1150 [Rudolph 1990, 21], kurz vor seinem Tod, neben Dagobert auch noch Karl den Großen als vorausgehenden Bauherrn. Und die beiden Kunsthistoriker fühlen sich leidlich von der Realität bestätigt, weil die drei heutigen Portale nicht zur ursprünglichen Fassade gehören, sondern nachträglich eingearbeitet worden sind, zahlreiche weitere Details für beträchtliche Umarbeitungen sprechen [M/S, 175 f.] und last not least Suger alte karolingische Bronzetüren wiederverwendet hätte [Hamann-Maclean 1957, 187].

Doch diese Erkenntnisse bringen zunächst nur eine relative Chronologie: Der Westbau ist noch einmal in seinem Grundkonzept – drei axiale Eingänge, Kapellen im ersten Stock – verändert worden. Um zur absoluten Chronologie vorzudringen, müßten nunmehr die karolingischen Anteile an diesem Bau herausgeschält werden.

Leider machen beide Autoren gar nicht den Versuch, an ihm spezifisch Karolingisches aufzuspüren, obwohl sie wissen, daß alle anderen Forscher hier ein genuines Werk Sugers erkennen, bei dem sich – so eine sinnvolle Variante – zwei Meister des 12. Jahrhunderts im Abstand von nur einem halben Jahrzehnt abgelöst haben könnten [M/S, 176]. Die Kritik von Meulen/Speer, daß karolingische Bausubstanz sehr schwer von (spät-)romanischer zu unterscheiden sei, bestätigt sich an ihren Urhebern.

Bedauernd ist festzustellen, daß das zähe Festhalten an Quellen, die aus meiner Sicht nur fiktive sein können, auch Spezialisten in Sackgassen bringt. Denn zur Hälfte haben Meulen/Speer natürlich recht: Dieser Westbau steht nicht in Achse mit dem Chor, was eine gemeinsame Planung unter Suger einigermaßen unwahrscheinlich macht [M/S 21]. Und es gibt ein weiteres, ganz erhebliches Problem. Der heutige Westbau steht ein Stück westlich der Merowingerbasilika des 5. oder 6. Jahrhunderts Suger selbst hätte sie samt ihrem offenen Dachstuhl bis zu seinem Westbau als ›spätromanisches Provisorium‹ verlängern müssen, um die Zeit bis zum gotischen Neubau zu überbrücken. Und diese Zeit war so kurz nicht, hat doch Suger die gotische Wölbung der Langschiffe nicht einmal begonnen [M/S, 260]. Da dieses Provisorium die alte Kirche um zwei Fünftel [Simson 1972, 143] verlängert hat, ist dieser Punkt bedeutsam.

Für alle diese zusätzlichen Wirrungen gibt es eine Lösung, die jedoch fast zu simpel klingt. Denn »turris« heißt zunächst schlicht und einfach »Turm« – weshalb etwa im Falle der Hildesheimer Cäcilienkirche »altissimae turres« mit »zwei sehr hohen Türmen« übersetzt wird [Kozok/Kruse 1993, 291]. Warum nur darf Wilhelms Turris-Bau nicht als Westbau errichtet worden sein? Dürfte er, dann stünden wir heute vor einem normannischen Westbau des 11. Jahrhunderts (ca. 1060, wie Caen), der von Suger umgebaut worden ist. Die romanisch bauenden Zeitgenossen König Wilhelms hätten noch keinen Ehrgeiz gehabt, bei der zwangsläufigen Kirchenverlängerung anstelle eines offenen Dachstuhles ein gotisches Kreuzrippengewölbe aufzuführen, und die Vokabel »turris« müßte nicht in einer so verquälten Weise auf die Chorpartie bezogen werden, daß sie noch nicht einmal die Beweisführenden überzeugt: »Von einer wirklichen philologisch-archäologischen Beweisführung für eine solche weitere Gebrauchsvariante der Vokabel [turris] kann derzeit aber nicht die Rede sein« [M/S, 227].

Somit wäre die erste Bauphase des Westbaus von 1137 in die zweite Hälfte des 11. Jahrhunderts zurückzudatieren, doch das ist innerhalb der Romanik problemlos möglich, nachdem ihn Meulen/Speer sogar ins 9. Jahrhundert verbringen wollten. Damit ohne weiteres vereinbar wäre die Wiederverwendung älterer Bronzetüren durch Suger, die abwechselnd in das 8., 9. oder 11. Jahrhundert datiert werden [M/S, 175].

Nachdem diese »turris« (teilweise) eingestürzt ist, muß sie zumindest im oberen Teil neu aufgebaut worden sein. Das könnte erklären, daß die Fassade in ihrer jetzigen Form eher der Fassade von Paris (Notre Dame, 12. Jahrhundert) als jenen Fassaden der Normannenkirchen in Caen ähnelt, die aus dem 11. Jahrhundert stammen [vgl. Schäfke 1984, 18]. Doch ist diese Frage der Feindatierung erst dann zu beantworten, wenn alle Fassadenteile auf einen späteren Einbau im 12. Jahrhundert hin geprüft werden. Schon jetzt aber ist klar, daß die beiden Autoren ihre Regeln mißachtet haben, wenn sie den Westbau ohne bauarchäologische Beweise einfach in die Karolingerzeit verbringen.

Aus meiner Sicht ergibt sich nunmehr eine Baugeschichte, die in Saint-Denis auf jegliches Steinmetzen und Mörtelrühren zwischen 614 und 911 verzichten kann. Dieser Nachweis am (einstigen) Gründungsbau der Gotik ist um so wertvoller, als nach Aussage van der Meulens und Speers ohnehin bei keiner anderen fränkischen Kirche vor 1194 die Baudaten hinreichend gesichert sind [M/S, 2].

Wie viele gibt es überhaupt? Dem nun wieder ganz kritischen Autorengespann Meulen/Speer mißfällt an den so überreich aufgelisteten *Großbauten der Zeit vor Karl dem Großen (bis 768)* – schon Albrecht Mann hat erstaunliche 1151 ›Stück‹ aus den Quellen herausgefiltert [Mann 1965] – *nicht allein ihre Unauffindbarkeit, sondern vor allem die schiere Unmöglichkeit ihrer Errichtung*: »Diese urkundlich belegten Großbauten sind sozioökonomisch nicht zu erklären, wenn nicht die Übernahme antiker Bausubstanz generell vorausgesetzt wird. Der Alternativvorschlag, sie seien allesamt aus vergänglichem Material gebaut worden, entspricht weder der Überlieferung noch einer systematischen Archäologie« [M/S, 7, Fußnote 21].

Nachdem weder diese Bauten als solche geschweige denn antike Kerne nachzuweisen sind, gerät auch hier der Chronikbestand für eine ganze Epoche in den Geruch der Fälschung. Selbst der Versuch, aus Chroniken wuchernde Legenden zu machen, würde nur eines beweisen: daß ihre materiellen Aussagen falsch und anderen Interessen geschuldet sind als denen halbwegs stimmiger Berichterstattung. *Saint-Denis* aber bietet uns die rare Chance, zu einer verbindlichen Bauchronologie innerhalb des frühen und hohen Mittelalters zu kommen, die ohne fiktive Bauten in ebenso fiktiven Zeiten auskommt:

6. Jahrhundert:	Merowingischer Kirchenbau vor 565, vielleicht schon im 5. Jahrhundert (Apsis vor 614 erneuert);
614 - 911:	Kein Bau in fiktiver Zeit;
um 1070:	Normannische Ausbauten: Westbau und Kapellenkrypta;
1090:	Eventuell Kryptaerweiterung mit neuen Kapitellen/Säulen;
1137:	Abt Suger beginnt Umbau des Westbaus (bis 1140);
1140:	Grundsteinlegung zum Ostchor, der ungewölbt bleibt;
1231:	Beginn des Hochchors unter Abt Odo.

Für das übrige Terrain von Kloster, »castellum«, Ortschaft kann bis zur Stunde kaum etwas ausgesagt werden. Im Jahre 1000 war Saint-Denis ein – mit Wassergräben und vermutlich Wällen – befestigter kleiner Platz von 500 auf 400 Meter [Parisse 1993, 137]. Neben dem monumental ausgebauten Zentrum, zu dem außer dem Kloster noch vier weitere Kirchen und Kapellen gehörten, standen Holzbauten in Pfostenbauweise mit verstrichenen Flechtwerkwänden. Die »eigentliche Klosteranlage, über deren bauliche Gestalt wir noch so gut wie nichts wissen, war für 150 Mönche berechnet« [Brandt 1993, 285].

Das Chronik-Wissen rund um Saint-Denis

Der Forschung ist längst ins Bewußtsein getreten, daß im 12. Jahrhundert die Urkundenfälschung Hochkonjunktur hatte. Saint-Denis ist als rühriges Kloster davon nicht ausgenommen, ganz im Gegenteil. Wir begutachten, was im dortigen Skriptorium geschaffen worden ist.

So scheint eine Fortsetzung des »Fredegar«, die »Libri historiae Francorum« *um 727* von einem Mönch aus Saint-Denis verfaßt worden zu sein [Banniard 1993, 101]. Demnach ist hier die im Grunde einzige Geschichtsschreibung für das 7. Jahrhundert entstanden. Ihr Wert? War schon Fredegars Chronik »in einer erbärmlichen Sprache und einem ebensolchen Stil verfaßt«, so wird bei seinem Fortsetzer »alles noch viel schlimmer. Man kann kaum noch von Literatur sprechen. Andererseits wird weniger geschrieben, und die Sprache der Urkunden wird chaotisch« [Banniard 1993, 101].

Im 11. Jahrhundert wurde eine Fälschung fabriziert, auf daß die Abtei endlich das königliche »palatium«, also die Pfalz, bekomme. Diese Fälschung bezieht sich auf das sogenannte »Testamentum Dagoberti«, das aus dem 7. Jahrhundert stammen müßte, aber nur durch die »Gesta Dagoberti« überliefert ist, die früher als ›sicher vor 835‹ bezeichnet wurden [Wattenbach u. a. 1991, 117], heute allgemein aus dem 9. Jahrhundert stammen sollen [Brühl 1989, 597], doch durch die oben geschilderten Baubefunde als Fälschung entlarvt worden sind.

1149 ist das Karlsprivileg für Sugers Abtei gefälscht worden [Haussherr 1977, I 259] – eine von vier Fälschungen, denen bislang noch elf ›garantiert‹ echte Karlsurkunden für Saint-Denis gegenüberstehen [Prinz 1965, 488]. Es war also Abt Suger kurz vor seinem Tod wichtig geworden, wenigstens einen Bauteil von Karl dem Großen zu besitzen (s. S. 350) und ›sein‹ Saint-Denis mit besonderen Privilegien durch Karl den Großen auszustatten. Demnach hätte Karl das Kloster zum Haupt aller Kirchen seines Reiches und zum Krönungsort für alle seine Nachfolger bestimmt; Bischöfe dürften nur mit Zustimmung des Abtes von Saint-Denis bestätigt werden, und Karl verdanke sein Reich nächst Gott direkt dem heiligen Dionysius, der als sein Oberherr fungiere. Manfred Groten vermutet sogar, daß Suger höchstwahrscheinlich selbst das Karlsprivileg zwischen 1127 und 1129 gefälscht habe [Engels 1988, 43, 46].

Was hätte nähergelegen, als ›im selben Aufwasch‹ Kirchenbau und Kirchenweihe durch Karl den Großen mitzufälschen? Suger hat – wohl ungewollt – einen Datierungsanhalt für den

Abrißbau hinterlassen, indem er vom zu engen Eingang zwischen den Türmen gesprochen hat [s. S. 349]. Dieses *Westwerk*-Nadelöhr kann vom Typus her niemals merowingerzeitlich gewesen sein, denn die Merowinger haben das Westwerk noch nicht gekannt. Es müßte – auch in herkömmlicher Betrachtung – mindestens karolingerzeitlich aus der Zeit nach 785 gewesen sein. Insofern kann es auf gar keinen Fall von Dagobert oder Pippin gestammt haben und auch nicht unter Karl dem Großen 775 geweiht worden sein! So führt Suger seine eigenen Fälschungen ad absurdum. Wie hier erläutert, dürfte der Bauteil aus dem 11. Jahrhundert stammen.

Bauherr Suger hat nacheinander *zwei fiktive Herrscher* als Vorgänger präsentiert, zunächst den Merowinger *Dagobert I.*, später dann Karl den Großen. Über den Merowingerkönig sind in seinem Kloster die »Gesta Dagoberti« verfaßt worden, angeblich um 832. Damit liegen sowohl Dagobert wie sein Biograph im fiktiven Zeitraum, den der angebliche Dagobert-Kirchenbau verlassen mußte. Weil Suger, der nur seine romanische Kirche vor Augen hatte, die prächtige Merowingerkirche wegen ihrer Fiktionalität nicht kennen konnte, übernahm er deren Beschreibung aus den »Gesta Dagoberti«, was direkt zu der Vermutung führt, daß die »Gesta« zu Lebzeiten Sugers und in seinem Auftrag geschrieben worden sind. So kam der allzu vergangenheitsbewußte Suger in den üblen Ruf, seine eigene Klosterkirche nicht zu kennen. Ob noch ein weiterer Vorgänger ›geplant‹ war, bleibe dahingestellt. Es fällt immerhin auf, daß im Kloster traditionell mit »Karolus tertius« weder Karl (III.) der Einfältige (893–922) noch Karl (III.) der Dicke (885–888), sondern Karl II. der Kahle (840–877), bezeichnet worden ist [Brandt 1993, 292]. Hatten die Äbte noch einen Karl ›in petto‹, oder rechneten sie Karl Martell zu den Königen und Kaisern?

Es scheint, als ob Suger sein Saint-Denis nicht nur mit zwei Herrschern, sondern auch mit einer properen Vita seines Kirchenpatrons aufwerten ließ. Als Erfinder der *Dionys-Legende* gilt Abt Hilduin aus dem 9. Jahrhundert, doch der muß – als ›fiktionaler Zeitgenosse‹ – selbst erfunden sein. Hilduins Legende vereinigt kühn den heiligen Dionysius des 3. Jahrhunderts mit dem Dionysius Areopagita des 1. Jahrhunderts und mit dem neuplatonischen Pseudo-Dionysius von 500. Schon der wiederholt in Saint-Denis weilende Petrus Abaelardus (1079-1142), »der erste Professor des Abendlands« [Le Goff 1993, 41], hat nachgewiesen, »daß *der berühmte Text Hilduins* über den Gründer der Abtei [Dagobert] *nur leeres Geschwätz* ist und daß der erste Bischof von Paris [Dionys] nichts mit dem vom heiligen Paulus bekehrten Areopagiten [Pseudo-Dionys] zu tun hat« [Le Goff 1993, 48].

Die mystischen Schriften des Pseudo-Dionysius hat *Johannes Scotus Erigena* (810-877) in Saint-Denis übersetzt. Dieser kluge Kopf war seiner Zeit so weit voraus, daß er erst im 12. Jahrhundert »bekannt, verstanden und herangezogen« wurde [Le Goff 1993, 17]. Ihm hat die Kirche erst 1210, also 333 Jahre nach seinem Hinscheiden, den Prozeß gemacht. Nachdem dieser »erste Scholastiker« [Holländer 1991, 83] zu Lebzeiten praktisch keine Wirkungen auslöste, ist es überfällig, ihn in jenes 11., 12. Jahrhundert zu verbringen, das seinen pantheistischen Gedanken so gewogen war [Illig 1991 b, 40; Zeller 1991, 67 f.]. Gleichzeitig kann die Frühscholastik, die praktisch nur wegen ihm vom 9. bis zum 12. Jahrhundert dauern muß, auf das 11. und 12. Jahrhundert beschränkt werden.

Umberto Eco: Schön und gut

Wie wild die Zeiten durcheinandergehen, dokumentiert uns, wenn auch ungewollt, Umberto Eco. Bei seinen Betrachtungen über Ästhetik wollte er belegen, daß das Mittelalter lange gezögert habe, spezifische Kategorien des Schönen zu erarbeiten. So verweist er auf Abt Hilduin, der 872 den griechischen Text des Pseudo-Dionysius erstmals ins Lateinische übersetzt und dabei »das Schöne« (»kalòn«) als »bonitas«, also mit »Güte«, besser »das Gute«, überträgt. Für den Abt des 9. Jahrhunderts war das Schöne das Gute, schön gleich gut. Gegen 1160 übersetzt dann Johannes Saracenus erneut diesen Text und wählt nunmehr für »kalòn« das wirklich entsprechende Wort »pulchritudo«, »Schönheit« [Eco 1993, 39]. Eco fährt daraufhin fort: »Zwischen dem Text des Hilduin und dem des Johannes Saracenus – schreibt De Bruyne – liegt eine Welt. Und das ist nicht nur eine Welt der Lehre, eine Welt des vertieften Verständnisses für den Text des Dionysius. Zwischen Hilduin und dem Saracenus liegen das Ende der barbarischen Jahrhunderte, die karolingische Wiedergeburt, der Humanismus von Alkuin und Hrabanus Maurus, die Überwindung der Schrecken des Jahres Tausend, ein neuer Sinn für die Positivität des Lebens, die Entwicklung vom Feudalismus zu den Stadtkulturen, die ersten Kreuzzüge, die neue Freiheit für den Verkehr, die Romanik und die großen Pilgerzüge nach Santiago de Compostela, die erste Blüte der Gotik« [Eco 1993, 40].

Bei der Analyse wollen wir davon absehen, daß Umberto Eco respektive sein Gewährsmann den Hilduin nicht bei 872 sieht, sondern fälschlicherweise bei 772 oder sogar bei 722, sonst könnten ihm hier nicht die karolingische Wiedergeburt und Alkuin folgen. Wichtiger als dieser Lapsus ist in unserem Zusammenhang, daß eine Welt zwischen Hilduin und Saracenus, zwischen 9. und 12. Jahrhundert liegen soll. Nun hat sich die Scholastik des frühen 13. Jahrhunderts intensiv mit dem Begriff »bonum« beschäftigt. Für ihre großen Vertreter, allen voran Thomas von Aquin, wird jene Gleichsetzung selbstverständlich, die Robert Grosseteste vor 1243 in seinem Dionysiuskommentar hervorhebt: »Wenn also alle Dinge gleichermaßen das Gute und Schöne ›begehren‹, dann sind Gutes und Schönes dasselbe« [Eco 1993, 41].

Laut Eco hat sich das Verständnis für »kalòn« wie folgt entwickelt: 9. Jahrhundert: gut; 12. Jahrhundert: schön; 13. Jahrhundert: gut und schön, da schön = gut.

Wenn aber schon im 9. Jahrhundert »schön« mit »gut« übersetzt worden ist, dann wäre schon damals der scholastische Erkenntnisstand des frühen 13. Jahrhunderts erreicht gewesen. Da wir schon mehrmals erfahren haben, daß die karolingische Kultur scholastische Züge antizipiert hat (vgl. etwa S. 52, 79, 178, 367), bietet sich eine klärende Verkürzung dieser geistigen Entwicklung an. Bis ins 12. Jahrhundert war »schön« einfach »schön«. Dann befand die Scholastik aus moralisierender

Erwägung, daß »schön« nicht einfach »schön« sein könne, sondern ›gut‹ sein müsse, um bewundert werden zu können.

In diesem Zusammenhang kann nur angedeutet werden, daß auch andere Zeitgenossen, die laut Eco Antagonisten sein sollten, zu ›Parallelisten‹ werden, wenn man den Mut hat, sie unvoreingenommen zu analysieren. So preist Eco an den »Libri Carolini«, die mal Alkuin, mal Theodulf von Orléans zugeschrieben werden, daß sie beispielsweise ein Marienbild in seiner künstlerischen Eigenständigkeit sehen und nicht lediglich dessen mystische Funktion [Eco 1993, 158 f.]. »Das ist eine außerordentlich klare Formulierung des Eigenwertes der Sprache der bildenden Kunst (die in offenbarem Gegensatz zur Poetik der Kathedralen und zum Allegorismus der Schule Sugers steht)« [Eco 1993, 159].

In der Tat überrascht, daß das angeblich so allegorisch, symbolisch und mystisch denkende Mittelalter in seinen karolingischen Ausprägungen so ›diesseitig‹ sein konnte und dadurch den byzantinischen Bilderstreit im Westen verhinderte. Gleichwohl können wir denselben Zug auch bei Suger finden. Wenn er die Kunstgegenstände aus der Schatzkammer von Saint-Denis beschreibt, dann schwelgt er nicht ständig davon, daß ein Edelstein das Herz Jesu oder Ähnliches symbolisiere, sondern kann sich einer ganz ›diesseitigen‹ Sprache befleißigen. »So spricht er etwa begeistert von ›einem großen, mit kostbaren Edelsteinen, nämlich Hyazinthen und Topasen, verzierten Kelch aus 140 Unzen Gold und von einer durch die Hand des Bildners bewunderungswürdig geschaffenen Porphyrvase in Form eines Adlers, die viele Jahre lang ungenutzt in einem Geldschrank gelegen hatte‹« [Eco 1993, 29].

Suger gibt sich hier ganz wie ein Registrator, dem das Goldgewicht seiner Reliquiare wichtiger ist als jede Allegorisierung hin zum Transzendenten. Sein Text über den eigenen Kirchenbau klingt über weite Strecken so, als wären ihm die Suche nach Balken und die Baufinanzierung die interessantesten Aspekte des ganzen Unternehmens gewesen, während er kein Wort über die revolutionären Spitzbogengewölbe verliert [sein Text bei Gall 1955, 99–107].

Wenn die überflüssigen Jahrhunderte aus den Geschichtsbüchern verschwinden, wird sich das Mittelalter mit seinen Strebungen ganz anders präsentieren. Es wird sich lohnen, Egon Friedells Gegenbild nicht nur zu genießen, sondern neu zu prüfen: »Das Mittelalter erscheint uns düster, beschränkt, leichtgläubig. Und in der Tat: Damals glaubte man wirklich an alles. Man glaubt an jede Vision, jede Legende, jedes Gerücht, jedes Gedicht, man glaubt an Wahres und Falsches, Weises und Wahnsinniges, an Heilige und Hexen, an Gott und den Teufel. Aber man glaubte auch an *sich*. Überall sah man Realitäten, selbst dort, wo sie nicht waren: alles war wirklich. [...] Daher trotz aller Jenseitigkeit, Dürftigkeit und Enge der prachtvolle Optimismus jener Zeiten: Wer an die Dinge glaubt, ist immer voll Zuversicht und Freude. Das Mittelalter war nicht finster, das Mittelalter war hell!« [Friedell 1960, 83 f.; seine Hvhg.]

Diese eigenwillige Sicht mittelalterlicher Wirklichkeit schließt auch Menschen ein, die buchstäblich das glauben, was sie gerade erst eigenhändig gefälscht haben. Dagegen bleibt jene häufige Einschätzung, die den mittelalterlichen Menschen allzugerne zu einem jenseitsbezogenen Wanderer in einem irdischen Jammertal verklärt, völlig hilflos gegenüber Mönchen, die sich mit Kraft und Elan auf die Aufgabe werfen, ihrem Kloster einen respektablen Gründungsbrief zu fälschen, aus dem zusätzliches Areal und steigende Einkünfte resultieren sollen. Genau das ist dutzend- und hundertfach geschehen, ohne daß es so recht in unser geläufiges Mittelalterbild passen will.

Saint-Denis und der Ursprung Frankreichs

Kein kompetenter Gelehrter huldigt heute mehr der Idee, Deutschland und Frankreich seien im 9. Jahrhundert oder gar genau im Jahre 842 entstanden, als Ludwig der Deutsche und Karl der Kahle die Straßburger Eide leisteten. Nur für die Scheidung zwischen Althochdeutsch und Altfranzösisch muß dieses Datum noch immer herhalten, das jedoch vor der Mittelalter-Kürzung keinen Bestand hat, wie oben gezeigt worden ist. Seit Karl Lamprecht († 1915) dürfte weder im 9. noch im 10. Jahrhundert ein deutsches oder französisches Nationalbewußtsein erwartet werden [Brühl 1990 a, 301]. Freilich hat Johannes Haller noch 1943 die Ansicht vertreten, die »*Entstehung des deutschen Staates*« sei beim Jahr 911 anzusetzen [Haller 1943, 15; seine Hvhg.], doch war das seiner Zeit geschuldet. Deutsche Geschichte im Sinne des Wortes beginnt laut Carlrichard Brühls Statement irgendwann in dem Zeitraum zwischen 1025 und 1106 [Brühl 1990 a, 719; vgl. Illig 1992 f, 91].

Für das Entstehen der französischen Nation gilt schon länger ein erstaunlich spätes Datum, das realistischer erscheint, weil es nicht aus dem irrealen Wunsch nach immer größerem Alter herrührt: das Jahr 1124 [Schäfke 1984, 19]. Heinrich V. hatte 1122 mit dem Papst Frieden geschlossen (Wormser Konkordat) und machte alsbald Miene, gegen Reims und den König im Westen zu ziehen. Suger, den wir bislang nur als Abt und Bauherrn kennenlernten, organisierte daraufhin den geistigen und weltlichen Widerstand. Indem alles zu seinem Kloster strömte, wurde es zur Keimzelle der Nation. »Ganz Frankreich eilte herbei, die Sache des Königtums zu verteidigen, die, im Hinblick auf die Person und die Vergangenheit des Angreifers, nämlich des Kaisers, notwendig auch die Sache der Kirche war« [Simson 1972, 112].

In Saint-Denis bekundeten die Stände ihre Treue gegenüber dem König, während Louis VI. die Oriflamme vom Altar nahm, Karls mythisches Banner. Angesichts dieser ostentativen Verteidigungsbereitschaft eines zusammengeschweißten Volkes brach Heinrich V. seinen Feldzug ab [Simson 1972, 111 f.]. »Im Zusammenströmen des Heeres hatte sich erstmals die französische Nation gefunden« [Schäfke 1984, 15].

In diesem nationalen Geburtsjahr 1124 wird Saint-Denis unter seinem Abt Suger auch der religiöse Mittelpunkt Frankreichs, das bis dahin laut L. Olschki noch keinen gehabt hatte. Der König war durch die Bannerübergabe Vasall des heiligen Dionys geworden, mit dem die Abtei gleichgesetzt wurde. So wurde Saint-Denis »das Haupt unseres Reiches« [Simson 1972, 113 f.].

Laut Suger gab der König nach diesen Ereignissen die Krone seines Vaters Philippe I. an die Abtei und ihrem Abt Anteil an der Königsweihe. Suger ›vergaß‹ bei seiner Darstellung lediglich, daß die Krone schon vier Jahre früher der Abtei gestiftet worden war, also *vor* seinem eigenen Amtsantritt als Abt im Jahre 1122 [Simson 1972, 115]. Auch ein anderes Ereignis, das wirklich ins Jahr 1124 fiel, findet bei ihm nur beiläufige Darstellung: Saint-Denis erhielt erneut den berühmten Jahrmarkt, seine »foire du Lendit« [Pirenne 1986, 14]. Doch Suger propagierte dies nicht, wollte er doch für sein Kloster ein möglichst altes Marktrecht. Obwohl das echte, doch unterbrochene Lendit aus dem Jahre 1048 stammte, ließ er den nun an die Dionys-Reliquien gebundenen Markt bis Karl den Kahlen, also bis ins 9. Jahrhundert, zurückreichen [Simson 1972, 115]. Heutige Forschung, wohl von Suger inspiriert, geht sogar davon aus, daß der Markt von Saint-Denis einer jener ganz wenigen war, die kontinuierlich seit spätantiker Zeit bestanden hätten [Fried 1991, 151].

Suger, den wir schon als Begründer der französischen Chroniken kennen, bemühte sich damals nach Kräften, weitere Wurzeln in dunklen Geschichtszeiten zu entdecken. Der Konnex zu Karl dem Großen gelang ihm nicht nur mit der legendären Oriflamme.

»Der Aufstieg der capetingischen Dynastie vollzog sich sozusagen im Schatten der historischen und legendären Persönlichkeit Karls des Großen. Sowohl Ludwig VI. wie Ludwig VII. [1108-1180] betrachteten ihre Regierung als echte *renovatio* des karolingischen Staatsgedankens. Suger selbst war der Verfechter dieser Idee, wenn nicht sogar ihr Erfinder. Zu Beginn seines *Lebens Ludwigs VI.* stellt er den König als legitimen Erben des großen Kaisers dar. Suger zufolge beanspruchte Ludwig VI. in seiner Rede vor der Versammlung von 1124 die Herrschaft auch über Deutschland, und zwar mit dem Hinweis auf das alte fränkische Königsrecht. Man hat diesen Anspruch auf das Karolingische Erbe damals in Deutschland nicht überhört. Er hat Friedrich Barbarossa wesentlich dazu bestimmt, Karl den Großen 1165 kanonisieren und seinen Kult feierlich zu Aachen einrichten zu lassen. In Frankreich blieb diese Maßnahme ohne Widerhall. Hier knüpfte sich die karolingische Tradition an St. Denis« [Simson 1972, 121 f.; seine Hvhg.].

Wir gelangen hier zu einem besseren Verständnis der erstaunlichen Tatsache, daß dieser große Karl von zwei Völkern als Nationalheld verherrlicht wurde und wird. Indem man sich auf ihn berief, konnte jeder das Nachbarland für den eigenen Staat beanspruchen. Und so konnte der französische König den gemäß meiner These von den Ottonen erstmals zum fränkischen Kaiserpopanz ausstaffierten Karl gegen den deutschen Kaiser ins Feld führen, was Charlemagne erst recht aufblühen ließ. Daß er in Wahrheit fiktiver Natur war, dürfte seine Beförderung zum doppelten Nationalhelden erleichtert haben.

Vom Aufschwung, den der große Karl unter Friedrich Barbarossa und seinem Kanzler Rainald von Dassel genommen hat, war schon die Rede. Jenseits des Rheins hatte Abt Suger dasselbe Ziel schon etwas früher verfolgt. Er suchte, gewissermaßen als Reichsverweser eines Karl des Großen und eines Karl des Kahlen, eine karolingische Renaissance zu verwirklichen. Dazu startete er einen regelrechten Propagandafeldzug auf verschiedenen Niveaus. Ganz oben standen die offiziellen »Chroniken«. Aus ihnen wurden – wohl noch von ihm selbst – jene Erzählungen ausgemerzt, die in volkstümlichen Liedern umliefen. Diese »chansons de geste«, etwa das »Rolandslied« eines mutmaßlichen Turoldus, bildeten auf dem nächsttieferen Niveau eine Art gesungener vaterländischer Geschichtsschreibung und stammten mit hoher Wahrscheinlichkeit aus derselben Quelle wie die »Chroniken«, nämlich aus Federn von Saint-Denis [Simson 1972, 119]. Dank dieser Lieder erblicken alle Franzosen in Karl dem Großen ihren französischen Charlemagne [Brühl 1990a, 52f.]. Und auch für die einfachen Heldenlieder der Spielleute, also für Gasse und Schenke, lieferten die Mönche von Saint-Denis den Stoff oder verfaßten sie gleich selbst [Simson 1972, 123].

Besonders augenfällig wird Sugers Einflußnahme an drei literarischen Werken, deren Ziel nicht nur die geeinte Nation war, sondern auch Saint-Denis als religiöses Zentrum des Reiches. Um es zu einem Wallfahrtsort zu machen, »in dem sich die Kreuzzugsidee mit den Erinnerungen an Karl den Großen verband« [Simson 1972, 121], erfand oder erneuerte man die legendäre Reise Karls des Großen ins Heilige Land. Sowohl die lateinische »Descriptio« dieser Reise wie ihre französischpopuläre Fassung, »Le Pélerinage de Charlemagne«, »haben die Legende zielbewußt umgeformt zu dem einzigen Zweck, den Ruhm der Passionsreliquien von St. Denis zu verbreiten, zu deren Ehren ja das Lendit gegründet worden war« [Simson 1972, 124].

Karl sollte nach der Befreiung Jerusalems auf seiner Heimreise eine Reihe wertvoller Reliquien erhalten oder mitgenommen haben. So wollte es der Text, der angeblich vom Patriarchen von Jerusalem und vom byzantinischen Kaiser in Auftrag gegeben worden war. In Wahrheit ist die Urheberschaft durch einen Mönch von Saint-Denis gesichert [Engels 1988, 40].

Pseudo-Turpin und die Kreuzfahrt nach Santiago de Compostela

Hinzu trat der ominöse »Pseudo-Turpin«: Dieser Text eines unbekannten Autors, der sowohl in Frankreich wie in Deutschland entstanden sein kann, läßt sich inzwischen datieren und motivieren. Da sein Verfasser um das gefälschte Karlspriviley Sugers wußte, schrieb er in den Jahren zwischen 1140 und 1150 [Engels 1988, 40], wahrscheinlicher zwischen 1149 und 1165. Er lieferte im Auftrag des deutschen Kanzlers Rainald von Dassel das entscheidende Zeugnis für Karls Heiligsprechung im Jahre 1165. Er schrieb dafür unter dem Namen des karlszeitlichen Erzbischofs Turpin von Reims (784-794) die »Historia Karoli Magni et Rotholandi«, sprach vom »allerheiligsten Bekenner« Karl und formulierte dessen angebliche Vorwegnahme des Kreuzzugsgedanken. Außerdem fingierte er für Barbarossas Gegenpapst Paschalis III. (1164-1168) ein Zertifikat des rechtmäßigen Papstes Calixt II. (1119-1124), mit dem er quasi sich selbst bestätigte, daß sein Text des 12. Jahrhunderts ein echtes Werk des einstigen Turpin aus dem 8. Jahrhundert darstelle [Rempel 1989, 26]. Schließlich hat zäh bohrende Wissenschaft herausgefunden, daß die vom Pseudonym »Turpin« verdeckte historische Person auch den Ehrentitel »Archipoeta« führte, weil sie bekannte Gedichte verfaßt hatte [vgl. Haussherr 1977, I 259].

Heute weitgehend unbeachtet ist Pseudo-Turpins Bemühen, das Interesse der Gläubigen von Rom weg und auf andere Orte hinzulenken. Von Jerusalem war bereits die Rede, doch noch stärker hat er den Ruhm von Santiago de Compostela gefördert. Mochten sich auch spanische Chronisten des frühen 12. Jahrhunderts dagegen wehren, daß ausgerechnet Karl die Reconquista begonnen haben sollte [Herbers 1988, 47], so propagierte Pseudo-Turpin genau diese Legende. Nach einer Traumerscheinung wäre der große Karl bis Santiago vorgedrungen, hätte das Grab des Apostels wieder zugänglich gemacht und Bischof und Kanoniker eingesetzt. Der Unüberwindliche eroberte dann ganz Spanien bis nach Córdoba, worauf ein von ihm einberufenes Konzil den Primat Santiagos abgesichert hätte [Herbers 1988, 50].

Der von Barbarossa in Auftrag gegebene Karlsschrein schildert auf acht Feldern seiner Dachschrägen die Taten Karls; alle greifen auf Pseudo-Turpin zurück, allein fünf behandeln den Spanienzug und werben für den Kampf gegen die ungläubigen Sarazenen [Herbers 1988, 51]. Nicht zuletzt steht die Statuette des ›wahren‹ Erzbischofs Turpin von Reims Seite an Seite neben der des ›echten‹ Karl des Großen. Überhaupt zeigt der Aachener Schrein erstmals anstelle von Propheten und Heiligen die Abbilder weltlicher Herrscher. Bezeichnenderweise werden ausschließlich Herrscher der deutschen Seite vorgestellt [Grimme 1988, 126].

Die Wahrheit in diesem Gestrüpp aus Fälschungen und Fiktionen findet sich erst durch die Ausmerzung überflüssiger Jahrhunderte. Schon Karls Turpin ist, wie alles im 8. Jahrhundert, ›getürkt‹ und müßte selbst Pseudo-Turpin heißen. Anders formuliert: Turpin und Pseudo-Turpin sind ein und dieselbe Fiktion des 12. Jahrhunderts, von einem namenlosen Fälscher aus dem kaiserlichen Bedürfnis heraus ersonnen, nicht nur einen (fiktiven) Karl den Großen zu haben, sondern einen heiligen Karl den Großen.

Das Karlswerk des Pseudo-Turpin ist in einem Konvolut aus Saint-Denis erhalten, »Historia Caroli Magni« benannt, das wahrscheinlich bald nach 1184 zusammengestellt worden ist [Haussherr 1977, I 258 f.]. Da es Einhards Karlsbiographie enthält, doch die meisten seiner sonstigen Teile aus dem 12. Jahrhundert stammen, verstärkt es den Verdacht, daß Einhard gleichfalls aus dem 12. Jahrhundert stammt. Es signalisiert, daß auch Saint-Denis vom scheinbaren Feldzug eines ohnehin fiktiven Karls nach Santiago zu profitieren wußte [Herbers 1980, 50].

»Die Wiederbelebung des spanischen ›Kreuzzugs‹ Karls des Großen im *Pseudo-Turpin* [. . .] hat zweifellos viel dazu beigetragen, die Ansprüche des Klosters St. Denis zu unterstützen« [Simson 1972, 125; seine Hvhg.]. In dieser Geschichte wird der Abt von Saint-Denis de facto zum »Primas von Frankreich« [Simson 1972, 126]. Zu allem Überfluß wurde auch noch im selben 12. Jahrhundert ein Dekret auf Karl den Großen gefälscht, das all jene Privilegien aufzählt, die dieser Kaiser gemäß Pseudo-Turpin dem Kloster gewährt habe, so daß der Abt auch noch de jure Primas von Frankreich geworden wäre [Simson 1972, 127 f.].

Es ist daher kein Zufall, daß Saint-Denis' legendärer, karolingerzeitlicher Abt aus den »chansons de geste« verblüffend dem Abt von Saint-Denis aus dem Jahre 1130, also Suger, ähnelt [Simson 1972, 129], so wie auch der Abt Hilduin des 9. Jahrhunderts bei Ludwig dem Frommen dieselbe Rolle spielte, die Abt Suger bei Louis VI. spielte [Schäfke 1984, 20].

So kann eigentlich Sugers Wirken zugunsten des Reiches und zugunsten der Kunstfigur ›Karl der Große‹ kaum überschätzt werden, zumal R. L. Walpole gute Argumente dafür gefunden hat, »daß, wer immer für die umfangreichen historischen und ›epischen‹ Arbeiten verantwortlich war, die im zweiten Viertel des 12. Jahrhunderts in St. Denis unternommen wurden, *sich über den Unterschied zwischen historischem Faktum und frommer Legende sehr wohl im klaren gewesen sein muß. Diese verantwortliche Persönlichkeit kann niemand anderes gewesen sein als Suger*« [Simson 1972, 130].

Wir haben also in Abt Suger einen kühl kalkulierenden Geschichtsfälscher par excellence vor uns, der in Deutschland ebenso emsige Karlsfälscher unter Friedrich Barbarossa auf den Plan rief.

Man darf sich überlegen, inwieweit Suger auch andere Erzählungen aus Saint-Denis in Auftrag gegeben hat. Die »Gesta Dagoberti«, die bislang als Fälschungen des 9. Jahrhunderts gelten [M/S, 6] und auf ca. 833 datiert werden [Wehrli 1982, 33], dienten auf alle Fälle dem Versuch, die Unabhängigkeit Saint-Denis gegenüber Paris durchzusetzen, weswegen das Martyrium des heiligen Dionysius ins 1. Jahrhundert verlegt wurde [M/S, 133] und so dem Martyrium der heiligen Genovefa zuvorkam. Damit wurden die »Gesta« zur Antwort gegenüber der »Vita Genovefae« – eine Antwort, »in der sich das Kloster Saint-Denis dagegen verwahren wollte, auch nur andeutungsweise den Charakter einer Eigenkirche der heiligen Genovefa [von Paris] zu tragen« [M/S, 147], und sich so die Unabhängigkeit gegenüber dem Bistum Paris zu sichern [M/S, 146]. Diese konkurrierende *Genovefa-Vita* soll aus dem 6., 7. oder 8. Jahrhundert stammen, wobei Bruno Krusch schon 1893 eine »gewollte Fiktion« erkannte und die »Legendenwelt«, die »närrischen Phantasien des Mönches von St. Geneviève« entlarven wollte [M/S, 127]. Ich lasse offen, ob die »Gesta Dagoberti« aus dem 10., 11. oder 12. Jahrhundert stammen, kann aber unten (s. S. 380) einen Hinweis zugunsten des jüngsten Datums geben.

Schließlich will auch gesehen werden, daß selbst die Urheber der berühmt-berüchtigten *Konstantinischen Fälschung* von manchen Forschern in Saint-Denis ausgemacht worden sind [Angenendt 1990, 286]. Ich habe oben dargelegt, daß diese Fälschung nicht aus dem 8. Jahrhundert stammen kann, sondern aus einem späteren Jahrhundert stammen muß, wohl aus dem späten 10. oder 11. Sie kann also nicht Suger angelastet werden, sondern höchstens einem papsttreuen Vorgänger. Wäre auch das »im Frankenreich tätige ›Fälscheratelier‹«, das für die *pseudoisidorischen Fälschungen* sorgte [Fried 1991, 89], unter den Dächern von Saint-Denis zu suchen? Dann hätte man endlich den Ursprung der »kühnsten und großartigsten Fälschung kirchlicher Rechtsquellen« [E. Seckel laut Fried 1991, 175], des »größten Betrugs der Weltgeschichte« ausgemacht, wie Johannes Haller dieses Konvolut aus 10 000 Exzerpten und hundert gefälschten Papstbriefen genannt hat [Fried 1991, 176]. Dann wäre klar, daß nicht visionäre Mönche mit ihren frommen Schreibereien Jahrhunderte antizipiert hätten, sondern daß kühl kalkulierende Politiker sich das fälschten, was sie für ihre Intentionen brauchten – und zwar demnächst brauchten, nicht erst in Jahrhunderten.

Damit ist auch die Frage nach dem antizipatorischen Charakter von Fälschungen beantwortet, die von Hans-Ulrich Niemitz stammte und dieses Buch eigentlich initiiert hat. Diese Antwort fiel komplexer aus, als anfangs gedacht. Denn erst war nachzuweisen, daß unsere Geschichte erfundene Jahrhunderte enthält, die gestrichen werden müssen. Dann ergab sich, daß etliche der großen Fälschungen später als angenommen produziert, doch dann in die fiktiven Zeiten zurückverlegt worden sind. Daß sich auch noch »Pippinsche« und »Karlische Schenkung« als Fälschungen erwiesen, ergab sich gewissermaßen als Nebeneffekt.

So konsequent Suger seinen Propagandafeldzug zugunsten von Nation, Abtei und Kreuzzugsidee durchführte – das trug ihm Vorwürfe von seiten des heiligen Bernhards ein –, so konzentriert widmete er sich dem Bau seiner Abteikirche. Sie sollte schließlich mit der Hagia Sophia in Byzanz und Salomos Tempel in Jerusalem konkurrieren können [Simson 1972, 138]. Von ihm stammten die – explizit formulierten – Vorstellungen einer prächtigst ausgestatteten Kirche, wie sie uns in der Pariser Sainte-Chapelle noch vor Augen steht: Bemalte und inkrustierte Wände, Mosaikfußböden, wertvolle Glasfenster, prunkhafte Ausstattung mit wertvollen liturgischen Gegenständen, alles getaucht in ›sein gotisches‹, farbiges, reiches Licht, mit dem er den durchscheinenden, »diaphanen« Charakter erfand, der die gotische Architektur ungleich stärker prägt als der Gebrauch konstruktiver Mittel wie Kreuzrippe oder Spitzbogen.

Sugers Beschreibung der eigenen Kirche ähnelt auffällig jener der Dagobertkirche, die er selbst ja nicht nach Augenschein beschrieben hat, sondern in den Worten der »Gesta Dagoberti«: »Die Basilika wurde erneuert, mit Gold, Silber und Edelsteinen ausgeschmückt, ja teilweise regelrecht bepfla-

Num est positum in taberna mort. ubi ui /
na pxima morentis ori. tunc cantabunt leaius angelor
chor. deus sit propius isti potatori. Poculus accenditur ani /
mi. pectus cor inbutum nectare uolat ad supna. michi
sapit dulcius uinum de taberna. quam quod aqua miscuit
presulus pincerna. Loca uitant publica quidam poetarum.
Secreras eligunt sedes latebrarum. student insiant uigi /
lant nec laborant patium. et uix inde extere possunt op
clariora. Ieiunant z abstinent poetarum chori. uitant

Abb. 71   Roland von Halberstadt, 14. Jh. [Koch 1990, 445]
Abb. 72   Trinklied des Archipoeta, 12. Jh. [Fechter 1941, 96]

stert; auch ließ Dagobert hier eine ihm von Kaiser Heraclius übersandte Partikel des 631 in Jerusalem feierlichst wiederaufgerichteten Heiligen Kreuzes aufstellen, wofür ein zwei Meter hohes, wiederum reichverziertes ›Lichtkreuz‹ angefertigt wurde« [Angenendt 1990, 188]. Der Eindruck wird nunmehr unabweisbar, daß König Dagoberts Schmuckbedürfnis und Lichtverständnis keinem realen 7. Jahrhundert, sondern Sugers 12. Jahrhundert entstammen.

Auch wenn sich kein vollständiger Kathedralentwurf auf Suger zurückführen läßt, so bleibt trotzdem verständlich, was Viollet-le-Duc, der Rekonstrukteur von Saint-Denis im 19. Jahrhundert, anstrebte: »Wir wollen beweisen, daß die französische Kathedrale [...] zugleich mit der Monarchie geboren worden ist« [Simson 1972, 95]. Die Monarchie in Frankreich ist freilich älter als Suger, doch erst seit Suger und seinem gotischen Gründungsbau kann von *der* französischen Monarchie gesprochen werden. Unübersehbar wurde diese Einheit mit den Königsgalerien der gotischen Kathedralen zur Schau gestellt.

Auch hier soll nicht die Gegenmeinung verschwiegen werden, wonach erst 1196 der Gedanke einer Rückkehr der französischen Krone zum Geschlecht des großen Karls aufgekommen sei. Trotzdem herrscht Einklang, daß schon zur Mitte des 12. Jahrhunderts Karl »auf dem besten Wege [war], gewissermaßen auf dem Rücken des hl. Dionysius, in das ideologisch-politische Zentrum des französischen Königtums vorzudringen« [Engels 1988, 43].

Wir halten hier ein, um noch einmal auf diesen Abt Suger zurückzublicken, der so zielstrebig seiner Abtei Saint-Denis und Frankreich diente. Wer trotz aller Belege, Indizien und Einschätzungen nicht sehen will, daß hier das frühe Mittelalter rückwirkend geschaffen wurde, um als Legitimation für die seinerzeitige Gegenwart zu dienen, muß zu merkwürdigen Schlüssen kommen. Beispielgebend wird hier nur Otto von Simson zitiert: »Die Wirkung solcher Darstellungen der karolingischen Geschichte [Sugers Legendenkreationen] beruhte im Grunde darauf, daß *das Mittelalter nicht imstande war, Vergangenheit und Gegenwart zu unterscheiden*, genauer gesagt, weil man überhaupt dazu neige, die geschichtliche Vergangenheit als Rechtfertigung der politischen Gegenwart zu betrachten« [Simson 1972, 129].

So sinnvoll die zweite Hälfte der Einschätzung ist, so sinnlos ist ihre erste Hälfte. *Wenn wir das Mittelalter ernst nehmen wollen, müssen wir akzeptieren, daß es sich aus Legitimations- und damit Machtgründen zu einem guten oder bösen Teil selbst erfunden hat.*

Zum Ausklang: Roland und seine Säulen

Der doppelt entlarvte Turpin benannte seine Geschichte sowohl nach Karl wie nach jenem Roland, der so maßgeblich für die Popularität der Heldensagen sorgte. Dieser Graf Hruotlant der bretonischen Grenzmark, der 778 vor dem Feind verblich und den die Sage zum Neffen, ja sogar zum Sohn des großen Karl machte, entwickelte ein ganz spezielles Eigenleben: im *Heldenlied* und in Gestalt zahlreicher *Rolandssäulen*.

Die älteste überlieferte Fassung des »chanson de Roland«, die Oxford-Handschrift, wird heute kurz vor 1100 angesetzt [R = Rempel 1989, 18]. Sie verbreitet sich rasch, um dann auch nach Deutschland überzugreifen. Doch das »Rolandslied« vom Pfaffen Konrad liegt uns lediglich in einem einzigen Exemplar und wenigen Fragmenten vor [R, 98], so daß es keine große Verbreitung gefunden haben dürfte. Gegen 1220 schrieb »Der Stricker« mit dem Epos »Karl der Große« im Grunde Konrads Werk nur in neuer Form.

Häufiger ins Auge fielen auf vielen Marktplätzen im Norden und Osten Deutschlands jene *Bildsäulen* aus Stein oder Holz, die einen barhäuptigen Recken in Rüstung oder Mantel verkörpern, der häufig ein bloßes Schwert und einen Schild hält. Sie sind in doppeltem Sinne rätselhaft. Bis heute ist ungeklärt, ob diese mindestens 47 Standbilder [Goerlitz 1934] über die Erinnerung an Roland hinaus für Marktfreiheit und Handelsprivilegien stehen, Rechtswahrzeichen darstellen oder Herrschaftszeichen gegenüber einer noch nicht voll integrierten Bevölkerung sind.

Ebenso dunkel ist der Zeitpunkt ihrer ersten Errichtung. Zwar wird im Falle des Bremer Rolands ein mutmaßliches Datum 1111 [R, 60] eruiert, das jedoch nur ins Dickicht der Fälscherwerkstätten führt. »So wird er zum ersten Male in einer angeblichen Urkunde Kaiser Heinrichs V. (Henricianum) vom Jahre 1111 genannt. Diese aber wurde nach Goerlitz ebenso wie ihre angebliche Bestätigungsurkunde durch Wilhelm von Holland vom 28. September 1252 von der Forschung ›einmütig‹ als Fälschung erkannt« [R, 59 f.].

Und wie steht es um alle anderen Exemplare, die von Amsterdam bis Riga, vom holsteinischen Bramstedt bis Ragusa (Dubrovnik) nachgewiesen sind? »Doch existiert nicht eine einzige Urkunde, die die Gründung, d. h. die erstmalige Aufstellung einer der fast 40 Rolandstatuen, etwa aufgrund eines Ratsbeschlusses, vier Jahrhunderte nach Rolands Tod eindeutig bezeugt« [R, 65].

Das Schweigen der Zeitgenossen und der Urkunden läßt sich in zweierlei Richtung deuten. In der wohl jüngsten Arbeit ist Hans Rempel [R 1989] zu der Überzeugung gekommen, daß Vorläufer all dieser Statuen bis in die Lebzeiten Karls des Großen zurückgehen sollen. Weil aber zwischen Karl und den heute stehenden Rolanden »drei bis vier stumme Jahrhunderte« liegen [R, 9], wendet er das hartnäckige Schweigen zu einem Beweis »e silentio«: »Man kann also nicht davon ausgehen, daß es etwa seit der Mitte des 12. Jahrhunderts in zahlreichen Orten ohne die geringste urkundliche Überlieferung zur ›Ausersehung‹, das heißt primären Aufstellung von Rolanden als Repräsentanten wirtschaftlicher Freiheiten hat kommen können. Vielmehr ist anzunehmen, daß ›schon in fränkischer Zeit‹, als Karl d. Gr. die Orte für den Transithandel mit heidnischen Nachbarn bestimmte, die Rolande als Zeichen des Königsbannes und des damals hochaktuellen christlichen Missionsanspruches mindestens in den geographischen Basen des Kampfgebietes errichtet worden sind und in nachkarolingischer Zeit in ihren politischen und religiösen Teilfunktionen erhalten blieben« [R, 89; vgl. auch 10, 66].

Und: »Das vorausgehende urkundliche Vakuum aber darf nicht einmal verwundern, wenn man bedenkt, daß sogar über die Gründungen der sächsischen Bistümer in Verden, Bremen und Osnabrück die Nachwelt *nur durch gefälschte spätere Urkunden* unterrichtet wurde« [R, 68].

Demnach gäbe es deshalb keine Gründungsurkunden, weil es sich in keinem Falle um eine hochmittelalterliche Neuaufstellung gehandelt hätte, sondern immer um den Ersatz einer karlszeitlichen Statue!

Nach diesem mutigen Schluß kann Rempel eine freischwebende Mutmaßung nach der anderen entwickeln. So hätte Karl der Große 785 im sächsischen Obermarsberg eine vermutlich steinerne Rolandstatue errichten lassen [R, 52]; weitere folgten noch im selben Jahrzehnt [R, 50]. Ein Kircheninspektor des späten 17. Jahrhunderts kann ihm plötzlich dafür bürgen, daß der Brandenburger Roland in persönlicher Anwesenheit Karls errichtet worden sei [R, 71]. Er findet sogar zwei karlszeitliche Rolande, indem er einfach Statuen umdatiert: Der Ritter Gerold am Dom zu Bremen wandelt sich von einem Werk des frühen 14. Jahrhunderts [R, 53] zum »bei weitem ältesten überlieferten Exemplar« [R, 61] noch aus Karls eigener Zeit; und der Roland am Portal der Kathedrale von Verona, der für alle Kenner aus dem 12. Jahrhundert stammt, könnte »aus Pietätsgründen vom alten [karolingerzeitlichen] in den neuen Kathedralbau übernommen worden sein« [R, 64].

Selbstverständlich dürfte eine erste Aufstellung auf eine direkte Initiative Karls zurückgehen [R, 61]. Im Karlsrausch übersieht der Autor, daß dieser Roland ein Pendant namens Olivier hat, ebenfalls Paladin Karls und von demselben Meister Nikolaus gestaltet [Peterich 1958, 250]. Dieser Nikolaus müßte sich gemäß Rempel aus dem 12. Jahrhundert, auch aus dem Dom von Ferrara und aus San Zeno in Verona, ins 9. Jahrhundert zurückbegeben, obwohl er Olivier mit jenen gekreuzten Beinen dargestellt hat, die erst nach 1100 den Kreuzfahrer ausweisen.

Rempel dehnt Karls Machtgebiet sogar bis Ragusa aus [R, 72], damit auch jene ebenso isolierte wie weit entfernte Statue des Jahres 1412 motiviert sei. Ihm zufolge, nicht gemäß Einhard [15], hätte Karl im Jahre 812 zwar die Oberherrschaft über Venedig und das dalmatinische Küstenland abgeben müssen.

»Aber Innerdalmatien und die unerhört feste Seestadt Ragusa verblieben im fränkischen Machtbereich« [R, 82].

Angesichts dieser Reichserweiterung, die die Geschichtsatlanten noch nicht nachvollzogen haben, muß es wirklich verwundern, daß Karl nicht bis Riga vorgedrungen ist, um dort den östlichsten Roland persönlich aufzurichten und so überaus rechtzeitig die Stadtgründung von 1201 vorzubereiten. Nur wegen der »Rätsel aufgebenden« Rolande jenseits von Oder und Weichsel [R, 75] läßt Rempel letztlich doch die Möglichkeit zu, »daß auch nach dem Tode Karls d. Gr. im Jahre 814 noch Rolande aufgestellt oder nach ihrer Vernichtung erneuert worden sind« [R, 85]. »Aber erstaunlicherweise fehlen auch in den örtlichen Überlieferungen über die östlichsten Rolandstandbilder die Gründungsbeschlüsse, *so daß man auf ein höheres Alter schließen muß*« [R, 94].

Es ist zweifellos ein beeindruckendes Schauspiel, wie ein seit bald 1200 Jahren toter Kaiser noch immer so virulent ist, daß ihm zuliebe Argumentation, Befund und Wissen so gründlich auf den Kopf gestellt werden. Realistischer wäre es gewesen, wenn Rempel die andere Möglichkeit verfolgt hätte, die er selbst durchaus gesehen hat: »Ja, daß der Roland aus grauer Vorzeit überkommen war und sein Alter unbekannt, erleichterte die auf ihn mit Recht oder Unrecht gegründeten Behauptungen und Forderungen im machtpolitischen Spiel« [R, 67].

So einfach erklären sich rätselhafte Sachverhalte, wenn nicht um jeden Preis ein großer Kaiser noch größer und alles Alte noch älter gemacht werden muß. Was auch immer die Rolandstatuen verkörpert haben mögen – sie wurden errichtet, weil es Vorteile brachte, sich auf den großen Karl und seinen Paladin zu beziehen. Gründungsurkunden des 12. oder noch späterer Jahrhunderte hätten diesem Nimbus nur schaden können – also wurden sie in keiner Stadt ausgestellt.

Wann wurden diese Statuen tatsächlich erstmals errichtet? Anbieten würde sich die Mitte des 12. Jahrhunderts. Damals waren die Rolands- und Karlsepen bereits in Umlauf, damals begann unter der Führung von Heinrich dem Löwen, Konrad von Zähringen und Erzbischof Adalbero von Bremen eine Art

Abb. 73 Die karolingischen Herrscher, Prümer Einband, 1105 [Freytag 1866, 92]

Ersatzkreuzzug, denn die sächsischen Fürsten kämpften lieber gegen die heidnischen Slawen vor ihrer Haustür als gegen Sarazenen im Heiligen Land. Bernhard von Clairvaux sicherte ihnen denselben Ablaß zu, wenn die Slawen nur rücksichtslos bekriegt und christianisiert würden. Mit Vorpommern gerieten sogleich Gebiete ins Visier, die eigentlich längst christianisiert waren. Dann ging es auch um Dithmarschen und im Gegenzug um Oldenburg, schließlich gegen die slawischen Obodriten [Jordan 1993, 35-39]. Könnte der Tod von Erzbischof Adalbero am 25. August 1148 ein Datum sein, vor dem die dortige Rolandstatue aufgerichtet worden wäre? Diese Zeit würde sich sogar mit Teilergebnissen Hans Rempels [R, 60] decken.

Rempels Buch pflegt eine Beweisführung, die sich nicht leicht von frei flottierender Phantastik abhebt und vom Drang zum Ältermachen getragen wird. Trotzdem konnte es in einem renommierten wissenschaftlichen Verlag erscheinen. Es ist zu hoffen, daß ein derartiger Umgang mit Zeugnissen der bildenden Kunst nicht Schule macht innerhalb einer urkundenfixierten Mediävistik.

RÜCK- UND AUSBLICK

Die hier entwickelte These läßt kaum etwas im Bereich abendländischer Geschichtsschreibung unberührt. Daß die ganze Einschätzung des Mittelalters, seine gesamte Abfolge und all seine Zusammenhänge bis hin zur Neuzeit, radikal überdacht werden müssen, ist hinreichend klar geworden.

Die Herrscherhäuser in Frankreich, Italien und Deutschland erhalten ganz neue Ursprünge, die Triebkräfte im Mittelalter stellen sich von Grund auf neu dar. Deutschland und Frankreich entwickeln sich nun direkt aus den Merowingerreichen Austrien und Neustrien, während Burgund in drei burgundische Gebiete aufsplittert, die wieder zusammenfinden, um 1032 an das Kaiserreich zu fallen [Illig 1992 f., 86]. Die ›berserkerhaften‹ Wikinger des 8. und 9. Jahrhunderts verabschieden sich aus der Geschichte, während ihre ganze Händler-Krieger-Kultur in neuem Licht erscheint; die Abfolge der rätselhaft langen, aber relativ dünn belegten irischen Kultur wird knapper und klarer, wie auch England nicht mehr als zeitweilig unbesiedelt gelten muß, und die Urbanisierung der Germanen entwickelt sich nunmehr wesentlich zügiger.

Die Christianisierung des europäischen Kontinents ist von Grund auf zu überdenken, denn der irischen Missionierung (Columban, † 615) folgt keine angelsächsische Missionierung mehr, die bislang mancherorts zu unverstandener doppelter Bekehrung geführt hat, im Grunde aber fast flächendeckend eine doppelte war, nachdem die Columbanschen Klostergründungen Franken schon bis 614 überzogen hatten. Es wird über das Verhältnis von Orthodoxie und Arianismus neu zu reden sein, über das rätselhaft lange Nachleben langobardischer Kirchenarchitektur, über den ›Spätstart‹ italienischer Kirchenbauten in der Frühromanik und so weiter und so fort. Wir sind »auf dem Wege zu einem Neuen Mittelalter«, doch auf einem ganz anderen, als ihn Umberto Eco in seinem so betitelten Buchabschnitt vor Augen hatte [Eco 1985, 7-33].

Die weitere Arbeit wird darin bestehen, diese Untersuchung auf den gesamten fiktiven Zeitraum des ›frühen Mittelalters‹ auszudehnen, seine wirkliche Länge abzusichern und in allen mit der christlichen Zeitrechnung synchronisierten Ländern der Alten Welt zu prüfen, ob diese These auch dort nicht nur gilt, sondern sinnstiftend wirkt.

Darüber hinaus ist die Frage nach dem Sinn von Geschichtsschreibung ganz neu zu stellen. Dient sie ausschließlich den Interessen der jeweils Mächtigen, ist sie blanke Volksverdummung, ja sogar Volksverhetzung, wie Berislava Jan meint? Hat sie im Laufe der Neuzeit ihren Charakter geändert, ist sie nicht nur »Sinngebung des Sinnlosen« gemäß Theodor Lessing, sondern zu manchen Zeiten bedachte Sinnstiftung ex nihilo? Und gab es für diese massiven Fälschungen Antriebskräfte, die über reine Machtpolitik hinausgehen? Die Frage stellt sich, nachdem Karlsglaube und Apokalyptik benachbarte Phänomene sind.

Was aber den großen Karl angeht, so lassen sich jetzt neue Antworten auf jene Fragen wagen, die Arno Borst vor einem Vierteljahrhundert gestellt hat: »Warum brachte die Folge der Forschungen über Karl den Großen kaum einen Höhepunkt und keinen Fortschritt, warum beginnt jede Generation von neuem ihre Erfahrungen an Karl zu messen? [...] Warum hat gerade Karl der Große seinen Meister noch nicht gefunden?« [Borst 1967, 402].

Und man könnte noch eine weitere Frage anschließen: »War es demnach Karls größte Leistung, sich eine Legende zu schaffen?« [Bullough 1966, 203].

Die Antworten sind jetzt einfach. Es konnte einfach nicht gelingen, einen leibhaftigen Karl in der Geschichte zu verankern. Und Karl hat natürlich nicht seine eigene Legende geschaffen, sondern er ist Legende. Bereits ein früherer Karlsforscher hat – ohne es zu wollen und zu wissen – hier ins

Schwarze getroffen. Weil auf Karl allein mehr Sagen entfallen als auf die nachfolgenden 45 deutschen Könige und 700 Jahre, stellte Sigurt Graf von Pfeil fest: »*Karl der Große ist die Sagenfigur schlechthin*« [Pfeil 1987, 326].

Besser kann man es auch und gerade im Licht der hier entwickelten These nicht sagen.

Ein Zeitalter wird geleert

Mit Karl müssen sich die Großen seiner Zeit verabschieden: So sein Vater Pippin, so seine Großväter Heribert von Laon und Karl Martell, dessen Sieg bei Tours und Poitiers (732) die Araber immer sträflich vernachlässigten [Engels 1991, 413], obwohl die Christen nach karolingischer Version 375 000 Feinde auf der Walstatt zählten [Mühlbacher o. J., 58], eine Zahl, die acht Jahrhunderte später bei Machiavelli (1525) noch immer mit »mehr denn 200 000 Sarazenen« erinnert wurde, ohne an Glaubwürdigkeit gewonnen zu haben [Machiavelli o. J., 30].

Abtreten müssen auch Karls Kontrahenten Tassilo III., Widukind oder Harun al-Raschid, ebenso die Reihen seiner Vasallen und Verbündeten, ebenso seine direkten Nachfahren. Zusammen mit ihnen müssen etliche Dynastien in allen europäischen Ländern, fast 25 byzantinische Kaiser und mehr als 50 Päpste die Geschichte verlassen.

Wenn zum Beispiel die ersten Kaiser des Westens geprüft werden, so kann frühestens ihr zehnter Vertreter reale Geschichte repräsentieren. Bei dieser ›Kaiserjagd‹ bleiben nicht nur hochkarätige Gestalten ›auf der Strecke‹, sondern auch Figuren, die niemand vermissen wird, wie etwa Wido oder Lambert, auf die heute nicht einmal in ihrer Residenzstadt Spoleto irgend etwas zurückverweist.

Natürlich bleiben die geistigen Leistungen jener Zeit erhalten, doch bekommen sie neue Urheber aus späteren Jahrhunderten. Nicht immer werden die Namen dieselben bleiben wie im Falle des Philosophen Johannes Scotus Erigena, der erst 333 Jahre nach seinem Hinscheiden von der Kirche verurteilt wurde.

Die Kaiser des frühen Mittelalters
(Zeiten als König in Klammern)

800 – 814	Karl der Große	(768 – 814)
814 – 840	Ludwig I. der Fromme	(781 – 840)
840 – 855	Lothar I.	(840 – 855)
850 – 875	Ludwig II.	(850 – 875)
875 – 877	Karl II. der Kahle	(840 – 877)
881 – 887	Karl III. der Dicke	(876 – 887)
891 – 894	Wido (Guido) von Spoleto	(889 – 894)
892 – 898	Lambert von Spoleto	(891 – 898, vertrieben 893 – 897)
896 – 899	Arnulf von Kärnten	(887 – 899)
901 – 928	Ludwig III. von der Provence, der Blinde	(900 – 928)
915 – 924	Berengar I. von Friaul	(888 – 924)
962 – 973	Otto I.	(936 – 973)
967 – 983	Otto II.	(961 – 983)
996 – 1002	Otto III.	(983 – 1002)

Verschwindet damit das Mittelalter? Bevor wir antworten, müssen die jüngsten Tendenzen geschildert werden, diese Zeit auszudehnen oder zu verschieben. Lange hielt sich die klassische Einteilung, nach der das Mittelalter von Roms Untergang (476) bis Kolumbus (1492) reichte, also ein volles Jahrtausend dauerte. Wird es überflüssig? fragte Régine Pernoud provozierend [1979], um diese Frage dann souverän zu verneinen. Im Gegenteil, es kann sich sogar bis zur Gegenwart ausbreiten, wie Rudolph Wahl meinte [Wahl 1957], oder zumindest bis ins letzte Jahrhundert, wie das Jacques Le Goff verschiedentlich propagiert hat [zuletzt Le Goff 1994 passim]. »Alles wäre übrigens viel einfacher, wenn der traditionelle Schnitt zwischen Mittelalter und Renaissance aufgegeben und die Zeit bis zum 19. Jahrhundert als ein langes Mittelalter angesehen würde« [Le Goff 1993, 187].

Während also das Mittelalter zur Gegenwart hin ein enormes Entwicklungspotential besitzt, wird es gleichzeitig von hinten demontiert, indem der Zeitraum zwischen 5. und 10. Jahrhundert nicht mehr als Frühmittelalter, sondern immer öfters als späte Antike bezeichnet wird [Bois 1993, 15]. »Das Jahr 1000 trug die antike Gesellschaft zu Grabe und hob die feudale aus der Taufe« [Bois 1993, 115].

Guy Bois legte nahe, »den Einschnitt des 10. Jahrhunderts anzuerkennen« [Bois 1993, 51]. Ihm hat Michel Banniard widersprochen, dem diese Zweiteilung des Mittelalters »nicht unbedingt sinnvoll erscheint« [Banniard 1993, 16] und der lieber ein dreigeteiltes Mittelalter hätte: frühes Mittelalter: 6.-9. Jahrhundert; klassisches Mittelalter: 10.-13. Jahrhundert; spätes Mittelalter: 14.-15. Jahrhundert. Er läßt das 6. Jahrhundert gleichzeitig als spätantik gelten [Banniard 1993, 16].

Gemäß meiner These, die nach gegenwärtigem Stand die Zeit zwischen 614 und 911 und die zugehörige Geschichte annulliert, läuft die späte Antike bis 614 aus, während das Mittelalter ab 911 in seiner Frühphase die sogenannte Vorromanik ausbildet, um sich ab 1000 grandios zu entwickeln. Damit wäre sowohl Banniards Schnitt im 6. wie Bois' Schnitt im 10. Jahrhundert Rechnung getragen. Aber es wird noch einige Generationen von Wissenschaftlern beschäftigen, wann im Westen – denn in Byzanz liegt der Fall anders – die Spätantike verebbt, wann das Mittelalter einsetzt, ob es eine erweiterte Übergangszone von 450 bis 1000 braucht etc. etc.

Wichtiger noch als dieser Umbau historischer Schubladen ist der Fragenkomplex um die ›Kreation‹ dieser Zeit und ihre immer opulentere Ausstattung. Ist die nun zu streichende Zeit zufällig oder absichtlich in die Geschichtsbücher hineingeraten? Waren nun ›Papst‹ oder ›Kaiser‹ der eigentliche Verursacher oder waren es beide miteinander bzw. gegeneinander? Oder war der byzantinische Kaiser Konstantin VII. Porphyrogenetos der eigentliche Urheber [Illig 1992 h]? Wer hat in den nachfolgenden Jahrhunderten die fiktiven Zeiten immer stärker ausgestattet? Auf diese und viele andere Fragen werden die Folgebände Antworten geben.

Was aber Karl den Großen betrifft, so können wir ein Minderwertigkeitsgefühl ablegen, das sich bislang immer angesichts des »Vaters Europas« eingestellt hat. »Karl der Große hat das Fundament jener Geschichte gelegt, um die sich die moderne Historie Europas bis heute bemüht: die Geschichte europäischer Gemeinsamkeit und nationaler Sonderung, staatlicher Ordnung und gesellschaftlicher Gliederung, christlicher Sittlichkeit und antiker Bildung, verpflichtender Überlieferung und lockender Freiheit. Was in Karls Zeit einmal beisammenstand, läßt sich heute nicht mehr zusammenfassen; denn die Teile sind weitergewachsen« [Borst 1967, 402].

Die Scham, dieses Europa nicht so vereinigen zu können, wie dies ein Großer einst gekonnt hatte, kann mit dem Ausscheiden Karls aus der Geschichte entfallen. Damit war er seiner Zeit nicht mehr als 1000 Jahre voraus [Herm 1995, 323], damit entfällt auch Karls brutales Zusammenzwingen mit Feuer und Schwert, mit Massenmord, Verwüstung und Deportation als schauriges Vorbild für alle Europäer. Seien wir froh, daß auch der letzte derartige Versuch von einem halben Jahrhundert gescheitert ist. Wir können heute erstmals die Einigung eines Gebietes versuchen, das bislang immer heterogen gewesen ist, und wir sollten dazu Mittel einsetzen, die humanem Geist entsprechen.

EIN SCHWELBRAND BREITET SICH AUS
Nachwort für die Taschenbuchausgabe 1998

Karl der Große in Wahrheit ›Karl der Fiktive‹, ein ganzes Zeitalter als erfunden und streichenswert erkannt, nie geschehene Geschichte quer durch die Alte Welt aufgespürt? Als diese Behauptungen erstmals von mir geäußert wurden, war die Ablehnung fast einhellig. Allzusehr wurde hier an Altvertrautem gerüttelt, allzugroß waren die möglichen Verluste, allzustark das Mißtrauen gegen solch erdrutscharige Veränderungen.

Doch mählich wendete sich das Blatt. Ab Herbst 1995 waren die Medien bereit, darüber zu berichten, mittlerweile über zweihundert Male – von kurzen Verrissen bis hin zu ganzseitigen Rezensionen in Zeitungen und stundenlangen Gesprächen in Fernsehen [Kluge 1997] und Rundfunk [Huemer 1998]. Ab Januar 1996 setzten sich die ersten Mediävisten ernsthaft mit diesen Thesen auseinander. Inzwischen haben sich die Spezialisten rund 45mal geäußert: von kurzen Statements bis hin zu einstündigen Rundfunkdiskussionen, von Auftritten in einem dafür gedrehten Fernsehfilm [Simmering 1997] bis zu langen Diskussionsbeiträgen in einer wissenschaftlichen Zeitschrift. Somit sollte Zeit und Gelegenheit genug gewesen sein, die zentralen Argumente dieses Buchs gründlich zu prüfen und womöglich zu widerlegen. Doch bei der Überarbeitung für diese Ausgabe ergaben sich wenige und allenfalls marginale Änderungen, meist Ergänzungen aus Aktualitätsgründen, kein Ersetzen nach Widerlegung.

Streitforum

Die wichtigste aller Auseinandersetzungen soll in diesem Zusammenhang referiert werden. Es gibt in Deutschland eine Institution, die Diskussionen über wissenschaftliche Streitfragen den Rahmen gibt: die Zeitschrift *Ethik und Sozialwissenschaften* mit dem schönen Untertitel *Streitforum für Erwägungskultur*. Ihre Paderborner Editionsgruppe lädt bei strittigen Thesen einen ›Herausforderer‹ ein, möglichst konkrete Fragen zu stellen, sucht für die Antworten möglichst kompetente Wissenschaftler aus, greift aber in die eigentliche Debatte nur flankierend ein, indem sie den Umfang der Texte und das Einhalten der dreimonatigen Zeitvorgabe kontrolliert. Zum Abschluß der Runde muß der ›Herausforderer‹ – er kann wie alle anderen Beteiligten auch weiblich sein – eine Replik formulieren.

Im Falle meiner These wurden über 100 Wissenschaftler um Kritik gebeten, neun haben geantwortet, ein weit unter den sonstigen Quoten von 30 bis 50 Prozent liegender Wert. Aber es ging hier im achten Jahrgang erstmals um eine außerhalb der Fachdisziplin aufgestellte These.

Mir war es wichtig, daß die Fundamente meiner These gründlich geprüft werden. Denn es lohnt nicht, über irgendwelche Weiterungen zu diskutieren, wenn das Fundament kein solches wäre. So formulierte ich Fragen zu Problemen, die hier im Buch ausführlich behandelt worden sind.

Aachen im Mittelpunkt

Selbstverständlich stand Aachens Pfalzkapelle auch hier in vorderster Front. Es zeigte sich, daß ihre Kuppel *(Frage 1 a)* innerhalb der herrschenden Lehre tatsächlich unerklärbar ist (s. S. 24 - 35, 222 ff.). Prof. Dietrich Lohrmann, Aachen, fand es zwar verständlich, daß nach einem Vergessen der Aachener Fertigkeiten die aufkeimende Romanik nur ganz langsam das frühere Niveau erreichte, verlangte aber hin zur Aachener Pfalzkapelle keinen entsprechenden Entwicklungsgang. Hier begnügte er sich damit, den übergroßen Abstand zu den römisch-byzantinischen Bauten zu halbieren, indem er die goldstrahlende Kuppel des Jerusalemer Felsendoms als Entwicklungsschritt gewürdigt wissen wollte [EuS 492]. Dieses Wollen ist jedoch zum Scheitern verurteilt, weil sich unter ihren Metallplatten kein Steingewölbe, sondern nur ein Holzgerüst findet.

Der Architekturhistoriker Prof. Jan van der Meulen räumte gleich das Feld. Er verteidigte gar nicht erst eine ›karolingische‹ Kuppel, sondern sieht in Aachen eine gallo-römische oder eine ottonische Wölbung [EuS 495]. Eine gallo-römische Kuppel findet sich jedoch schwerlich auf dem typischen Mauerwerk des 11. Jahrhunderts, nämlich der in Aachen zu findenden Mischung aus Quadern und Bruchsteinen (s. S. 249). Sollte er hingegen »ottonische Kunst« wie Hans Jantzen [1963, 58 f.] bis ca. 1070 reichen lassen, hätte er meinem Datierungsvorschlag schon fast zugestimmt. Allerdings hielt er den Gebrauch des Begriffs »Romanik« für überholt [EuS 495], was jedoch nichts zur Klärung in der Sache beiträgt.

Dr. Helmut Flachenecker, Eichstätt, übersah die Fülle meiner architektonischen Argumente, sondern glaubte, ich würde Aachen umdatieren, weil »es so wenige schriftliche Quellen gibt« [EuS 488]. Er unterstellte mir ansonsten teleologisches, also zielgerichtetes und damit unwissenschaftliches Denken, weil ich eine »architektonische Evolution in Tausenden von Bauten« konstatiert habe [EuS 488]. Dabei ist die Fülle der sich von primitiven Kirchlein zu ehrfurchtgebietenden Kathedralen wandelnden Kirchenbauten wahrhaft imponierend, und die unziemliche Teleologie ist in diesem Fall sogar zwingend, weil geklärt werden muß, wie die Handwerkskunst das für Aachen notwendige Niveau erreicht hat – und da bildet dieses Oktogon das Richtmaß, nachdem es nun einmal gebaut werden konnte.

Der Präsident der *Monumenta Germaniae Historica* in München, Prof. Rudolf Schieffer, schrieb zeitgleich eine eigene Rezension meines Buches. In ihr stellt er Erstaunliches fest: »Die dazu [zur Neudatierung des Aachener Oktogons] angestellten stilistisch-baugeschichtlichen Vergleiche mit anderen, jüngeren Kirchen, die immer wieder darauf hinauslaufen, tunlichst auf den Kopf zu stellen, was bislang als Wirkungsgeschichte des Aachener Musterbaus betrachtet wird, sind für das Kernthema des Buches, die Historizität Karls und seines Zeitalters eigentlich belanglos und mögen von Kunsthistorikern nachgeprüft werden« [Schieffer 1997, 615].

Nun weiß Deutschlands oberster Urkundenhüter, daß ›seine‹ Schriftdenkmäler von Karl als Bauherrn und sogar als Baumeister der Aachener Pfalzkapelle sprechen. Gleichwohl will er hier den Bauherrn von seinem Bau abkoppeln. Möglicherweise soll so der wichtigste Karolinger davor gerettet werden, bei der unvermeidlichen Umdatierung ›seines‹ Bauwerks in die Fiktionalität zu geraten.

Dies droht umsomehr, als weder Schieffer noch die EuS-Diskussionsteilnehmer kein auch nur halbwegs stichhaltiges, ›nichtschriftliches‹ Argument zugunsten einer ›karolingischen‹ Pfalzkapelle vorgebracht haben.

Wie die einzige Antwort auf *Frage 1 b* ergab, gilt dies gleichermaßen für das in Aachen antizipierend benutzte Gebundene Maßsystem (s. S. 246). Van der Meulen [EuS 495] war sofort bereit, diese unter Bernward von Hildesheim entwickelte Eigentümlichkeit der Romanik zu entwerten, um den daraus erwachsenden Schwierigkeiten zu entgehen.

Zum Vergessen von Karls Grab in Aachen *(Frage 2 a)* gab es nur von Prof. Michael Borgolte, Berlin, eine Äußerung. Aber auch er umging das Problem, indem er sich zwar mit der Errichtung der Aachener Pfalz durch Karl den Großen und mit der Konservierung und Verehrung des Karlsgrabes befassen wollte, aber dann eine merkwürdige Einschränkung vornahm: »Illig fordert zwar zurecht, den Sachzeugnissen gleichen Rang einzuräumen, aber es bleibt auch richtig, daß interdisziplinäre Forschung nur dann gelingt, wenn jedes Fach seine eigenen Errungenschaften zur Geltung bringt« [EuS 386].

Deshalb vermied er strikt die von mir geforderte Kontrolle von Urkundenaussagen anhand greifbarer Befunde. Soweit ich – leider nur von dritter Seite – informiert bin, hat er auch in seinem Proseminar (im Sommersemester '98 zu dieser Thematik und zu diesem Buch) fast ausschließlich auf Urkundenbasis argumentiert.

Es ist für die Wissenschaft geradezu verhängnisvoll, wenn ausgerechnet im Namen der Interdisziplinarität auf ebendiese verzichtet wird. Im Falle von Karls vorletzter Ruhestätte liegt längst die Antwort der Urkundenkenner wie der Bauarchäologen vor – wer sollte nun diesen interdisziplinären Ansatz wagen? Er bleibt dem unorthodoxen Denker vorbehalten, den die Fakultät dann ›prügeln‹ kann.

Wieso Karls Andenken so rasch in Aachen vergessen worden ist, war meine *Frage 2 b* (s. S. 332). Für dieses unbegreifliche Phänomen wurden nur viel zu kurz greifende Erklärungen gegeben, wie Karls angeblicher Inzest [EuS 494] oder die übliche Schwankungsbreite bei der Verehrung einer Person [EuS 489].

Das Kapitel ›Aachen‹ wurde mit der *Frage 2 c* nach dem Vergessen von Karls Reliquien (s. S. 332) abgeschlossen. Flachenecker erklärte es damit, daß sich die Aachener Heiltumsfahrten erst spät entwickelt hätten und frühmittelalterliche Wallfahrten ohnehin Legende seien [EuS 489]. Damit ist natürlich nichts erklärt, denn das gierige Reliquiensammeln auch im frühen Mittelalter hätte doch zum Beachten dieser begehrten Reliquien führen sollen, zumal seit etwa 960 [Jantzen 163] die der Reliquienverehrung dienenden Krypten immer größer wurden. Lohrmann mußte zu diesem Fragenkomplex einräumen, daß »im 10. Jahrhundert ein Neuanfang nötig« war, doch gleichwohl gelte: »Für die Infragestellung realer Zeit ergibt sich daraus nichts« [EuS 492].

Wer all diese Antworten Revue passieren läßt, dürfte mir zustimmen, daß sich aus ihrer Schwäche massive Konsequenzen ergeben. Außer ein paar Chroniken und Urkunden spricht nichts, aber auch gar nichts dafür, daß die uns bekannte Aachener Pfalzkapelle gegen 800 unter einem Karl d. Gr. gebaut worden sei, daß dieser Kaiser in ihr begraben wurde und daß dieser Kaiser zusammen mit seinen wichtigsten Reliquien vor dem Jahre 1000 in Aachen verehrt oder auch nur erinnert worden wäre. Damit verliert die wichtigste Pfalz des ›Karolingerreichs‹ ihr geistiges, geistliches und architektonisches Zentrum, und so verliert das ›Karolingerreich‹ tatsächlich sein Herz.

Weitere Fragen und Antworten

Nunmehr wurde zweimal das sogenannte antizipierende Wissen geprüft. *Frage 3a* zielte auf die allzu präzisen astronomischen Angaben in den Reichsannalen (s. S. 91). Der als einziger antwortende Lohrmann [EuS 492] konnte nur ergänzen, daß ein paar andere ›karolingische‹ Quellen zwischen 770 und 809 ebenso präzise seien. Warum aber diese sogar verbreitete Präzision einem völligen Vergessen weicht und erst allmählich, nach fast vier Jahrhunderten kurz vor 1200 wieder erreicht wird, blieb unbeantwortet.

Prof. Arno Borst [1995] hat hierzu Wichtiges beigetragen [vgl. Illig 1997e]. Ihn beschäftigte die Plinius-Rezeption von der Spätantike bis zum Hohen Mittelalter, die – nebenbei bemerkt – ebenfalls nach der ›Karolingerzeit‹ auf Null zurückfällt, um mählich erneut einzusetzen. Hier interessiert vor allem, daß Borst nach persönlichem, dreißigjährigem Zögern eine Geistesentwicklung, die bislang ab 1120 gesehen wurde, um mehr als 300 Jahre in die ›Karolingerzeit‹ vorverlegt hat: »Die Erforschung der Natur begann im lateinischen Europa nicht um 1120 an den Hochschulen Frankreichs, sondern um 780 am fränkischen Königshof« [Borst 1995, VIII].

Ausschlaggebend war ihm der fränkische Reichskalender von 789, der jene Entwicklung des 12. Jahrhunderts antizipiert: Hier wird deutlich abstrakter und rationaler gedacht, hier wird das Lesen zu einer individualistischen Tätigkeit, hier wird die Buchseite zum »optisch planmäßig gebaute[n] Text für logisch Denkende«, wie es Prof. Ivan Illich [1991, 8] konstatiert hat. Und dieser Reichskalender bringt zudem auffällig präzise astronomische Daten.

Borst kreierte folgendes Problem: Wenn das Entstehen des modernen Textbildes vom 12. ins 8. Jahrhundert vorverlegt wird, dann wäre der unmittelbar nachfolgende, jahrhundertelange Rückfall mehr als erklärungsbedürftig. Er kann nur mit dem Denkklischee erklärt werden, daß der ›karolingische‹ Impuls rasch erlosch und erst in der ottonischen ›Renaissance‹ reaktiviert wurde. Aus meiner Sicht handelt es sich um ein Scheinproblem: Selbstverständlich bleibt das Erstgeburtsrecht für moderne Textgestaltung und präzise astronomische Daten dem 12. Jahrhundert. Es ist lediglich von Borst gezeigt worden, daß sogenannte ›karolingische‹ Texte in diesem 12. Jahrhundert erstellt worden sind. Damit entfällt die Frage nach dem unerklärlichen Rückfall, während der Komplex »Mittelalterliche Fälschungen« sich weiter ausdehnt.

Als großer Antizipator ist Beda Venerabilis bekannt geworden, da er im frühen 8. Jahrhundert bereits mit jener Null als Platzhalter wie als Zahl kalkuliert, die doch erst gegen 1100 nach Europa gekommen ist (s. S. 89). Der Aufklärung dieses Anachronismus sollte *Frage 3 b* dienen. Lohrmann, der sich als einziger damit abgab [EuS 492], ignorierte meine Literaturhinweise, damit er, wenn schon nicht antworten, so doch über mich spotten konnte. So muß die Mediävistik mit einer zeitweisen, rasch vergessenen Null auskommen und einen Beda im 8. Jahrhundert dulden, dessen nächste Geistesverwandten zu Recht im 12. und 13. Jahrhundert geführt werden [vgl. EuS 510 f.].

Frage 4 innerhalb der EuS-Studie zielte auf die immanenten Widersprüche der ›karolingischen‹ Wirtschaft, die gleichzeitig den absoluten Niedergang im frühen Mittelalter und ein zukunftsweisendes, leistungsfähiges Staatswesen verkörpert (s. S. 161). Lohrmann hat die nur in prosperierenden Zeiten möglichen Großbauten der Franken ignoriert, indem er lieber ein »Dorf zu Zeiten Karls d. Gr.« besprach [EuS 492 f.]. Van der Meulen [EuS 495] wollte die archäologisch unauffindbaren Karolingerbauten durch noch mehr und ebenso flüchtige Merowingerbauten motivieren, was scheitern muß. Man kann nicht Hunderte von unauffindbaren Bauten mit mehr als tausend unauffindbaren Bauten rechtfertigen, sondern muß beide Bautengruppen kritisch prüfen. Flachenecker [EuS 498, 511] bewies mit seinen Anmerkungen, daß die Mediävistik je nach gewähltem Standpunkt ganz unterschiedliche Dinge aus den immer gleichen Urkunden herauslesen kann.

Dies führte zu *Frage 5*, zu St-Denis und seinen unauffindbaren merowingisch-karolingischen Kirchen. Meine Argumentation (s. S. 348–364) stützt sich vorwiegend auf Jan van der Meulen. Seine ausführliche Antwort für EuS konnte seinen ursprünglichen Befund nicht erschüttern: »Am Ende der karolingischen Epoche steht noch die Urbasilika [von 560]« [EuS 503]. Von einer Merowingerbasilika kündet allenfalls eine Ringstollenkrypta [EuS 501]. Dietrich Lohrmann [EuS 493] hat das Werk van der Meulens übersehen, weshalb er sich noch immer auf jene karolingische Kirche beruft, die laut van der Meulen nie existiert hat, sondern der Phantasie eines Ausgräbers entsprungen ist (s. S. 357).

Prof. Gunnar Heinsohn, Bremen, hat ergänzend gezielte Ausgrabungen in ausgewählten Metropolen vorgeschlagen, um auch stratigraphisch ein besseres Bild über fehlende Schichten und überflüssige Zeiten zu bekommen [EuS 490]. Diese ebenso notwendige wie korrekte Forderung auf Nachprüfung kann nur unterstrichen werden.

Schließlich wollte ich mit *Frage 6* geklärt haben, ob meine Sicht der zu kurz greifenden Kalenderkorrektur Bestand hat (s. S. 96-100). Hier antworteten die Bochumer Professoren Werner Bergmann als Mediävist und Wolfhard Schlosser als Astronom. Es herrscht nunmehr Einigkeit, daß die 10-Tages-Korrektur von 1582 nur bis ca. 300, bis zum Konzil von Nicäa zurückgegriffen hat und daß für die Zeit zwischen Nicäa und Caesar keine Korrektur bekannt ist [EuS 485]. Da aber aller Wahrscheinlichkeit nach – hier ist noch keine letzte Sicherheit erreichbar – sowohl zu Caesars wie zu Nicäas Zeiten der 21. März als Frühlingspunkt geführt worden ist, kann Caesars Kalendereinführung nicht 1 626 Jahre vor 1582 stattgefunden haben, sondern zu einer Zeit, in der heute das Konzil von Nicäa angesiedelt wird. Auch dieser zehnte und letzte Punkt meines Fragenkatalogs konnte nicht ausgehebelt werden.

Nun haben Bergmann und Schlosser berechtigterweise versucht, andere astronomische Gegebenheiten ins Feld zu führen. Interessant ist die Frage, ob nur ein voller Osterzyklus von 532 Jahren eingefügt hätte werden können, damit Sonne, Mond und Sterne für die Zeit davor genau so stehen, wie wir es heute rückrechnen [EuS 485]. Diese Rückrechnungen seien dadurch gesichert, daß sich z. B. die Daten des größten antiken Astronomen, also die von Claudius Ptolemäus bei heutigen Rückrechnungen exakt bestätigen würden [EuS 506 f.]. Das allerdings ist keineswegs die Regel, wie ich entgegenhielt [EuS 513 ff.].

So konnte nicht einmal die (Archäo-)Astronomie, die bei dieser Diskussion die härtesten Argumente vorgetragen hat, meine Mittelalter-These aus dem Sattel heben.

Ausgebliebene Antworten

Zwei Gelehrte waren nicht bereit, auch nur eine dieser zehn Fragen zu beantworten. Prof. Theo Kölzer, Bonn, sprach sicher vielen anderen aus dem Herzen, als er feststellte: »Die Anfrage von EuS verwundert mich sehr, denn die Thesen von Herrn Dr. Illig sind so abstrus, daß eine Zeitschrift mit wissenschaftlichem Anspruch Gefahr läuft, sich lächerlich zu machen. An dieser Diskussion werde ich mich jedenfalls nicht beteiligen« [EuS 491].

Prof. Gerd Althoff, Münster, verfolgte eine andere Strategie. Er ließ sich nicht, wie er befürchtete, von meinen Fragen in Detaildiskussionen locken, die vom Wesentlichen eher ablenken [EuS 483]. Er sprach statt dessen von Unmöglichkeiten: »das Niveau der Kultur zu fälschen, Fälschungen in solcher Größenordnung zu produzieren oder die innere Stimmigkeit der Fälschungen herzustellen« [EuS 484]. Ich habe daraufhin gezeigt [EuS 515 ff.], daß es hier nicht um Unmöglichkeiten geht.

Bedauerlicherweise verhindert seine Argumentation den wissenschaftlichen Fortschritt. Denn das Verdikt, eine Zeiterfindung sei unmöglich, klärt keinen der Widersprüche in Aachen und sonstwo, sondern schützt sie allesamt vor weiterer Hinterfragung. Ein Widerspruch wird nicht dadurch aufgeklärt, daß man den ersten Vorschlag zu seiner Aufhellung für »unmöglich« erachtet und dann den Widerspruch auf sich beruhen läßt.

So gab diese Diskussion reichlich Anlaß, auch über wissenschaftliches Denken zu räsonieren [EuS 517 - 520]. Da hier kein Teilnehmer überrumpelt worden ist, sondern jeder reichlich Zeit eingeräumt bekommen hatte, verwunderte es mich, selbst hier wissenschaftsfremden Motiven zu begegnen, obwohl absehbar war, daß ich sie in meiner abschließenden Replik aufdecken würde.

Derartige Motive treten umso deutlicher hervor, wenn ein Rezensent – gleich ob Wissenschaftler oder Journalist – keine direkte Antwort durch mich befürchten muß. Insofern hatte ich während der letzten 30 Monate für meine Thesen viel Spott und Hohn, Entstellungen und Diffamierungen, moralische Anschuldigungen und weltanschauliche Entgleisungen hinzunehmen.

Hierzu darf ein launiges Wort von Christian Meier zitiert werden, das er als scheidender Vorsitzender des *Verbandes Deutscher Historiker* formuliert hat: »Eine Disziplin soll nicht wie eine Herde Elefanten ihr jeweils Allerwertestes nach außen kehren, um die auszuschließen und zu bestrafen, die sich um ein allgemeineres Begreifen ihrer Gegenstände, ein Begreifen innerhalb eines allgemeineren wissenschaftlichen Diskurses kümmern. Sondern sie soll gefälligst ihr Gesicht zeigen und jene widerlegen – oder gar nach Möglichkeit über sie hinauszukommen suchen. Wir müssen insbesondere eine gewisse Toleranz entwickeln, wenn jemand anders sich von außen in unser Fachgebiet wagt. Nicht die Toleranz, Falsches für richtig zu halten, aber die, die ein Gespräch, ein gegenseitiges Lernen ermöglicht. Und dabei sollten wir sogar mehr als tolerant, nämlich zuvorkommend sein; und nicht allzu pingelig.« [Meier 1989, 29 f.]

Um ein vergleichsweise harmloses, abseitiges Beispiel und zugleich den aktuellen Forschungsstand kennenzulernen, gehen wir noch einmal zur »Fossa Carolina«.

Der Graben bei Treuchtlingen – 1998

Ralf Molkenthin hat den aktuellen Stand der Diskussion in seiner Staats- und Magisterarbeit zusammengefaßt, anschließend die Ergebnisse in einem Zeitschriftenartikel resümiert [M = Molkenthin 1998]. Er wandte sich geradezu wütend gegen meinen Umdatierungsvorschlag: »In neuerer Zeit fand sich ein weiterer Zweifler: Herbert [sic] Illig meinte, die Fossa Carolina in die Zeit des hohen Mittelalters datieren zu müssen. Daß er bei seiner Auseinandersetzung mit der Fossa Carolina u. a. den mittlerweile überholten Forschungsstand der 60er Jahre zugrunde legt zeigt, wie inkompetent der Autor und wie indiskutabel seine These ist« [M 24]. Da es der Einfachheit halber bei diesem Pauschalurteil blieb, wird es hier detailliert entkräftet und als eine der üblichen Diffamierungen vorgeführt.

Seltsam ist der Vorwurf, ich hätte »u. a.« den früheren Forschungsstand zugrundegelegt. Denn hinter diesem »u. a.« verbirgt sich nicht allein der Stand bis 1969, sondern auch der bis 1996. Aber folgen wir Molkenthin, der den gültigen Forschungsstand der 90er Jahre zusammenfassen wollte [M 2].

Er läßt uns noch einmal die altbekannten schriftlichen Quellen lesen, während wir bei den Sachüberresten auf Robert Koch [1993] verwiesen werden, den ich gleichfalls herangezogen hatte (vgl. S. 104-112; sie wurden gegenüber der Econ-Ausgabe von '96 nur um einen aktuellen Buchtitel zur Dendrochronologie ergänzt).

Dann werden die Lorscher Annalen in Frage gestellt, denen sonst gefolgt wird. Das sinnlose strategische Kanalbaumotiv, von mir (s. S. 111) zurückgewiesen, wird durch »Erleichterungen für den Handel und den Warentransport« ersetzt oder erweitert [M 11]. Dafür wurde von Detlev Ellmers schon 1993 »das Bild einer Delegation entworfen, die zu Karl dem Großen gegangen sein könnte, um diesen für den Plan des Kanalbaues zu begeistern. Diese Delegation, so konstatiert Ellmers, könnte mit großer Wahrscheinlichkeit aus den Verwaltern der Königshöfe in Treuchtlingen und Weißenburg sowie einigen der auf dieser Strecke häufig verkehrenden Händlern bestanden haben« [M 10]. Die Wiedergabe dieses naiven Genre-Bildchens hatte ich mir erspart, obwohl ich auch Ellmers (S. 111) zitiert habe; die Frage nach dem frühmittelalterlichen Handelsweg hatte ich konträr beantwortet (S. 111).

Bei den »Technischen Fragen« werden drei Mühlengräben erwähnt, die dem ansonsten kanallosen Frühmittelalter einschlägiges Know-how zusprechen sollen [M 12]. Zum »Arbeitsaufwand« wird ein weiterentwickeltes Modell von Friedrich Eigler vorgestellt, das von 1993 stammt, aber nicht stimmig wirkt. Denn Eigler hat vorgerechnet, daß rund 2000 der Arbeitskräfte aus 50 verschiedenen Ansiedlungen stammen konnten, von denen aus die Baustelle »in einem ca. dreistündigen Fußmarsch« von bis zu 14 km Länge erreichbar sei [M 15]. Somit sei zumindest die Verpflegung dieser Bautrupps gesichert. Über die Aussagekraft seiner Zahlen »stark spekulativen Charakters« hat sich Eigler möglicherweise zuwenig Gedanken gemacht. Bauern können erst im Herbst aus der Landwirtschaft abgezogen werden, doch da bleibt nicht viel an Arbeitszeit, wenn die Mannschaft täglich sechs Stunden mit An- und Abmarsch verbringt und gewohntermaßen ein Leben fast ohne künstliches Licht führt. Und wer verköstigte die übrigen Schanzarbeiter (S. 106)?

Der Arbeitsaufwand wird immer noch mit 170 000 Kubikmeter Aushub angegeben, wie es 1993 Robert Koch schrieb und wie es von mir übernommen worden ist (S. 107). Es geht des weiteren um Wasserzuführungen und weiterreichende Projekte, wie sie Klaus Goldmann 1984/85 vorschlug und die ich gleichfalls ansprach (S. 111).

Zur Trassenlänge bezieht sich Molkenthin auf die Luftbildauswertungen der 70er Jahre und Sondagebohrungen, die R. Koch [1993] referierte und die ich gleichfalls erwähnte (S. 105, 112). Die Überlegung von Wolf Pecher [1993], daß es sich ursprünglich um eine römische Pferdeschwemme gehandelt habe, wird von Molkenthin genauso zurückgewiesen [M 24], wie ich es getan habe (S. 108). Die Frage, ob der Graben vollendet worden ist, wird aus denselben Gründen verneint [M 21], aus denen ich sie verneint habe (S. 107).

Insofern bewegt sich Molkenthin 1998 keineswegs auf anderem Terrain als ich, der ich 1992 erstmals dazu Stellung genommen habe. Ich habe wie Molkenthin die Autoren Ellmers, Elmshäuser, Goldmann, Koch und Pecher zitiert, ich habe aber auch mit Fried, Keller, Patzelt, Schneider und Straub sowie Ausstellungstexten aus dem Ort Graben etliche Arbeiten herangezogen, die ebenfalls aus der Zeit nach 1969 stammen, aber von Molkenthin ignoriert wurden. Übergangen worden ist von mir nur Eigler, die schwache Aussage von Ellmer und ein abseitiger Aufsatz von Daniel Vischer.

Molkenthin hat mir den ›u. a.‹-Forschungsstand der 60er Jahre, Inkompetenz und eine indiskutable These vorgeworfen, jedoch kein einziges Argument gegen meine Darstellung vorgebracht. Trotzdem brauchte es eine umständliche Beweisführung bis zur Klarstellung, daß mich mein Kritiker schlicht und pauschal diffamieren wollte. Die seinem Artikel zugrundeliegende Arbeit wurde an der Fakultät für Geschichtswissenschaft der Ruhr-Universität Bochum mit dem Magistertitel honoriert.

Wie stellt sich nun Molkenthins eigene Leistung dar? Die Frage nach den im weiten Umkreis der Fossa fehlenden Karolingerfunden (S. 108 f.) beschäftigt ihn nicht, weil er ohnehin weiß: »Ihr Wert als Bodendenkmal und Zeugnis der karolingischen Epoche kann in unseren Tagen kaum überschätzt werden« [M 22].

Sein Resümee [M 21] hätte ich nie geschrieben: »Die Fossa Carolina war deutlich weiter ausgebaut, als es die heute noch sichtbaren Überreste vermuten lassen. Dieser Ausbauzustand des Kanals kann eventuell ausgereicht haben, um für Binnenschiffe als Schleifstrecke nutzbar gewesen zu sein. Damit hätte die Fossa Carolina ihre Aufgabe zumindest in Ansätzen durchaus erfüllt.«

Mein strenger Kritiker erachtet es demnach als passable Lösung, nach dem Bewegen von vielleicht 80 000 Kubikmetern Erdaushub Schiffe durch eine aufgegebene, weiherdurchsetzte, als Hohlweg angelegte Grabung zu schleifen, auf der gerade die Wälle das Ziehen behindert hätten. Tatsächlich hätte eine richtige Schleifstrecke nur minimale Vorarbeiten gebraucht, da sie lediglich einen ganz flachen Sattel mit 10 Meter Höhendifferenz überwinden müßte – immer schon das entscheidende Argument gegen einen ›Scheitelkanalbau‹ im frühen Mittelalter.

Molkenthin selbst gewährt dem Modell eines Stufenkanals »ein hohes Maß an Glaubwürdigkeit« [M 16], obwohl er auch bei mir hätte nachlesen können, daß solche Kanalstufen erst ab dem 13. Jahrhundert bekannt sind (S. 107). Das eigentliche Rätsel des Grabens (S. 112) aber bleibt weiterhin: Warum wurden auf flachem Sattel steile Wälle aufgeworfen, die jederzeit wieder abrutschen konnten und ein Treideln erschwerten oder gar unmöglich machten? Molkenthin hat es gar nicht bemerkt, aber gleichwohl verniedlicht, denn er befand, der »Höhenunterschied zwischen den Wallkronen und der Grabensohle beträgt maximal 12 Meter« [M 5]. Dieses Maximum liegt in der Realität (s. S. 105) bei über 18 Metern!

Immerhin gibt mir Molkenthin bei der Datierung ungewollte Hilfestellung. Ihm fällt auf, daß Einhard in der von ihm verfaßten *vita Caroli magni* die Fossa Carolina nicht erwähnt, »obwohl er die seiner Meinung nach vorzüglichsten Bauwerke Karls dezidiert aufführt« [M 21]. Dagegen berichten die als Ergänzung zu den Reichsannalen entstandenen Lorscher Annalen über Bauarbeiten und Ausmaße der Baustelle [M 3]. Dies könnte ein Hinweis darauf sein, daß Einhards Text *vor* den Reichsannalen geschrieben worden ist, die ich – wegen der Genauigkeit ihrer astronomischen Beobachtungen (S. 93) – im letzten Viertel des 12. Jahrhunderts ansiedle.

Die erste Beschreibung des Kanalgeländes »um 1140« (S. 107) spricht nicht gegen diese Einordnung. ›Einhard‹ aber, den ich ins 12. Jahrhundert datierte (S. 346), würde somit ins erste Drittel dieses Jahrhunderts rücken.

Zeit der Wende

Drei Jahre lang haben die in diesem Buch vorgetragenen Beobachtungen, aufgezeigten Widersprüche und Schlußfolgerungen allen Angriffen über wie unter der Gürtellinie standgehalten. Kein Argument ist vorgetragen worden, das meine These erschüttert hat. Hätten die Mediävisten auch nur einen Stein aus meiner Argumentationskette brechen können, hätten sie aller Wahrscheinlichkeit nach diese Bresche lauthals gerühmt und zu erweitern versucht. Daß nichts dergleichen geschehen ist (die Diskussion wird fortlaufend dokumentiert [Illig 1996 a; 1996 e; 1996 g; 1997 a; 1997 d; 1997 g; 1997 h; 1998 a; 1998 b]), beweist den Wert des Beweisgangs und der daraus resultierenden Thesen. Sie breiten sich wie ein Schwelbrand im deutschen Sprachraum aus: Sie brechen mal hier, mal da hoch, werden eilig ausgetreten, während andernorts das Glimmen beginnt, weil die Stringenz der Thesen immer wieder erkannt und herausgestellt wird; während der neuerlichen Löschversuche entstehen neue Brandherde. Viele Mediävistik-Institute versuchen sich diesem Geschehen zu entziehen, weil meine Thesen unvereinbar sind mit ihrer Einschätzung der Urkunden. Sie können sich aber nicht auf Dauer hinter Pergament verschanzen, wenn längst Prüfkriterien und Prüfungsergebnisse bekannt sind. Wir stehen an einer Zäsur: Die Beweislast geht nunmehr auf jene Mediävisten über, die unbeirrbar dem Inhalt alter und weniger alter Schriften glauben.

Mit meinen Fragen innerhalb der EuS-Studie wurde noch einmal das Fundament geprüft: Die unauflösbaren Widersprüche innerhalb der Karlszeit, nicht zuletzt in der Person Karls des Großen selbst; die unhaltbare Datierung der Aachener Pfalzkapelle in einer Zeit um 800, der Verlust des Zentrums des ganzen hochgerühmten Reiches, die gähnende Leere innerhalb der fraglichen Zeit, das rettungslos widersprüchliche Bild ›karolingischer‹ Wirtschaft, die unüberbrückbaren Widersprüche zwischen bauarchäologischer und diplomatischer Forschung, der (archäo-)astronomische Hintergrund.

Nunmehr kann es in vielen Bereichen verstärkt weitergehen. Immer mehr Autoren der Zeitschrift *Zeitensprünge* arbeiten mittlerweile an vielfältigen Problemstellungen. So werden die bauarchäologischen Befunde flächendeckend geprüft [für (Ober-)Bayern Anwander 1998], so wird der Übergang vom 6. ins 10. Jahrhundert untersucht [für Thüringen Weissgerber i. V.; für die spätantike Tradierung Siepe 1998; für die europäische Architektur Illig 1997 b], so das anfänglich rasche, dann jahrhundertelang rätselhaft zähe Vordringen der Slawen [Zeller 1996 b] und das verdoppelte Anbranden der Steppenvölker [Zeller 1996 a]. So sind die seit 1991 im Osten gemutmaßten »dark ages« mittlerweile in der Levante [Heinsohn 1998], in Armenien [Heinsohn 1996], in Indien [Topper 1996; Rade 1997], in Indonesien [Rade 1998] und China [Topper 1998] gefunden worden. Die geräuschlose Umstellung der byzantinischen, jüdischen und westeuropäischen Kalenderrechnung auf neue Startdaten ist ans Licht gehoben [Illig 1996 c], astronomische wie katastrophistische Gegebenheiten werden geprüft [Illig 1997 f; Marx 1996], naturwissenschaftliche Datierungsmethoden in ihrem zweifelhaften Wert erkannt [Niemitz 1995; Blöss/Niemitz 1997], die Paläographie thematisiert [Martin 1996; Müller 1996; Lelarge 1998]; alte und neue russische Ansätze zur Chronologierevision gewürdigt [Gabowitsch

1996; 1997]; ein erster Kenner der überzähligen Jahrhunderte innerhalb der Renaissance aufgespürt [Siepe/Siepe 1998]. Die Grundlagen für eine neue Architekturgeschichte [Illig 1997 b; 1997 c] wie für eine neue Geschichte des Christentums werden erarbeitet [hierzu auch Brandt 1997; Illig 1996 f, 1997 c; Müller 1997]. Für diese und weitere Aktivitäten wird ein *Institut für Zeitenforschung* gegründet. So entsteht ein völlig neues Bild des frühen Mittelalters auf zunehmend gesicherten Fundamenten; neue Perspektiven werden sichtbar und konkretisieren ursprüngliche Vermutungen.

Übers Pergament hinaus

Die meisten Diskrepanzen entzünden sich immer wieder an demselben Punkt. Unsere Gruppe hält Chroniken und Urkunden nicht per se für sakrosankt. Wenn faktisch nachprüfbare Aussagen an anderen ebensolchen Aussagen gemessen werden können, wenn z. B. Hinweise auf Bauten mit archäologischen und architektonischen Befunden überprüft werden können, so bemühen wir uns um diese Prüfung.

Den meisten Mediävisten, die sich an der Diskussion beteiligt haben, ist diese Haltung fremd. Im Regelfall zählt die Urkunde, im Zweifelsfall auch. Erst wenn kaum mehr Schriftliches vorliegt, dann darf die Archäologie in ihr Recht treten. Relativ unauffällig hat dies Flachenecker formuliert: »Der Hinweis auf die Einbeziehung von Archäologie und Architektonik ist richtig und zugleich banal, denn in einer Zeit mit geringen schriftlichen Zeugnissen müssen andere Möglichkeiten zur Erkenntnisfindung herangezogen werden« [EuS 488]. Die getroffene Einschränkung zeigt sehr schön, daß ein besserer Schriftbestand dem Mediävisten zur Darstellung der Epoche ausreichen könnte. Die festgestellte Banalität ist leider keine, da mir allzuoft vorgehalten wurde, ich würde die Urkunden ignorieren. Täte ich das, wäre ich niemals auf all die Widersprüche gestoßen, die hier im Buch dutzendweise zur Darstellung kommen. Ich beachte Urkunden und ihren Inhalt sehr wohl, erachte ihn aber für problematisch und kritisierbar.

Schließlich halten selbst Mediävisten jede zweite dem frühen Mittelalter zugeschriebene Urkunde für gefälscht.

Im Juli 1998 schreckten einige Spezialisten hoch – mit Prof. Horst Fuhrmann, Prof. Max Kerner und Prof. Theo Kölzer drei meiner entschiedenen Gegner. Max Kerner, der im Aachener Kaisersaal den »fröhlichen Unsinn« eines »Wirrkopfs« »ins Reich der Augenwischerei« verwiesen hatte und »dabei weder an beißender Ironie noch an gelehrten Ausführungen« gespart haben soll [Kasties 1996], entdeckte plötzlich Furchtbares: »Unsere Zunft steht vor einem Abgrund an Falsifikaten [...] und es werden immer mehr« [Schulz 1998]. In dem einschlägigen SPIEGEL-Artikel »Schwindel im Skriptorium« konnte Kölzer nur zustimmen. Er ist *der* Mann fürs früheste Mittelalter, wie sein knapper Brief an EuS (s. S. 401) in seiner zweiten Hälfte erkennen läßt: »obwohl ich Herrn Illig dankbar sein müßte: Durch seine Eliminierung größter Teile der frühfränkischen Geschichte wäre ich eigentlich der Mühe enthoben, die kritische Edition der merowingischen Königsurkunden fertigzustellen, die vor dem Abschluß steht. Über diese vermeintlichen Phantome mag Herr Dr. Illig ein weiteres Buch schreiben« [EuS 1997, 491].

Nun ist er mit zuvorgekommen. Er präsentiert als Ergebnis seiner Arbeit: »Der Anteil der Falsifikate liegt bei über 60 Prozent« [Schulz 1998]. Demnach sind von 194 angeblichen merowingischen Königsurkunden mehr als 116 Exemplare gefälscht. Hat er sich bei mir über »vermeintliche Phantome« erregt, macht er nun aus einem Großteil von ihnen echte, handgeprüfte Phantome. Aus meiner Sicht könnte er damit der Wahrheit einigermaßen nahekommen, erachte ich doch nicht die gesamte Merowingerzeit (482–751), sondern nur die Zeit von 614–751 für fiktiv.

Matthias Schulz faßt zusammen: »Wie ein Schleier verdeckt ein Gestrüpp aus mönchischem Gaukelwerk den Blick auf die wahre Historie.« Obwohl er meine These kennt, stellt er sie nicht als mögliche Lösung für einen gewichtigen Teil des Fälscherunwesens vor, sondern schlägt lieber auf die Kirche und ihre »Kutten-Kujaus« ein. Dabei gehen ihm Mediävisten Rückendeckung.

Wirklich Bescheid wird man aber erst wissen, wenn man die fraglichen Zeugnisse aus Pergament und Papyrus am archäologisch-architektonischen Bestand mißt. Bei diesem meinem Vorgehen habe ich mich von einem großen Archäologen leiten lassen, der auf seinem Gebiet mit ganz ähnlichen Schwierigkeiten zu kämpfen hatte. Sir Moses Finley (1912-1986) hinterließ seinen Kollegen als Vermächtnis:

»Die lange Tradition, daß in griechischer oder lateinischer Sprache geschriebene Quellen von den für alle sonstige Überlieferung geltenden Regeln der Beurteilung und Kritik ausgenommen werden, wird zwar im allgemeinen nicht ausdrücklich erwähnt und anerkannt, findet aber in der Interpretation ihren Niederschlag. Diese Tradition ist indes ungerechtfertigt und stellt ein wesentliches Hindernis für jede korrekte historische Analyse dar« [Finley 126 f.].

Er spricht weiters zwei Vorurteile des Althistorikers an, von denen auch Mediävisten nicht frei sind. »Erstens geht man davon aus, daß Aussagen der literarischen oder urkundlichen Überlieferung, sofern sie nicht zu widerlegen sind (in einer Weise, die dem einzelnen Historiker als zufriedenstellend erscheint), Wahrheitsanspruch haben. Diese Überzeugung resultiert aus der bevorzugten Stellung, die man dem Griechischen und Lateinischen einräumt. [...] Das zweite Vorurteil ist, daß man meint, die dringlichste historische Frage, die man an archäologische Funde stellen könne, sei, ob sie die literarische Überlieferung bestätigen können oder nicht. Eine solche Einstellung gibt den literarischen Quellen automatisch den Vorrang« [Finley 33].

Vielleicht können Finleys Einsichten auch den Mediävisten den Weg ebnen. Möglicherweise ist dieser Prozeß bereits im Gange. Denn Prof. Johannes Fried, Frankfurt, der das vorliegende Buch wahrlich nicht begrüßt, sondern als Musterbeispiel für negative Phantasie, für destruktive, unzulässige Illusion und noch Schlimmeres gebrandmarkt hat [Fried 1996 b, 311-316], skizzierte andernorts einen ähnlich strukturierten Ansatz für das nächste Jahrhundert. Er benutzt das Bild eines Aussichtsturmes, in dem die Historiker in den letzten Jahrzehnten fünf Fenster geöffnet haben:

»Isoliert genutzt, gewährt keines von ihnen einen annähernden Überblick über das Ganze der Vergangenheitslandschaft; starr lenkt es den Blick in eine Richtung, hält ihn auf ein Segment und eine Horizonthöhe fixiert. Gemeinsam und abwechselnd einbezogen fordern sie hohe Flexibilität, immer neue Orientierung, belohnen aber die Mühe mit Horizonterweiterung. Methodologische Verbindungstreppen zwischen den Fenstern erleichtern den Wechsel vom einen zum anderen und erlauben, das jeweils Wahrgenomme[ne] mit den Wahrnehmungen aus allen anderen zu vereinen. Zugegeben, nicht jeder Historiker bewegt sich mit gleichem Geschick über die Stiegen, der eine oder andere stolpert wohl auch, irritiert von der Fülle und Komplexität der Informationen, die er nun vor sich hat, gerät ob dem Hin und Her gar außer Atem und richtet sich erschöpft oder behaglich hinter einem einzigen Fensterchen ein, zufrieden mit der kleinen Welt, die er von dort erkennt. [...] Mißverständnisse, aber auch Fehldeutungen sind unvermeidlich. [...] Ist vielleicht, eine schreckliche Vision, die ganze und, gestehen wir es uns ruhig ein, seit den ›Regesta Imperii‹ für abgeschlossen gehaltene Arbeit der Quellensichtung, weil nur aus einem Fenster gewonnen, von vorne zu beginnen, mit Konsequenzen für das Geschichtsbild, die noch kaum auszumalen sind?« [Fried 1996 c, 58 f.]

Hier treffen sich Frieds und mein Ansatz, auch wenn mich keine schrecklichen Visionen peinigen. Die »Konsequenzen für das Geschichtsbild« werden noch gravierender ausfallen, wenn auch jene Fenster benutzt werden, die ich aufgestoßen habe, wie »Architekturbefund contra Architekturgeschichte«, »Architekturbefund contra Quellen«, »Archäologie contra Quellen«, »Bereitschaft, Axiome als solche zu erkennen« oder »Zuziehung anderer Wissenschaftsdisziplinen«.

Wenn es Fried und den Seinen beim Panoramablick nicht mehr schwindelt, werden sie sich vor neuen Erkenntnissen kaum mehr retten können. Solange sich aber die Insassen des Aussichtsturmes gegen jeden Abgleich zwischen Pergament und steinharter Realität sperren, solange werden sie nur entsetzt und verständnislos beobachten können, wie ein scheinbar festgefügtes Werk zu Staub zerfällt.

ANHANG

Zitierte Literatur

Abel, Sigurd (1883/88): Jahrbücher des Fränkischen Reichs unter Karl dem Großen. Band I, II; Leipzig (Fränkische Reichsannalen = Annales Laurissenses majores = Einhards Jahrbücher) s. a. Reichsannalen und G. H. Pertz
Adam, Ernst (1968): Epochen der Architektur. Vorromanik und Romanik; Frankfurt/Main
Althoff, Gerd (1996): Otto III.; Darmstadt
Angenendt, Arnold (1990): Das Frühmittelalter. Die abendländische Christenheit von 400 bis 900; Stuttgart
Annalen s. Sigurd Abel u. Einhards Jahrbücher
Anwander, Gerhard (1998): »Oberbayern als virtueller Urkundenraum oder Karl der Spurenlose im frühmittelalterlichen Oberbayern«; in *Zeitensprünge* X (1) 83
Arens, Fritz (1977): »Die staufischen Königspfalzen«; in: *Haussherr (Hg.)* III 129
Ariès, Philippe (1990): Geschichte im Mittelalter; Frankfurt/Main
Atlas der Baukunst. Band 2. Romanik bis Gegenwart (1974); München
Aubert, Marcel (1973²). Romanische Kathedralen und Klöster in Frankreich; Wiesbaden

Bachrach, B. S. (1970): »Charles Martel, Mounted Shock Combat, the Stirrup, and Feudalism«; in: *Studies in Medieval and Renaissance History* VII 47
Bain, George (1990[14]): Celtic Art. The Methods of Construction; London
Baldauf, Robert (1903): Der Mönch von St. Gallen; Leipzig
Bandmann, Günther (1967): »Die Vorbilder der Aachener Pfalzkapelle«; in Braunfels et al. III 439
Banniard, Michel (1993): Europa. Von der Spätantike bis zum frühen Mittelalter. Die Entstehung der europäischen Kulturen vom 5. bis zum 8. Jahrhundert; München
Barrucand, Marianne (1992): Maurische Architektur in Andalusien; Köln (Fotos von Achim Bednorz)
Barthel, L. F./ Breitenfeller F. X. (1953): Bayerische Literaturgeschichte; München

Bauer, Albert/Rau, Reinhold (1971): Quellen zur Geschichte der sächsischen Kaiserzeit. Widukinds Sachsengeschichte. Adalberts Fortsetzung der Chronik Reginos. Liudprands Werke; Darmstadt
Baumgart, Fritz (1961): Das Kunstgeschichtsbuch. Von der Antike bis zur Gegenwart; Frankfurt/Main
Bayac, Jacques Delperrié de (1976): Karl der Große. Leben und Zeit; Wien – Berlin
Betz, Werner (1965): »Karl der Große und die Lingua Theodisca«; in: *Braunfels et al.* II 300
Beumann, Helmut (1967): »Grab und Thron Karls des Großen zu Aachen«; in: *Braunfels et al.* IV 9
Beutler, Christian (1964): Bildwerke zwischen Antike und Mittelalter; Düsseldorf
– (1991): Der älteste Kruzifixus. Der entschlafene Christus; Frankfurt/Main
– (1996): »Das Schatzhaus der Weisheit. Die karolingische ›Königshalle‹ von Lorsch war eine Bibliothek«; in: *Frankfurter Allgemeine Zeitung* vom 29. 6. 1996
Binding, Günther (1991): »Ottonische Baukunst in Köln«; in: *Euw/Schreiner* 1991 b I 281
– (1996): Deutsche Königspfalzen. Von Karl dem Großen bis Friedrich II. (765 - 1240); Darmstadt
Bischoff, Bernhard (1979): Paläographie des römischen Altertums und des abendländischen Mittelalters; Berlin
Björkman, Walther (1965): »Karl und der Islam«; in: *Braunfels et al.* I 673
Blaser, Werner (Hg. 1983): Zeichnungen großer Bauten; Basel
Blöss, Christian (1995): »Sonnenfinsternisbeobachtungen in Mitteleuropa von 600 bis 900«; in: *Zeitensprünge* VII (3) 315
Blöss, Christian/Niemitz, Hans-Ulrich (1997): C14-Crash. Das Ende der Illusion, mit Radiokarbonmethode und Dendrochronologie datieren zu können; Gräfelfing
Bodsch, Ingrid (1991): »Kölner Kirchenpatrone und Heilige bis zur Jahrtausendwende«; in: *Euw/Schreiner* 1991 b I 111
Böhner, Kurt (1959): »Die Frage der Kontinuität zwischen Altertum und Mittelalter im Spiegel der fränkischen Funde des Rheinlandes«; in: *Jahrbuch des Römisch-Germanischen Zentralmuseums Mainz*; Mainz
Bois, Guy (1993): Umbruch im Jahr 1000. Lournand bei Cluny – ein Dorf in Frankreich zwischen Spätantike und Feudalherrschaft; Stuttgart
Bóna, István (1991): Das Hunnenreich; Stuttgart
Borst, Arno (1967): »Das Karlsbild in der Geschichtswissenschaft vom Humanismus bis heute«; in: *Braunfels et al.* IV 364
– (1990): Computus. Zeit und Zahl in der Geschichte Europas; Berlin
– (1991): »Es ist spät geworden. Karl der Große und die Zeit«; in: *Frankfurter Allgemeine Zeitung* vom 24. 12. 1991, S. N3
– (1995²): Das Buch der Naturgeschichte. Plinius und seine Leser im Zeitalter des Pergaments; Heidelberg
Bosl, Karl (1978²): Europa im Mittelalter. Weltgeschichte eines Jahrtausends; Bayreuth
Boyer, Régis (1994): Die Wikinger; Stuttgart

Brandenburg, Erich (1935): Die Nachkommen Karls des Großen, I. – XIV. Generation; Leipzig
Brandt, Daniela-Maria (1997): »Die ›verschwundenen‹ Heiligen«; in *Zeitensprünge* IX (3) 360
Brandt, Michael (1993): Bernward von Hildesheim und das Zeitalter der Ottonen. Katalog der Ausstellung Hildesheim 1993, 2 Bände; Mainz. (Die Autoren der Aufsätze in Band 1 sind direkt bezeichnet; das Sigel ›Brandt‹ verweist immer auf Band 2; Mitherausgeber Arne Eggebrecht, Ägyptologe, bleibt ungenannt.)
Braunfels, Wolfgang (Hg. 1964): Weltkunstgeschichte, Berlin – Darmstadt, 2 Bände
– (1991): Karl der Große; Reinbek (erstmals 1972)
– (Hg. 1965): Karl der Große – Werk und Wirkung. Ausstellung unter den Auspizien des Europarates in Aachen; Aachen
Braunfels, Wolfgang et al. (1965 - 1968): Karl der Große. Lebenswerk und Nachleben; 5 Bände; Düsseldorf:
  Bd. 1 »Persönlichkeit und Geschichte« (1965) Hg. Helmut Beumann
  Bd. 2 »Das geistige Leben« (1965) Hg. Bernhard Bischoff
  Bd. 3 »Karolingische Kunst« (1967) Hg. Wolfgang Braunfels/Hermann Schnitzler
  Bd. 4 »Das Nachleben« (1967) Hg. Wolfgang Braunfels/Percy Ernst Schramm
  Bd. 5 »Registerband« (1968)
Brecher, August (1988): »Die kirchliche Verehrung Karls des Großen«; in: *Müllejans* S. 151
Bresslau, Harry (1958³): Handbuch der Urkundenlehre für Deutschland und Italien; Berlin, Band I, II (erstmals 1889 - 1931)
Brockhaus Enzyklopädie in zwanzig Bänden (1966 - 1974); Wiesbaden
Brown, Peter (1980): Das Evangeliar von Kells. Book of Kells; Freiburg
Brown, R. Allen (1991): Die Normannen; München
Brühl, Carlrichard (1962): »Fränkischer Krönungsbrauch und das Problem der ›Festkrönungen‹«; in: *Historische Zeitschrift* Bd. 194, S. 265
– (1968): Fodrum, Gistum, Servitium Regis. Studien zu den wirtschaftlichen Grundlagen des Königtums im Frankenreich und in den fränkischen Nachfolgestaaten Deutschland, Frankreich und Italien vom 6. bis zur Mitte des 14. Jahrhunderts. I. Text; Köln
– (1989): Aus Mittelalter und Diplomatik. Gesammelte Aufsätze, 2 Bände; Hildesheim
– (1990 a): Deutschland – Frankreich. Die Geburt zweier Völker; München
– (1990 b): Palatium und Civitas. Studien zur Profantopographie spätantiker Civitates vom 3. bis zum 13. Jahrhundert. Band II: Belgica I, beide Germanien und Raetia II; Köln
Bruno von Magdeburg (1986): Das Buch vom Sächsischen Krieg; Essen (erstmals 1082)
Buchkremer, Joseph (1940): Dom zu Aachen. Beiträge zur Baugeschichte; Aachen, 2 Hefte
Bühler, Johannes (1929): Bauern, Bürger und Hansa; Leipzig
– (1931): Die Kultur des Mittelalters; Leipzig
Bünz, Enno (1993): »Bischof und Grundherrschaft in Sachsen. Zu den wirt-

schaftlichen Grundlagen bischöflicher Herrschaft in ottonischer Zeit«; in: *Brandt* I 231
Büssem, Eberhard/Neher, Michael (1983⁷): Arbeitsbuch Geschichte. Mittelalter (3. bis 16. Jahrhundert); München
Bullough, Donald A. (1966): Karl der Große und seine Zeit; Wiesbaden
– (1970): »Europae Pater. Charlemagne and His Achievement in the Light of Recent Scholarship«; in: *The English Historical Review* Vol. 85, S. 59
Burckhardt, Jacob (1982): Über das Studium der Geschichte; München
– (o. J.): Die Zeit Constantins des Großen; Wien (erstmals 1853; Ausgabe um 1935)
Bushart, Bruno (Hg. 1973): Suevia sacra. Frühe Kunst in Schwaben. Ausstellung im Rathaus Augsburg; Augsburg
Bußmann, Klaus (1977): Burgund. Kunst · Geschichte · Landschaft; Köln

Cali, François (1965): Das Gesetz der Gotik. Eine Studie über gotische Architektur; München
Cardini, Franco (1995): Zeitenwende. Europa und die Welt vor tausend Jahren; Darmstadt
Carnevale, Giovanni (1993): San Claudio al Chienti ovvero Aquisgrana; Macerata
– (1994): L'enigma di Aquisgrana in Val di Chienti; Macerata
– (1996): Aquisgrana trafugata. Dai Franchi di Carlo Magno ai Sassoni di Ottone III: Alba e Tramonto di due Imperi in Val di Chienti; Macerata
Carrère, Emmanuel (1993): Kleopatras Nase. Kleine Geschichte der Uchronie; Berlin
Christe, Yves et al. (1988): Handbuch der Formen- und Stilkunde. Mittelalter; Wiesbaden
Classen, Peter (1965): »Karl der Große, das Papsttum und Byzanz«; in: *Braunfels et al.* I 537
Clot, André (1991²): Harun al-Raschid. Kalif von Bagdad; München
Cohn, Norman (1988): Das neue irdische Paradies. Revolutionärer Millenarismus und mystischer Anachronismus im mittelalterlichen Europa; Reinbek
Coyne, G. V. S. J./Hoskin, M. A./Pedersen, O. (1983): Gregorian Reform of the Calendar. Proceedings of the Vatican Conference to Commemorate Its 400th Anniversary 1582-1982; Città del Vaticano
Cramer, Johannes/Werner, Jacobsen/Winterfeld, Dethard von (1993): »Die Michaeliskirche« [von Hildesheim]; in: *Brandt* I 369

Dannheimer, Hermann/Dopsch, Heinz (Hg. 1988): Die Bajuwaren. Von Severin bis Tassilo 488-788. Ausstellungskatalog Rosenheim · Mattsee
Déer, Josef (1965): »Karl der Große und der Untergang des Awarenreiches«; in: *Braunfels et al.* I 719
Deschner, Karlheinz (1974⁴): Das Kreuz mit der Kirche. Eine Sexualgeschichte des Christentums; München
– (1987): Opus Diaboli. Fünfzehn unversöhnliche Essays über die Arbeit im Weinberg des Herrn; Reinbek
Dhondt, Jan (1968): Das frühe Mittelalter; Frankfurt/Main
Diwald, Hellmut (1990): Die großen Ereignisse. Fünf Jahrtausende Weltgeschichte in Darstellungen und Dokumenten. Band 2; Lachen am Zürichsee

Dopsch, Alfons (1923/1924): Wirtschaftliche und soziale Grundlagen der europäischen Kulturentwicklung. Aus der Zeit von Caesar bis auf Karl den Großen; Wien 1. Teil 1923, 2. Teil 1924
– (1938): Beiträge zur Sozial- und Wirtschaftsgeschichte. Gesammelte Aufsätze / Zweite Reihe; Wien
Dopsch, Heinz/Geisler, Hans (1988): Archäologische und schriftliche Zeugnisse zu den Anfängen des Baiernvolkes; in: *Die Bajuwaren*, aus dem Haus der Bayerischen Geschichte; München
Drescher, Hans (1993): »Zur Technik bernwardinischer Silber- und Bronzegüsse«; in: *Brandt* I 337
Drixelius, Wilhelm (o. J., vor 1962): Formen der Kunst. Eine Einführung in die Stilkunde. Teil II Die Kunst im Mittelalter; München
dtv d. i. dtv-Atlas zur Weltgeschichte (Hg. Hermann Kinder, Werner Hilgemann, 1964); München
Dubnow, Simon (1921): Die jüdische Geschichte. Ein geschichtsphilosophischer Entwurf; Frankfurt am Main
Duby, Georges (1996): Unseren Ängsten auf der Spur. Vom Mittelalter zum Jahr 2000; Köln
Dümmler, Werner (1976): Aachen; Frankfurt/Main

Eckstein, Hans (1986[5]): Die Romanische Architektur. Der Stil und seine Formen; Köln
Eco, Umberto (1985): Über Gott und die Welt. Essays und Glossen; München
– (1993): Kunst und Schönheit im Mittelalter; München
Eggers, Hans (1963): Deutsche Sprachgeschichte I. Das Althochdeutsche; Reinbek
– (1968): »Rolandslied«; in: G. Wilpert (Hg.): *Lexikon der Weltliteratur*. Band II. Hauptwerke der Weltliteratur in Charakteristiken und Kurzinterpretationen; Stuttgart, S. 884
– (1977): »Deutsche Dichtung der Stauferzeit«; in: *Haussherr (Hg.)* III 187
Einhard (≈ 1910): Leben Kaiser Karls des Großen; Leipzig – Wien
Einhard (1981): Vita Karoli Magni. Das Leben Karls des Großen; Stuttgart
Einhard/Notker der Stammler (1965): Leben und Taten Karls des Großen; München (die Zahlenangaben sind keine Seiten-, sondern Kapitelzahlen)
Einhards Jahrbücher (1986); Essen (übersetzt von Otto Abel u. Wilhelm Wattenbach) = Reichsannalen
Einhard/Thegan (≈ 1928): Karl der Große. Ludwig der Fromme. Zwei Lebensbeschreibungen; Leipzig
Ellmers, Detlev (1993): »Die Verkehrssituation zwischen Oberrhein und Altmühl in der Zeit Karls des Großen«; in: *Strecker* 4
Elmshäuser, Konrad (1992): »Kanalbau und technische Wasserführung im frühen Mittelalter«; in: *Technikgeschichte* Bd. 59 (1) 1
Enders, Maria (1993): »Münchner Forscher behauptet: Karl der Große hat nie gelebt. Aachener Historiker: Ein neuer Däniken?«; in: *Aachener Volkszeitung* vom 31. 8. 1993
Engels, Odilo (1988): »Des Reiches heiliger Gründer. Die Kanonisation Karls des Großen und ihre Beweggründe«; in: *Müllejans* S. 37
Engels, Peter (1991): »Der Reisebericht des Ibrahim ibn Ya'qub [961/966]; in: *Euw/Schreiner* 1991 b I 413

Ennen, Edith (1975²): Die europäische Stadt des Mittelalters; Göttingen
- (1977): Gesammelte Abhandlungen zum europäischen Städtewesen und zur rheinischen Geschichte. 1. Band; Bonn
- (1981 a): »Aachen im Mittelalter. Sitz des Reiches · Ziel der Wallfahrt · Werk der Bürger«; in: *Zeitschrift des Aachener Geschichtsvereins* 86/87, S. 457
- (1981 b²): Frühgeschichte der europäischen Stadt; Bonn

Erichsen, Johannes (Hg. 1989): Kilian. Mönch aus Irland – aller Franken Patron. 689 - 1989. Katalog der Sonder-Ausstellung zur 1300 - Jahr-Feier des Kiliansmartyriums 1. 7. 1989 - 1. 10. 1989 Festung Marienberg Würzburg; Würzburg

EuS (1997) = »ANFRAGE Heribert Illig: Enthält das frühe Mittelalter erfundene Zeit? STELLUNGNAHME Gerd Althoff, Werner Bergmann, Michael Borgolte, Helmut Flachenecker, Gunnar Heinsohn, Theo Kölzer, Dietrich Lohrmann, Jan van der Meulen, Wolfhard Schlosser REPLIK Heribert Illig«; in *Ethik und Sozialwissenschaften. Streitforum für Erwägungskultur* VIII (4) 481 - 520, Opladen

Euw, Anton von (1991 a): »Einleitung« zu *Euw/Schreiner* 1991 a S. 10
- (1991 b): »Der Darmstädter Gero-Codex und die künstlerisch verwandten Reichenauer Prachthandschriften«; in: *Euw/Schreiner* 1991 b I 191

Euw, Anton von/Schreiner, Peter (Hg. 1991 a): Vor dem Jahr 1000. Abendländische Buchkunst zur Zeit der Kaiserin Theophanu. Eine Ausstellung des Schnütgen-Museums zum Gedenken an den 1000. Todestag der Kaiserin Theophanu am 15. Juni 991 und ihr Begräbnis in St. Pantaleon zu Köln vom 12. 4. bis 16. 6. 1991 in der Cäcilienkirche; Köln

–/– (Hg. 1991 b): Kaiserin Theophanu. Begegnung des Ostens und Westens um die Wende des ersten Jahrtausends. Gedenkschrift des Kölner Schnütgen-Museums zum 1000. Todesjahr der Kaiserin. 2 Bände; Köln

Ewig, Eugen (1993²): Die Merowinger und das Frankenreich; Stuttgart

Faber, Gustav (1984): Auf den Spuren von Karl dem Großen; München
Fälschungen (1988) d. i. Fälschungen im Mittelalter. Internationaler Kongreß der Monumenta Germaniae Historica, München 16. - 19. September 1986; 5 Bände, Hannover
Falkenstein, Ludwig (1980): »Aachen«; in: *Lexikon des Mittelalters*. Band 1; München (zusammen mit Erich Meuthen)
- (1981): Karl der Große und die Entstehung des Aachener Marienstiftes; Paderborn

Faymonville, Karl (1916): Die Kunstdenkmäler der Stadt Aachen. I. Das Münster zu Aachen; Düsseldorf
Fechter, Paul (1941): Geschichte der deutschen Literatur; Berlin
Fehring, Günter P. (1992²): Einführung in die Archäologie des Mittelalters; Darmstadt
Felenda, Angelika (1992): »Noch einmal der unglückselige Konradin. Italo A. Chiusanos Bild des letzten Staufers«; in: *Süddeutsche Zeitung* vom 12. 8. 1992, S. 10
Fillitz, Hermann (1993): »Ottonische Goldschmiedekunst«; in: *Brandt* I 173
Finley, Moses I. (1987): Quellen und Modelle in der Alten Geschichte; Frankfurt/Main

Firchow, Evelyn Scherabon (1981): »Anmerkungen und Nachwort«; zu: *Einhard*, Stuttgart S. 70
Fischer-Hachette Reiseführer Frankreich (1986); Frankfurt/M.
Fleckenstein, Josef (1988³): Grundlagen und Beginn der deutschen Geschichte: Göttingen (erstmals 1974)
- (1990 a³): Karl der Große; Göttingen – Zürich
- (1990 b): »Karl der Große«; in: *Lexikon des Mittelalters*; München
- (1993): »Das Kaiserhaus der Ottonen«; in: *Brandt* I 47
Fomenko, Anatolij T. (1994): Empiro-Statistical Analysis of narrative Material and its Applications to Historical Dating (2 Bände); Dordrecht
Fossier, Robert (1989): »Naissance du village«; in: *Revue Historique* zum »Millénaire capétien« 989 – 1989
Francis, Sir Frank (1975²): Treasures of The British Museum; London
Frenzel, Gottfried (1973): »Glasmalerei in Schwaben«; in: *Bushart (Hg.)*, 53
Frenzel, Herbert A. und Elisabeth (1993²⁷): Daten deutscher Dichtung. Chronologischer Abriß der deutschen Literaturgeschichte. Band 1: Von den Anfängen bis zum Jungen Deutschland; München
Freytag, Gustav (1866): Bilder aus der deutschen Vergangenheit. Band I: Aus dem Mittelalter; Leipzig (datiert nach Angabe des Vorwortes)
Fried, Johannes (1991): Die Formierung Europas 840 – 1046; München
- (1993): »Die Kunst der Aktualisierung in der oralen Gesellschaft«; in: *Geschichte in Wissenschaft und Unterricht*, Jg. 44 (8); Seelze
- (Hg. 1994): 794 – Karl der Große in Frankfurt am Main. Ein König bei der Arbeit. Ausstellung zum 1200-Jahre-Jubiläum der Stadt Frankfurt am Main; Sigmaringen
- (1996 a): »Die Garde stirbt und ergibt sich nicht. Wissenschaft schafft die Welten, die sie erforscht: Das Beispiel der Geschichte«; in: *Frankfurter Allgemeine Zeitung* vom 3. 4. 1996
- (1996 b): »Wissenschaft und Phantasie. Das Beispiel der Geschichte«; in *Historische Zeitschrift* CCLXIII (2) 291 - 316
- (1996 c): »Vom Zerfall der Geschichte zur Wiedervereinigung. Der Wandel der Interpretationsmuster«; in Otto Gerhard Oexle (Hg. 1996): *Stand und Perspektiven der Mittelalterforschung am Ende des 20. Jahrhunderts;* Göttingen, 47 - 72
Friedell, Egon (1960): Kulturgeschichte der Neuzeit. Die Krisis der europäischen Seele von der Schwarzen Pest bis zum Ersten Weltkrieg; München (erstmals 1927 - 1931)
Frodl-Kraft, Eva (1970): Die Glasmalerei. Entwicklung · Technik · Eigenart; Wien
Fuhrmann, Horst (1988): »Von der Wahrheit der Fälscher«; in: *Fälschungen* I 82 - 98
- (1996): Überall ist Mittelalter. Von der Gegenwart einer vergangenen Zeit; München
Fuhrmann, Horst/Gawlik, Alfred (1992): »Der Fall Kammeier«; in: *Polívka/Svatoš (Hg.): Historia docet*. Festschrift für Ivana Hlaváčka; Prag

Gabowitsch, Eugen (1997): »Von Morosow bis zum jüngsten Fomenko. Zwei neue russische Bücher von Chronologierevisionisten«; in *Zeitensprünge* IX (2) 293

- (1997): »Nikolaj Aleksandrowitsch Morozow. Enzyklopädist und Wegweiser der Chronologierevision«; in *Zeitensprünge* IX (4) 670
Gaehde, Joachim (1979): »Abbildungen und Tafeln«; in: *Mütherich* 1979, S. 21
Gall, Ernst (1955²): Die gotische Baukunst in Frankreich und Deutschland. Teil I. Die Vorstufen in Nordfrankreich von der Mitte des elften bis gegen Ende des zwölften Jahrhunderts; Braunschweig
Gamber, Ortwin (1977): »Die Bewaffnung der Stauferzeit«; in: *Haussherr* (Hg.) III 113
Gegner, Robert (1995): »Per Datenautobahn zu Karl dem Großen. Informatikprofessor aus Erlangen speichert Stammbäume von adligen Deutschen – Anfragen aus aller Welt«; in: *Die Welt* vom 11. 5. 1995
Gerl, Armin (1993): »Das astronomische Lehrgerät des Wilhelm von Hirsau«; in: *Herzöge und Heilige. Das Geschlecht der Andechs-Meranier im europäischen Hochmittelalter*. Ausstellungskatalog, Hg. Josef Kirmeier/Evamaria Brockhoff; München, S. 210
Goerlitz, Theodor (1934): Der Ursprung und die Bedeutung der Rolandsbilder; Weimar
Goez, Werner (1988³): Geschichte Italiens in Mittelalter und Renaissance; Darmstadt
- (1993): »Italien zur Zeit Bernwards«; in: *Brandt* I 123
Goldmann, Klaus (1984/5): »Das Altmühl-Damm-Projekt: Die Fossa Carolina«; in: *Acta Praehistorica et Archaeologica*, Berlin, Nr. 16/17 S. 215
Grassnick, M. (1978): Materialien zur Baugeschichte. Antike; Veröffentlichung der Universität Kaiserslautern
Gregorovius, Ferdinand (1978): Geschichte der Stadt Rom im Mittelalter vom V. bis zum XVI. Jahrhundert; München; Band 1 und 2 (= 7. bis 12. Buch; erstmals 1859-1872)
Grierson, Philip (1965): »Money and Coinage under Charlemagne«; in: *Braunfels et al.* I 501
Grimme, Ernst-Günther (1986): Der Dom zu Aachen; München – Berlin
- (1988): »Das Bildprogramm des Aachener Karlsschreins«; in: *Müllejans*, 124-135
Grodecki, Louis (1973): »Architektur und Schmuck«; in: *Grodecki et al.* 3
Grodecki, Louis/Mütherich, Florentine/Taralon, Jean/Wormald, Francis (1973): Die Zeit der Ottonen und Salier; München (Reihe *Universum der Kunst*)
Grundmann, Herbert (1976): »Betrachtungen zur Kaiserkrönung Ottos I.«; in: *Otto der Große* (Hg. Harald Zimmermann); Darmstadt (erstmals 1962)

Hägermann, Dieter (1988): »Die Urkundenfälschungen auf Karl den Großen. Eine Übersicht«; in: *Fälschungen* III 433-443
Hagemeyer, Hans (Hg. 1944): Gestalt und Wandel des Reiches. Ein Bilderatlas zur deutschen Geschichte; Berlin
Haller, Johannes (1943): Die Epochen der deutschen Geschichte; Stuttgart (erstmals 1922)
Hamann, Richard (1935): Geschichte der Kunst von der altchristlichen Zeit bis zur Gegenwart; Berlin
Hamann-Maclean, Richard (1957): »Merowingisch oder Frühromanisch? Zur Stilbestimmung der frühmittelalterlichen primitiven Steinskulptur

und zur Geschichte des Grabmals im frühen Mittelalter«; in: *Jahrbuch des Römisch-Germanischen Zentralmuseums Mainz*; Mainz

Hampe, Karl (1935): »Kaiser Heinrich IV.«; in: *Die großen Deutschen. Neue Deutsche Biographie*. Erster Band (Hg. Willy Andreas/Wilhelm von Scholz); Berlin

Hankel, Wilhelm (1978): Caesar. Goldne Zeiten führt' ich ein. Das Wirtschaftsimperium des römischen Weltreiches; München

Hart, Franz (1965): Kunst und Technik der Wölbung; München

Hartmann, Johannes (1955): Das Geschichtsbuch von den Anfängen bis zur Gegenwart; Frankfurt/Main

Hartmann, Wilfried (1988): »Fälschungsverdacht und Fälschungsnachweis im früheren Mittelalter«; in: *Fälschungen* II 111

Harvey, O. L. (1976): Time Shaper: Day Counter. Dionysius and Scaliger; Silver Spring

Haßler, Gerd von (1981²): Wenn die Erde kippt; München

Hauck, Karl (1967): »Die Ottonen und Aachen 876-936«; in: *Braunfels et al*. IV 39

Haupt, Albrecht (1913): Die Pfalzkapelle Kaiser Karls des Großen zu Aachen; Leipzig (2. Band der Monumenta Germaniae Architectonica)

– (1935³): Die älteste Kunst insbesondere Die Baukunst der Germanen von der Völkerwanderung bis zu Karl dem Großen; Berlin

Hausmann, Axel (1994): Kreis, Quadrat und Oktogon. Struktur und Symbolik der Aachener Kaiserpfalz; Aachen

Haussherr, Reiner (Hg. 1977): Die Zeit der Staufer. Geschichte – Kunst – Kultur. Katalog der Ausstellung in Stuttgart; Stuttgart, 4 Bände

Heer, Friedrich (1977): Karl der Große und seine Welt; Wien – München – Zürich

Heinsohn, Gunnar (1991): »Jüdische Geschichte und die Illig-Niemitzsche Verkürzung der christlichen Chronologie des Mittelalters. Eine Notiz«; in: *Vorzeit-Frühzeit-Gegenwart* III (5) 37

– (1996): »Die Wiederherstellung der Geschichte Armeniens und Kappadokiens«; in: *Zeitensprünge* VIII (1) 38

– (1998): »Byblos von +637 bis +1098 oder Warum so spät zum Kreuzzug?«; in *Zeitensprünge* X (1) 113

Heinsohn, Gunnar/Illig, Heribert (1990): Wann lebten die Pharaonen?; Frankfurt am Main

Hendy, Michael (1989): The Economy, Fiscal Administration and Coinage of Byzantium; Northampton

Herbers, Klaus (1988): »Karl der Große und Spanien – Realität und Fiktion«; in: *Müllejans* S. 47

Herm, Gerhard (1995⁵): Karl der Große; Düsseldorf

Herzfeld, Hans (Hg. 1963): Geschichte in Gestalten. Band II F-K; Frankfurt/M.

Hoffmann, Volker (1995): »Der St. Galler Klosterplan – einmal anders gesehen«; in: *Zeitensprünge* VII (2) 168 (erstmals 1989)

Hofmann, Hanns Hubert (1965): »Fossa Carolina. Versuch einer Zusammenschau«; in: *Braunfels et al*. I 437

Holländer, Hans (1991): Kunst des Frühen Mittelalters. Malerei Plastik Architektur; Stuttgart (Sonderausgabe eines Bandes von 1968, ohne Autorennennung)

Hotz, Walter (1988²): Pfalzen und Burgen der Stauferzeit. Geschichte und Gestalt; Darmstadt
Huber, Rudolf/Rieth, Renate (1988³): Gewölbe. Systematisches Fachwörterbuch; München (Glossarium artis Band 6)
Hubert, Jean (1969): »Die Architektur und ihr Dekor«; in: *Hubert et al.* S. 1
Hubert, Jean/Porcher, Jean/Volbach, W. Fritz (1969): Die Kunst der Karolinger. Von Karl dem Großen bis zum Ausgang des 9. Jahrhunderts; München
Huemer, Peter (1998): »Im Gespräch mit Heribert Illig«; in *ORF 1*, Wien (Radio), am 26. Februar 1998
Hunger, Herbert et. al. (1988): Die Textüberlieferung der antiken Literatur und der Bibel; München (erstmals 1961)
Hunke, Sigrid (1991): Allahs Sonne über dem Abendland. Unser arabisches Erbe; Frankfurt/Main
Huyskens, Albert (Hg. 1953): Das alte Aachen, seine Zerstörung und sein Wiederaufbau; Aachen

Illich, Ivan (1991): Im Weinberg des Textes. Als das Schriftbild der Moderne entstand; Frankfurt/Main
Illig, Heribert (1988): Die veraltete Vorzeit; Frankfurt/Main
– (1991 a): »Die christliche Zeitrechnung ist zu lang«; in: *Vorzeit–Frühzeit–Gegenwart* III (1) 4
– (1991 b): »Hat das dunkle Mittelalter nie existiert?« [Mitautor H.-U. Niemitz]; in: *Vorzeit–Frühzeit–Gegenwart* III (1) 36
– (1991 c): »Fälschung im Namen Konstantins«; in: *Vorzeit–Frühzeit–Gegenwart* III (2) 50
– (1991 d): »Über den Dächern von Berlin. Bericht über die Jahrestagung am 11./12. Mai 1991«; in: *Vorzeit–Frühzeit–Gegenwart* III (3-4) 4
– (1991 e): »Väter einer neuen Zeitrechnung. Otto III. und Silvester II.«; in: *Vorzeit–Frühzeit–Gegenwart* III (3-4) 69
– (1991 f): »Dendrochronologische Zirkelschlüsse«; in: *Vorzeit–Frühzeit–Gegenwart* III (3-4) 125
– (1991 g): »Jüdische Chronologie. Dunkelzonen, Diskontinuitäten, Entstehungsgeschichte«; in: *Vorzeit–Frühzeit–Gegenwart* III (5) 21
– (1992): Karl der Fiktive, genannt Karl der Große; Gräfelfing
– (1992 a): »Der Meridian des Augustus. Die Sonnenuhr des Augustus war keine Stundenuhr«; in: *Vorzeit–Frühzeit–Gegenwart* IV (2) 16
– (1992 b): »Wann lebte Mohammed? Zu Lülings ›judenchristlichem‹ Propheten, zur Frühzeit des Islam und zur Orthodoxiebildung in Judentum, Christentum und Islam«; in: *Vorzeit–Frühzeit–Gegenwart* IV (2) 26
– (1992 c): »Der Kruzifixus. Sein ›doppelter‹ Ursprung im 6. und 10. Jahrhundert«; in: *Vorzeit–Frühzeit–Gegenwart* IV (2) 42
– (1992 d): Chronologie und Katastrophismus. Vom ersten Menschen bis zum drohenden Asteroideneinschlag; Gräfelfing
– (1992 e): »Wasser in drei Kanälen. Vom neueingeweihten Main-Donau- zu Ludwigs- und Karls-Kanal«; in: *Vorzeit–Frühzeit–Gegenwart* IV (4-5) 71
– (1992 f): »614/911 – der direkte Übergang vom 7. ins 10. Jahrhundert«; in: *Vorzeit–Frühzeit–Gegenwart* IV (4–5) 79
– (1992 g): »Alles Null und richtig. Zum Verhältnis von arabischer und europäischer Kultur«; in: *Vorzeit–Frühzeit–Gegenwart* IV (4-5) 119

Illig, Heribert (1992 h): »Vom Erzfälscher Konstantin VII. Eine ›beglaubigte‹ Fälschungsaktion und ihre Folgen«; in: *Vorzeit–Frühzeit–Gegenwart* IV (4-5) 132

- (1993 a): »Langobardische Notizen I. Urkunden, Stuckfiguren und kaiserlose Städte«; in: *Vorzeit–Frühzeit–Gegenwart* V (2) 41
- (1993 b): »St. Denis und Suger – zum zweiten. Wie ein Karolingerbau verschwindet und Frankreich entsteht«; in: *Vorzeit–Frühzeit–Gegenwart* V (2) 57
- (1993 c): »Kalender und Astronomie«; in: *Vorzeit–Frühzeit–Gegenwart* V (3) 46
- (1993 d): »Andechs-Meranien – Heiliger Berg der Fälschungen«; in: *Vorzeit–Frühzeit–Gegenwart* V (5) 70
- (1994): Hat Karl der Große je gelebt? Bauten, Funde und Schriften im Widerstreit, Gräfelfing
- (1994 a): »Doppelter Gregor – fiktiver Benedikt. Pseudo-Papst erfindet Fegefeuer und einen Vater des Abendlandes«; in: *Vorzeit–Frühzeit–Gegenwart* VI (2) 20
- (1995 a): »Spaniens Wirrungen im frühen Mittelalter. Architektur – ERA-Rechnung – Reconquista«; in: *Zeitensprünge* VII (1) 36
- (1995 b): »Fomenko – der große, statistische Wurf? Rezension und Standortbestimmung«; in: *Zeitensprünge* VII (2) 104
- (1996 a): »Streit ums zu lange Frühmittelalter. Mediävisten stolpern über hohe Ansprüche und leere Zeiten«; in: *Zeitensprünge* VIII (1) 107
- (1996 b): »Gezerre um ein Kreuz«; in: *Zeitensprünge* VIII (2) 245
- (1996 c): »Kalender mit beschränkter Haftung. Frühmittelalterliche Phantomzeit auf schwebenden Fundamenten«; in *Gegenwart*, Innsbruck (29) 7
- (1996 d): »Roms ›frühmittelalterliche‹ Kirchen und Mosaike. Eine Verschiebung und ihre Begründung«; in *Zeitensprünge* VIII (3) 302
- (1996 e): »Von der Karlslüge. Über die Fortsetzung einer wissenschaftlichen Debatte«; in *Zeitensprünge* VIII (3) 327
- (1996 f): »Flechtwerk und Ketzertum. Langobardische Notizen II«; in *Zeitensprünge* VIII (4) 448
- (1996 g): »Wie das letzte Aufgebot. Niveaulose Historiker bei der Mittelalterdebatte«; in *Zeitensprünge* VIII (4) 535
- (1997 a): »Ein Schwelbrand breitet sich aus. Zur Fortführung der Mittelalter-Debatte«; in *Zeitensprünge* IX (1) 125
- (1997 b): »Zur Abgrenzung der Phantomzeit. Eine Architekturübersicht von Istanbul bis Wieselburg«; in *Zeitensprünge* IX (1) 132
- (1997 c): »›Karolingische‹ Torhallen und das Christentum. Rings um Lorsch und Frauenchiemsee«; in *Zeitensprünge* IX (2) 239
- (1997 d): »Von Wenden und schrecklichen Visionen. Die Mittelalterdebatte wird umfassend«; in *Zeitensprünge* IX (2) 260
- (1997 e): »Arno Borst contra Ivan Illich«; in *Zeitensprünge* IX (3) 330
- (1997 f): »Sonnenwenden – Äquinoktien«; in *Zeitensprünge* IX (3) 344
- (1997 g): »Frieds Saat geht auf«; in *Zeitensprünge* IX (3) 359
- (1997 h): »Aachens Pfalzkapelle gerät in Bewegung. Ein Wendepunkt in der Mittelalterdebatte«; in *Zeitensprünge* IX (4) 657
- (1998 a): »Hauen und Stechen auf breiter Front. Wie ein Kampf ums frühe Mittelalter«; in *Zeitensprünge* X (1) 122

- (1998 b): »Wie gewonnen, so zerronnen. Zum Fortschritt im Frühen Mittelalter«; in *Zeitensprünge* X (2) 254
Irblich, Eva (1993): Karl der Große und die Wissenschaft; Ausstellung karolingischer Handschriften der Österreichischen Nationalbibliothek zum Europa-Jahr 1993, 9. 6. - 26. 10. 1993; Wien

Jankuhn, Herbert (1977): Einführung in die Siedlungsarchäologie; Berlin
Jantzen, Hans (1963): Ottonische Kunst; München (erstmals 1947)
Jarnut, Jörg (1982): Geschichte der Langobarden; Stuttgart
Jordan, Karl (1993): Heinrich der Löwe. Eine Biographie; München

Kahsnitz, Rainer (1991): »Ein Bildnis der Theophanu? Zur Tradition der Münz- und Medaillon-Bildnisse in der karolingischen und ottonischen Buchmalerei«; in: *Euw/Schreiner* 1991 b II 101
Kalckhoff, Andreas (1990^2): Karl der Große. Profile eines Herrschers; München
Kalokyris, Konstantin (1991): Theophano und die byzantinische Kunst; Köln
Kammeier, Wilhelm (1935): Die Fälschung der deutschen Geschichte; Leipzig
- (1979^2): Die Wahrheit über die Geschichte des Spätmittelalters; Wobbenbüll (erstmals 1936 - 1939)
Kapfhammer, Günther (1993): Sagenhafte Geschichte. Das Bild Karls des Großen durch die Jahrhunderte; München
Kartschoke, Dieter (1990): Geschichte der deutschen Literatur im frühen Mittelalter; München
Kasties, Bert (1996): »Hat Kaiser Karl etwa nie gelebt? Professor Kerner sprach – Erste ›Uni im Rathaus‹ war ein Riesenerfolg«; in *Aachener Nachrichten* vom 16. November 1996
Keller, Walter E. (1993): Der Karlsgraben; Treuchtlingen
Keller, Will (Hg. 1977): Aachen; (*Merian*) Hamburg
Kergall, Hervé (1990): Gotische Kathedralen und Kunstschätze in Frankreich; Eltville
Kerner, Max (1988): »Karl der Große – Persönlichkeit und Lebenswerk«; in: *Müllejans*, S. 13
Kienast, Walther (1990): Die fränkische Vasallität. Von den Hausmeiern bis zu Ludwig dem Kind und Karl dem Einfältigen; Frankfurt/M.
Kinder/Hilgemann siehe dtv
Klabes, Heribert (1997): Corvey. Eine karolingische Klostergründung an der Weser auf den Mauern einer römischen Civitas; Höxter
Klemm, Friedrich (1961): Der Beitrag des Mittelalters zur Entwicklung der abendländischen Technik; Wiesbaden
Kluge, Alexander (1997): »News & stories: Noch 300 Jahre bis 2000«; in *dctp* auf *SAT1*, Köln, am 28. Juli 1997
Klugmann, Ulrike (Hg. 1983): Aachen und die Eifel; Norderstedt
Knaurs Kulturführer in Farbe Deutschland (1976); München
Koch, Robert (1990): »Das archäologische Umfeld der Fossa Carolina«; in: *Kölner Jahrbuch für Vor- und Frühgeschichte* XXIII, 669
Koch, Robert/Leininger, Gerhard (1993): »Der Karlsgraben – Ergebnisse neuer Erkundungen«; in: *Strecker* 11

Koch, Wilfried (1988): Baustilkunde. Europäische Baukunst von der Antike bis zur Gegenwart; München

Kötzsche, Dietrich (1967): »Darstellungen Karls des Großen in der lokalen Verehrung des Mittelalters«; in: *Braunfels et al.* IV 157

Kottje, Raymund (1991): »Schreibstätten und Bibliotheken in Köln Ende des 10. Jahrhunderts«; in: *Euw/Schreiner* I 153

Kottmann, Albrecht (1971): Das Geheimnis romanischer Bauten. Maßverhältnisse in vorromanischen und romanischen Bauwerken; Stuttgart

– (1981): Fünftausend Jahre messen und bauen. Planungsverfahren und Maßeinheiten von der Vorzeit bis zum Ende des Barock; Stuttgart

– (1988): Uralte Verbindungen zwischen Mittelmeer und Amerika. Gleiche Maßeinheiten beidseits des Atlantiks; Stuttgart

Kozok, Maike/Kruse, Karl Bernhard (1993): »Zum Modell ›Hildesheim um 1022‹«; in: *Brandt* I 291

kra (1994): »Geschichte des Mittelalters. Scherzquellen«; in: *Frankfurter Allgemeine Zeitung* vom 26. 1. 1994

Kreusch, Felix (1965): »Kirche, Atrium und Portikus der Aachener Pfalz«; in: *Braunfels et al.* III 463

Kroeschell, Karl (1972): Deutsche Rechtsgeschichte bis 1250; Hamburg

Kronseder, Otto (1914[20]): W. Pregers Lehrbuch der Bayerischen Geschichte; Erlangen

Kubach, Hans Erich (1974): Architektur der Romanik; Stuttgart

– (1977): »Die Kirchenbaukunst der Stauferzeit in Deutschland«; in: *Haussherr (Hg.)* III 177

– (1986): Romanik; Stuttgart (Reihe *Weltgeschichte der Architektur*)

Kubach, Hans Erich/Haas, Walter (1972): Der Dom zu Speyer. Textband; München (Band 5 der *Kunstdenkmäler von Rheinland-Pfalz*)

Kuchenbach, Ludolf (1991): – [Zu W. Kienast ›Die fränkische Vasallität‹]; in: *Frankfurter Allgemeine Zeitung* vom 10. 7. 1991

Kunstmann, Heinrich (1982): Vorläufige Untersuchungen über den bairischen Bulgarenmord von 631/32; München

Kurowski, Franz (o. J.): Die Sachsen. Schwertgenossen Sahsnôtas; Herrsching

Langosch, Karl (1990): Mittellatein und Europa. Führung in die Hauptliteratur des Mittelalters; Darmstadt

Lecourt, R. et al. (1988): Glossarium artis. Band 6. Gewölbe · Voûtes · Vaults; München, s. Huber/Rieth

Legner, Anton (1972): Deutsche Bildwerke. Band 1 Mittelalter; Krefeld (Fotos A. Jaenicke)

Le Goff, Jacques (1988): Wucherzins und Höllenqualen. Ökonomie und Religion im Mittelalter; Stuttgart

– (1993): Die Intellektuellen im Mittelalter; München (erstmals 1957)

– (1994): Das alte Europa und die Welt der Moderne; München

Lehmann, Edgar (1967): »Die Architektur zur Zeit Karls des Großen«; in: *Braunfels et al.* III 301

Lejeune, Rita/Stiennon, Jacques (1967): »Le Heros Roland, ›Neveu de Charlemagne‹«; in: *Braunfels 1967*, 215

Lelarge, Günter (1998): »Stichwort: Hardouin, Jean. Vom Umgang mit Wissen und Wahrheit«; in *Zeitensprünge* X (1) 156

Lepie, Herta (1983): »Die ›Hofkirche‹ Karls des Großen«; in: *Klugmann (Hg.)* S. 10
Lepie, Herta/Minkenberg, Georg (1995): Die Schatzkammer des Aachener Domes; Aachen
Leyen, Friedrich von der (1954): Das Heldenliederbuch Karls des Großen. Bestand · Gehalt · Wirkung; München
Lill, Georg (1925): Deutsche Plastik; Berlin
Lincoln, Henry/Baigent Michael/Leigh, Richard (1984): Der Heilige Gral und seine Erben; Bergisch Gladbach
Lintzel, Martin (1935): »Karl der Große«; in: *Die großen Deutschen. Neue Deutsche Biographie*. Erster Band (Hg. Willy Andreas/Wilhelm von Scholz); Berlin
Löwe, Heinz (1989[10]): Deutschland im fränkischen Reich; München
Lohmeier, Georg (1980): Die Ahnen des Hauses Bayern. Die Geschichte der Wittelsbacher; München
Lohse, Gerhart (1967): »Das Nachleben Karls des Großen in der deutschen Literatur des Mittelalters«; in: *Braunfels et al.* IV 337
Lombard, Maurice (1992): Blütezeit des Islam. Eine Wirtschafts- und Kulturgeschichte 8.–11. Jahrhundert; Frankfurt/M. (franz. 1971)
Lotter, Friedrich (1993): »Die Juden zwischen Rhein und Elbe im Zeitalter Bernwards von Hildesheim«; in: *Brandt* I 225
Loyn, H. R. (Hg. 1989): The Middle Ages. A Concise Encyclopaedia; London
Luckhart, Jochen/Niehoff, Franz (Hg. 1995): Heinrich der Löwe und seine Zeit. Herrschaft und Repräsentation der Welfen 1125 - 1235. Katalog der Ausstellung Braunschweig, Band 1; München

M s. Molkenthin, Ralf
Maas, Walter (1984): Der Aachener Dom; Köln
Machiavelli, Niccolo (o. J., nach 1933): Geschichte von Florenz; Leipzig
Maier, Franz Georg (1968): Die Verwandlung der Mittelmeerwelt; Frankfurt/M.
Mango, Cyril (1980): Byzantium. The Empire of New Rome; New York
– (1985): Le développement urbain de Constantinople (IVe – VIIe siècles); Paris
– (1986): Byzanz; Stuttgart (Reihe *Weltgeschichte der Architektur*)
Mann, Albrecht (1965): »Großbauten vorkarlischer Zeit und aus der Epoche von Karl dem Großen bis zu Lothar I.«; in: *Braunfels et al.* III 320
Marchini, Giuseppe (1985): Das Baptisterium und der Dom in Florenz; Firenze
Martin, Paul C. (1996): »Hinweis auf ein merowingisches Manuskript«; in *Zeitensprünge* VIII (2) 191
Marx, Christoph (1996): »Der (bislang) letzte ›Große Ruck‹«; in *Zeitensprünge* VIII (3) 339
Maschke, Erich (1977): »Die deutschen Städte der Stauferzeit«; in: *Haussherr (Hg.)* III 59
Meckseper, Cord (1977): »Städtebau«; in: *Haussherr (Hg.)* III 75
Meier, Christian (1989): Die Welt der Geschichte und die Provinz des Historikers; Berlin

Melchers, Erna und Hans (1977): Das große Buch der Heiligen; München

Mende, Ursula (1983): Die Bronzetüren des Mittelalters 800-1200; München

Merkel, Kerstin (1993): »Die Antikenrezeption der sogenannten Lorscher Torhalle«; in Theo Jülich (1993): *Kloster Lorsch*. Berichtsband zum interdisziplinären Symposium am 12. und 13. November 1991 im Hessischen Landesmuseum Darmstadt; Darmstadt (Schriften der Hessischen Museen), S. 23-42

Messerer, Wilhelm (1973): Karolingische Kunst; Köln

Meulen, Jan van der/ Hohmeyer, Jürgen (1984): Chartres. Biographie der Kathedrale; Köln

Meulen, Jan van der/Speer, Andreas (1988): Die fränkische Königsabtei Saint-Denis. Ostanlage und Kultgeschichte; Darmstadt (im Text mit M/S abgekürzt)

Molkenthin, Ralf (1998): »Die Fossa Carolina«; in *Technikgeschichte* Bd. 65 (1) 1

M/S siehe Meulen, J. v. d./ Speer, A.

Mucke, Hermann (1992): – [Persönliche Auskunft durch das ›Astronomische Büro‹ Wien, vom 18. 5. 92]

Mühlbacher, Engelbert (o. J., ≈1980): Deutsche Geschichte unter den Karolingern; 2 Bände; Essen (erstmals 1896; Zitate nur aus dem ersten Band)

Müllejans, Hans (Hg. 1988): Karl der Große und sein Schrein in Aachen. Eine Festschrift; Aachen

Müller, Angelika (1992): »Karl der Große und Harun al-Raschid. Kulturaustausch zwischen zwei großen Herrschern?«; in: *Vorzeit–Frühzeit–Gegenwart* IV (4) 104

– (1996): »Die Geburt der Paläographie«; in *Zeitensprünge* VIII (4) 525

– (1997): »Wer sind die Heiligen Georg und Michael?«; in *Zeitensprünge* IX (3) 369

Müller, Heribert (1991): »Die Kölner Erzbischöfe von Bruno I. bis Hermann II. (953-1056)«; in: *Euw/Schreiner* 1991 b I 15

Mütherich, Florentine (1973): »Malerei«; in: *Grodecki et al.* 87

– (1979): Karolingische Buchmalerei; München

Mummenhoff, W. (1937): Regesten der Reichsstadt Aachen, einschließlich des Aachener Reiches und der Reichsabtei Burscheid. Erster Band 1251 bis 1300; Köln

Nau, Elisabeth (1977): »Münzen und Geld in der Stauferzeit«; in: *Haussherr (Hg.)* III 87

Neeracher, Otto (1967): Florenz; Basel

Nette, Herbert (1992): Friedrich II. von Hohenstaufen; Reinbek (erstmals 1975)

Neuheuser, Hanns P. (1967): »Der Kölner Dom unter Erzbischof Bruno«, in: *Braunfels* IV

Newton, Robert R. (1972): Medieval chronicles and the rotation of the earth; Baltimore

Nickles, Michael (1991): »Blick ins Unendliche« [Elektronische Planetarien im PC]; in: *DOS International* 12 '91 S. 436

Niemitz, Hans-Ulrich (1991 a): »Fälschungen im Mittelalter«; in: *Vorzeit–Frühzeit–Gegenwart* III (1) 21
- (1991 b): »Hat das dunkle Mittelalter nie existiert?« [Mitautor H. Illig]; in: *Vorzeit–Frühzeit–Gegenwart* III (1) 36
- (1991 c): »Kammeier, kritisch gewürdigt«; in: *Vorzeit–Frühzeit–Gegenwart* III (3) 92
- (1992): »Archäologie und Kontinuität. Gab es Städte zwischen Spätantike und Mittelalter?«; in: *Vorzeit–Frühzeit–Gegenwart* IV (3) 55
- (1993): »Eine frühmittelalterliche Phantomzeit – nachgewiesen in Frankfurter Stratigraphien«; in: *Vorzeit–Frühzeit–Gegenwart* V (3 - 4) III
- (1995): »Die ›magic dates‹ und ›secret procedures‹ der Dendrochronologie«; in: *Zeitensprünge* VII (3) 291

Nitschke, August (1963): »Frühe christliche Reiche«; in: *Propyläen Weltgeschichte 5. Band Islam · Die Entstehung Europas*; Berlin, S. 273

Nordenfalk, Carl (1977): Insulare Buchmalerei. Illuminierte Handschriften der Britischen Inseln 600 - 800; München

Ohler, Norbert (1991): Reisen im Mittelalter; München
Ohorn, Falk (1992): »Ein gewollter Zufall bringt Reichtum. Im Jahr 1392 bilden Machtpolitik und Religion eine unheilige, aber einträgliche Allianz«; in: *Münchner Stadtanzeiger* der *Süddeutschen Zeitung* vom 23. 7. 1992, S. 16
Opll, Ferdinand (1990): Friedrich Barbarossa; Darmstadt
Ortega y Gasset, José (1992): Die Schrecken des Jahres Eintausend. Kritik an einer Legende; Leipzig (erstmals 1904)
Oxenstierna, Eric (1979): Die Wikinger; Köln

Panofsky, Erwin (1990): Die Renaissancen der europäischen Kunst; Frankfurt/M. (engl. 1960)
Papaioannu, Kostas (1966): Byzantinische und Russische Malerei; Lausanne
Papke, Werner (1995): Das Zeichen des Messias. Ein Wissenschaftler identifiziert den Stern von Bethlehem; Bielefeld
Parisse, Michel (1993): »Bernward in Frankreich (1007)«; in: *Brandt* I 133
Patzelt, Edwin (1982): »Der Karlsgraben«; in: *Altes Südfranken* 1/1982, S. 1
Pecher, Wolf D. (1993): Der Karlsgraben; Treuchtlingen
Pedersen, Olaf (1983): »The Ecclesiastical Calendar and the Life of the Church«; in: *Coyne et al.* 1983, 17
Perels, Ernst (1931): Zum Kaisertum Karls des Großen in mittelalterlichen Geschichtsquellen; Sonderausgabe aus den Sitzungsberichten der preussischen Akademie der Wissenschaften Phil.-Hist. Klasse. 1931. XVI; Berlin
Pernoud, Régine (1979): Überflüssiges Mittelalter? Plädoyer für eine verkannte Epoche; Zürich
Pertz, Georg Heinrich (Hg. 1963): »Annales Laurissenses et Einhardi«; in: *Monumenta Germaniae Historica* I 214; Stuttgart (erstmals 1826)
Peterich, Eckart (1958): Italien. Ein Führer. Erster Band; München
Petrikovits, Harald von (1959): »Das Fortleben römischer Städte an Rhein und Donau im frühen Mittelalter«; in: *Jahrbuch des Römisch-Germanischen Zentralmuseums Mainz*; Mainz

Pfeil, Sigurt Graf von (1967): »Karl der Große in der deutschen Sage«; in: *Braunfels et al.* IV 326

Pichard, Joseph (1966): Die Malerei der Romanik; Lausanne

Pippke, Walter/Pallhuber, Ida (1989⁴): Gardasee, Verona, Trentino; Köln

Pirenne, Henri (1963²): Mahomet und Karl der Große. Untergang der Antike am Mittelmeer und Aufstieg des germanischen Mittelalters; Frankfurt (franz. 1936)

– (1986⁶) Sozial- und Wirtschaftsgeschichte Europas im Mittelalter; Tübingen (erstmals 1933)

Pirenne, Jacques (1945): Die großen Strömungen in der Weltgeschichte von der Antike bis zum Abschluß des Zweiten Weltkrieges. Band II; Bern

Pitz, Ernst (1991): Europäisches Städtewesen und Bürgertum. Von der Spätantike bis zum hohen Mittelalter; Darmstadt

Pörtner, Rudolf (1964): Die Erben Roms. Städte und Stätten des deutschen Früh-Mittelalters; Berlin

– (1967): Das Römerreich der Deutschen. Städte und Stätten des deutschen Mittelalters; Berlin

– (1971): Die Wikinger-Saga; Gütersloh

Pokorny, Rudolf (1993): »Reichsbischof, Kirchenrecht und Diözesenverwaltung um das Jahr 1000«; in: *Brandt* I 113

Poll, Bernhard (1965²): Geschichte Aachens in Daten; Aachen

Porcher, Jean (1969): »Die Bilderhandschriften«; in: *Hubert et al.* S. 69

Precht, Gundolf (1987): Über die Straße. Xantener Straßen im Wandel der Geschichte; Köln

Preuss, Sebastian (1991): »Römer sucht Griechin. Byzanz und das lateinische Mittelalter – eine Kölner Tagung«; in: *Frankfurter Allgemeine Zeitung* vom 10. 7. 1991; S. N3

Prinz, Friedrich (1965): »Schenkungen und Privilegien Karls des Großen«, in: *Braunfels et al.* I 488

– (1988²): Frühes Mönchtum im Frankenreich. Kultur und Gesellschaft in Gallien, den Rheinlanden und Bayern am Beispiel der monastischen Entwicklung (4. bis 8. Jahrhundert); München

Prinz, Friedrich (1993²): Grundlagen und Anfänge. Deutschland bis 1056; München

Prokop von Caesarea (1977): Bauten. 6 Bücher; München (entstanden um 555)

Purlitz, Friedrich (Hg. ≈ 1910): Leben Kaiser Karls des Großen von Einhard; Übersetzung und Kommentierung; Leipzig – Wien

Quirin, Heinz (1991⁵): Einführung in das Studium der mittelalterlichen Geschichte; Stuttgart

R siehe Rempel, Hans

Rade, Claus Dieter (1997): »Gedanken zu ›geschichtlichen‹ Größen Indiens und zugleich eine Besprechung von J. Bernhards *Yestermorrow*«; in *Zeitensprünge* IX (1) 118

– (1998): »Indonesiens mittelalterliche Chronologielücken«; in *Zeitensprünge* X (2) 276

Randa, Alexander (Hg. 1954): Handbuch der Weltgeschichte. Zweiter Band; Olten

Ranke, Leopold von (1938): Weltgeschichte; Berlin (Auswahl; erstmals 1880–85)
Reichsannalen siehe S. Abel, Einhards Jahrbücher und G. H. Pertz
Rempel, Hans (1989): Die Rolandstatuen. Herkunft und geschichtliche Wandlung; Darmstadt
Reynolds, Susan (1994): Fiefs and Vassals. The Medieval Evidence Reinterpreted; Oxford
Riché, Pierre (1981): Die Welt der Karolinger; Stuttgart
Ripota, Peter (1994): »Auf der Suche nach der Seele: Magie«; in: *P. M.* 2/94, S. 22
Ritthaler, Anton (1965): – [Anmerkungen zur Einhard-Notker-Ausgabe]; München
Rösch, Siegfried (1977): Caroli Magni Progenies. Pars 1; Neustadt/Aisch
Roth, Cecil/Levine, I. H. (Hg. 1966): The Dark Ages. Jews in Christian Europe 711–1096; Band 11 der *World History of the Jewish People*; London
Roth, Helmut/Wamers, Egon (Hg. 1984): Hessen im Frühmittelalter. Archäologie und Kunst; Sigmaringen
Rother, Franz (1976): Jugoslawien. Kunst · Geschichte · Landschaft; Köln
Rudolph, Conrad (1990): Artistic Change at St-Denis. Abbot Suger's Program and the Early Twelfth Century Controversy over Art; Princeton
Rück, Peter (1991): »Die Urkunde als Kunstwerk«; in: *Euw/Schreiner* 1991 b II 311
Rupprecht, Bernhard (1984²): Romanische Skulptur in Frankreich; München (Aufnahmen von Max und Albert Hirmer)

Sage, Walter (1965): »Zur archäologischen Untersuchung karolingischer Pfalzen in Deutschland«; in: *Braunfels et. al.* III 323
Salvini, Roberto (1982): Toskana. Unbekannte romanische Kirchen; München
Sandauer, Heinz (1978): Geschichte – gelenkt von den Sternen. Eine astrologische Analyse des Abendlandes; Salzburg
Sauerländer, Willibald (1972): »Die Skulptur des 11. bis 13. Jahrhunderts«; in: *Bayern · Kunst und Kultur*, Ausstellungskatalog; München, S. 43
Schäfke, Werner (1984³): Frankreichs gotische Kathedralen; Köln
Schapiro, M. (1963): »A Relief in Rodez and the Beginnings of Romanesque Sculpture in Southern France«; in: *Studies in Western Art. Acts of the twentieth international Congress of the History of Art.* II Princeton; New Jersey, S. 40
Schedel, Hartmann (1933): Buch der Chroniken und Geschichten; Leipzig (Reprint der Ausgabe 1493, Nürnberg)
Schieffer, Rudolf (1992): Die Karolinger; Stuttgart
– (1997): »Ein Mittelalter ohne Karl den Großen, oder: Die Antworten sind jetzt einfach«; in *Geschichte in Wissenschaft und Unterricht;* Seelze, 10/97, 611 - 617
Schindler, Herbert (1963): Große Bayerische Kunstgeschichte. Band I: Frühzeit und Mittelalter; München
Schleifring, Joachim H./Koch, Wilfried Maria (1988): »Rekognoszierung der Gebeine Karls des Großen im Dom zu Aachen«; in: *Archäologie im Rheinland*, S. 101

Schmale, Franz-Josef (1985): Funktion und Formen mittelalterlicher Geschichtsschreibung. Eine Einführung; Darmstadt
Schmid, Heinz Dieter (1981⁶): Fragen an die Geschichte. Band 2: Die europäische Christenheit; Frankfurt/Main
Schmitz, Gerhard (1988): »Die Waffe der Fälschung zum Schutz der Bedrängten«; in: *Fälschungen* II 79
Schmitz-Cliever-Lepie, Gertrud (1986⁵): Die Domschatzkammer zu Aachen; Aachen
Schneider, Reinhard (1990²): Das Frankenreich; München
Schnitzler, Hermann (1950): Der Dom zu Aachen; Düsseldorf
Schramm, Percy Ernst (1973²): Die zeitgenössischen Bildnisse Karls des Großen; Leipzig (erstmals 1928)
– (1975³): Kaiser, Rom und Renovatio. Studien zur Geschichte des römischen Erneuerungsgedankens vom Ende des karolingischen Reiches bis zum Investiturstreit; Darmstadt (erstmals 1929)
Schreiber, Hermann (1965): – [Nachwort zur Einhard-Notker-Ausgabe]; München
Schreiner, Klaus (1977): »Die Staufer in Sage, Legende und Prophetie«; in: *Haussherr (Hg.)* III 249
Schreiner, Peter (1991): »Die byzantinische Geisteswelt vom 9. bis zum 11. Jahrhundert«; in: *Euw/Schreiner* 1991 b II 9
Schrott, Ludwig (1967): Die Herrscher Bayerns. Vom ersten Herzog bis zum letzten König; München
Schubert, Ernst (1993): »Das Reichsepiskopat«; in: *Brandt* I 93
Schümer, Dirk (1992): »Skylla und Skulptur. Ein karolingischer Fund im Kloster Corvey«; in: *Frankfurter Allgemeine Zeitung* vom 24. 12. 1992
– (1993): »Biologische Detektivarbeit. Bericht über die Forschungen mit dem Reflekto- und dem Farbspektrometer von Doris Oltrogge und Robert Fuchs in Köln«; in: *Frankfurter Allgemeine Zeitung* vom 24. 3. 1993
Schütz, Bernhard (1989): Romanik. Die Kirchen der Kaiser, Bischöfe und Klöster; Freiburg/Breisgau (Fotos von Wolfgang Müller)
Schütz, Michael (1992): – [Persönliche Mitteilung zum Merkurproblem]; Tübingen
Schuffels, Hans Jacob (1993): »Bernward von Hildesheim. Eine biographische Skizze«; in: *Brandt* I 29
Schuller, Manfred (1989): »Bauforschung«; in: *Peter Morsbach*: Der Dom zu Regensburg. Ausgrabung · Restaurierung · Forschung; München, S. 168
Schulz, Matthias (1998): »Schwindel im Skriptorium«; in *Der Spiegel* (29) 148 vom 13. Juli 1998
Schulze-Dörlamm, Mechthild (1991): Die Kaiserkrone Konrads II. (1024 bis 1039). Eine archäologische Untersuchung zu Alter und Herkunft der Reichskrone; Sigmaringen
Seibt, Ferdinand (1992²): Glanz und Elend des Mittelalters. Eine endliche Geschichte; Berlin
Seiler, Emanuel (1905): Die Mönchsfabel von der Fossa Carolina; Nürnberg
Sellner, Albert Christian (1993): Immerwährender Heiligenkalender; Frankfurt/Main

Shukow, J. M. (1963): Weltgeschichte in zehn Bänden. Band 3; Ost-Berlin
Siepe, Franz (1998): »Heidentum und Christentum. Chronologische Friktionen in mittelalterlicher Sakralkunst«; in *Zeitensprünge* X (1) 66
Siepe, Franz/Siepe, Ursula (1998): »Wußte Ghiberti von der ›Phantomzeit‹? Beobachtungen zur Geschichtsschreibung der frühen Renaissance«; in *Zeitensprünge* X (2) 305
Simek, Rudolf (1992): Erde und Kosmos im Mittelalter. Das Weltbild vor Kolumbus; München
Simmering, Klaus (1997): »300 Jahre erstunken und erlogen? Über Zweifel an unserer Zeitrechnung«; in *MDR TV* (Mitteldeutscher Rundfunk) am 19. Februar 1997
Simson, Otto von (1972²): Die gotische Kathedrale. Beiträge zu ihrer Entstehung und Bedeutung; Darmstadt
Smyth, Alfred P. (1995): King Alfred the Great; Oxford
Spengler, Oswald (1963): Der Untergang des Abendlandes. Umrisse einer Morphologie der Weltgeschichte; München (erstmals 1922)
Stamm, Otto (1962): Spätrömische und frühmittelalterliche Keramik der Altstadt Frankfurt am Main; Frankfurt/Main (*Schriften des Frankfurter Museums für Vor- und Frühgeschichte*)
Stein, Frauke (1967): Adelsgräber des 8. Jahrhunderts in Deutschland. Text und Tafelwerk; Berlin (*Germanische Denkmäler der Völkerwanderungszeit*. Serie A Band IX)
Stein, Werner (1987): Der große Kulturfahrplan; München
Steinen, Wolfram von den (1967²): Der Kosmos des Mittelalters. Von Karl dem Großen zu Bernhard von Clairvaux; Bern
Stephany, E. (1983³⁰): Der Dom zu Aachen; Aachen
Straub, Hans (1992): Die Geschichte der Bauingenieurkunst; Basel (Hg. P. Zimmermann)
Strecker, Gerhard (Hg. 1993): »Fossa Carolina – 1200 Jahre Karlsgraben«; Sonderdruck von *bau intern. Zeitschrift der Bayerischen Staatsbauverwaltung für Hochbau, Städtebau, Straßen- und Brückenbau, Eisenbahnwesen und Wasserwirtschaft*; München
Strobel, Richard (1972): »Vorromanische und romanische Architektur; in: Bayern · Kunst und Kultur, Ausstellungskatalog; München, S. 39
Sturdy, David (1995): Alfred the Great; London
Sullivan, Edward (1992): The Book of Kells; London (erstmals 1920)
Sydow, Jürgen (1987): Städte im deutschen Südwesten. Ihre Geschichte von der Römerzeit bis zur Gegenwart; Stuttgart

Tagliaferri, Amelio (1992): Cividale del Friuli. Introduzione e guida ai monumenti e all'arte della città ducale; Fiume Veneto
Taralon, Jean (1973): »Die Kleinkunst«; in: *Grodecki et al.* 259
Tellenbach, Gerd (1956): »Europa im Zeitalter der Karolinger«; in *Historia Mundi 5. Band Frühes Mittelalter* (Hg. Fritz Kern); Bern, S. 393
Thieß, Frank (1992): Die griechischen Kaiser. Die Geburt Europas; Augsburg (erstmals 1959)
Thode, Dierk (1975): Untersuchungen zur Lastabtragung in spätantiken Kuppelbauten; Darmstadt

Topper, Uwe (1994 a): »Die Siebenschläfer von Ephesos. Eine Legende und ihre Auswirkungen«; in: *Vorzeit–Frühzeit–Gegenwart* VI (1) 40

Topper, Uwe (1994 b): »Zur Chronologie der islamischen Randgebiete. Drei Betrachtungen«; in: *Vorzeit–Frühzeit–Gegenwart* VI (3) 50

– (1995): »Entstehung des Slawentums. Zeitraffung bei der Slawengenese«; in: *Zeitensprünge* VII (4) 461

– (1996 a): »Wer hat eigentlich die Germanen erfunden?«; in: *Zeitensprünge* VIII (2) 169

– (1996 b): »Hinweise zur Neuordnung der Chronologie Indiens«; in *Zeitensprünge* VIII (4) 436

– (1998): »Chinas Geschichtsschreibung. Prüfstein für oder gegen Illigs Mittelalterkürzungsthese?«; in *Zeitensprünge* X (2) 259

Trees, Wolfgang (1993): »Trotz aller Tricks: Karl der Große ›lebt‹ weiter«; Leserbrief in: *Aachener Volkszeitung* vom 11. 9. 1993

Verbeek, Albert (1967): »Die architektonische Nachfolge der Aachener Pfalzkapelle«; in: *Braunfels et al.* IV 113

Verscharen, Franz-Josef (1991): »Köln im Zeitalter der Ottonen«; in: *Euw/Schreiner* 1991 b I 71

Verzone, Paolo (1979): Werdendes Abendland; Baden-Baden

Volbach, W. Fritz (1969): »Skulptur und Kunstgewerbe«; in: *Hubert et al.* 209

Wahl, Rudolph (1948): Karl der Große. Eine Historie; München (erstmals 1934)

– (1954²): Die Deutschen. Eine Historie; München

– (1957): Das Mittelalter endet erst jetzt; Düsseldorf

Wallmann, Hermann (1994): »Gegenläufer, in Richtung Behringstraße. Uchronie oder ›Was wäre gewesen, wenn ...‹: die anderen Möglichkeiten der Geschichte«; in: *Süddeutsche Zeitung*, München, vom 8. 1. 1994

Wattenbach, Wilhelm/Dümmler, E./Huf, Franz (1991⁸): Deutschlands Geschichtsquellen im Mittelalter. Frühzeit und Karolinger; Essen (2 Bände; 1888⁷, erstmals 1858)

Waurick, Götz (Hg. 1992): Das Reich der Salier 1024–1125, Katalog zur Ausstellung des Landes Rheinland-Pfalz; Sigmaringen

Wehling, Ulrike (1995): Die Mosaiken im Aachener Münster und ihre Vorstufen; Köln

Wehrli, Christoph (1982): Mittelalterliche Überlieferungen von Dagobert I.; Bern–Frankfurt/M.

Weissgerber, Klaus (1998): »Zur Phantomzeit in Thüringen. Schriftquellen und archäologischer Befund«; i. V.

Weisweiler, Hermann (1981): Das Geheimnis Karls des Großen. Astronomie in Stein: Der Aachener Dom; München

Werner, Karl Ferdinand (1967): »Die Nachkommen Karls des Großen bis um das Jahr 1000 (1.-8. Generation)«; in: *Braunfels et al.* IV 403

– (1995): Die Ursprünge Frankreichs bis zum Jahr 1000; München (franz. 1984)

Westermann-Angerhausen, Hiltrud (1991): »Spuren der Theophanu in der ottonischen Schatzkunst?«; in: *Euw/Schreiner* 1991 b II 193

Weyres, Willy (1965): »Der karolingische Dom zu Köln«; in: *Braunfels et al.* III 384

White, Lynn jr. (1963): Medieval Technology and Social Change; Oxford
- (1968): Die mittelalterliche Technik und der Wandel der Gesellschaft; München

Widukind von Corvey (1990²): Sächsische Geschichte; Essen (erstmals um 967)

Wies, Ernst W. (1986): Karl der Große. Kaiser und Heiliger; Esslingen

Wigand, Marion (1995): »300 Jahre erstunken und erlogen. Kaiser Karl den Großen hat es nie gegeben, behaupten zwei Historiker«; in: *Tageszeitung (taz)*, Berlin, vom 11. 9. 1995

Will, Robert (1982²): Romanisches Elsaß; Würzburg

Wilson, David M. (1984): Anglo-Saxon Art from the Seventh Century to the Norman Conquest; London

Winterfeld, Dethard von (1993): Die Kaiserdome Speyer, Mainz, Worms und ihr romanisches Umland; Würzburg

Wisplinghoff, Erich (1988): »Zur Methode der Privaturkundenkritik«; in: *Fälschungen* III 53-67

Witthöft, Harald (1994): »Münze, Maß und Gewicht im Frankfurter Kapitular«; in: *Fried* 1994, 124

Wolff, Arnold (Hg. 1996): *Die Domgrabung Köln. Altertum – Frühmittelalter – Mittelalter.* Kolloquium zur Baugeschichte und Archäologie 14. - 17. März 1984 in Köln. Vorträge und Diskussionen; Köln

Wolff, Gerta (1993⁴): Das Römisch-Germanische Köln; Köln

Wollschläger, Hans (1973). Die bewaffneten Wallfahrten gen Jerusalem; Zürich

Worrall, Simon (1990): »Der heilige Comic Strip«; in: *Merian Irland*; Hamburg, S. 70

Zastrow, Oleg (1981³): Scultura carolingia e romanica nel Comasco; Como

Zeller, Manfred (1991): »Deutsche Literatur im Mittelalter. Zu ihrer Entwicklung«; in: *Vorzeit–Frühzeit–Gegenwart* IV (3) 63
- (1993): »Die Steppenvölker Südost-Europas in der Spätantike und im Mittelalter«; in: *Vorzeit–Frühzeit-Gegenwart* V (1) 55
- (1994): »Zentralasien im frühen Mittelalter. Auswirkungen der Rekonstruktion bis nach China«; in: *Vorzeit–Frühzeit–Gegenwart* VI (3) 72
- (1996 a): »Die Landnahme der Ungarn in Pannonien. 895 findet dasselbe statt wie 598«; in: *Zeitensprünge* VIII (2) 186
- (1996 b): »Die Nordwestslawen im Frühmittelalter«; in *Zeitensprünge* VIII (4) 499

Zimmermann, Harald (1971): Das dunkle Jahrhundert. Ein historisches Porträt; Graz

Zotz, Thomas (1993): »Goslar – Silberbergbau und frühe Pfalz«; in *Brandt* I 241

Abbildungsverzeichnis

15	*Abb.* 1	Stuckfigur Karls des Großen
26	*Abb.* 2	Bau-Anachronismen I
29	*Abb.* 3	Kuppeln
31	*Abb.* 4	Römische und byzantinische Kuppeln und ihre Bautechnik
39	*Abb.* 5	Stammbaum der Karolinger
45	*Abb.* 6	Die Kaiser Karl und Otto III.
53	*Abb.* 7	Itinerar: Karls Reisen und Feldzüge
57	*Abb.* 8	Karolingische Minuskel
65	*Abb.* 9	Minuskel: Textbeispiele
75	*Abb.* 10	Majestas Domini aus dem »Godescalc-Evangelistar«
105	*Abb.* 11	Karlsgraben bei Treuchtlingen
117	*Abb.* 12	Reiterei mit und ohne Steigbügel
119	*Abb.* 13	Reiterei mit Steigbügel
121	*Abb.* 14	Karls Reich: Karte von 1945
123	*Abb.* 15	Karls Reich: Karte von 1954
129	*Abb.* 16	Karls Reich: Karte von 1956
131	*Abb.* 17	Merowingerreich um 561
135	*Abb.* 18	Preziosen in Karls Umkreis I
145	*Abb.* 19	Proto-Kirchenstaat
159	*Abb.* 20	Wikingerzüge von 793 bis 12. Jahrhundert
189	*Abb.* 21	Preziosen in Karls Umkreis II
191	*Abb.* 22	Preziosen in Karls Umkreis III
193	*Abb.* 23	Preziosen in Karls Umkreis IV
197	*Abb.* 24	Reiterstatuette
199	*Abb.* 25	Frühe Plastik
203	*Abb.* 26	Aachener Pfalzkapelle: Blick vom Karlsthron
206	*Abb.* 27	Karolingische Großbauten (768 – 850)
207	*Abb.* 28	Ottonische Großbauten (919 – 1024)
209	*Abb.* 29	Ingelheim: Karolingerpfalz mit/ohne Kirche
209	*Abb.* 30	Aachener Pfalzkapelle: Thronsitz
211	*Abb.* 31	Gewölbeformen
211	*Abb.* 32	Gewölbeevolution zwei Jahrhunderte nach Aachen, I
215	*Abb.* 33	Gewölbeevolution zwei Jahrhunderte nach Aachen, II
219	*Abb.* 34	Gewölbe- und Bauevolution zwei bis drei Jahrhunderte nach Aachen, III
221	*Abb.* 35	Aachener Pfalz
223	*Abb.* 36	Vorbilder der Aachener Pfalzkapelle
225	*Abb.* 37	Bau-Anachronismen II
227	*Abb.* 38	Bau-Anachronismen III
231	*Abb.* 39	Bau-Anachronismen IV
233	*Abb.* 40	Bau-Anachronismen V
236	*Abb.* 41	Bau-Anachronismen VI
237	*Abb.* 42	Bau-Anachronismen VII
239	*Abb.* 43	Bau-Anachronismen VIII
241	*Abb.* 44	Bau-Anachronismen IX
244	*Abb.* 45	Bau-Anachronismen X

245 *Abb. 46* Bau-Anachronismen XI
247 *Abb. 47* Bau-Anachronismen XII
253 *Abb. 48* Aachener Pfalzkapelle: Querschnitt
257 *Abb. 49* Bau-Anachronismen XIII
263 *Abb. 50* Bau-Anachronismen XIV
267 *Abb. 51* Bau-Anachronismen XV
269 *Abb. 52* Bau-Anachronismen XVI
271 *Abb. 53* Bau-Anachronismen XVII
273 *Abb. 54* Bau-Anachronismen XVIII
275 *Abb. 55* Bau-Anachronismen XIX
277 *Abb. 56* Bau-Anachronismen XX
279 *Abb. 57* Bau-Anachronismen XXI
281 *Abb. 58* Bau-Anachronismen XXII
285 *Abb. 59* Bau-Anachronismen XXIII
291 *Abb. 60* ›Unbekannte Großbauten‹
299 *Abb. 61* Würfelkapitelle
299 *Abb. 62* Lorsch, Torhalle
307 *Abb. 63* Utrecht-Psalter
321 *Abb. 64* Insulare Buchmalerei
325 *Abb. 65* Karolingische Fresken
335 *Abb. 66* Stammbaum der Ottonen und Salier
337 *Abb. 67* Stammbaum der Staufer und Welfen
347 *Abb. 68* Glas- und Buchmalerei
353 *Abb. 69* Saint-Denis, Paris
355 *Abb. 70* Romanische Fassaden
379 *Abb. 71* Roland von Halberstadt
379 *Abb. 72* Trinklied des Archipoeta
385 *Abb. 73* Die karolingischen Herrscher, Prümer Einband

Sachregister

Aachen 22, 24, 32, 44, 50, 71, 75, 81, 112, 152, 165, 174, 185, 188, 196, 205, 213, 216, 220, 222-305, 331
  Dom siehe A. Pfalzkapelle
  Domhof 24, 33
  Domschatz 188, 194
  Hofschule 73, 308, 318
  Kaiserpfalz 248
  Kaiserthron 204
  Karlsschrein 338, 375
  Königshalle (Aula) 177, 280, 303
  Konzil 45
  Lokalgeschichte 293
  Marienkapelle 302
  Maß-Urmuster 176
  Palastschule 70
  Reliquienkult 332, 397
  Reliquienschatz 332, 397
  Schatzkammer 190
  Stadtsiegel 338
  Stadtwappen 152
  Stiftsarchiv 294
  Tierpark 338
Aachener Pfalzkapelle 24, 26, 35, 44, 46, 48, 75, 80, 112, 177, 185, 192, 203 f., 209 f., 222-305, 332, 336, 394 ff.
  Anbauten 232, 300
  Atrium 280
  Bronzearbeiten 283-286
  Bronzetür 283, 285 f., 296
  Doppelkapelle 276 f., 297
  Eingangsnische 286
  Emporengewölbe 225, 228
  Fensterlaibung 247, 253 f., 296
  Glocke 261, 296
  Goldmosaik 25, 28, 259
  Gräber 44 f., 287, 306, 396
  Kämpfer 247, 253 f.
  Kernbau 259 f.
  Klostergewölbe 25, 254
  Kopien 234, 240, 274
  Kreuzgratgewölbe 250, 254
  Kreuzpfeiler 251 f., 296
  Kuppel 25, 28, 32, 47, 216, 222, 240, 250, 255 f., 259 f., 297, 394 f.
  Kuppelmosaik 259 f.
  Lichtführung 25
  Maßsystem 246, 286, 296, 396
  Mauerwerk 247, 249 ff., 395
  Nachfolgebauten 270-277
  Oktogon 24, 228 f., 232, 234, 240, 246, 248, 251, 256, 260, 270, 274, 280, 297 f.
  Oktogongewölbe 24-28, 33, 222, 395 f.
  Pilaster 296
  Pinienzapfen 283, 286
  Ringanker 229, 255-258
  Ringtonne 229, 278, 280, 297 f.
  Säulengitter 238, 242, 278 f., 281
  Schildbogen 228, 232, 254, 297
  Schneckengewölbe 227, 229, 254
  Schrägtonnen 228
  Strebesystem 232, 234, 254, 260, 297 f.
  Thron 203 ff., 209
  Tonnengewölbe 228 f., 254
  Treppe 230
  Türsturz, offener 247, 254, 296
  Vertikalität 240, 297
  Vierungsgewölbe 258
  Wandauflösung 243 ff.
  Wandgliederung 242, 296
  Westwerk 228, 232, 262, 264 f., 269, 297
  Widerlagsystem 234
  Zentralbautyp 282
Abodriten 115
Ada-Gruppe 306, 315
Admonitio generalis 55
Agilofinger 136
Agrarreform 177, 179
Alemannen 157
Alexander 141 f.
Amalfi 284

Analphabetentum 52
Angelsachsen 73
Annales Fuldenses 176
Annolied 61, 67
Ansippung 140
Antichrist 90
Apokalyptik 25, 89 f., 388
Apothekengarten 52, 339
Apothekerordnung 339
Aquisgrani 304
Araber 18, 91, 103 f., 124 f., 158, 375, 386, 389
Aratus-Codex 312
Archäologie 47, 104 f., 109, 115, 118, 120, 153 ff., 158, 160, 163 f., 180 f., 208, 210, 212 f., 292, 295 f., 329, 357, 399 f., 400, 408
Architektur 24-34, 48, 156, 205-290, 296-305, 349-364, 394 ff., 400, 408
Arianismus 387
Arles 153
  Synode 122
Arras, Skriptorium 312
Assisi 184
Astronomie 91-100, 398 ff.
Atrani 284
Attigny, Pfalz 130, 208
Augsburg 283
  Dom 75, 283
Auxerre, Saint-Germain 328
Awaren 81, 103 f., 116, 120, 136 f., 165

Bagdad 82, 124, 153, 173
Baiern 41, 115, 120, 128, 131, 136
Bauarchäologie 354
Baukunst, germanische 32
Bauplastik 198, 204, 282
Bayeux, Teppich von 118
Beauvais, Saint-Lucien 235
Befestigungskrönung 44
Beikrönung 42, 44
Benevent 122, 127, 284
Bethlehem, Geburtskirche 279 f.
Bevölkerungsaufschwung 154
Beziehungen, diplomatische 124, 127
Bibelmanuskripte, illustrierte 315

Bilderstreit 346
Bildsäule 381
Bildungsreform 56, 70
Bischofskapitularien 81
Bistumsordnung, deutsche 80
Bleisiegel, gefälschtes 266
Bodman, Pfalz 210
Book of Armagh 327
Book of Kells 313, 321, 323 f., 326
Book of Lindisfarne 313, 321, 323 f.
Bremen 110, 383, 385 f.
Bretagne 124, 127 f., 131
Briefgutachten 81
Broich (Mülheim), Pfalz 210
Bronzeguß 74, 283-286
Buchführung, Vorschriften 178
Buchkunst, insulare 323
Buchmalerei 195, 310, 316, 328,
  karolingische 73, 185, 187, 309, 314, 322, 328
  ottonische 73, 309, 311, 328
Bulgaren 137
Bürgertum 151 f.
Byzanz 12, 30 ff., 82, 122, 125, 127, 143, 153, 157, 166, 243, 282, 341, 374, 391

Caen 298, 362
  La-Trinité 233 f.
  Saint-Etienne 233 f., 236, 238, 244 f.
Canigou, St-Martin 211, 217
Canopus-Dekret 97
Canossa 284, 334, 336
Cappenberger Porträtkopf 196
caput Galliae 293
Cardona, S. Vincente 215, 218, 252
Castelseprio 325, 329
Centula siehe Saint-Riquier
Chalon, Synode 122
Chartres 352
  Kathedrale 258
Chiliasmus 89, 368
Christi Geburt 85 f., 99
Christianisierung 18, 88, 120, 387
Chronik Augustani 93
Cividale, Ratchis-Altar 200 f.

Cluny 211, 218 ff., 250
Codex aureus 76 f., 308
Codex Egberti 316, 318, 320
Codex, Vatikanischer 61
Codex Wittekindeus 316, 319
Computus Paschalis 85
Córdoba 153, 172 f., 217
Corvey 213, 240, 262, 265, 267, 329
   Westwerk 202, 267
Cubitus, römischer s. Fuß
Cuxá, Saint-Michel 211, 217
C14 110, 400

Dark Ages siehe Dunkle Jahrhunderte
Denar 135, 162, 171
Dendrochronologie 110, 400
deutsch 23, 216, 264, 344, 370 ff., 387
Diedenhofen, Kapitularien von 55
Dijon, Saint-Bénigne 218, 226
Dirhem, arabischer 164
Doppelchörigkeit 78
Doppelkapelle 272, 276
Dreifelderwirtschaft 183
Dreiturm-Westbau 265
Dunkle Jahrhunderte 12-16, 18 f., 168 f., 175, 391 f.

Earls Barton, Westturm 263 f.
Ebreuil, Saint-Léger 265
Echternach 319
Eger, Pfalz 278
Eichmaße 176 f.
Eisen 180-183
Eisenpflug 183
Eisenwaffen 181
Elefant 49, 174, 339
Elefantenstoff 193, 196
Emporenkirche 235, 280, 286
Endzeitkaiser 88 f., 336
Engerer Burse 195
England 158, 176
Escrain de Charlemagne 188, 190
Essen
   Damenstiftskirche 266, 269
   Madonna 81, 198
   Münster 234, 240, 278, 280 f.

Evangelienharmonie 64, 67

Fälschung 9 f., 55, 134-138, 140 f., 144, 146, 148, 266, 331, 341 f., 364-367, 370, 375, 377 f., 409 f.
   pseudoisidorische s. Pseudo-Isidorische Fälschung
   Symmachianische 9 f.
Faltkuppel 33
Farges, Saint-Barthélemy 217
Fécamp, Sainte-Trinité 265
Femegericht 52
Fernhandel 164, 169, 171, 324, 326
Festkrönung 42, 44
Feudalsystem 172, 183, 368
Figurenstil 310
Findelhäuser 341
Flavigny 301
Florenz 72, 301
   Baptisterium 289, 291
   Dom 29 f., 261
Formensprache, karolingisch-antikisierende 266
Fossa Carolina 104-112, 168, 400
   Funde 109
Franken 73, 114, 120, 122, 130, 132, 156, 216
Frankenrecht 51-55
Frankfurt 81, 133, 153, 185, 201
   Pfalz 210
   Reichstag 112
   Synode 112
Frankreich 23, 216, 344, 370-374, 380, 387
Frauenchiemsee, Torhalle 268
Freskomalerei 328
Frühlingspunkt 98, 400
Frühromanik; Abgrenzung 255
Fulda 213
   Abteikirche 268
   Malerschule 319
   Skriptorium 308, 315, 318
Fusion, franko-sächsische 130
Fuß
   karolingischer 176, 246, 268, 287
   kapitolinischer 177, 287
   lombardischer 286, 287
   römischer 246, 268, 287

Gauting, Reismühle 35
Geldumlauf 165, 167, 183
Geldwirtschaft 165, 167
Germigny-des-Prés 216 f., 230, 232, 242, 251, 262, 276
Gernrode, Stiftskirche 217
Gero-Codex 316, 319
Gesetze 51
Gesta Karoli Magni 69 f., 348
Gesta Sancti Martini 308
Gewölbe
   Amphorengewölbe, spiraliges 31, 304
   Ankertechnik 255-258
   Gewölbeentwicklung 28-34, 216
   Gurtbögen 220
   Halbtonnengewölbe 229
   Kleingewölbe 211
   Klosterkuppel 33, 227, 274, 283
   Kreuzgewölbe 216, 218, 220, 226 f., 229, 232, 301
   Kreuzgratgewölbe 211, 224 ff.
   Kreuzrippengewölbe 232, 361, 378
   Kuppelgewölbe 24-28, 216, 222, 226
   Quertonne 227
   Ringtonne 226
   Rundtonne 211
   Schildbogen 227, 232
   schräge 228
   Spitztonne 211, 220, 378
   steigende 229
   Steingewölbe 216, 218
   Tonne mit Gurtbögen 211, 218, 229
   Tubuli-Gewölbe 31
   Winkeltonne 228
Gewölbebaukunst 28-34, 216-220
Glasmalerei 347
   karolingische 75
Gnesen 284
Godescalc, Evangeliar von 56, 73
Goldene Bulle 294
Goldschmiedekunst 76, 192
Goslar
   Kaiserpfalz 276
   St. Georg 272
   Ulrichkapelle 278
Goten 30, 73, 114, 128, 216, 292
Gotik 220, 230, 234, 240, 246, 258, 276, 349, 378, 380
Graben (bei Treuchtlingen) 104 f.
Grafschaftsverfassung 52
Grandval-Bibel 308, 323
Großbauten
   karolingische 205 f., 208-212, 363
   ottonische 207
Großstädte 153
Grundherrschaft 179

Habsburger 148, 343 f.
Halberstadt 194, 379
Handel 168-186
Häresien 81, 112, 387
Hauptstadt 112, 152, 290, 292, 295, 345
Heer 112-120
Heiliges Grab, Rückgewinnung 125 f.
Heiratsverbot 49
Heldenlieder 56, 103, 118, 381
Heliand 65, 68
Hereford 278, 298
Hersfelder Ruine 270
Hildesheim 200, 286, 308
   Bernwardstüren 199, 283
   Cäcilienkirche 262, 361
   Goldene Madonna 81
   Skriptorium 316
   St. Michael 226, 234, 241, 244 f., 246, 248 ff., 269
Hochromanik, Abgrenzung 255
Hoechst, St. Justinus 240
Hofsprache, deutsche 59
Holzplastik 198
Homiliensammlung 79
Hufeisen 120
Humanismus 58, 79, 339 f.
Hungersnöte 104, 179
Hunnen 116, 137

Ingelheim 35, 75, 213
   Pfalz 209, 210, 213

Inquisitionsbeweis 52
Interdisziplinarität 396 f.
Investiturstreit 80, 82, 146, 212, 338, 342

Jahresbeginn 86 f.
Jahreslänge 97
Jerusalem 117, 124 ff., 274, 380
  Felsendom 395
Juden 16 f., 54, 173 ff.
Jupiterdurchgang 92

Kairo 153
Kaiserchronik 61, 67, 344
Kaiserkrönung 35, 41, 43, 87, 144
Kaiserliste 13, 390
Kalender
  ägyptischer 97
  Gregorianischer 11, 97, 99
  Julianischer 11, 97 ff.
  römisch-republikanischer 96
Kalenderjustierung 98
Kalenderkorrektur
  Gregorianische 11 f., 17, 98 f., 400
  Julianische 11 f.
Kalenderrechnung 84 - 91, 99 f.
Kalenderreform 72, 86 f., 400
Kanalbau 104 - 108, 110 ff., 402 ff.
Kapitell
  jonisches 266
  Kompositkapitell 25
  korinthisches 266
  Würfelkapitell 299 f.
Karlische Schenkung 144, 148, 342, 378
Karlsdichtung 317
Karlsfälschung 20, 336 - 345
Karlsfuß 287
Karlsgraben s. Fossa Carolina
Karlskanne 135, 166, 194
Karlskleinodien 188 - 196, 306
Karlspfund 176
Karlsschrein 46, 194, 205
Karlsstatuette 118, 195 ff.
Karlsteppich 194
Karolinger 34, 61, 94, 110, 120, 136, 163, 169, 178, 350
Karolingerbauten 222

Bauskulptur 201
Doppelchor 268
Dreikonchenkirche 280
Glockenturm 261, 264
Kirchen 222
Klöster 222
Pfalzkapellen 276
Querhaus 268
Ringkrypta 268
Säulenbasilika 268
Westwerke 262, 264 ff.
Katastrophentheorie 155 ff.
Kirchenrecht 81 f.
Kirchenreform 146
Kirchenstaat 142 ff., 146 ff., 344
Kleinhandel 172
Klostergründung, Columbansche 56, 387
Knechtsteden 220
Köln 153, 156, 158, 160, 185, 243
  Alter Dom 213, 268, 288 f., 291
  Alt-St.-Heribert 33, 275, 286
  Gero-Kreuz 198
  Malerschule 319
  Skriptorium 317, 323
  St. Gereon 304
  St. Marien im Kapitol 279 f.
  St. Pantaleon 200, 243, 250, 265, 300
  St. Severin 323
Königsliste 14
Konstantinische »Schenkung« 9 f., 142 ff., 147 f., 212, 340, 342, 377
Konstantinopel s. Byzanz
  Apostelkirche 282
  Hagia Irene 32
  Hagia Sophia 30 f., 259, 280
  SS. Sergios und Bakchos 223, 298
Kontinentalsperre 164
Kontinuitätstheorie 155 ff.
Kremsmünster 133, 136
  Tassilo-Kelch 109, 134 f.
  Tassilo-Leuchter 134
Kreuzesverehrung 125
Kreuzfragmente 125
Kreuzzug 125 ff., 338, 368, 373
Kurfürstenkolleg 52

Landwirtschaft 150 f., 177-180, 182
Langobarden 41, 73, 101, 113, 122, 143, 201, 346, 387
Lehnswesen 137
Libri Carolini 81
Limes 108
Limoges, Saint-Martial 220
  Skriptorium 312, 314
lingua theodisca 60 ff.
Literatur, althochdeutsche 62-70
Liuthargruppe 322
London, St. Paul's Cathedral 29, 258
Lorsch 75, 213, 250, 300 f.
  Annalen 403, 406
  Codex aureus 319
  Torhalle (Bibliothek) 251, 268, 299, 328
Lotharkreuz 76, 189 f., 248
Ludwigslied 66 f.
Lüttich 35, 234, 272 f.
Luxeuil, Codex von 56

Magdeburg 194
  Dom 46
Mailand
  San Lorenzo Maggiore 262
  Sant' Ambrogio 220, 264
Mainz 153, 164, 175 f., 283 f., 286
  Gothardkapelle 278
  Konzil 45
  Rheinbrücke 214
  Synode 122
Mals 325, 328
Marienverehrung 81
Märkte 171 f., 372
Marmoutier/Maursmünster 266, 269
Märzfeld 112
Maßsystem, gebundenes 245 f., 248, 254, 400
Mediävistik 22, 393 ff.
Merkurdurchgang 92, 94 ff., 110, 338
Merowinger 13, 128, 131, 151 f., 155 ff., 163, 172, 181, 183 f., 212, 214, 332, 348, 400
Mettlach 271 f.
Metz 153, 192, 195

Millenarismus 89, 368
Minuskel 56, 58
  karolingische 323, 327, 339
  griechische 327
  irische 327
Missionierung, irische 387
Mondfinsternis 92, 94
Monreale 284
Monte Sant'Angelo 284
Montpellier, Psalterium von 134
Mont-Saint-Michel 313
Muizen, St. Lambert 272 f., 275
München, Schatzkammer 76
Münzrecht, königliches 294
Münzreform 112, 162, 177
Münzwesen 163
Müstair 15, 196, 328 f.
Muspilli 66 f.

Nachbenutzung 322
Nachbestattung 322
Nachrichtensystem 113
Nachschöpfung 322
Naturalwirtschaft 163
Naviglio grande 106
Neumen 78
Nicäa, Konzil von 98, 112, 400
Nimwegen 271 f.
Nivelles, St. Gertrud 242
Nomadenkönigtum 106, 152, 168
Normannen 45 f., 110, 116, 118 f., 120, 157-161, 169, 180 f., 292, 312, 326, 387
Notenschrift 78
Novalese, Chronik von 69
Nowgorod 284
Null 89, 399

Oktogon 33, 272, 274, 289
Oktogonaufriß 266
opus Caementitium 28
Oriflamme 349, 371 f.
Orléans 153, 230
  Kathedrale 199, 252
Osterberechnung 91, 93
Osterzyklus 400
Ottmarsheim 239 f., 271-274, 282, 300 f.
Ottonen 334

Ottonianum 144
Oxford-Handschrift 381

Paderborn
　Pfalz 210
　　Bartholomäuskapelle 226
　　Busdorfkirche 274 f.
　　Dom 265, 269
Palermo 153
Panzerreiter 115, 118, 181
Paris 93, 153
　Notre Dame 355, 362
　Saint-Denis siehe Saint-Denis
　Sainte-Chapelle 378
　Sainte-Geneviève 377
　Saint-Germain-des-Prés 263 f., 313
　Skriptorium 313
Pavia 131, 292, 295
Perser 125
Pes Liutprandi s. Fuß
Petrusgrab 143
Pfalzen 208 - 212
Pferde 112 - 117, 183
Pflug 179 f.
Pfundmaße, mittelalterliche 162, 176
Phantomzeit siehe Dunkle Jahrhunderte
Pippinsche Schenkung 143 f., 148, 342, 378
Pisa 250, 284, 290
Plastik 73 f., 195 - 204
Pozzulan-Erde 28, 30
Präputium, Hl. 40
Privateigentum 152
Protorenaissance 268
Provinzialsynode 81
Prüm 38, 385
Pseudo-Clemens-Brief 9 f.
Pseudo-Isidorische Fälschung 377

Quedlinburg 200, 329
Quellenbefund 180, 212 f., 354
Quierzy 35, 143, 208, 210

Ravello 284
Ravenna 30, 143 f., 196, 224, 240
　San Vitale 30, 223, 243, 259, 298

Recht
　ripuarisches 51
　römisches 51
　salisches 51
Regensburg 81, 158, 176, 210, 216
　Dom 258
　Pfalz 210, 212
　Skriptorium 308
　St. Emmeram 308
　Steinbrücke 216
Reichenau 75, 94, 130, 213, 318
　Glossarien 68
　Homiliar 319
　Malerschule 318 f.
　Skriptorium 315, 318 f.
　St. Georg 240, 241 f.
Reichsannalen 41, 87, 92 f., 95 f., 101, 103, 179, 222, 398
Reichskalender, fränk. 398
Reichskirchensystem 80
Reichskreuz 76
Reichskrone 188, 195
Reims 153
　Saint-Remi 248, 280
　Skriptorium 308, 315
　Synode 122
Reisekönigtum 106, 152, 168
Rekuperationspolitik 148
Renaissance
　Agilolfische 79
　Karolingische 58, 79, 184 f., 268, 270, 312, 373
　Latein-Renaissance 58 f., 338
　Ottonische 63, 185, 268, 270
　Proto- 338
　Protokarolingische 270
　Staufische 58
　Tassilonische 80
Renovatio 268 f., 372
Retrokalkulation 94
Rhein-Main-Donau-Kanal
　siehe Fossa Carolina
Rinascita 268
Ringelheim, Kruzifix 198
Rodez, Altar-Antependium 314
Rolandslied 344, 347, 373, 381
Rolandssäulen 381 - 386
Rom 14, 30, 125, 143 ff., 153, 230, 284, 292 f., 346, 390

Alt-St. Peter 78, 262
Caracalla-Thermen 28, 259
Lateran 40, 148, 223
Marsfeld 184
Pantheon 28 ff., 241, 259
Petersdom 29 f., 40, 258
Pfalz 212
Santa Maria Antiqua 329
Santa Maria Maggiore 290
Tempel der Minerva Medica 31 f.
Trajanssäule 118
Romanik 213, 216-220, 240, 246, 254, 400
Roncesvalles 103
Rouen 160
Rudolfinische Tafeln 94
Rundturm 262 f., 291

Sachsen 102 f., 111, 128-133, 172
Sachsenbekehrung 190
Sachsenspiegel 68
Sächsische Weltchronik 68
Saint-Amand, Skriptorium 309, 313
Saint-Bertin, Skriptorium 309, 311
Saint-Denis 35, 44, 185, 190, 213, 238, 346, 348-367, 371 ff., 376 f.
   Bronzetüren 361
   Chor 354, 358, 360
   Fassade 355, 363
   Karolingerbau 356 f., 359, 399 f.
   Krypta 400
   Langhaus 362
   Markt 372
   Merowingerbau 356, 359, 399 f.
   Messe 171
   Skriptorium 363
   Westbau 349, 358-365
Saint-Foi 188
Saint-Genis-des-Fontaines 199 f., 315
Saint-Germer-de-Fly 235, 237 f.
Saint-Maurice d'Agaune 194
Saint-Omer 172
Saint-Riquier 213, 266, 272
Saint-Savin-sur-Gartempe 218
Saint-Vaast, Skriptorium 309, 312
Salier 116, 335
Samarkand 18, 153

Santiago de Compostela 126, 250, 375 f.
Sarazenen s. Araber
Schaltregel 97
Schisma, abendländisches 98, 148
Schleusenbau 107
Schöffe, Amt 52
Scholastik 16, 52, 79, 178, 367 f.
Schöpfung(stage) 85-88
Schriftglättung 56
Schwarzrheindorf 277 f.
Schweiz 343 f.
Segovia, Aquädukt von 30
Septimanien 122, 128
Siedlungskontinuität 156, 290
Silvesterlegende 9
Silberguß 134
Sklavenhandel 168, 170 f.
Slawen 88, 120, 122, 124, 130, 154, 386, 400
Soissons, Saint-Médard 232, 250 f.
Sonnenfinsternis 92 ff.
Sonnenflecken 95 f.
Sonnenkalender 97
Sonntagsarbeit 114
Speyer 33, 300 f.
   Dom 33, 201, 218, 220, 226, 238, 242 f., 249, 256, 270, 276, 282, 297 f., 300 f.
   SS. Emmeram- und Katharina-Kapelle 276 f., 283
Spoleto 122, 127
Sprache
   altfranzösische 23, 68, 370
   althochdeutsche 60 ff., 64, 66, 370
   altsächsische 68
   angelsächsische 60
   deutsche 60 ff., 66
   fränkische 59 f.
   germanische 60
   gotische 60
   griechische 60
   hebräische 60, 79
   lateinische 58, 60, 66
Sprachenpolitik 60
St. Gallen
   Idealplan 61, 213, 262 f., 268, 288, 291

Skriptorium 61, 117
Staatsanwalt, Amt 52
Staufer 337
Steigbügel 116-120
Steinschneidekunst 74, 76
Stephansburse 195
Steuerwesen 166 f.
Straßburg 154
Straßburger Eide 68, 370
Straßenbau 106, 172 ff.
Stratigraphie 400
Strebesystem 236 f.
Stufenkanal 107, 405
Synchronismen 18

Tang-Dynastie 19
Tassilokelch siehe Kremsmünster 109, 134 f.
Tauschhandel 167, 169
Tausendjähriges Reich 88
Teleologie 395
Toulouse, Saint-Sernin 220, 250
Tournus, Saint-Philibert 33, 215, 217, 227 f.
Tours, Synode 122
  Skriptorium 308, 315, 322
Trani 284
Trier 153, 160
  Aula 290
  Skriptorium 306, 318 f., 322
  Heiligkreuzkapelle 234, 274
Trojanerabstammung 142
Trompenkuppel 232
Turmbau 261-264

Uchronia 17
Ungarn 46, 158, 169, 192, 264
Urbanisierung 150
Urbare 177
Urkunden s. Fälschung
Utrecht-Psalter 307 f., 323

Val di Chienti 304
Vandalen 216
Vasallität 137 f., 389
Vatikanische Museen 192
Venedig 122
  San Marco 282, 290
Venusdurchgang 96

Verkehrsverbindungen 172
Verona 284, 383
Vertikalisierung 240, 242, 280
Vertragswirtschaft 165
Verwaltung 176-179
Vézelay 220
Vichmjaz, Schatzfunde von 164
Viernheim 300
Vierungsturm 262

Währung 101, 109, 135, 161-165, 171 f.
Waltharius 69
Wandmalerei 75, 325, 328 f.
Wassermühle 183
Weißenburg 107 ff., 111
Welfen 337, 342
Weltbild 96
Welttag, endzeitlicher 85, 87, 90
Wessobrunner Gebet 64 ff.
Wien
  Schatzkammer 192
  Krönungs-Evangeliar 195, 306
Wieselburg, Oktogon 274
Wikinger siehe Normannen
Wimpfen, Ritterstiftskirche 286
Winchester-Stil 134
Wirtschaft, karolingische 149-186, 399
Wittekind-Reliquiar 194
Wölbungstechnik siehe Gewölbe
Worms 37, 130, 160, 210
  Dom 245
  Konkordat 371
Wucher 165
Würzburg
  Marienkapelle 208, 302

Zehnt 167
Zeitkürzungsthese 11, 18 f., 34, 60, 96-100, 157, 204, 301, 311, 333, 344 f., 373, 387-392
Zeitrechnung 11, 84-91, 99 f.
Zentralbau mit Umgang 272
Zürich 344
  Pfalz 210
Zweiturmfassade 264

Personenregister

Abälard siehe Petrus A.
Abbio 130
Abbo von Fleury 55
Ada, Schwester Karls 306
Adalbero von Bremen 384, 386
Adalhard von Corbie 178
Adallind, Nebenfrau Karls 50
Adam, Ernst 16, 33, 213, 218, 222, 232, 240, 242 f., 246, 264
Ademar von Chabannes 303
Aimon von Fleury 55
Albrecht von Halberstadt 68
Alexander der Große 141 f.
Alfred der Große von Wessex 124, 161
Al-Kamil, Sultan 125
Alkuin 24, 36, 56, 79, 82 f., 87, 102, 368 f.
Altfried, Bischof 266
Althoff, Gerd 401
Ambrosius, Hl. 272
Ammianus M. siehe Marcellus
Amodru, Nebenfrau Karls 50
Anatolius von Alexandria 91
Andreas von Bergamo 43
Angilbert 35
Anno von Köln 305
Ansegenis 24
Anwander, Gerhard 407
Apollinaris Sidonius 346
Arbeo von Freising 177
Archipoeta 67, 374, 379
Ariès, Philippe 350 f.
Aristoteles 60
Arnegunde, Königin 356
Arnulf von Baiern 77, 115
Arnulf von Kärnten 77, 390
Asser 161
Aubert, Marcel 202, 214, 226, 265
Ava 67

Bachrach, B. S. 115
Baldauf, Robert 70
Bandmann, Günther 224, 305
Banniard, Michel 365, 391

Baronius, Caesar 16
Bauerreiß, Romuald 133, 318
Bayac, Jacques 35, 50, 78, 102, 113, 115, 130, 153, 161, 165, 332
Beda Venerabilis 89, 91, 399
Berengar I. von Friaul 390
Bergmann, Werner 400
Bernhard, Hl. 378, 386
Bernward von Hildesheim 198 f., 248, 316, 336, 396
Bertrada d. Ä., Großmutter Karls 38
Bertrada d. J., Mutter Karls 38
Bertrade, Frau Karls 50
Beutler, Christian 202, 268
Binding, Günther 198, 210, 213
Blöss, Christian 18, 110, 407
Boethius 71
Bois, Guy 14, 17, 152, 154, 166, 170 ff., 180, 182 f., 391
Bonizo von Sutri 43
Borgolte, Michael 396
Borst, Arno 36, 40, 43, 80, 388, 392, 398 ff.
Boyer, Régis 160 f.
Brahe, Tycho 92, 94, 96
Brandenburg, Erich 139
Brandt, Daniela-Maria 78, 408
Brandt, Michael 46, 83, 116, 136, 164, 198, 309, 329, 364
Braunfels, Wolfgang 24, 36, 41 ff., 52, 59, 78 f., 81, 101 f., 113 ff., 165, 168, 173, 187 f., 190, 195, 208, 246, 262, 265, 284, 300, 329, 334
Brockhausen, Angelika 18
Brühl, Carlrichard 42 ff., 61, 95, 106, 157, 160, 168, 208, 212, 289, 292, 295, 340, 360, 371
Brunelleschi, Filippo 258
Brunhölzl, Franz 58
Bruno von Köln 288
Bühler, Johannes 150
Bullough, Donald 43, 59, 81, 103, 137, 328, 388
Burckhardt, Jacob 84, 114

Caesar, Gaius Julius 11 f., 96 ff., 113, 149, 400
Calixt II. 374
Carnevale, Giovanni 304
Caumont, Arcisse de 352
Cellarius, Christoph 17
Chamberlain, Houston Stewart 130
Charles V. 339
Chlodowech 43
Chlodwig I. 305
Chlothar I. 131
Chrotrudis, Frau Karl Martells 360
Chuno von Würzburg 107
Clot, André 37, 41, 153
Columbanus, Hl. 56, 387
Crosby, Sumner 354, 356 f.
Cusanus, N. siehe Nikolaus von Kues

Dagobert I. 348–351, 354, 356, 359 ff., 366, 380
Dagobert II. 13
Dagobert III. 13
Dandulus 93
David, König 42, 88
De Bruyne, E. 368
Demandt, Alexander 17
Deschner, Karlheinz 102
Desiderata, Frau Karls 49 f.
Desiderius 41, 50, 101, 133
Dhondt, Jan 118, 178 f.
Dionysius Aeropagita 367
Dionysius Exiguus 91, 99 f.
Dionysius, Hl. 348, 365 f., 377, 380
Dodwell, C. R. 318
Döllinger, Ignaz von 43
Dopsch, Alfons 54, 114, 141, 150 f., 155, 157, 163 f., 169, 176, 343
Drescher, Hans 261, 286
Drogo von Metz 312
Dubnow, Simon 174 f.
Duby, Georges 179 f.

Eckehard von Altaich 107
Eckstein, Hans 71, 265, 276
Eco, Umberto 367 ff., 388

Egbert von Trier 316 f., 319
Eggers, Hans 55, 62 f., 66, 68, 77, 344
Eigler, Friedrich 403 f.
Einhard 24, 36, 40 f., 42, 44 ff., 50 f., 55, 59, 71, 95, 102 f., 130, 137, 216, 222, 340, 345 f., 375 f., 406
Ekkehard IV. von St. Gallen 61, 69 f., 348
Ekkehard 69
Ellmer, Detlev 111, 403
Elmshäuser, Konrad 104, 106
Engels, Odilo 343, 380
Ennen, Edith 151, 153, 155, 157, 160, 167 f., 293, 295 f.
Erigena siehe Johannes S. E.
Erkanbald, Abt 200
Ermengarde, Frau Karls 50
Euw, Anton von 316, 318 ff., 322 f.
Ewig, Eugen 13, 295

Falkenstein, Ludwig 290, 292, 295
Fastrada, Frau Karls 50, 112
Faymonville, Karl 234, 254, 256
Fehring, Günter 208
Fillitz, Hermann 76, 134, 188
Finley, Sir Moses 410
Flachenecker, Helmut 395, 399, 408
Fleckenstein, Josef 36, 41, 52, 77, 79, 127, 130, 140, 176
Fomenko, Anatolij 184
Formigé 356
Fossier, Robert 182 f.
Fredegar 13, 55, 137, 142, 348, 364 f.
Frenzel, H. und E. 66, 68 f.
Fréret, Nicolas 55
Friderun, Frau Karls d. Einf. 140
Fried, Johannes 16 f., 22, 62, 146, 148, 154 f., 162, 177–180, 195, 201, 333, 377, 404
Friedell, Egon 17, 21, 178, 370
Friedrich I. Barbarossa 22, 46 f., 83, 89 f., 93, 152, 188, 196, 213, 260, 293 f., 304, 332 f., 338, 343 f., 346, 372–376

Friedrich II. 73, 83, 90, 125 f., 147, 294, 338 f.
Friend, A. M. 324
Froumund von Tegernsee 317
Fuchs, Robert 326
Fuetrer, Ulrich 339
Fuhrmann, Horst 9 f., 143, 340, 342, 409
Fulrad von Saint-Denis 354, 357

Gabowitsch, Eugen 407
Galbraith, V. H. 161
Gall, Ernst 237 f., 349 f., 358
Ganshof, François Louis 103
Garibald 136
Gassendi, Pierre 94
Gauzelin von Tours 136
Genovefa, Hl. 356, 359, 377
Gerald von Tours 69
Gerberga, Frau Karlmanns 41
Gerbert von Aurillac siehe Silvester II.
Gerhohs von Reichersberg 43
Gero, Erzbischof 198
Gero, Markgraf 217
Gerswinda, Nebenfrau Karls 50
Gisela, Schwester Karls 50
Godescalc siehe Gottschalk
Gödel, Kurt 21
Goerlitz, Theodor 382
Goez, Werner 16, 101, 124, 146, 148
Goldmann, Klaus 111, 404
Gottschalk 56, 73, 75
Grabar, A. 329
Gregor I. 292
Gregor V. 293 f.
Gregor VII. 125, 336
Gregor IX. 343
Gregor XIII. 11 f., 17, 97 f.
Gregor von Tours 170, 304
Gregoriusmeister 319, 322
Gregorovius, Ferdinand 13 f., 20, 292 f.
Grodecki, Louis 214, 218, 229, 264, 266, 302, 310, 312 ff., 316, 320
Großmann, D. 270
Groten, Manfred 365
Grundmann, H. 346
Guibert von Nogent 358

Günther, Karl 147
Gurjewitsch, A. J. 333

Haecker, Theodor 204
Haller, Johannes 10, 371, 377
Halley, Edmond 95
Halphen, Louis 345
Hardouin, Jean 339
Harun al-Raschid 118, 124, 126 f., 153, 166, 174, 389
Hauck, Karl 43, 303
Haupt, Albrecht 28, 216, 254, 256, 261
Hausmann, Axel 246, 303
Haussherr, Reiner 126, 188, 196, 338
Heer, Friedrich 71, 87, 167, 187, 204
Heinrich der Löwe 384
Heinrich II. 60, 76, 144, 174, 311
Heinrich III. 69, 255, 315
Heinrich IV. 119, 132, 220, 242, 255, 282, 298, 334, 336 f.
Heinrich V. 119, 294, 371, 382
Heinsohn, Gunnar 18, 174 ff., 400, 407
Heraklios, Kaiser 125, 380
Heribert von Köln 336
Heribert von Laon 38, 389
Herkules 102
Herm, Gerhard 41, 54
Hermann der Lahme 94
Hildebald von Köln, Erzbischof 289, 305
Hildegard, Frau Karls 49
Hilduin von Saint-Denis, Abt 357, 359 f., 366 ff., 376
Himiltrud, Frau Karls 50
Hoffmann, Volker 262
Hohmeyer, Jürgen 351
Holländer, Hans 306, 308 – 311, 314 ff., 318, 322 ff., 367
Hotz, Walter 210
Hrabanus Maurus 78, 318, 368
Hubert, Jean 74, 126, 166, 205, 213, 222, 226, 228, 232, 250, 252, 270, 301
Huemer, Peter 393
Hugo, Victor 35
Hyginus 91

Ida, Äbtissin 280
Illich, Ivan 398
Innozenz III. 147 f., 341
Innozenz IV. 339
Irene, Kaiserin 127
Irmingard, Äbtissin 329
Isaak 174
Isidor von Sevilla 91

Jacobsen, W. 300
Jan-Illig, Berislava 388
Jantzen, Hans 265 f., 395 ff.
Jarnut, Jörg 144 f.
Joachim von Fiore 90
Johannes Saracenus 367 f.
Johannes Scotus Erigena 367, 389
Josua 54
Julian, Kaiser 157
Julius Africanus 85
Justinian I. 32, 157, 184, 280

Kalckhoff, Andreas 36, 51, 80, 82 f., 122, 124, 168, 181 f., 331, 333
Kammeier, Wilhelm 141, 339 ff.
Karl I., der Große
 Abstammung 38, 47
 Agrarwachstum 182
 Apothekergärtchen 339
 Armreliquiar 188, 338
 Auftragsvolumen 205
 Basilika 303
 Bauvorhaben 149
 Beamtenapparat 161
 Brustkreuz 190
 Büstenreliquiar 188
 Dalmatica 192 f.
 Elefant 174
 Enkel 139
 Frauen 49
 Geburtsjahr 38
 Geburtsort 37
 Gesetzgebertätigkeit 51
 Grab 45 ff., 195, 287
 Großbauten 208, 363
 Gründung der Aachener Schule 70
 Heiligsprechung 77 f., 259, 343, 372, 374

Karl I., der Große
 Heldengeburt 40
 Hofschule 306, 317
 Jagdmesser 192
 Kaiserchronik 344
 Kaiserkrönung 41 f., 47, 84, 86 f., 124, 126, 187
 Kaiserthron 204
 Kanzlei 56
 Karlsfuß 176
 Karlsgraben 155
 Karlsprivileg 374
 Karlsschrein 375
 Kinder 49
 Kinderreichtum 139
 Kleinodien 185, 195
 Konkubinen 50
 Lebenswandel 50
 Machtgebiet 383
 Machtübernahme 47
 Mantel 192
 Münzen 162
 Münzreform 162, 167, 177, 296
 Nachkommenschaft 139
 Nah-Ost-Politik 127
 Nebenfrauen 50
 Porträtmünzen 163
 Quadrigastoff 194
 Reiterstatuette 195 ff.
 Reliquiar 188, 190 f., 195
 Säbel 192
 Sagen 389
 Schatz 188
 Schenkung 144
 Schwert 192
 Siegel 152
 Siegeskreuz 190
 Steinkopf/Lorsch 196
 Stuckstatue 15, 328
 Talisman 190
 Tod 45, 308, 332, 334, 384
 Todesjahr 306
 Urkunden 140, 294
 Vasallen 138
 Vielweiberei 138
 Wasserkanne 194
 Zeitalter 318

Karl I., der Große, Charakteristika
  Agraphiker 71 f.
  Agrarminister 177
  Ahnherr 140
  Alleinherrscher 40
  Allwissenheit 51
  Altphilologe 58
  Analphabet 72
  Architekt 24
  Astronom 72
  Bauherr 34, 104, 205, 252, 331
  Baumeister 24
  Begründer:
    Bibliotheken 70
    Bistumsordnung 80
    Femegericht 52
    Findelheime 341
    Gelehrtenhof 72 f.
    Gemeinschaften 70
    Gottesstaat 72, 81
    Inquisitionsbeweis 52
    Krankenhäuser 341
    Kurfürstenkolleg 52
    Literatur 62
    Polizeistaat 54
    Reichskirchensystem 80
    Rügeverfahren 52
    Schöffengericht 52
    Schulen 70
    Staatsanwaltschaft 52
    Universitäten 70
  Bildungsreformer 70
  Bischof 82
  Blutschänder 397
  Brückenbauer 81, 214
  Büchersammler 72
  Bürgertumsvater 151 f.
  Chorführer 78
  Computist 72, 331
  David-Imitator 42, 54, 88
  Debattenredner 81
  Detailversessenheit 52
  Dialektiker 72
  Diplomat 101, 103
  Dogmatiker 81
  Durchführer:
    Kongresse 91
    Kontinentalsperre 164

Karl I., der Große, Charakteristika
  Eichmeister 176
  Elefantenreiter 339
  Endzeitkaiser 84, 89
  Ethnologe 55
  Feldherr 35
  Finanzminister 162
  Flottenbauer 110, 182
  Frauenheld 50, 138
  Friedensfürst 101
  Gärtner 52, 339
  Geistlicher Rat 101
  Generalist 52
  Germanist 59, 331
  Gesetzgeber 51 f.
  Gewerkschafter 114
  Gottessohn 83, 86
  Grammatiker 59
  Haupt der Welt 36
  Heilfürsorger 314
  Heiliger 35, 77 f., 343, 374
  Herkules 49, 102
  Herr von Jerusalem 124 ff.
  Hoherpriester 72, 77, 331
  Jurist 51 f.
  Kaiseraspirant, byzant. 127
  Kanalbauer 104, 106, 331
  Klostergründer 173, 331
  Kosmopolit 73
  Kraftmeier 49
  Kreuzfahrer 374
  Krieger 70, 102 f.
  Kultobjekt 345
  Kulturpolitiker 66, 77
  Landwirt 177
  Latinist 59
  Liturgiereformer 78
  Machiavellist 102
  Machtmensch 101
  Mäzen der Künste 73, 149
  Magnus 35, 373
  Marienverehrer 80
  Missionar 80
  Modernist 73
  Mörder 102
  »Mont Blanc« 84
  Moralist 80
  Müßiggänger 114
  Mythologe 56, 331

Karl I., der Große, Charakteristika
  Nationalheld 373
  Neutestamentler 78
  Notenerfinder 78
  Ohnegeld 161, 165, 169
  Ohnestadt 169
  Ohneweg 172
  Omnipotenz 51
  Omnipräsenz 51
  Papstrichter 83
  Pedant 52
  Pfalzerbauer 173
  Philologe 56, 78, 331
  Politiker 101
  Polygamist 138
  Priesterkönig 82
  Reformer:
    Agrarwesen 182
    Bildung 70
    Gerichte 182
    Grafschaften 52
    Heer 114 f., 182
    Kalender 72, 91
    Liturgie 78
    Münzwesen 112, 162, 182
    Musikwesen 78
    Schulen 70
    Sonntagsruhe 107
    Stundenzählung 72
  Reiter 49, 196
  religiöses Oberhaupt 80
  Rhetoriker 72
  Sachsenschlächter 80, 120
  Sagenfigur 37, 388
  Salomon-Imitator 54, 138
  Schachspieler 114
  Schatzhorter 166, 173
  Schöngeist 101
  Schulmeister 176
  Schwimmer 49
  Sklavenhalter 54
  Sozialhelfer 341
  Sozialist 114
  Sprachschöpfer 66
  Staatsmann 35, 103, 331
  Staatsökonom 149, 331
  Star-Bandit 102
  Theologe 81
  Utopist 52, 334
  Vater Europas 36, 62, 149, 184, 392
  Volkskundler 55, 331
  Währungshüter 162, 168
  Weiser 36
  Weltenherrscher, endzeitlicher 84
  Winterkrieger 113
  Wortschöpfer 59
  Zoologe 338
Karl III. 160
Karl III., der Dicke 366, 390
Karl III., der Einfältige 61, 140, 334, 344, 366, 264
Karl IV. 294
Karl der Kahle 76, 190, 196, 264, 308 f., 317, 323, 366, 370, 372 f., 390
Karl Martell 104, 114 ff., 360, 366, 389 f.
Karlmann, Bruder Karls 40 f., 346
Kasties, Bert 409
Kepler, Johannes 94
Kern, Gerhard 54
Kerner, Max 22, 409
Kienast, Walther 115, 137
Klabes, Heribert 265
Klemens III. 338
Kluge, Alexander 393
Koch, Robert 104, 107, 108 f., 403
Koch, Wilfried 255
Köhler, Wilhelm 306
Kölzer, Theo 401, 409
Konrad II. 188, 255, 282, 297
Konrad III. 344
Konrad von Zähringen 384
Konrad, Pfaffe 67, 344, 381
Konradin 90
Konstantin der Große 9, 90, 142, 147, 214
Konstantin VI. 138
Konstantin VII. Porphyrogenetos 71, 391
Kopernikus, Nikolaus 94
Kottmann, Albrecht 246, 259, 287
Kreusch, Felix 25, 203, 234, 256
Krusch, Bruno 377
Kubach, Hans Erich 224, 226, 250, 264 f.

Lactantius 90
Lambert von Spoleto 389 f.
Lamprecht, Karl 333, 370
Langosch, Karl 58 f., 62, 64, 66, 68 f., 132, 146, 318
Le Goff, Jacques 72 f., 100, 156, 165, 270, 367, 390
Lelarge, Günter 407
Leonardo da Vinci 319
Leo von Vercelli 83
Lesse, E. 70
Lessing, Theodor 388
Leyen, Friedrich von der 55
Lintzel, Martin 35, 56
Liutgard, Frau Karls 50
Lohrmann, Dietrich 22, 394, 397 ff.
Lombard, Maurice 153, 170, 184
Lot, F. 70
Lothar I. 190, 205, 308, 390
Lothar II. von Lothringen 190, 292
Louis VI. 350, 371 f., 376
Louis VII. 350, 372
Ludwig I., der Fromme 44, 55, 58, 63, 70, 141, 148, 162, 176, 205, 292, 343, 376, 390
Ludwig II. der Deutsche 370, 390
Ludwig III. von der Provence 390
Ludwig von Saint-Denis 139, 351
Lupus von Ferrières, Servatius 58
Luther, Martin 60

Machiavelli, Niccolò 389
Madelgard, Nebenfrau Karls 50
Mango, Cyril 12, 153
Mann, Albrecht 205, 208, 300, 363
Marcellinus, Ammianus 157
Martin, Hl. 332, 346
Martin, Paul C. 164, 407
Marx, Christoph 58, 407
Mathilde, Äbtissin 266
Maurikios, byzantinischer Kaiser 118, 120
Maximilian I. 43
Medici, Lorenzo di 72
Meier, Christian 402
Merkel, Kerstin 268
Meulen, Jan van der 351 – 354, 356 – 363, 395 f., 399 f.

Michelangelo 258
Molkenthin, Ralf 402 ff.
Muadwin 101
Müller, Angelika 18, 127, 341, 407
Münster, Sebastian 107
Mütherich, Florentine 79, 101

Napoleon I. 49, 164, 204, 287
Nelson, Janet 160
Newton, Robert R. 92 ff.
Niemitz, Hans-Ulrich 10, 18, 51, 110, 118, 141, 153, 157, 175, 183, 341 f., 378, 407
Nikolaus von Kues 43
Nikolaus, Meister 383
Nithard 139
Notker Balbulus (der Stammler) 24, 36 f., 51, 69 f., 124, 166, 181, 214, 261, 281, 348
Notker III. von St. Gallen 60 f., 63 f., 66, 68, 70

Odbert von Saint-Bertin 312
Odo von Metz 24
Odo von Saint-Denis 354, 359, 364
Olivier, Paladin Karls 383
Olschki, L. 371
Oltrogge, Doris 326
Ortega y Gasset, José 71
Oswald, F. 300
Otfrid von Weißenburg 60, 63 f., 66 f.
Otto I., der Große 42 ff., 46, 52, 80, 144, 188, 194, 204, 292 f., 303, 336, 346, 390
Otto II. 52, 124, 278, 280, 286, 306, 336, 390
Otto III. 45, 73, 83, 88 f., 144, 147, 190, 195, 212, 286 f., 306, 308, 311, 336, 390
Otto IV. 147
Otto von Freising 90, 119
Oxenstierna, Graf Eric von 158, 180

Pacioli, Luca 178
Panofsky, Erwin 16, 58
Paschalis III. 374

Paulinus von Aquileia 82
Paulus Diaconus 24, 79, 101
Paulus, Hl. 367
Pecher, Wolf 108, 404
Pernoud, Régine 127, 390
Petrikovits, Harald von 155 f.
Petrus Abaelardus 367
Pfeil, Sigurt Graf von 389
Philibert, Hl. 301
Philippe I. 371
Phokas, Kaiser 184
Pierre de Montreuil 349
Pippin d. Jüngere 38, 40, 43 f., 84, 127, 143 f., 146 f., 163, 290, 342, 346, 350 f., 354, 356, 359 ff., 366, 386, 389
Pippin von Italien 140, 163, 190
Pirenne, Henri 56, 71, 82, 151, 156, 163, 166, 170 f., 174, 179
Pitz, Ernst 150 f., 154 167, 169 f., 175
Pius II. 40
Plinius d. J. 91, 398
Pörtner, Rudolf 50, 83, 295
Poeta Saxo 132 f.
Prinz, Friedrich 22 f., 365
Pseudo-Dionysius 367
Pseudo-Turpin 344, 374 ff., 383
Ptolemäus, Claudius 91, 400
Purlitz, Friedrich 345

Rade, Claus Dieter 407
Rahewin 346
Rainald von Dassel 373 f.
Ranke, Leopold von 36, 81, 126, 336, 345
Rauch, Chr. 213
Regina, Nebenfrau Karls 50
Rempel, Hans 82, 381–386
Rethel, Alfred 45
Reuchlin, Johannes 79
Reynolds, Susan 172
Riché, Pierre 13, 51, 54, 89, 104, 122, 154, 205
Robert Grosseteste 368
Robert I., Herzog 160
Rösch, Siegfried 50, 139
Roger I. 103

Roland 50, 54, 103, 344, 381 ff.
Rotbert 278
Roth, Cecil 16, 173 f.
Rotrude, Tochter Karls 138
Rudolf von Habsburg 148, 344

Saladin, Sultan 125
Salomo 54, 378
Scaliger, Joseph J. 142
Schapiro, M. 314
Schedel, Hartmann 90
Schieffer, Rudolf 22, 38, 97, 210, 302, 342, 395
Schlosser, Wolfhard 400
Schmitz, Gerhard 10, 342
Schneider, Reinhard 13 f., 54, 60, 70, 178
Schramm, Percy Ernst 80, 143 f., 196, 292
Schreiner, Peter 12, 319 f., 322 f.
Schulz, Matthias 409
Sholod, B. 126
Shukow, J. M. 152
Siepe, Franz 204, 407
Siepe, Ursula 407
Silvester II. 91, 125, 336
Simmering, Klaus 393
Simson, Otto von 371–374, 376, 380 f.
Sombart, Werner 150
Speer, Andreas 352, 356–363
Spengler, Oswald 184
Stamm, Otto 153
Stein, Werner 63 f.
Steinen, Wolfram von den 72, 80, 83, 156
Stephan II. 262, 345
Stephan III. 143
Stoyan, Herbert 139
Stricker, der 381
Strobel, Richard 210
Sueton 346
Suger von Saint-Denis 190, 349 ff., 354, 357 ff., 361 f., 364 ff., 369, 371 ff., 376 ff., 380
Sullivan, Edward 326

Taralon, Jean 192, 202
Tassilo I., Herzog 136

Tassilo III., Herzog 22, 41, 133 f.,
  136, 195, 389
Tatian 67
Tertullian 151
Theoderich der Große 30, 140, 196
Theodulf 79
Theodulf von Orléans 79, 230,
  240, 345, 369
Theophano, Äbtissin 278
Theophanu, Kaiserin 194, 278,
  280, 283, 320, 336
Theuderich II. 305
Thieß, Frank 12
Thomas von Aquin 78, 368
Toesca, P. 329
Topper, Uwe 18, 71, 339, 407
Turold 373
Turpin von Reims 374 f., 381
Tutilo 69

Verbeek, Albert 230, 234, 272,
  276, 278, 280, 282 f., 298
Vercauteren, F. 151
Victorius von Aquitanien 87
Viollet-le-Duc, Eugène 380
Vischer, Daniel 404

Wahl, Rudolph 16, 52, 101, 165,
  390
Walahfrid Strabo 78
Wallace-Hadrill 103
Walpole, R. L. 376
Wamser, Ludwig 181
Wattenbach, Wilhelm 13 f., 70, 73,
  101, 345

Wehling, Ulrike 259 f.
Weissgerber, Klaus 407
Weisweiler, Hermann 189, 246
Werner, Karl Ferdinand 49, 113,
  138 f., 151
Westermann-A., Hiltrud 77, 317
Wibodus 137
Wido von Spoleto 389 f.
Widukind von Corvey 42, 130,
  132, 302 f., 305
Widukind, Herzog 128, 130, 133,
  194 f., 389
Wies, Ernst 36, 72, 130, 144, 176 f.,
  180, 332, 343 f.
Wilhelm II. 182
Wilhelm der Eroberer 358, 362
Wilhelm von Conches 96
Wilhelm von Hirsau 91 f.
Wilhelm von Holland 382
Willibrord 320
Willigis von Mainz 283, 286, 336
Williram 66 f.
Winterfeld, Dethard von 240,
  249 f.
Wirmbold 235
Witthöft, H. 176
Wolff, Georg 155
Wolwinus 77
Wren, Christopher 258

Zacharias, Papst 345
Zeller, Manfred 18, 61, 66, 68 f.,
  137, 192, 367, 407
Zilkens, Iris 208
Zimmermann, Harald 14

Die größte Zeitfälschung der Geschichte

hat rund drei erfundene Jahrhunderte zwischen Antike und hohem Mittelalter eingefügt. Da dieser hier schraffierte Zeitraum als Fälschung erkannt ist, kann er ersatzlos gestrichen werden. Nach dieser Korrektur geht in den Ländern Europas und des Vorderen Orients das beginnende 7. Jahrhundert direkt ins 10. Jahrhundert über.

Iran bis Marokko:	Sassaniden etc.		Islamische Expansion
Byzanz:			
Spanien:	Westgoten / Westgoten	Byzanz	Westgoten
Italien:	Byzanz		Langobarden
Deutschland:		Merowinger	
Frankreich:		Merowinger	
	550	600	650	700

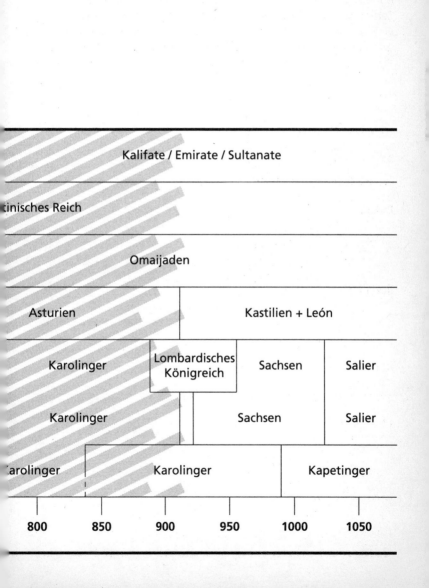